François Furet



# LA GAUCHE ET LA RÉVOLUTION FRANÇAISE AU MILIEU DU XIX^e SIÈCLE

## Edgar Quinet et la question du Jacobinisme

## [1865-1870]

*Textes présentés*
*par Marina Valensise*

HACHETTE

DU MÊME AUTEUR

*La Révolution française* (avec Denis Richet), 2 vol., Hachette-Réalités, 1964-1965., rééd. « Pluriel », 1986.

*Livre et société dans la France au XVIIIe siècle* (sous la direction de), 2 vol., Mouton, 1965.

*Lire et écrire, l'alphabétisation des Français de Calvin à Jules Ferry* (avec Jacques Ozouf), 2 vol., Minuit, 1977.

*Penser la Révolution française,* Gallimard, 1978.

*L'Atelier de l'histoire,* Flammarion, 1982.

*Marx et la Révolution française,* Flammarion, 1986.

Document de couverture : *Le Triomphe de la République,* musée Carnavalet, cliché Bulloz

# *LA GAUCHE ET LA RÉVOLUTION FRANÇAISE AU MILIEU DU XIXᵉ SIÈCLE*

L'historiographie de la Révolution française est comparable au déroulement de la Révolution française : traversée de contradictions et de batailles spectaculaires, comme si le caractère théâtral de l'événement avait été légué à ses historiens, seule part indivise d'un héritage conflictuel. On pourrait ainsi imaginer d'en retracer l'histoire à travers la succession des polémiques savantes qu'elle ne cesse de nourrir depuis deux cents ans, génération après génération. A défaut d'une ambition aussi vaste, ce livre voudrait au moins en suggérer l'intérêt, en présentant les matériaux de l'un de ces débats, qui a déjà plus de cent ans d'âge, mais qui a bien vieilli, puisqu'il paraît être d'hier.

Il s'agit de la discussion dont a été l'objet, à la fin du Second Empire, *La Révolution* d'Edgar Quinet. L'auteur, un des grands intellectuels républicains de la monarchie de Juillet, député sous la IIe République, est exilé depuis le coup d'État du 2 décembre 1851, d'abord en Belgique, puis en Suisse à Veytaux, au bord du lac de Genève. Il publie à l'automne 1865 cet ouvrage sur la Révolution française auquel il travaille depuis dix ans. A peine sorti, celui-ci connaît un rapide succès, qu'accompagnent dans la presse des comptes rendus nombreux et attentifs [1]. Il déclenche aussi une polémique interne au parti républicain dont il est facile de comprendre les raisons.

Autant qu'une histoire de la Révolution, Quinet a voulu

1. E. Quinet, *La Révolution,* 1865. On trouvera une description complète de l'accueil fait au livre de Quinet dans une excellente thèse, malheureusement inédite, soutenue à l'université de Nice en 1975, sous la direction de M. Claude Digeon. Il s'agit de : « *La Révolution,* par Edgar Quinet. Étude sur l'œuvre et l'accueil du public », par M. Jacques Pochon.

faire une analyse critique de la tradition démocratique française telle qu'elle se constitue à la fin du XVIIIe siècle. Cet exilé, méditant sur la France captive de l'aventurier Bonaparte, cherche à comprendre les origines de cette faillite ; après la chute sans gloire de la IIe République, il n'est plus enclin ni à l'œcuménisme républicain, ni même à l'optimisme politique. Il réfléchit sur l'échec de la démocratie française. De là à être accusé de compromettre sa renaissance et de démoraliser le parti républicain en offrant des armes à ses adversaires, il n'y a qu'un pas, vite franchi par certains opposants à l'Empire, gardiens de l'orthodoxie démocratique et de son intangible unité. Quinet a mis en cause le jacobinisme, comme l'ancêtre du bonapartisme. Eux vont défendre contre lui la thèse du bloc indivisible qu'est la Révolution. Derrière cette discussion sur l'héritage, il y a la crédibilité politique de la gauche républicaine, son avenir national, inséparables de la « question » révolutionnaire : si la République a l'ambition de gouverner les Français après l'Empire, encore faut-il qu'elle annonce la couleur. Si la Révolution française doit rassembler un jour la nation autour de son legs, encore faut-il savoir de quelle Révolution française il s'agit. La France du XIXe siècle ne pense la politique qu'à travers son histoire.

C'est ce qui donne sa vérité et son unité au débat dont je republie les principales pièces. Sa vérité, parce que la discussion historiographique sur la Révolution est inséparable, au XIXe siècle, d'enjeux politiques concrets que tous les acteurs ont présents à l'esprit. Son unité aussi, parce qu'en l'occurrence cette discussion met en présence des hommes politiques et des historiens qui sont tous des opposants à l'Empire, et ont en commun des opinions démocratiques et républicaines. Dans cette mesure, elle échappe complètement à ce qu'on considère trop souvent comme une fatalité de l'historiographie révolutionnaire, l'affrontement posthume entre la contre-révolution et la Révolution, la droite et la gauche. Elle révèle au contraire un conflit d'interprétations et d'idées à l'intérieur de la gauche, entre les libéraux et les étatistes, les républicains et les socialistes, les héritiers de 89 et les hommes de 93. Conflit infiniment plus riche que le précédent, à condition qu'on accepte, pour en comprendre la profondeur, de ne pas en faire le décalque pâli, en qualifiant d'avance de réactionnaire ou complice des réactionnaires toute analyse critique de la Révolution d'où qu'elle vienne. La vérité est que la Révolution française n'a pas seulement créé l'opposition entre droite et gauche. Elle a aussi divisé, tout au long du XIXe siècle, pour ne rien dire de la suite, la gauche elle-même.

Il existe une dernière raison pour trouver de l'intérêt à cette polémique oubliée, et c'est peut-être la principale : la qualité des protagonistes. Le débat réunit en effet par ordre d'entrée en scène Alphonse Peyrat, Jules Ferry, Émile Ollivier, Louis Blanc et Michelet, sans compter une réponse de Quinet à ses critiques [2] : des hommes influents, ou célèbres, ou promis à la célébrité, de la vie politique et intellectuelle française, parmi lesquels trois des plus grands historiens de la Révolution française au XIXe siècle, Michelet en tête, et dans la génération plus jeune, le futur Premier ministre de l'Empire libéral et le futur président du Conseil, dix ans après, de la République victorieuse. C'est le publiciste néo-jacobin Alphonse Peyrat qui ouvre le feu, dès la parution du livre de Quinet, dans une série d'articles publiés par *L'Avenir national,* entre novembre 1865 et janvier 1866. Jules Ferry, alors jeune avocat républicain, prend la défense des thèses de Quinet contre Peyrat, dans une autre série d'articles qu'il publie dans *Le Temps* du début janvier au début février 1866. En janvier également, Émile Ollivier intervient dans le même sens dans trois *Lettres sur la Révolution française par E. Quinet.* Trois semaines après, dans une longue lettre au *Temps,* datée du 21 février 1866, Louis Blanc, l'exilé de Londres, appuie de sa double autorité d'homme politique et d'historien les critiques de Peyrat contre Quinet.

A ces analyses presque contemporaines de la sortie du livre, j'ai joint trois documents un peu plus tardifs. D'abord la longue défense, intitulée *Critique de la Révolution,* qu'Edgar Quinet publie un an après, en février 1867, en préface à la cinquième édition de son livre, pour répondre à ses contradicteurs et faire le point du débat. Ensuite, et enfin, deux des trois préfaces que Michelet écrit à son tour en 1868, l'une datée du 1er octobre 1868, l'autre du 1er janvier 1869 [3]. La première ouvre la troisième édition de son *His-*

2. Tels sont au moins les protagonistes dont on a choisi de republier les contributions dans la deuxième partie de cet ouvrage. Il va de soi que les comptes rendus critiques du livre d'Edgar Quinet sont beaucoup plus nombreux ; le lecteur peut consulter à cet égard la thèse de M. Jacques Pochon déjà citée.

3. La première édition de l'*Histoire de la Révolution française* de Michelet avait paru de 1847 à 1853. Il retravaille ensuite à son *Histoire de France,* dont le dernier tome (Louis XV et Louis XVI) paraît en 1867. Il revient à la Révolution française en 1868, en lisant notamment les douze volumes de Louis Blanc. C'est l'année où il écrit les trois préfaces destinées à figurer

*toire de la Révolution française,* la deuxième, intitulée « Le tyran », le tome V de cette réédition (livre X, chap. 7). Michelet y riposte surtout à Louis Blanc, qui l'a beaucoup malmené dans les notes de son *opus magnum,* tout en l'utilisant constamment. Mais il répond aussi, sans le citer, à Quinet, qui ne l'a pas cité non plus : cette courtoisie du silence cache mal l'écart intellectuel qui sépare désormais les deux amis intimes, et dont ils prennent presque malgré eux la mesure.

Tous ces textes forment donc un ensemble cohérent, non seulement parce qu'ils traitent du même sujet, mais parce qu'ils le traitent à partir de l'interprétation de Quinet, et qu'ils se répondent les uns aux autres. Ils ont un centre commun à partir duquel s'organisent leurs dialogues croisés, ce qui en facilite l'intelligence au lecteur d'aujourd'hui. Malheureusement, ce centre lui-même, à savoir le livre de Quinet, restera le grand absent de ce recueil, qu'il eût démesurément alourdi[4]. Faute de le republier aussi, je ne puis que tenter d'en faire ressortir, par cette préface, les principales articulations, en faisant revivre l'univers moral et historique d'un grand écrivain injustement oublié. Puisque les textes repris dans ce recueil se situent en aval de son livre, je me porterai surtout en amont, pour retrouver les auteurs, les livres et les idées par rapport auxquels Quinet a formé sa propre interprétation de la Révolution. Un de mes souhaits, parmi d'autres, est que ce voyage intellectuel autour de lui puisse porter le lecteur d'aujourd'hui à mesurer avec mélancolie ce que l'histoire de la Révolution a perdu, depuis, de profondeur et de richesse.

---

dans la troisième édition (1869) de son *Histoire de la Révolution française* : la première en tête du livre, la deuxième ouvrant le tome III (livre VI), la troisième, le tome V (livre X, chap. 7). C'est la première, et la troisième, que le lecteur trouvera republiées ici pp. 282-314.

4. Mon ami Claude Lefort doit republier cette année (1986) *La Révolution* d'Edgar Quinet aux éditions Belin.

# I

# LA QUESTION DE LA RÉVOLUTION FRANÇAISE SOUS LE RÉGIME DE JUILLET

Le livre de Quinet tourne autour de deux grands thèmes. Le premier est celui du rapport de la Révolution à la religion, et plus particulièrement au christianisme. Le second concerne l'étrangeté d'un déroulement successivement libéral et despotique, constitué de deux phases contradictoires, 1789 et 1793. A l'époque où Quinet s'en empare, ils ont tous les deux une longue histoire, puisqu'ils ne cessent d'accompagner, depuis l'extrême fin du XVIIIe siècle, la plupart des interprétations de la Révolution. Il faut donc en faire un court inventaire, pour comprendre comment et où Quinet les a trouvés, et en quoi il les transforme. On peut partir du second, qui permet de comprendre d'entrée de jeu la portée politique du débat historiographique sur la Révolution.

Il date des jours qui suivent le 9 Thermidor et la chute de Robespierre. En effet, les hommes qui ont renversé Robespierre sont les mêmes qui l'avaient soutenu, et si le 9 Thermidor termine la Révolution, c'est de la main des révolutionnaires eux-mêmes : un couronnement, pas une liquidation. D'ailleurs, avec des responsabilités diverses, à des niveaux de notoriété différents, presque tous ont participé à ce qui constitue depuis 1789 *la* Révolution française : leurs existences témoignent de son unité, à travers ses discontinuités. Non seulement la Révolution est devenue une histoire, puisqu'elle est « finie », mais il est indispensable qu'elle le soit, puisqu'elle définit aussi ce qui a été leur vie : le 14 Juillet et le 10 Août, la monarchie constitutionnelle et la dictature jacobine, la fête de la Fédération et la loi des suspects, 1789 et 1793 doivent être pensés ensemble puisque le torrent révolutionnaire les a mêlés dans un temps si court.

Cette nécessité, d'ailleurs, n'est pas circonscrite aux acteurs survivants. Elle s'impose à l'époque à tous ceux qui entendent terminer la Révolution et fonder enfin la République sur la loi, tentative inséparable de la question de savoir sous quel drapeau, au nom de quel héritage, les thermidoriens vont gouverner la France. Or, dès 1795, ils ne parviennent à s'accrocher au pouvoir qu'en réprimant par le canon de Vendémiaire une émeute modérantiste [1]. Et l'année suivante, en sens inverse, la conspiration de Babeuf est le premier signe que la nostalgie de 93 nourrit une tradition distincte, hostile à la République des nantis et à la prétention de fermer la Révolution. La politique de bascule du régime, contraint à se défendre alternativement sur sa droite et sur sa gauche, reflète un problème historique que les politiciens et les intellectuels ne cessent de retourner : comment penser la Révolution comme un bloc contre l'Ancien Régime ? Ou encore, ce qui revient au même, comment assumer ensemble 89 et 93 ? Pour « oublier » 93, revenir à 89, obsession des thermidoriens, il faut mettre à contribution la raison historique.

## *1789 ET 1793* [2]

Ainsi, la gestion politique de l'héritage révolutionnaire est très tôt inséparable du déchiffrement de l'énigme révolutionnaire. A cet égard, la génération suivante est exemplaire, celle des libéraux des années 1820, les premiers maîtres de Quinet, parce qu'elle médite et même écrit l'histoire de la Révolution française avant de passer aux travaux pratiques avec juillet 1830. Thiers, Mignet, Thierry, Guizot, inventent le déterminisme historique, la lutte des classes comme moteur de ce déterminisme, 1789 et la victoire de ce qu'ils appellent la classe moyenne en guise de couronnement de cette dialectique historique. 1793 n'est qu'un épisode passager, et d'ailleurs déplorable, de cette histoire de la bourgeoisie, épisode imputable à des circonstances exceptionnelles, et dont il s'agit d'éviter le retour : le « gouvernement de la multitude » (Mignet) ne fait pas partie de l'inévitable.

1. Le 13 vendémiaire 1795, le jeune général Bonaparte brise à Paris une émeute royaliste contre la Convention qui cherche à se survivre à elle-même par le décret des deux tiers.
2. J'utilise dans les pages qui suivent un article que j'ai publié dans *Le Débat*, nº 26, septembre 1983 : « La Révolution dans l'imaginaire politique français. »

L'essentiel, en effet, le sens de l'histoire, reste le passage de l'aristocratie à la démocratie, de la monarchie absolue à des institutions libres. La France offre de ce point de vue une des deux histoires constitutives de l'identité européenne, c'est-à-dire de la civilisation, avec l'histoire anglaise. Elle possède sur celle-ci la supériorité que la victoire de la démocratie y est plus nette, mais aussi ce handicap que les institutions libres y sont plus longues à venir.

La référence anglaise exprime une parenté profonde de valeurs et de conceptions, évidente par exemple chez Guizot : conception comparable de l'individualisme libéral, fondé sur les intérêts et la propriété, méfiance identique de la démocratie politique, désir d'emprunter aux Anglais l'exemple d'un gouvernement libre prenant appui sur l'histoire et sur des élites possédantes, la tradition anglaise offre à cette génération de Français libéraux bien des éléments de leur philosophie et de leurs convictions. Mais elle leur présente aussi, au XVIIe siècle, l'exemple d'une Révolution maîtrisée : 1688 après 1648. Celui d'un peuple qui, lui aussi, a exécuté son roi, connu la surenchère égalitaire, la dictature d'un homme, enfin le retour de l'ancien régime, et qui pourtant a su trouver, après quarante ans, la voie médiane d'une Révolution conservatrice, fondatrice du régime parlementaire modéré. Terminer la Révolution est aussi une stratégie à l'anglaise.

1830 est à cet égard une date clé, un point tournant. Guizot, Thiers et leurs amis sont à pied d'œuvre. Les Trois Glorieuses doivent fonder un nouveau 89, mais l'avènement d'un Orléans éviter un nouveau 93. Le « quatre-vingt-neuvisme » intellectuel des historiens libéraux de la Restauration n'était pas radical, puisqu'il faisait sa place, à titre de nécessité secondaire, et déplorable, à la dictature de l'an II. Mais leur quatre-vingt-neuvisme politique, lui, l'est. Il s'agit d'éviter à tout prix le renouvellement de 1793, en arrêtant la Révolution à son stade initial par le recours à Louis-Philippe. Bref, de refaire un 89 amélioré, sur le modèle du 1688 anglais, en osant ce devant quoi les hommes de 89 avaient reculé : changer la famille régnante, mettre un Orléans sur le trône, fonder une royauté de la Révolution. Stratégie politique apparemment couronnée de succès sur le terrain, puisqu'elle instaure la monarchie de Juillet, mais qui recouvre pourtant, en profondeur, l'inconsistance de l'interprétation libérale de 93 chez les hommes de 1830.

D'abord dans l'ordre des idées. Si, pour éviter la dictature terroriste, il n'est que de changer la dynastie, c'est donc dans le conflit avec Louis XVI que s'enracine la surenchère révolutionnaire, et non pas dans les « circonstances ». Mais cette idée même ne résiste pas à l'ordre des réalités. Car l'avènement de Louis-Philippe, comme on peut le voir dans les événements qui suivent, ne supprime pas cette surenchère. Il est suivi par quatre années de batailles très dures entre le nouveau pouvoir et la rue républicaine et populaire, frustrée de « sa » Révolution. Ces batailles, finalement gagnées par les hommes de Juillet, peuvent bien témoigner, en un sens, en faveur du réalisme politique des hommes de Juillet ; leur 89 réussi n'a ouvert la voie qu'à un 93 avorté. Mais dans l'ordre de l'analyse intellectuelle, il reste que ce nouveau 89 « canonique » n'a pas du tout empêché la résurrection simultanée du jacobinisme de rue. Il fournit au contraire la preuve que sans roi d'ancien régime, sans aristocrates, sans guerre extérieure ou civile, sans « circonstances » pour tout dire, ce jacobinisme sort de la révolution de Juillet comme la rivière de sa source. S'il peut exister un quatre-vingt-neuvisme radical en politique, il ne peut y en avoir en histoire : il y a du 93 dans tout 89. C'est cette vérité dramatique que l'écrasement des barricades parisiennes veut exorciser, mais comment le pourrait-il ? La bourgeoisie de Juillet a refait dans la rue ce qu'elle avait appris dans les livres : l'expérience que la Révolution est une dynamique incontrôlable, au moins pour un temps. Par rapport à ses ancêtres de la grande Révolution, cette bourgeoisie a plus de conscience de classe, plus d'expérience politique, et moins de scrupules humanitaires ; mais avec les mêmes incertitudes, elle redécouvre et traite exactement le même problème que Mirabeau, Brissot, Danton ou Robespierre, à savoir : comment arrêter la Révolution.

Or, au même moment, et pour des raisons inverses, ce quatre-vingt-neuvisme radical provoque la cristallisation de la croyance contraire, selon laquelle la Révolution ne peut aboutir que si elle reste fidèle à sa propre dynamique, et ne court pas de plus grand risque que celui d'être trahie à mi-chemin. La confiscation des Trois Glorieuses par l'orléanisme crée un affrontement dramatique et décisif à l'intérieur de la tradition révolutionnaire nationale. Affrontement qui se réinvestit comme naturellement autour de la chute de Robespierre et de la signification du 9 Thermidor. En effet, la seule date disponible, pour figurer une première fin prématurée de la Révolution, est bien celle-là. Elle a d'ailleurs été élaborée dès avant 1830 par la tradition babouviste et le livre de Buonarroti, selon lesquels une bourgeoisie thermidorienne de nantis a renversé ce jour-là le héros d'une République égalitaire et favorable à la cause du peuple. Le régime juste-milieu de 1830, succédant à une insurrection parisienne, figure le deuxième épisode de cette trahison récurrente. Il orne après coup le 9 Thermidor du ressentiment historique de 1830 et de l'interprétation dans laquelle celui-ci s'enveloppe : la lutte de classes, empruntée aux historiens libéraux, mais située, cette fois, entre la bourgeoisie et le peuple.

Ainsi se fixe a contrario dans l'historiographie et la tradition révolutionnaires un jacobinisme complètement indépendant des circonstances qui sont censées lui avoir donné naissance, puisqu'il traverse tout le XIX^e siècle et qu'il y constitue beaucoup plus qu'un souvenir : un ensemble de convictions intellectuelles politiques, une interprétation, presque une doctrine. Mais laquelle ?

Elle opère d'abord un déplacement chronologique capital dans et par l'histoire de la Révolution. Les libéraux avaient jeté l'ancre en 89. Les Jacobins ont leur source en 93. De la Révolution française, ils retiennent en position dominante justement cette période que Mignet avait marginalisée comme le règne provisoire de la multitude, en l'attribuant à des circonstances exceptionnelles. Ce qu'il avait excusé, eux le célèbrent : dans la nécessité de la Révolution, 1793 possède à leurs yeux une place non plus seconde et comme dérivée, mais centrale et décisive. C'est la période pendant laquelle la Révolution se sauve elle-même, en brisant ses adversaires intérieurs et extérieurs, en même temps qu'elle dessine une image vraiment égalitaire du contrat social.

Derrière la célébration du salut public, il y a non seulement l'investissement patriotique, et l'amour rétrospectif de la France menacée et sauvée, mais plus simplement le culte de l'État, sous toutes ses formes, qu'il s'agisse de son rôle militaire, économique, politique, pédagogique, et même religieux. Il est significatif à cet égard que les grands historiens jacobins de la Révolution soient des partisans encore plus systématiques de la monarchie absolue (jusqu'à Louis XIV inclus) que leurs prédécesseurs libéraux, dont ils utilisent d'ailleurs largement les travaux. Dans l'ancienne royauté, ils admirent comme eux l'instrument de formation de la nation, l'intérêt public constitué, représenté et défendu au-dessus des classes, au nom du peuple tout entier ; mais ils y voient aussi une garantie pour les masses populaires contre l'individualisme bourgeois, l'égoïsme des intérêts, la cruauté du marché. Sous cet angle, l'État jacobin reprend et magnifie une tradition que Louis Blanc célèbre aussi dans Sully, Colbert ou Necker. Guizot, Mignet, Thierry aimaient dans la monarchie ce qui préparait 89 : l'alliance du Tiers et des rois de France pour faire une nation moderne. Buchez et Louis Blanc n'y admirent que ce qui préfigure 93 : l'incarnation, le salut public, le gouvernement des âmes, la protection des petits. C'est que, chez les historiens jacobins, le « quatre-vingt-treizisme » aussi est absolu. Prenant appui sur une négation de 89 (redoublée et radicalisée par la négation de 1830), il rejette toute l'œuvre de la Constituante comme marquée par l'individualisme bourgeois, et destructive de la collectivité nationale. Aux yeux de Buchez, les Droits de l'Homme sont la grande erreur de la Révolution, par l'inaptitude de ce principe à reconstituer une communauté. Au contraire, le jacobinisme constitue la nouvelle annonciation de cette eschatologie inséparablement socialiste et catholique. Pour Louis Blanc, la Constituante réalise le programme de Voltaire, qui est celui des possédants ; la Convention est fille de Rousseau, travaille pour les masses populaires, prépare le troisième âge de l'humanité, après l'autorité et l'individualisme : l'âge de la fraternité. La Révolution cesse d'être un combat entre le Tiers-État et les privilégiés pour devenir un affrontement entre la bourgeoisie et le peuple, qui traverse même 1793. Les Montagnards d'Esquiros sont le parti du prolétariat en face des Girondins prisonniers ou interprètes des intérêts bourgeois. Le jacobinisme est devenu l'annonce du socialisme.

Dans cette historiographie, l'invocation des « circonstances » ne sert donc plus, comme chez Thiers ou chez Mignet, à excuser la dictature de 93 à titre de nécessité provisoire, puisque cette dictature doit être au contraire célébrée comme fondamentalement libératrice. Elle n'est utilisée que pour dissocier la Terreur, pur produit de la situation exceptionnelle, et le jacobinisme, ou, selon les cas, le robespierrisme, qui incarnent au contraire le sens même de la Révolution. Ainsi, le critère qui met à part l'historiographie jacobine, au XIXe siècle, n'est pas la théorie des circonstances, sous-produit de celle de la nécessité, puisque les Jacobins l'ont en commun avec les libéraux. Ce qui la caractérise est de mettre 1793 au centre de la Révolution comme le vrai patrimoine du peuple. Il s'agit d'arracher à la bourgeoisie ses titres à l'héritage révolutionnaire, qu'elle a irrémédiablement renié par le tour de passe-passe de juillet-août 1830. 1789 n'a fait que clore l'Ancien Régime, c'est 1793 qui invente le futur (Quinet dira tout juste l'inverse). L'historiographie jacobine qui naît dans le régime de Juillet est faite d'un déplacement chronologique qui noue deux idées puissantes : la Révolution comme pouvoir du peuple, culminant sous Robespierre, et brisé le 9 Thermidor ; la Révolution comme rupture, dans la trame du temps, avènement, préfiguration de l'avenir. Le quatre-vingt-neuvisme des hommes de Juillet était l'acceptation d'une société et la recherche d'un gouvernement conforme à cette société. Le quatre-vingt-treizisme des vaincus de Juillet est l'inventaire d'une promesse avortée et d'une société à refaire.

## *LE CHRISTIANISME ET LA RÉVOLUTION FRANÇAISE*

De cette scission qui coupe en deux la Révolution française, et qui étend ses effets à l'histoire de France, Edgar Quinet est l'observateur attentif. Il a été longtemps un disciple de Victor Cousin, un jeune intellectuel proche des Doctrinaires et des hommes de 1830. Il en a donc partagé les ambitions inséparablement politiques, historiques et philosophiques, les institutions représentatives, les retrouvailles avec l'esprit de 89, une sagesse du juste-milieu. Mais ces attachements de jeunesse n'ont pas résisté à la monarchie de Juillet : le conservatisme du régime et l'appel aux intérêts matériels dont il se fait un drapeau entraînent Quinet dans le camp républicain [3].

C'est dans ses fameux cours du Collège de France, où il est entré en 1842, qu'on saisit le mieux les raisons de cette rupture avec la tradition libérale, et la formation de la pensée de Quinet sur la Révolution. Il aborde celle-ci sous l'angle de ses rapports avec le christianisme, dans le plus fameux de ses cours du Collège de France, donné en 1845,

3. Cf. Albert Valès, *Edgar Quinet, sa vie et son œuvre,* Paris, 1936.

et qui lui vaudra d'ailleurs d'être suspendu [4]. Question significative. Ce qui l'intéresse en effet dans la Révolution n'est pas, ou pas encore, son histoire proprement dite, mais sa filiation philosophique, et sa capacité à redonner au message du christianisme un sens fondateur de l'homme moderne. A cette époque, il n'essaie donc nullement de retraiter à sa manière le problème de Mignet ou de Thiers sur le cours de la Révolution. Il a hérité simplement d'eux le culte de 1789, renouvelé par juillet 1830. Mais quinze ans après, il cherche justement à lui rendre un sens neuf, émancipé du conservatisme bourgeois du régime de Juillet.

Il le dit, dès la deuxième leçon, à ses auditeurs : « Une philosophie s'ensevelit sous nos yeux : ne le voyez-vous pas ? Après avoir rendu des services éclatants, que personne ne peut songer à nier, l'éclectisme cède à la loi qui mine toutes choses ; il se retire. La philosophie doctrinaire se meurt, et nous pouvons ajouter aussi : elle est morte [5]... » En d'autres termes, le tandem Guizot-Cousin, après avoir porté en avant, contre les ultras de la Restauration, la tradition de 1789, l'a immobilisée dans l'illusoire éternité des institutions de Juillet. Quinet déchire le voile ; l'éclectisme cousinien n'est plus qu'une philosophie officielle, destinée à tenir le peuple en lisière : il réserve à celui-ci la consolation privée de la religion, pour mieux lui faire accepter le monopole bourgeois sur la sphère publique. Il est devenu l'idéologie d'une classe dominante égoïste et cynique, abaissant même le christianisme à la défense de ses intérêts.

C'est précisément à cette articulation du religieux et du politique que Quinet se situe, pour substituer, à ce qu'il appelle « la philosophie de la Restauration », la « philosophie de la Révolution ». Il s'agit de débarrasser le christianisme de sa version instrumentale et de lui rendre sa dignité fondatrice, l'invention de l'individu ; mais dès lors, la question est de penser sa relation avec la civilisation politique qu'il ne cesse de nourrir, même quand celle-ci s'en émancipe, comme dans et par la Révolution française. Cette question, Quinet l'a rencontrée dans la philosophie allemande et d'abord dans Hegel [6] ; mais il l'a trouvée aussi dans l'air du

4. Cf. J. Pochon, « Edgar Quinet et les luttes du Collège de France, 1843-1847 », in *Revue d'histoire littéraire de la France,* juillet-août 1970. Le cours donné en 1845 par Edgar Quinet sera publié la même année. J'utilise la réédition récente (1984), par Patrice Vermeren, Fayard. Les références qui suivent renvoient à cette réédition.

5. *Le Christianisme et la Révolution française,* p. 44.

6. Quinet a été sous la Restauration l'un des principaux introducteurs de la philosophie allemande en France. Il a notamment traduit Herder en français.

temps, sous la monarchie de Juillet. Car dans les années 1830 et 1840, le rapport entre l'idée chrétienne et l'idée révolutionnaire (ou l'idée égalitaire) est au centre de toute la réflexion française sur la démocratie et son avenir : thème commun à Tocqueville et à Michelet, à Buchez et à Esquiros par exemple, pour s'en tenir à des historiens de la Révolution [7].

Thème constamment utilisé, aussi, contre le matérialisme des intérêts caractéristique du règne de Louis-Philippe, et visant à ressusciter les grands dévouements civiques en leur refaisant des provisions d'idées : mais l'ambition commune qui en est le ressort n'en compromet pas l'extraordinaire plasticité, puisque Buchez en tire une Révolution française fille du catholicisme, et Michelet une Révolution qui y substitue un principe contraire après l'avoir brisé. De là l'utilité de leurs deux exemples contrastés pour comprendre l'originalité de Quinet.

Buchez, comme on l'a vu [8], déteste l'individualisme, l'esprit de 89, les Droits de l'Homme. Saint-simonien dissident [9], il a gardé du maître la conviction que ces principes sont par définition inaptes à la reconstruction d'une société, puisqu'ils ne concernent que des individus définis par leurs sphères particulières. Devenu, ou redevenu catholique, sans cesser d'être anti-bourgeois et socialiste, il réaménage la filiation christianisme-Révolution française au profit du catholicisme. Il lui suffit de modifier le sens opposé de ladite Révolution : celle-ci n'est plus, comme chez les Doctrinaires, l'avènement de l'individualisme moderne et du parlementarisme libéral, mais l'annonce des retrouvailles de la nation française avec sa mission historique, qui est de réaliser la communauté catholique. Du coup, la filiation chère à Guizot, et qui lie l'apparition du protestantisme à l'esprit de 1789, n'est plus qu'une déviation déplorable, mais provisoire, de l'histoire de France. La voie royale de cette histoire, c'est celle qui fait de la monarchie le bras séculier de l'Église

7. A l'époque du cours de Quinet au Collège de France, Tocqueville a publié *La Démocratie en Amérique*, dont le deuxième tome est sorti en 1840, et Buchez (en collaboration avec Roux) sa monumentale *Histoire parlementaire de la Révolution française*, dont le volume initial, le plus important pour la connaissance de la pensée de Buchez, est de 1834. Le premier tome de l'*Histoire de la Révolution française* de Michelet est de 1847. C'est aussi la date de publication de l'*Histoire des Montagnards* d'Esquiros et du premier volume de l'*Histoire de la Révolution française* de Louis Blanc.
8. Cf. *supra*, p. 16.
9. Cf. R. Reibel, « Les idées politiques et sociales de P.J.B. Buchez », in *Travaux et recherches de la Faculté de Droit et de Sciences Économiques*, Paris, n° 5, P.U.F., 1966 et F. A. Isambert, *De la charbonnerie au saint-simonisme, étude sur la jeunesse de Buchez*, 1966.

pour réaliser, contre les nobles et au profit du peuple, l'idée chrétienne de l'égalité ; voie dont elle se laisse détourner à partir de Louis XIV, mais que réassume la Révolution, la vraie, non plus 1789, mais 1793, non plus Mirabeau mais Robespierre. Le jacobinisme figure ainsi une étape essentielle vers la réalisation de l'idée catholique, dont le socialisme doit être l'image finale [10].

La référence chrétienne est donc utilisée pour rejeter l'individu moderne sous toutes ses formes, religieuses ou laïques, et pour réunir l'héritage autoritaire du saint-simonisme, le pouvoir à ceux qui savent, à l'idée de souveraineté populaire inséparable du jacobinisme — Buchez « corrige » Rousseau par Maistre. Il ne peut suivre complètement Rousseau, puisque celui-ci ne retrouve la communauté qu'en partant des volontés individuelles. Mais il lui donne acte qu'il tente de reconstruire un social unifié par la « volonté générale », immense supériorité par rapport à ceux qu'il appelle les « encyclopédistes », Voltaire en tête, purs interprètes de la bourgeoisie. Pourtant, ce n'est qu'un demi-satisfecit, puisqu'il reste à faire la « synthèse » entre cette volonté générale, d'origine tout humaine, et le principe catholique, selon lequel toute souveraineté vient de Dieu. Seul ce tour de passe-passe, qui fait de la souveraineté populaire une volonté divine progressivement dévoilée par l'histoire de France, permet d'unir dans une même assignation finale le baptême de Clovis, les Croisades, la Ligue, la fête de l'Être suprême et le socialisme catholique à venir.

Quinet déteste cette histoire de France là, qu'il a en ligne de mire, plus encore que celle des Doctrinaires [11] ; s'il ne la cite pas, c'est peut-être par une sorte de mépris pour ce qu'elle comporte d'extravagances, peut-être aussi parce qu'il en est si éloigné que ces choses-là n'ont même pas besoin d'être dites. Tout, en effet, l'oppose à la thèse selon laquelle la Révolution française est la fille d'une histoire catholique. Il croit tout juste le contraire. Son christianisme à lui n'a cessé d'être trahi par l'Église romaine, et périodiquement redécouvert par des hérétiques fidèles à la parole de Jésus : la Réforme, au XVIe siècle, en exprime par excellence l'esprit

10. Buchez et Roux, *Histoire parlementaire...*, t. I.

11. Quinet ne cite pas nommément Buchez, ni son *Histoire parlementaire* dans son cours de 1845. Mais il me paraît évident qu'il connaît bien et l'auteur et le livre, tant beaucoup de ses arguments le visent implicitement. Ses carnets de travail manuscrits d'une période postérieure, au moment où il écrit sa *Révolution française* dans l'exil, témoignent d'une grande familiarité conflictuelle avec l'œuvre de Buchez.

en instaurant le face à face de l'individu avec Dieu, et en remettant au Christ seul tout ce que l'Église du Moyen Age s'était indûment approprié. C'est que le christianisme de Quinet, comme celui de Hegel, est fondateur de ce que précisément Buchez déteste si fort : l'individualisme moderne. La force et la nouveauté du message chrétien tiennent pour lui à l'invention de la conscience individuelle et de son caractère imprescriptible. En ce sens, il n'est pas si loin du Guizot, historien de la civilisation européenne [12] : la Réforme, par la conquête de la redécouverte de la liberté spirituelle, est une étape clé vers 1789 et la liberté politique.

Mais Quinet n'est pas, comme Guizot, protestant [13]. Possédé par un sens religieux puissant mais désaffecté, il pousse si loin une sorte d'individualisme philosophique radical qu'il voit dans l'institutionnalisation d'Églises protestantes le début de leur dépérissement spirituel : conséquence imparable de l'attachement à la lettre des Évangiles, qui finit par tuer leur esprit. La preuve : cet esprit s'est répandu dans le siècle beaucoup plus puissamment que dans les Églises réformées, puisqu'il est à l'origine de toute l'histoire moderne. Si on veut en mesurer dans sa pureté l'originalité et la force, en face du vieux principe catholique, il suffit de considérer, de l'autre côté de l'Atlantique, les extensions américaines de l'Europe : d'un côté l'Amérique espagnole, colonisée par l'Église du Moyen Age, de l'autre les colonies anglaises, filles d'une Révolution protestante. Dans les États-Unis, que, comme par hasard, Buchez déteste [14], Quinet célèbre « la conséquence absolue d'un principe ». Il retraite à sa manière, dans des pages superbes, la Démocratie en Amérique, à partir de ses origines religieuses ; là où Tocqueville, comme il le lui reproche sans le citer [15], parle de l'influence de la religion, il aperçoit lui, la matrice d'un pro-

12. Cf. notamment de Guizot, sur ce point, *Histoire de la civilisation en Europe,* 1828, douzième et treizième leçons.
13. Contrairement à ce qui s'écrit quelquefois, Quinet n'appartient en effet à aucune confession réformée. Sa mère était, elle, protestante.
14. Cf. le compte rendu de *La Démocratie en Amérique* de Tocqueville par Buchez, in *L'Européen,* « Journal de morale et de philosophie » (nov.-déc. 1835), fondé et dirigé par lui. Buchez reproche deux choses à la démocratie américaine, l'individualisme et le matérialisme. L'Amérique est « l'égoïsme organisé socialement et le Mal régularisé et systématisé. C'est en un mot la matérialisation de la destinée humaine ». Et le grand responsable de cet abaissement est le protestantisme.
15. *Le Christianisme et la Révolution française,* p. 201 : « Le principe protestant se réalise là [aux États-Unis] avec une suite manifeste ; et il est surprenant que plusieurs des écrivains qui, chez nous, ont traité de la Démocratie en Amérique, n'aient vu dans les institutions que l'influence vague de la religion en général. » On retrouve plus tard la même critique de Tocqueville in *La Révolution,* V, 3.

testantisme radical, qui est aussi un individualisme absolu : « Ces institutions portent exclusivement le sceau de la Réforme. Car chacun des fondateurs s'en va à l'écart dans le fond des forêts ; il est là, pour ainsi dire, le roi d'un monde ; il ne relève que de lui-même dans l'univers physique et dans l'univers moral. La nature et la Bible l'enveloppent. Dans cette immensité, il est lui-même une Église ; prêtre, roi ou artisan tout ensemble, il baptise ses enfants, il célèbre leur mariage. Peu à peu d'autres souverains semblables à lui se trouvent presque sans le savoir toucher à ses confins ; les intervalles se remplissent ; la cabane devient village, le village devient ville. La société se forme sans que l'individu ait rien à céder de son pouvoir ; et ce spectacle ne s'est pas vu deux fois. L'Évangile, partout ouvert, est le contrat primitif qui, de ces solitaires, fait les citoyens d'une république d'égaux. L'autorité que chacun s'attribue sur la croyance conduit nécessairement à la souveraineté du peuple en matière politique ; comment celui qui est souverain dans le dogme ne le serait-il pas dans le gouvernement [16] ? »

Ainsi, l'esprit de la Réforme, qui fait revivre l'esprit du christianisme, préfigure-t-il du même coup l'esprit de la démocratie. Quinet n'aperçoit pas la difficulté philosophique (ou au moins la sous-estime-t-il) que présente la prétention à fonder la société sur la conscience individuelle, sur ce qu'il appelle l' « homme intérieur », c'est-à-dire la subjectivité : comme il conserve au social un ancrage religieux, c'est à travers Dieu que se réalise l'harmonie de chaque conscience avec le bien commun. Il y a chez lui un optimisme de la communion naturelle des individus libres qui rappelle effectivement celui qui a présidé à la naissance des États-Unis. Pourtant, il voit et il sait, sur l'exemple européen, que le problème par excellence de la société moderne est d'unir au principe individualiste, d'origine protestante, l'idée catholique de la communauté du peuple : c'est par le biais d'une synthèse nécessaire entre l'esprit des deux traditions chrétiennes constitutives de l'Europe qu'il pose la question classique du rapport entre l'individu moderne, maître absolu de lui-même, et la société qu'il est possible de penser à partir de cette liberté. Selon la pente du XIXe siècle, qui a substitué l'historicisme au jusnaturalisme pour en élaborer les termes, Quinet en offre une version construite à partir de l'histoire

16. *Ibid.*, pp. 201-202.

des religions, et, concernant l'Europe, à partir du christianisme. C'est ce qui l'oppose radicalement, par exemple, à l'intérieur d'une même famille d'interprétation, à un système du type de celui d'Auguste Comte, construit à partir d'un dépassement de la religion par la science positive : pure illusion, dans son esprit, que cette prétention d'imaginer l'ordre des sociétés en dehors de leurs attaches religieuses, et illusion dangereuse, par surcroît, puisqu'elle conduit, comme dans le saint-simonisme et les petites sectes socialistes, à déifier l'idée d'association au détriment de celle d'individu. Sous l'illusion de la science perce en réalité l'ancien esprit catholique. Le plus archaïque fait retour sous l'apparence du plus nouveau, et la « science de l'histoire », pour reprendre le titre du livre de Buchez [17], masque l' « ombre puissante de l'Église du Moyen Age [18] ». Il est clair que Quinet pense ici non seulement à Buchez, mais à la floraison des socialismes chrétiens caractéristiques de cette période du XIXe siècle.

Mais la Révolution française ? Elle aussi est un « esprit », qui n'est pas né au XVIIIe siècle, puisqu'il vient de tout le passé ; d'ailleurs il occupe aussi l'avenir, puisqu'on l'a vu resurgir en 1830, augmenté, il est vrai, de l'idée nouvelle de la guerre de classe entre la bourgeoisie et le peuple. S'il en est ainsi, c'est précisément que cet esprit de la Révolution française « est de s'identifier avec le principe du christianisme [19] ». Par la démocratie, il a accompli la promesse divine qui fait de chaque homme une conscience souveraine : ce ressaisissement de l'individu par lui-même, contre les pouvoirs où il s'était aliéné, et qui le constitue comme conforme au projet divin, donne à la Révolution française un caractère universel, donc religieux, qui prolonge et renouvelle l'esprit du christianisme. La démocratie moderne, si elle veut rester fidèle à cette annonciation de la fin du XVIIIe siècle, tient donc dans une réunion de consciences morales également souveraines, repoussant les sollicitations égoïstes des intérêts matériels, de la suprématie de classe ou de la jouissance hédoniste : il n'y a pas chez Quinet de distinction privé/public, mais extrapolation de la conscience religieuse et morale à la conscience civique, du protestant au citoyen. D'où l'importance essentielle de l'éducation, chargée

17. Buchez, *Introduction à la science de l'histoire,* 1833, deuxième édition remaniée en 1842. Buchez mêle effectivement une gnose scientiste à son messianisme jacobino-catholique.
18. *Le Christianisme et la Révolution française,* p. 277.
19. *Ibid.,* p. 270.

de ce passage délicat : « Je ne demande qu'une étincelle, mais puisée au foyer le plus pur de la vie morale. Ce peuple est accoutumé à comprendre aisément les mots tombés de haut. L'Assemblée constituante, la Convention, Napoléon lui ont donné en courant cette éducation de roi ; il la faut achever[20]. »

Pourtant, l'idéal religieux, sur lequel est modelée la cité démocratique moderne, ne se confond jamais avec l'idéal politique. Car il tient tout entier dans le dialogue solitaire de la conscience avec la divinité, dialogue qui est l'instance suprême de l'homme et juge final de son mode d'être en société. Cette dénivellation hiérarchique entre le religieux et le politique se traduit notamment par une sorte d'inertie historique du politique, sans cesse entravé dans son développement par la résistance des institutions et des traditions : l'Église catholique et la monarchie ont incarné le christianisme en même temps qu'ils en trahissaient l'esprit, constituant une sorte de passé de la religion, en lutte permanente contre son avenir. Dialectique particulièrement visible dans l'histoire de France, et qui lui donne son caractère privilégié : « La destinée de la France veut qu'elle renferme tout ensemble la Révolution la plus nouvelle et l'Église la plus ancienne ; et le prodige est que l'avenir naît de cette contradiction même... Comment ne pas voir que le catholicisme accomplit chez nous, depuis un demi-siècle, une mission extraordinaire ? Sitôt que la France veut se reposer, cet esprit du passé se réveille ; il se lève, il la provoque, il la harcèle, jusqu'à ce que, pour lui échapper, elle se jette dans l'inconnu[21]. » Même les ennemis de la liberté contribuent ainsi à magnifier l'exemplarité de l'histoire de France.

Mais du même coup, la Révolution française, toute proche qu'elle est de l'esprit du christianisme, et si grande qu'elle soit d'avoir voulu réconcilier l'idéal religieux et le droit social, n'est qu'un épisode de cette lutte incessante entre le passé et l'avenir. Événement capital, manifestation spectaculaire de l'esprit nouveau dans la société, mais commencement et non pas fin, héritage sublime mais mêlé, la Révolution n'appartient pas à l'ordre du religieux ; elle n'a donc pas à être l'objet d'un culte. Quinet, à cette époque (1845), dessine ce que pourrait être une histoire critique de son déroulement, pour peu qu'on rapporte l'esprit de ses dif-

20. *Ibid.*, pp. 271-272.
21. *Ibid.*, p. 273.

férents moments à l'idée chrétienne originelle. Mais il n'a élaboré encore ni sa chronologie, ni l'analyse de la contradiction entre 1789 et 1793, ni sa théorie du retour de l'Ancien Régime à l'intérieur de la Révolution. Son cours de 1845 en ouvre simplement la possibilité.

Il suffit pourtant à faire comprendre ce qui, dès cette époque, le sépare de son collègue et ami intime Michelet, à qui pourtant *Le Christianisme et la Révolution française* est dédié comme à un « frère de cœur et de pensée ». Peut-être la solidarité d'un combat politique commun explique-t-elle cette illusion intellectuelle. Peut-être Quinet, à cette époque où Michelet n'a pas encore écrit son *Histoire de la Révolution* (il commence précisément à le faire dans cette année 1845), en ignore-t-il même l'économie intellectuelle. Les deux amis inséparables ne prendront la mesure des désaccords d'interprétation que plus tard[22]. Mais ceux-ci sont déjà tout à fait clairs dans les années qui précèdent la révolution de Février. Il n'est pour l'établir que de comparer le cours de Quinet de 1845 et la longue « Introduction » qui ouvre en 1847 *La Révolution* de Michelet.

On voit bien ce qui rapproche en surface les deux conceptions. Les deux amis ont en commun une histoire de la Révolution écrite sur le mode de l'annonciation, et comportant les mêmes personnages : du côté de l'Ancien Régime, l'Église catholique et la monarchie, et de l'autre, un 1789 en rupture avec ces deux figures emblématiques du passé, ouvrant une autre époque de l'histoire humaine. On pourrait notamment comparer, chez les deux auteurs, ce qu'ils écrivent de la monarchie d'Ancien Régime, conçue comme inséparable de la tradition catholique. Michelet la voit comme une monarchie sacerdotale, ayant mis la main sur le mystère chrétien de l'incarnation par lequel s'opère l'union mystique du monarque et du royaume, l'identité énigmatique du corps du roi et du peuple : figure double de l'Ancien Régime, à la fois son centre symbolique et sa réalité charnelle, qui fera du régicide le nœud gordien de la Révolution française[23]. Quinet, lui, considère le pouvoir absolu des Bourbons comme l'extrapolation terrestre de la toute-puissance de Dieu, et l'imitation de la monarchie pontificale : tradition autoritaire qui procède à la fois de Byzance et

22. Cf. *infra*, pp. 99 et suiv.
23. Sur ce thème de l'incarnation royale chez Michelet, cf. C. Lefort, « Permanence du théologico-politique ? » in *Le Temps de la réflexion*, t. II, Gallimard, 1981.

de Rome, et que Bossuet radicalise au profit de Louis XIV, sans voir qu'à étendre la prérogative du roi de France même sur l'Église, l'absolutisme politique ruine son modèle, la monarchie romaine. Le gallicanisme, en apparence extension du pouvoir royal, détruit en réalité sa racine[24]. La monarchie meurt chez Michelet de ne plus soutenir le mystère d'incarnation qui la porte ; chez Quinet, d'avoir elle-même montré le néant de ce qui est à son principe.

Il reste que, chez l'un comme chez l'autre, la Révolution française illustre par excellence le caractère exemplaire de l'histoire de France, dont la particularité est précisément d'être universelle. On mesure par là ce qui les rapproche en ce sens — mais en ce sens seulement — de la France messianique de Buchez, et ce qui les sépare au contraire de l'historiographie libérale de la Restauration, des *Considérations* de Mme de Staël à toute l'œuvre historique de Guizot : l'histoire de France a cessé d'être pour eux l'objet d'une comparaison systématique avec l'histoire anglaise, destinée à faire ressortir les éléments communs d'une même marche de la civilisation. L'histoire de France est unique, en ce sens que seule elle manifeste dans leur pureté le passé et l'avenir de l'Europe et du monde, l'Ancien Régime et la Révolution, la servitude et la citoyenneté, la monarchie et la démocratie. Il n'y a plus qu'une seule matrice de la marche de l'humanité, et c'est précisément ce que l'histoire de France a d'unique qui la rend universelle[25].

Pourtant, ces analogies dans le dessin général cachent des différences et même des contradictions profondes entre les deux visions. Les plus évidentes concernent la place et le rôle qu'y joue la religion, c'est-à-dire le christianisme. Chez Quinet, on a vu que celui-ci surplombe de bout en bout le procès historique : il y a un esprit du catholicisme, un esprit du protestantisme, un esprit de la démocratie qui ne se peuvent comprendre que par rapport à l'essence du christianisme, manifestée par la parole de Jésus, c'est-à-dire la rela-

24. *Le Christianisme et la Révolution française*, pp. 215-217.

25. Cette vision du caractère absolument privilégié de l'histoire de France est plus radicale chez Michelet que chez Quinet, dans la mesure où Quinet conserve toujours un caractère exemplaire à la version protestante de l'histoire européenne et de son appendice américain — trait qui s'accentuera dans sa *Révolution*. Or, Michelet est aveugle à l'histoire anglaise, qu'il déteste, et à son rejeton, la démocratie américaine ; il opère de ce point de vue un rétrécissement national par rapport à l'historiographie de la Restauration. Cf. par exemple, *Le Peuple* (1846), 3e partie, chap. V : « Toute autre histoire est mutilée, la nôtre seule est complète ; prenez l'histoire de l'Italie, il y manque les derniers siècles ; prenez l'histoire de l'Allemagne, de l'Angleterre, il y manque les premiers. Prenez celle de la France ; avec elle, vous savez le monde. »

tion de chaque conscience à la divinité. Chez Michelet, la Révolution française termine l'histoire du christianisme. Elle le « continue, et elle le contredit. Elle en est, à la fois l'héritière et l'adversaire[26] ». Elle a en commun avec le christianisme l'idée de l'égalité et de la fraternité des hommes. Mais cette idée ne s'est incarnée avant elle dans l'histoire qu'à travers l'arbitraire du salut, modèle de l'arbitraire du pouvoir, l'Église catholique et la monarchie sacerdotale. Il y a donc bien là, comme chez Quinet, trahison du message évangélique par l'institution catholique et ses dérivés, mais chez Michelet cette trahison est sans appel : il n'y a pas de retour du véritable esprit chrétien à l'intérieur de la religion, puisque la Réforme durcit même la doctrine cruelle de la grâce et la damnation qui fait le fond du christianisme[27]. De ce fait, si la Révolution opère le rétablissement de l'égalité et de la justice entre les hommes, elle ne peut le faire qu'en détruisant le christianisme comme principe organisateur du social, en abolissant la grâce de Dieu pour lui substituer le droit des hommes. C'est sous cette forme que Michelet pense la réappropriation de l'individu par lui-même comme sens de la Révolution française ; elle l'amène à faire de 89 une sorte de rupture absolue avec ce qui l'a précédé, l'avènement d'un principe neuf, et même d'une nouvelle foi, opposée à l'ancienne. Là où Quinet repérait entre l'Ancien Régime et la Révolution le travail de l'idée chrétienne, Michelet célèbre le conflit de deux religions, la contradiction entre l'arbitraire et le droit, la grâce de Dieu et la justice de la démocratie. Opposition fondamentale d'interprétation, qui commande des regards différents et même contradictoires non seulement sur les rapports du passé et de l'avenir, de l'Ancien Régime et de la Révolution, mais aussi à l'intérieur de la Révolution elle-même : si celle-ci constitue une foi nouvelle, Michelet ne peut et ne pourra pas aimer qu'on morcelle cette annonciation. Par où l'histoire de la Révolution française retrouve ses enjeux déjà traditionnels.

26. Michelet, *Histoire de la Révolution française,* t. I, introduction, La Pléiade, p. 25.
27. *Ibid.,* p. 27 : « Cette doctrine, formulée durement par les protestants, n'en est pas moins celle du monde catholique, telle que la reconnaît le Concile de Trente. »

II

# 1848
# OU L'ÉCHEC DE LA RÉVOLUTION FRANÇAISE : QUINET ET TOCQUEVILLE

La Révolution française figure donc pour Quinet, à la fin du règne de Louis-Philippe, la matrice de son idéal politique, et pourtant une référence qu'il ne faut pas fétichiser. Elle incarne la promesse de la démocratie plus que sa réalité : c'est que ce gouvernement du peuple par lui-même, cet exercice de l'autorité publique par un corps de citoyens libres en quoi l'agitateur du Collège de France voit la nature de la République, par opposition au pouvoir d'un seul, ne cesse de se heurter à la tradition inverse de l'Église catholique et de la monarchie absolutiste. Bataille entre la servitude et la liberté politiques qui ne cesse de dominer l'histoire du monde, et d'abord celle de la France, depuis la Révolution, justement parce que la Révolution n'a pas su, ou pas pu sceller la victoire définitive de la liberté. Ce qu'elle a annoncé de radicalement nouveau ne vaccine pas l'histoire de France contre les rechutes dans l'ordre ancien. A cet égard, l'histoire de la IIe République va constituer pour Quinet la vérification tragique de cette inquiétude et de cette espèce de loi : une fois encore, la Révolution française débouche sur la dictature bonapartiste, et Février 1848 se clôt par le 2 décembre 1851. Quinet quitte la France d'où il ne rentrera qu'à la chute de l'Empire. Même l'amnistie de 1859 ne le ramènera pas dans sa patrie. Comme Hugo, il veut rester le témoin du refus absolu. L'obsession de ces longues années d'exil sera l'échec de la démocratie française.

« Échec » n'est d'ailleurs pas assez dire. Partageant un sentiment qu'on retrouve un peu partout dans la littérature de l'époque, et d'abord chez Marx et chez Hugo, Quinet ne déteste pas seulement le Second Empire et son chef. Il en a honte. Ce régime n'est pas simplement le despotisme, c'est le déshonneur. Le premier Napoléon avait confisqué l'État à la bourgeoisie au nom de la nation, en substituant au syndicat des thermidoriens l'éclat de son génie et de sa gloire. L'aventurier du 2 Décembre, esprit médiocre et fumeux, n'a aucun titre personnel à régner sur la France. Du coup, l'inexistence de sa personnalité met à nu un penchant national à la servitude.

Circonstance aggravante : la séquence 1848-1851 ne comporte pas d'échappatoire à l'exploration des causes intérieures de la faillite de la Révolution ; celle-ci ne peut être liée, comme la chaîne des événements qui vont de 1792 à 1799, de la guerre entre la France révolutionnaire et l'Europe jusqu'au 18 Brumaire, à une situation de conflit extérieur. Cette absence fait d'ailleurs ressortir le caractère partiel des explications selon lesquelles la pente dictatoriale de la Révolution française est une conséquence de la seule crise extérieure (qu'il s'agisse de jacobinisme ou de bonapartisme) ; en tout état de cause, elle ramène l'historien de la faillite de 1848 à l'examen des causes intérieures et civiles.

Ainsi, tout porte l'exilé du 2 Décembre à une méditation pessimiste sur l'héritage national. Le problème de Quinet n'est plus, comme dans le cas des historiens libéraux de la Restauration, de comprendre l'harmonie d'une bourgeoisie et d'un régime parlementaire ; la question posée est celle de la complicité d'une tradition avec le despotisme.

## *LA* PHILOSOPHIE DE L'HISTOIRE DE FRANCE *: QUINET ET AUGUSTIN THIERRY*

C'est le sujet du premier livre de l'exil, la *Philosophie de l'Histoire de France*[1]. Quinet s'y livre en effet à une critique radicale du fatalisme, si cher à l'école historique de la Restauration, et inséparable de la figure des « ruses de la raison », par laquelle l'action des hommes accomplit toujours la rationalité de l'histoire, à travers des visées particulières apparemment irrationnelles. L'un de ses emplois, le plus pernicieux à ses yeux, fait des empiétements constants de la monarchie sur la société, dans l'ancienne France, le préala-

1. Quinet, *Philosophie de l'Histoire de France,* 1854.

ble nécessaire des libertés civiles et des institutions représentatives. De cette idée, Guizot, Thierry, Thiers et Mignet avaient tiré non seulement la fatalité de 1830, mais toute une conception déterministe de la progressive conquête de la nation par le Tiers-État, d'abord sous l'aile de la royauté, ensuite par la Révolution. Et on mesure, à lire Quinet, et tant d'autres [2], à quel point la révolution de 1848 et l'ensemble chaotique d'événements qui en forme la trame ont porté un coup sévère à cette illusion de la nécessité d'où le régime de Juillet avait tiré son illusion d'éternité.

Au moins, les vaincus de 1848 ont-ils sur les vainqueurs de 1830 l'avantage de rendre à l'histoire de France une marche moins linéaire, puisque celle-ci a perdu, avec son aboutissement triomphal, la certitude de son destin : que l'absolutisme, par exemple, ne soit plus conçu tout uniment comme le boulevard de la liberté permet d'y analyser aussi les éléments d'une tradition despotique toujours à l'œuvre dans la Révolution et dans le XIXe siècle, et les matériaux d'un conflit à la fois récurrent et imprévisible. Mais Quinet, tout à son exil, n'utilise le plus souvent la liberté retrouvée des acteurs de l'histoire que pour soumettre à son tour ceux-ci à ce qu'on pourrait appeler la logique du 2 Décembre : enjeu d'une lutte permanente entre la liberté et le despotisme, le passé national est tissé d'une interminable série de défaites de la liberté, dont le Second Empire n'est que le dernier avatar. Il n'y a plus de ruse de la raison chez Quinet, où l'homme sait ou peut savoir l'histoire qu'il fait ; mais sa philosophie de l'histoire de France est inspirée par une téléologie des batailles perdues.

Et perdues très tôt. Car le premier vaincu de la liberté c'est Vercingétorix. Alésia ouvre la Gaule à la tradition politique romaine, qui est celle du césarisme et du despotisme

2. L'illusion d'une stabilisation politique durable opérée par la monarchie de Juillet a en effet été partagée par la plupart des contemporains, même dans l'opposition, particulièrement à l'époque où le régime est apparu le plus solide, de 1834 jusqu'au début des années 1840. On la trouve par exemple chez Tocqueville au moment où il prépare le deuxième tome de la *Démocratie,* puisque le chapitre XXI de la 3e partie du deuxième volume publié en 1840, et intitulé : « Pourquoi les grandes révolutions deviendront rares », a comme référence implicite la France de Louis-Philippe et de Guizot, dépolitisée par l'obsession individualiste des intérêts particuliers (cf. J. C. Lamberti, *Tocqueville et les deux démocraties,* Paris, 1983, pp. 259-260).

On peut trouver aussi chez le jeune Marx la même idée sous une autre forme et dans un autre langage : le régime de Juillet apparaît dans certains de ses écrits du début des années 1840 comme le terme de la Révolution française, l'expression politique enfin trouvée, et par conséquent durable, de la domination des intérêts bourgeois. Le règne de Louis-Philippe marque la renonciation, par la bourgeoisie, au masque de l'universalité de l'État, et l'acceptation que ce dernier n'est plus que « l'expression officielle de sa puissance exclusive et la consécration politique de ses intérêts particuliers » (Marx, *La Sainte Famille,* Éd. sociales, 1969, p. 150).

impérial. Quinet reprend à l'abbé Dubos [3], mais pour en condamner les effets, la thèse de l'origine romaine de la souveraineté royale : construite sur le modèle antique, la monarchie française est par définition contraire à la liberté moderne [4]. Par cette étrange utilisation d'un parallèle classique dans la philosophie politique [5], Quinet redonne aux deux adjectifs un sens qui lui est particulier. Son Antiquité est une Antiquité dégénérée en Bas-Empire, bientôt Byzance, et non plus celle de Lycurgue ou de Cincinnatus. Sa liberté « moderne » n'est pas celle de Benjamin Constant et de la pensée libérale ; elle n'est pas liée au développement de la « civilisation », c'est-à-dire du commerce, des mœurs et des arts, et de la communication sociale en général. Radicalement distincte de la sphère économique et des intérêts particuliers, elle tient tout entière dans l'activité autonome de la conscience morale.

C'est pourquoi le véritable test de la nature de la monarchie française, c'est sa réaction au protestantisme, la révolution moderne par excellence. Or ce test est clair, de la Saint-Barthélemy jusqu'à la révocation de l'édit de Nantes : les rois de France se rangent du côté de l'Église du passé contre l'émancipation protestante. Et comme par hasard, la progression de leur pouvoir obéit au même rythme que la persécution du protestantisme, la volonté d'en déraciner l'esprit par la force. Au bout du compte, il y a le despotisme pur, devenu théorie et pratique de la monarchie française, de Richelieu à Louis XIV : figure d'un divorce caractéristique de l'histoire de France entre la civilisation et la liberté [6].

En faisant des batailles autour de la Réforme, l'épisode central de l'histoire européenne, et la ligne de partage des eaux entre liberté et servitude, Quinet s'oppose terme à terme à Buchez et Roux et à Louis Blanc [7], qu'il cite avec indignation. Cela va presque de soi, puisque les points de

3. Dubos, *Histoire critique de l'établissement de la monarchie française dans les Gaules,* Paris, 1734 (éd. remaniée 1742). Dubos est, au XVIII<sup>e</sup> siècle, le champion de la thèse romaniste sur les origines de la monarchie française, par opposition à Boulainvilliers.

4. *Philosophie de l'Histoire de France,* éd. 1857, p. 382 : « Loin d'être effrayés de voir notre société se former avec le principe de l'antiquité dégénérée, c'est de quoi nous nous vantons ; si nous avons hérité de ses vices, c'est de quoi nous nous vantons... et dans notre idolâtrie pour une Antiquité morte et difforme, nous croyons approcher de la liberté moderne à mesure qu'elle s'éloigne davantage. »

5. C'est Benjamin Constant qui lui donne, dans la littérature de langue française, sa forme classique : cf. *De la liberté chez les Modernes,* textes choisis, présentés et annotés par Marcel Gauchet, Hachette, Le Livre de poche, collection Pluriel, 1980.

6. *Philosophie de l'Histoire de France,* p. 392 : « Ce divorce de la civilisation et de la liberté est le côté honteux de notre histoire. »

7. L'*Histoire de la Révolution française* de Louis Blanc a commencé à paraître en 1847. Les deux premiers volumes sont consacrés à la monarchie française du XVI<sup>e</sup> au XVIII<sup>e</sup> siècle.

vue sont exactement contraires : eux condamnent l'individualisme, lui le célèbre. Comme ils y voient tous un produit du protestantisme, ils tirent du même diagnostic des partis inverses : eux sont du côté catholique et monarchique, Saint-Barthélemy comprise, pour Buchez au moins[8], lui siège avec Calvin et Hotman. Mais plus encore que les historiens socialistes, son argumentation vise leurs prédécesseurs bourgeois, pleins de sympathie, eux, pour le protestantisme, quand ils ne sont pas tout simplement protestants, comme Guizot. Comment peuvent-ils, eux qui voient comme lui dans la Réforme le surgissement de la liberté en Europe, applaudir à la monarchie absolue, nouvelle inquisition inséparable de la persécution religieuse ?

La réponse de Quinet est simple : c'est parce que, comme les socialistes, ils voient dans cette monarchie l'instrument de l'égalité et de l'abaissement des nobles. C'est en faisant de la lutte de classe entre la noblesse et la bourgeoisie la clé de toute l'histoire nationale qu'ils sont amenés à cette espèce d'indifférence en matière de liberté politique. Quinet met ainsi le doigt sur la contradiction de la pensée historico-politique des Doctrinaires, et notamment de Guizot : si c'est le simple fait, le pur rapport de forces entre les classes qui fonde le droit, comment refuser dans le présent ce qu'on bénit dans le passé ? Comment interdire à d'autres classes que la bourgeoisie l'ambition d'un nivellement supplémentaire, contre la bourgeoisie cette fois ? « J'admire », écrit Quinet, pensant évidemment à Guizot, « que les mêmes hommes qui détestent de nos jours de toute la puissance de leur cœur l'idée d'un nivellement social, lequel ôterait tout à tous pour ne laisser subsister que la grandeur de l'État, exaltent cette idée dès qu'ils la rencontrent dans le passé[9]. » Autre manière de dire que l'égalité, objectif à la fois obsessionnel et évanescent des sociétés modernes, ne suffira jamais à en fonder la liberté, puisqu'elle en reculera sans cesse l'échéance : « Égalité sans liberté, en dehors de la liberté, telle est donc la chimère suprême que nos théoriciens nous font poursuivre pendant tout le cours de notre

8. Buchez et Roux, *Histoire parlementaire de la Révolution française,* t. I, « Histoire abrégée des Français ». A l'intérieur de leur vision de l'histoire de France, les auteurs tiennent le protestantisme calviniste du XVIe siècle pour un masque du « fédéralisme aristocratique ». Le commentaire sur la Saint-Barthélemy est le suivant (p. 136) : « Il suffit de dire que, mettant de côté les motifs de la Cour, le sentiment qui poussa le peuple à permettre cette terrible action était une colère trop justifiée, où il y avait autre chose que du fanatisme religieux. Ce fut la noblesse qui fut frappée, cette noblesse qui depuis si longtemps troublait les destinées du pays. »
9. *Philosophie de l'Histoire de France*, p. 392.

histoire : c'est l'appât qui nous tient en haleine. De règne en règne je les suis, attiré par le fantôme qu'ils ne peuvent embrasser... J'ajourne la recherche des garanties politiques au temps où le niveau social aura été atteint. Mais, si ce niveau prétendu, d'où l'on retranche la vie civile, n'était qu'une conception illusoire et fausse ! s'il ne se réalisait pas ! Je vais plus loin. Je suppose que la chimère soit atteinte : en sera-t-on plus avancé ? Qui jugera qu'elle l'est en effet ? Qui décidera que le point est trouvé, que l'heure est venue de songer à la dignité, et, comme parle Vico, à la *pudeur civile* ? Quand la bourgeoisie aura ce qu'elle appelle l'égalité, si le petit peuple prétend que cette égalité n'est pas la véritable, et, le petit peuple satisfait, si ce prolétaire ne l'est pas, que faudra-t-il faire ? Voilà la liberté de nouveau ajournée ; mieux valait dire dès le début qu'elle l'est éternellement [10]. »

A l'époque où il écrit ces lignes désabusées, Quinet n'a pas encore commencé à écrire son histoire de la Révolution française. Mais celles-ci, à l'image du reste de son petit livre, permettent d'imaginer l'esprit dans lequel il l'entreprend, et le sens qu'il va donner à la liberté de 1789 et au despotisme revenu de 1793. Les historiens fatalistes qu'il n'aime pas avaient vu dans l'œuvre de la monarchie le préalable à la Révolution. Lui va y diagnostiquer l'échec de la Révolution.

## *QUINET ET TOCQUEVILLE* [11]

On conçoit facilement comment, en suivant cette pente dans l'analyse de l'ancienne France, Quinet devait inévitablement rencontrer *L'Ancien Régime* [12] de Tocqueville, qui paraît deux ans après la *Philosophie de l'Histoire de France.* De fait, il noue avec son ancien collègue des Assemblées de la IIe République un long dialogue posthume : Tocqueville meurt au printemps 1859, et Quinet annote ligne à ligne *L'Ancien Régime* à partir de 1862. Le détour par cette partie de ses carnets de travail [13] permet d'éclairer utilement le futur livre sur la Révolution dont ceux-ci dessinent peu à peu les idées.

10. *Ibid.*, p. 414.
11. Je reprends dans les pages qui suivent un parallèle publié dans la revue *Commentaire* (1983) sous le titre : « Le dialogue posthume d'Edgar Quinet avec Tocqueville ».
12. A. de Tocqueville, *L'Ancien Régime et la Révolution,* 1856.
13. Manuscrits Bibliothèque nationale NAF 20690-20780. Les carnets dans lesquels Quinet discute plume à la main avec *L'Ancien Régime* (20764-20765) correspondent à l'année 1862.

Quinet et Tocqueville se sont connus à travers la politique française ; ils ne se sont jamais aimés. Entre eux, il y a ce qu'on appelle la vie. Fils de la petite bourgeoisie provinciale, et d'un père qui, après avoir été commissaire des guerres sous l'Empereur, traîne un peu tristement à Charolles une existence de fonctionnaire des tabacs, Quinet n'a dans son histoire de brillant sujet d'une famille anonyme rien qui lui permette de comprendre, moins encore d'aimer un rejeton de l'aristocratie d'Ancien Régime comme Tocqueville, qui a trouvé dans son berceau l'argent, les relations, la culture, et même l'idée qui va occuper sa vie. Lié à l'intelligentsia républicaine de la Restauration et de la monarchie de Juillet, adversaire déclaré de l'Église catholique, partisan des nationalités : les fidélités de Quinet, qui ont leur source dans la Révolution française, l'opposent trait pour trait à celles de Tocqueville, qui remontent à l'Ancien Régime. Il est vrai que l'aristocrate est devenu tout jeune, comme le montre *La Démocratie en Amérique*, un partisan de la démocratie : mais c'est à travers un effort de l'intellect et non par élan du cœur. En un sens pourtant, le régime de Juillet rapproche ces deux tempéraments si opposés et même si contradictoires, dans l'opposition à une monarchie matérialiste et bourgeoise : en 1843, Tocqueville félicite Quinet pour une de ses leçons au Collège de France [14]. La IIe République les

14. Dans son récit de la vie d'Edgar Quinet à cette époque, intitulé *Edgar Quinet avant l'exil* (Paris, 1887), la veuve de Quinet fait état de relations très cordiales entre son futur mari et Tocqueville. Elle cite à cet égard deux lettres non datées de Tocqueville, qu'on peut trouver in extenso à la Bibliothèque nationale dans la correspondance d'Edgar Quinet (Mss fr., NA 20798, fol. 128-130). L'une est de très peu antérieure à la nomination de Quinet au Collège de France (juillet 1841) ; elle est adressée par Tocqueville à un de ses confrères à l'Académie, qui lui a demandé de l'aide pour accélérer la nomination de Quinet ; il s'agit d'intervenir auprès du ministre de l'Instruction publique Villemain, et l'auteur de la *Démocratie* ne marchande pas son appui : « ... je ne veux point attendre samedi prochain pour vous dire que c'est avec un très grand plaisir que je parlerai à M. Villemain de M. Quinet. J'ai, en vérité, mille raisons pour agir ainsi. D'abord le très grand mérite de M. Quinet ; ensuite l'intérêt, je pourrais presque dire l'amitié que m'a inspirée sa personne que j'ai eu le bonheur de rencontrer quelques fois » (fol. 128).

La seconde lettre, également sans date, mais probablement de 1843, et adressée directement à Edgar Quinet, témoigne de l'estime de Tocqueville pour les leçons du nouveau professeur : « Mon cher Monsieur Quinet, je ne vous vois pas, mais vous n'êtes pas un homme qu'on oublie. Vous vous êtes notamment rappelé à mon souvenir par une leçon au Collège de France, leçon que je n'ai pu lire qu'hier et dont je veux vous remercier aujourd'hui. Elle m'a vivement intéressé d'un bout à l'autre et l'éloquent morceau qui la termine m'a profondément ému. Combien vous avez raison ! et qu'il faut craindre ce redoutable sommeil dont vous parlez ! mais comment réveiller des gens qui en s'endormant ne cèdent point seulement à un besoin naturel mais à ce *coma* léthargique que cause l'ivresse des jouissances matérielles , c'est à des esprits comme le vôtre à trouver un remède à un pareil mal » (fol. 129-130).

Ainsi Tocqueville a bien cerné ce qui le lie intellectuellement à Quinet contre le « matérialisme » du régime de Juillet. Il apparaît d'ailleurs, à travers ces quelques lettres, comme offrant plus d'amitié qu'il n'en reçoit. A preuve ces lignes du 25 septembre 1841, répondant à une lettre (perdue) de Quinet : « Vous avez de très grandes raisons de dire que vous avez des reproches à vous faire à mon occasion. Vous m'avez fort mal traité l'hiver dernier. J'aurais eu,

retrouve dans l'Assemblée constituante, mais sans les réunir : en 1849, la politique creuse un fossé entre eux, puisque Tocqueville est le ministre des Affaires étrangères de l'expédition de Rome, alors que Quinet est le défenseur inconditionnel de la jeune République romaine. La tradition du parti de l'ordre et celle des républicains s'avèrent incompatibles.

Est-ce ce souvenir, ou une lecture très superficielle du livre, qui explique ce jugement bizarre de Quinet, dans une lettre à Michelet, au moment de la parution de *L'Ancien Régime*. « Je n'ai fait que feuilleter le dernier volume de Tocqueville. Toutes les grandes vues lui échappent ; c'est un bon esprit assez court, qui n'est orienté sur rien et qui ne rencontre la lumière que par hasard. Le moment d'après il rentre dans les ténèbres sans même s'en apercevoir [15]. » Jugement doublement bizarre même, et difficile à comprendre, d'abord parce qu'il est démenti, quelques années après, par l'intérêt explicite que Quinet porte au livre de Tocqueville, et par les citations élogieuses qu'il en fait, lui qui ne cite pas grand monde. Et surtout parce qu'à cette époque (1856), la vie a vraiment rapproché les deux hommes, après tant de combats différents ou antagonistes. Ils sont tous les deux des exilés du deuxième régime impérial, Tocqueville à l'intérieur, Quinet à l'extérieur du pays. Ils cherchent tous les deux à comprendre la persistance et le renouveau de la tradition despotique dans l'histoire nationale. Ils s'attaquent tous les deux à un problème qu'ils formulent en termes comparables, et qui consiste à penser ce qui constitue pour eux deux l'échec de la Révolution française : la prise en charge de la société par l'État. Je ne vois donc pas — en dehors d'une lecture trop rapide et d'une incompréhension provisoire — d'explication satisfaisante à cette réaction surprenante de Quinet, après un premier survol de *L'Ancien Régime,* puisque au contraire c'est sa familiarité postérieure avec l'analyse de Tocqueville qui s'explique facilement. Ses carnets de travail de 1862 témoignent en effet d'une lecture très approfondie du livre et d'une véritable proximité intel-

vous le savez, un extrême plaisir à vous voir et vous n'avez pas voulu y consentir. Personne cependant ne professe plus d'estime que moi pour vous et bien que ce sentiment-là n'ait rien que de très naturel, il aurait dû vous attirer quelquefois de notre côté. Vous êtes donc dans votre tort, en effet, et c'est un tort, que nous ne pardonnerons point, Madame de Tocqueville et moi, si vous ne vous hâtez de nous le faire oublier en venant quelques fois nous voir. Soyez sûr, Monsieur, que vous ne rencontrez nulle part des gens qui rendent plus de justice à votre mérite » (fol. 126-127). Voir note additionnelle p. 117.

15. E. Quinet, *Lettres d'exil,* Paris, 1885, t. I, p. 288, lettre du 2 octobre 1856.

lectuelle et morale avec son auteur, mort depuis trois ans.

Quinet a rédigé en plusieurs fois son livre sur la Révolution française, et il y a travaillé pendant treize ans, de 1852 à 1865. Ses manuscrits de la période d'exil en font foi, ainsi que le journal quotidien pieusement tenu par sa femme à la même époque [16]. S'il faut en croire celle-ci, et il n'y a aucune raison, sur ce point de fait, de ne pas lui faire confiance [17], la première rédaction en est cette *Philosophie de l'Histoire de France* que je viens d'analyser ; après quoi il se jette dans ce qui en constitue la suite, et qui doit tout naturellement s'intituler : *Philosophie de la Révolution française.* Livre terminé, écrit-il dès 1855 à A. Dumesnil, le gendre de Michelet [18]. Mais il ne le publie pas, et recommence à y travailler en janvier 1862. Il passe les années 1862 et 1863 (jusqu'en août) à lire, prendre des notes et rédiger, comme en témoignent ses carnets, qui mêlent des commentaires de lecture à des passages destinés à figurer tels quels dans l'ouvrage final. En août 1863, il reçoit les mémoires inédits de l'ex-conventionnel Baudot, auxquels il attache la plus grande importance : c'est alors qu'il entreprend la dernière (et définitive) rédaction de sa *Révolution française,* qui sera terminée en octobre 1865.

En dehors des papiers Baudot, Quinet n'utilise, comme toujours, que des sources imprimées. Illustrant toujours, en plein XIXe siècle, une dichotomie de la culture classique, il écrit une histoire philosophique, non pas une narration érudite. Sa « philosophie de la Révolution » s'élabore sur une douzaine d'ouvrages [19] et sur la consultation systématique de

16. On peut en consulter les textes à la Bibliothèque nationale, département des manuscrits, sous les cotes suivantes : Mémorial d'exil inédit de Mme Quinet, NAF 11826-11831 ; Carnets de travail d'Edgar Quinet, NAF 20736 (1854), 20762 (1854), 20763 (1855), 20764 et 20765 (1862), 20766 (1863). C'est dans la première moitié de l'année 1862 que Quinet lit Tocqueville, comme en témoigne le carnet 20764. Mais il revient un peu plus tard, dans le carnet 20766, sur les thèses de l'auteur de l'Ancien Régime.

On trouvera un premier commentaire de ces textes dans la thèse de M. Jacques Pochon. Voir aussi, du même auteur, un article publié en 1976 dans les *Actes du Colloque Quinet,* par la faculté des lettres de Clermont-Ferrand : « Quinet lecteur et utilisateur de Tocqueville ».

17. Mémorial d'exil, 10 décembre 1863 (NAF 11830) : « Edgar m'a expliqué d'où vient la lenteur de son travail. Il avait écrit d'abord la Révolution. La partie publiée à Bruxelles en 1855 sous le titre *Philosophie de l'Histoire de France* en est la préface et dit le point de vue de l'ouvrage. Puis, en réfléchissant que les hommes ne prennent un intérêt réel qu'aux faits, il a résolu d'ajouter le récit des événements aux considérations politiques. Il s'agissait donc d'entrelacer le travail antérieur philosophique et le nouveau purement historique où il infuse aussi les anecdotes puisées dans Baudot avec des extraits de ses notes. Ainsi son livre devient une histoire complète de la Révolution le corps et l'âme... Voilà comment il se trouve ramené en ce moment à 89, il a été obligé de revenir sur ses pas. »

18. *Lettres d'exil, op. cit.,* t. I, p. 188, lettre du 4 mars 1855.

19. Les sources d'Edgar Quinet sont uniquement des imprimés. En dehors de Buchez et Roux et du *Moniteur,* Quinet utilise essentiellement Michelet, Louis Blanc, Tocqueville, Barante, Mortimer-Ternaux, plus, pour la politique extérieure, Jomini et von Sybel.

Buchez et Roux et du *Moniteur*. En 1862, entre février et mai, il lit Tocqueville la plume à la main et l'annote abondamment : bel exemple d'un dialogue des pensées, quand celui des hommes n'avait pas trouvé son occasion.

On peut partir, pour comprendre où se nouent à la fois la complicité et le désaccord des deux esprits, de la manière dont ils emploient respectivement le mot « démocratie », qui est au centre de leur univers conceptuel à tous les deux. Tocqueville, comme on sait, s'en sert surtout pour désigner un état de la société, caractérisé par le consensus autour de l'idée que tous les individus sont égaux. C'est d'ailleurs l'acception la plus courante au XIXe siècle, notamment dans la pensée libérale, qui distingue systématiquement, dans l'héritage révolutionnaire, le niveau social et le niveau politique. La Révolution française a fondé un état social et non un pouvoir stable ; elle a instauré la « démocratie » sans réussir à créer un pouvoir libre, accepté, durable. La distinction entre le social et le politique recouvre ainsi une inégalité de traitement, le constat d'un succès d'un côté et celui d'un échec de l'autre, ou encore l'acceptation d'une société et la recherche d'un gouvernement. Mieux, elle permet le plus souvent de ne pas étendre au domaine politique le bénéfice de la démocratie, c'est-à-dire de l'égalité des droits ; elle autorise l'idée qu'il existe ou doit exister une société politique plus restreinte que la société tout court, et que la démocratie sociale n'est pas incompatible avec une aristocratie politique : c'est le sens de l'orléanisme, et aussi tout l'enjeu du débat sur les « capacités ».

Tocqueville, il est vrai, n'appartient pas à cette famille d'esprits. Il étudie ce qu'on pourrait appeler l'imaginaire démocratique moderne à travers une série de déductions qui n'en excluent pas la dimension politique et le gouvernement de la cité. Il s'agit de voir au contraire à quelles conditions celui-ci peut demeurer libre à partir de la nouvelle légitimité égalitaire. Mais il reste que Tocqueville désigne le plus souvent par démocratie un état de société, inséparable d'un ensemble de mœurs et de croyances collectives. A ses yeux, par exemple, comme pour Guizot, comparable à cet égard, la monarchie française a été l'instrument de la « démocratie ».

A l'inverse, Quinet emploie habituellement le mot dans son acception purement politique, comme le gouvernement du peuple par le peuple. Et il proteste contre l'abus sémantique que constitue à ses yeux l'autre usage du terme. Par exemple, au hasard de ses carnets de notes : « J'appelle démocratie le gouvernement dans lequel règne le peuple ; c'est là le sens que donnent à ce mot tous ceux qui ont fait la langue française. Aujourd'hui on dénature la langue. Les monarchies héréditaires absolues, le Bas-Empire, le monde byzantin, le gouvernement de Turquie deviennent des sociétés démocratiques. Sauvons au moins la langue et effaçons le mot de démocratie, si nous ne pouvons plus en souffrir le sens... Là où le peuple règne, il y a démocratie, mais là où c'est un despote, qui règne seul, ne me dites pas qu'il y a démocratie[20]. » Mais, pourtant, il ne s'en tient pas à sa propre règle, tant l'autre usage est répandu. Par exemple, toujours dans ses carnets à propos de la France du Second Empire : « La démocratie française quand elle n'est pas relevée par la presse, par la parole, par le travail incessant de la tribune, reprend bientôt l'ancien tempérament qu'elle avait dans l'ancien régime ; elle revient aux instincts du serf et du bourgeois qui eux aussi trouvaient que le roi n'était jamais assez fort[21]. »

Ainsi Tocqueville et Quinet ne cessent d'osciller dans leur emploi du mot démocratie. Mais ils oscillent chacun à partir d'un sens principal qui n'est pas le même. La démocratie est un type de société chez l'un, un type de gouvernement chez l'autre ; mais comme l'un et l'autre empruntent de temps en temps le sens qu'ils récusent ou qu'ils dénoncent, il ne suffit pas d'expliquer leur opposition, il faut aussi rendre compte de leur connivence.

Ce qui lie Quinet et Tocqueville, au plus profond des choix, c'est un amour de la liberté : c'est ce qui les fait se rencontrer (moralement s'entend), au soir de leurs vies, dans un exil commun né du 2 Décembre. Cet amour n'est pas seulement un choix, ou un goût, ou une valeur. C'est l'objet d'un culte spontané et d'une élaboration intellectuelle infinie, quelque chose à mi-chemin entre une conviction et une idée. On peut en comprendre plus facilement la nature si on compare sous ce rapport nos deux auteurs à Benjamin Constant, auquel ils s'opposent radicalement. En effet, ce qui constitue pour Benjamin Constant la liberté « moderne », par opposition à l'Antiquité[22], c'est le refus d'une souverai-

20. NAF 20766, fol. 161.
21. *Ibid.*, fol. 55.
22. Benjamin Constant, *De la liberté chez les Modernes, op. cit.*, p. 32.

neté illimitée du politique sur le social : l'époque moderne se caractérise par l'émergence d'une société civile constituée d'intérêts particuliers, qui définissent chez chacun et pour tous une sphère privée autonome par rapport à la sphère publique. La liberté est le respect de cette autonomie, qui puise donc sa source dans les progrès de l'économie et plus généralement dans ce que le XVIIIe siècle a appelé la « civilisation ». A noter d'ailleurs que le jeune Marx, lecteur de Constant, reste fidèle à cette ligne d'analyse en l'infléchissant pour l'adapter à sa critique de la société bourgeoise et capitaliste : il ne s'agit plus pour lui de célébrer la liberté « moderne » en insistant sur les limites indispensables à apporter au pouvoir de l'État, mais de critiquer l'idée même de sphère publique et d'analyser le politique en tant que tel comme une pure illusion, destinée à déguiser des intérêts privés : illusion d'une communauté de citoyens existant au-dessus des intérêts privés. C'est cette communauté conceptuelle — au moins partielle — entre Constant et le jeune Marx qui explique d'ailleurs leur interprétation comparable de la Terreur révolutionnaire. Car tous deux voient dans la Terreur le produit d'un anachronisme : la rencontre d'une conception « antique » de la politique, impliquant une souveraineté illimitée du politique sur le social, et d'une société « moderne » fondée sur les intérêts particuliers, impliquant l'indépendance de la sphère privée par rapport à la sphère publique. Forme de despotisme due au recouvrement anachronique de l'espace social par la communauté politique, la Terreur est chez les deux auteurs de même nature que la dictature impériale, qui en constitue la version administrative[23]. Il s'agit dans les deux cas de la résurgence de conceptions archaïques de la domination dans un État social moderne.

Or, chez Tocqueville comme chez Quinet, la philosophie individualiste de la société qu'ils partagent avec Constant ou Marx met au contraire au centre de la définition de la liberté non pas l'intérêt particulier, mais l'activité politique de participation à la cité. L'individu se définit avant tout comme citoyen. L'irréductibilité totale de chacun à autrui, caractéristique de l'individualisme, ne se résout que par la transparence absolue de chacun vis-à-vis d'autrui, caractéristique de l'exercice de la citoyenneté. Tocqueville et

23. On a reconnu l'analyse faite par Marx dans *La Sainte Famille.*

Quinet retraitent chacun à leur manière la question de Rousseau, alors que Benjamin Constant puise sa conception chez Locke. Ils s'opposent à tel point à la version économique de la liberté qu'à leurs yeux un des plus grands dangers de l'individualisme démocratique est de voir la société économique prendre le pas sur la société politique : crainte que les deux auteurs expriment souvent, sous la forme des appréhensions que suscite chez eux le matérialisme de la société moderne, l'obsession du confort et du profit.

Pourtant, le rejet de l'économique est infiniment plus radical chez Quinet que chez Tocqueville. Quinet est un républicain idéaliste, aux yeux duquel l'histoire se présente sous deux aspects, l'un, matériel, par lequel l'homme développe comme naturellement la richesse et la civilisation, l'autre, spirituel, fait de tensions entre des principes contradictoires. Le premier va de soi, indépendant de l'invention humaine, relevant du cours « normal » de l'histoire, et comme extérieur à ses progrès décisifs, même dans ses conséquences sociales : par exemple, la Révolution française n'est pas la Révolution parce qu'elle a donné au peuple l'égalité sociale ou les terres de l'Église — que de toute façon celui-ci aurait obtenues — mais parce qu'elle a dessiné à nouveau pour les hommes l'image de la liberté. Rien de ce qui est économique ou social n'entre donc, pour Quinet, dans sa définition de la démocratie. Celle-ci tient exclusivement dans l'épanouissement de l'individu libre, c'est-à-dire du citoyen ; elle figure un principe spirituel sans cesse vaincu dans l'histoire de France par un principe adverse, celui du pouvoir absolu, qui nous vient de Byzance via l'Église et les rois. 1789 prend le relais de la Réforme pour être bientôt, comme elle, brisé par le retour de l'absolutisme terroriste.

La reconstruction historique de Quinet s'apparente dans cette mesure à une vulgarisation post-hégélienne, alors que Tocqueville reste attentif au jeu des intérêts et des classes dans l'émergence des croyances et des principes. Il a beaucoup écouté Guizot, qui fut son maître avant 1830 et de qui il a appris notamment à intégrer la genèse des valeurs de 89 dans l'histoire de l'ancienne société et de l'ancienne monarchie. De Guizot, et des historiens libéraux de la Restauration, il a retenu l'idée de la démocratie française progressant à l'ombre du pouvoir monarchique, sur les ruines de l'aristocratie. Et c'est précisément l'histoire de cette démocratie, ses conditions concrètes de développement, qui lui permettent d'en enrichir le concept, par rapport à Guizot : au lieu d'y voir le lieu d'un ensemble de virtualités et de valeurs appelées à réorganiser et à fixer une fois pour toutes la vie sociale et politique de l'Europe, il en fait le porteur d'une série de contradictions dynamiques, opposant non seulement démocratie à aristocratie, mais les différents types de démocratie. De ce qu'elle est née contre une aristocratie et s'est fortifiée contre elle au cours des siècles, sous le couvert de l'administration royale, la démocratie française a reçu des traits particuliers, comme la passion égalitaire sans frein, l'individualisme exacerbé, le penchant à la servitude politique. D'où l'intérêt de la comparaison avec une autre démocratie, née dans d'autres conditions historiques, et le problème des rapports entre démocratie, révolution et despotisme, qui sous-tend la construction du deuxième volume de *La Démocratie en Amérique*.

Ainsi, chez Quinet, la démocratie est-elle une idée qui domine une histoire. Chez Tocqueville, c'est une idée façonnée par une histoire. Le premier, qui la voit toujours vaincue, et sans cesse renaissante, ne trouve qu'une seule garantie à son enracinement durable, c'est d'en faire une religion. Le second, qui croit au contraire son triomphe inévitable, puisque c'est le sens qu'il donne à ce qui se passe sous ses yeux, voudrait en modérer les effets, notamment par la religion. Si bien qu'ils croient tous les deux à la nécessité de la religion pour fonder une démocratie durable[24], et que pourtant leurs conceptions incompatibles de l'histoire aboutissent à une analyse contradictoire du phénomène religieux.

24. L'idée, commune à Tocqueville et à Quinet, qu'il n'y a pas de fondation démocratique durable sans une idée religieuse qui la sous-tende s'apparente au thème du caractère complémentaire de la religion et de la liberté, constant chez Mme de Staël, qui l'a elle-même hérité de son père, Necker. Cf. par exemple ce passage des *Considérations,* où il est difficile de ne pas voir une source commune à la fois à Tocqueville et à Quinet : « On a trouvé le secret de présenter les amis de la liberté comme des ennemis de la religion : il y a deux prétextes à la singulière injustice qui voudrait interdire au plus noble sentiment de cette terre l'alliance avec le ciel. Le premier c'est la révolution : comme elle s'est faite au nom de la philosophie, on en a conclu qu'il fallait être athée pour aimer la liberté. Certes, c'est parce que les Français n'ont pas uni la religion à la liberté, que leur révolution a sitôt dévié de sa direction primitive. Il se pouvait que de certains dogmes de l'Église catholique ne s'accordassent pas avec les principes de la liberté ; l'obéissance passive au pape était aussi peu soutenable que l'obéissance passive au roi. Mais le christianisme a véritablement apporté la liberté sur cette terre, la justice envers les opprimés, le respect pour les malheureux, enfin l'égalité devant Dieu, dont l'égalité devant la loi n'est qu'une image imparfaite. C'est par une confusion volontaire chez quelques-uns, aveugle chez quelques autres, qu'on a voulu faire considérer les privilèges de la noblesse et le pouvoir absolu du trône, comme des dogmes de la religion. Les formes de l'organisation sociale ne peuvent toucher à la religion que par leur influence sur le maintien de la justice envers tous, et de la morale de chacun ; le reste appartient à la science de ce monde. » (*Considérations sur la Révolution française* , VI, 12).

Tous deux, cependant, comme d'ailleurs la plupart de leurs contemporains, voient dans le message révolutionnaire, et dans l'égalité des hommes, une idée chrétienne ; mais c'est, pour Tocqueville, une idée dont il faut modérer les effets, par l'organisation sociale de la religion, le rôle des Églises dans le consensus social, le maintien du problème des fins dernières de l'humanité hors des querelles de la cité. Si la démocratie est un sens de l'histoire voulu par la Providence, encore faut-il qu'elle ne rende pas impossible la vie des hommes en société ; or, constituée par définition d'individus clos sur eux-mêmes et en proie à la passion égalitaire, il faut qu'elle puise ailleurs de quoi contrebalancer ce principe antisocial qui la fait vivre au bord du gouffre. La religion et l'Église, qui en est l'interprète et l'instrument, peuvent constituer ces éléments d'équilibre, comme aux États-Unis : la Constitution politique y est enracinée dans la foi religieuse, et la pluralité des Églises y souligne la réalité d'une croyance commune à tous les citoyens [25].

Quinet, au contraire, est toujours l'homme de la bataille religieuse, l'héritier du XVI<sup>e</sup> siècle et de la Réforme. La démocratie est une invention du message évangélique, mais l'esprit du christianisme a été trahi et comme retourné par l'Église catholique, avant d'être retrouvé par Luther et Calvin. Et, par ce qu'il a d'immortel, l'esprit de la Révolution française récupère également, sous une forme inédite, le principe du christianisme, dans un pays où la monarchie absolue et l'Église catholique ont rejeté et déraciné le protestantisme au XVII<sup>e</sup> siècle. Là où Tocqueville étudie un phénomène social, sous sa forme la plus générale de croyance collective à un être transcendant, Quinet exalte un principe spirituel tour à tour inventé, trahi, enfoui, retrouvé, maître de l'histoire européenne, à travers tous ses avatars. Là où l'un cherche une garantie générale contre l'individualisme exacerbé des sociétés démocratiques, l'autre y voit tour à tour la tragédie et la bénédiction de l'Europe, selon que la religion du Christ est trahie par l'Église catholique, au nom de la tradition autoritaire qui lui vient de Byzance et qui la soude à la monarchie, ou bien sauvée par la Réforme, annonciatrice de l'homme nouveau par fidélité retrouvée aux Évangiles.

On comprend ainsi pourquoi, dans ses carnets, Quinet

25. Ce point est bien souligné dans le récent livre de P. Manent, *Tocqueville et la nature de la démocratie,* Paris, 1982.

ne cesse de gémir sur l'indifférence dont témoigne Tocqueville à l'égard des confessions religieuses et des Églises. Commentant par exemple le chapitre de la troisième partie de *L'Ancien Régime* qui traite du rôle du clergé au XVIIIe siècle, il écrit : « Toujours la même Babel ! La Religion ! Mais laquelle ? Toute la vie de Tocqueville tient dans cette Babel[26]. » Ou encore : « Faiblesse de Tocqueville sur la religion. Et le passé ? Comment ne serait-il pas retombé sur lui[27] ? » De la même façon, puisqu'il identifie Église catholique, monarchie absolue et despotisme dans la même condamnation de l'Ancien Régime, il ne peut concevoir que Tocqueville semble esquisser, dans ce même chapitre, en faisant l'éloge du clergé de cette époque, la possibilité d'une alliance entre l'Église catholique et une Révolution libérale : « Monsieur de Tocqueville se trompe sur le fond des choses. Il y avait incompatibilité absolue entre la Révolution et le catholicisme. La Religion en général, c'est là un mot dont on ne peut tirer aucune conséquence... des semblants d'idées. La Révolution a été un temps une véritable *Religion civile,* comme la Déesse Rome pour les Romains[28]. »

Quinet substitue ainsi une rupture spirituelle à ce que Tocqueville examine, à travers ses acteurs collectifs, comme une crise sociale et politique. L'Ancien Régime est à ses yeux un « esprit », au sens de Montesquieu, caractérisé par le principe d'autorité, incarné par la monarchie et l'Église : ensemble dont rien n'est séparable ni défendable, et dont aucune des parties constituantes ne joue d'aucune façon un rôle favorable à la liberté. C'est ce qui explique que Quinet rejette aussi sa tradition aristocratique, où Tocqueville voyait au contraire une chance pour la liberté. Les deux auteurs ne sont d'accord que contre l'absolutisme, et Quinet note souvent avec un accord implicite les constats et les phrases de *L'Ancien Régime* qui mettent en relief la centralisation administrative, l'irresponsabilité des agents publics, la prise en main et l'atomisation de la société par l'État monarchique. Ils diffèrent radicalement sur les causes de cet état de fait. Tocqueville, fidèle en cela à l'historiographie libérale de la Restauration, incrimine l'action de la monarchie, appuyée sur la démocratie (c'est-à-dire sur le Tiers-État), et la destruction qui s'en est suivie de l'aristocratie. Quinet nie

26. NAF 20764, fol. 234.
27. *Ibid.,* fol. 135.
28. *Ibid.,* fol. 130.

qu'il y ait aucun rapport entre la centralisation administrative et la démocratie, entre la liberté et l'aristocratie. Il contre-argumente sur l'exemple américain, opposant Tocqueville à Tocqueville : « Maximes vides de Monsieur de Tocqueville, par exemple. Quand " un peuple a détruit dans son sein l'aristocratie, il tombe dans la centralisation comme dans (illisible) " : et l'Amérique du Nord ? A-t-elle connu la centralisation ? Et l'Italie du Moyen Age ? Tout cela est faux. L'ancienne centralisation est l'œuvre de la monarchie, et non pas de la démocratie [29]. » Le point est martelé un peu plus loin : « L'aristocratie est-elle bien nécessaire à la liberté ? Voyez les États-Unis. Qu'y a donc vu Tocqueville [30] ? »

Aux yeux de Quinet, l'œuvre néfaste de la monarchie absolue n'a eu d'autres appuis qu'elle-même. Avec la liberté, celle-ci a détruit le ressort du social lui-même, l'aristocratie comme la démocratie, n'y laissant subsister comme principe du pacte social que celui du bon plaisir. Alors que Tocqueville décrit un processus réel d'interaction entre le pouvoir monarchique et la société, processus qui mène finalement à la désintégration du corps social et à la genèse de l'état d'esprit révolutionnaire, Quinet considère la royauté plus que la monarchie, le droit divin plus que la pratique administrative, le symbolique plus que l'historique. L'ancien pouvoir des rois lui apparaît comme négateur du pacte social. C'est pourquoi, du même coup, la Révolution française, si elle doit réussir, est inséparable d'une nouvelle « religion civile » : il ne s'agit de rien moins que de réinstituer la société sur la « démocratie », c'est-à-dire sur un peuple devenu citoyen.

Quinet ne conçoit pas de démocratie compatible avec le despotisme. A cet égard, il reste plus proche de Montesquieu que Tocqueville : la République est inséparable de la vertu des citoyens. Et si la Révolution française a un sens, c'est parce qu'elle a tenté de former des hommes nouveaux. Dans un tel système conceptuel, articulé uniquement par rapport au champ politique autour de l'opposition liberté/servitude, citoyen/sujet, la démocratie de la République figure moins les procès historiques réels que l'image de l'émancipation des individus par le surgissement de la liberté.

29. *Ibid.*, fol. 131.
30. *Ibid.*, fol. 136.

Du coup, Quinet voit dans 1789 un de ces surgissements, ou plutôt un de ces resurgissements, après que la Réforme du XVIe siècle eut été étouffée par la monarchie absolue : la vieille idée chrétienne de l'individu libre remontant à sa source et renaissant de ses propres cendres, contre l'Église et contre les rois. Il maintient ainsi l'idée de la Révolution comme ligne de rupture radicale entre le passé et l'avenir, et disculpe 1789 de toute contamination avec l'Ancien Régime. Mais cet arrachement reste constamment sous la menace d'une rechute dans cette tradition néfaste. Cette nuit ne cesse de rôder autour de cette aurore. En ouvrant l'avenir, la Révolution, faute de parvenir à le fixer dans l'esprit des nouveaux citoyens, peut aussi retomber dans le passé : 1789 brise avec l'Ancien Régime, mais vit sous la menace de son retour. Retour qui, d'ailleurs, ne tarde pas. Dès 1792, avec la guerre, renaît le vieux prétexte du salut public, masque traditionnel de l'autorité absolue. En le brandissant à nouveau, comme Richelieu et comme Louis XIV, les Montagnards se coulent sans le dire dans l'héritage des rois, alors que les Girondins, en s'attaquant à la centralisation et à la dictature de Paris, s'attaquent à l'esprit même de l'Ancien Régime. L'immense avantage des Montagnards, ou des Jacobins sur leurs rivaux est ainsi, paradoxalement, d'être « moins révolutionnaires[31] » : ils mettent dans leur camp non seulement la passion égalitaire mais la tradition monarchique.

Dans un des passages les plus intéressants de ses carnets intitulé : « De la centralisation », Quinet va plus loin : il dépasse sa vision purement politique de la monarchie et de la dictature jacobine comme deux incarnations du pouvoir absolu, pour aborder le problème de la centralisation administrative comme fil directeur de l'histoire de la Révolution, explication de son succès et de son échec. Il est là tout près de Tocqueville, utilisant le concept central de *L'Ancien Régime,* bien qu'il ne le cite plus, prisonnier de cette règle un peu triste du métier, selon laquelle la propension à citer ses prédécesseurs est inversement proportionnelle à l'inspiration qu'on en tire.

Que dit-il ? D'abord que la centralisation est le « fil principal qui peut servir de guide dans ce labyrinthe » qu'est la Révolution française ; elle est au principe de l'événement

31. NAF 20766, fol. 57-58.

lui-même, puisqu'elle donne à l'esprit nouveau, et à la rébellion, les moyens que lui a imprudemment fabriqués la monarchie : « Le même ressort qui, dans les mains de la royauté, assurait partout l'obéissance, assurera partout la révolte... La prédominance absolue de Paris sur les provinces, qui a tant servi la couronne, servira du moins à la renverser[32]. »

D'instrument de la monarchie absolue, la centralisation est devenue le moyen de la Révolution ; elle va en être bientôt le principe, avec les Jacobins. C'est en vain que les Girondins essayent de s'y opposer : « ils auront à la fois contre eux la monarchie et la République ». Tout au long de leur exode à travers la France, après le 2 Juin, « ils purent se convaincre que la Révolution était vraiment centralisée dans Paris, comme autrefois la monarchie ; et que se brouiller avec Paris c'était se brouiller avec la Révolution elle-même[33] ».

Ainsi, la centralisation monarchique donne à la Révolution à la fois sa possibilité et son caractère. Après avoir permis 1789, elle réinvestit 1793 de sa signification traditionnelle ; c'est par son intermédiaire que l'Ancien Régime se réinstalle dans la Révolution, à travers sa nouvelle incarnation : la dictature des Jacobins. Dans ces pages écrites juste après la lecture attentive de *L'Ancien Régime,* à un moment où il est visiblement pénétré de l'esprit du livre, Quinet prolonge véritablement l'analyse de Tocqueville : la monarchie est considérée moins comme un principe d'autorité que comme un procès administratif, donnant tout pouvoir à Paris sur le royaume. Condition du succès de la Révolution, la centralisation en explique en même temps l'échec fatal. La victoire montagnarde de 1793 fait apparaître que la faillite de la Révolution est inscrite dans son triomphe, consubstantielle à lui, puisque celui-ci procède d'un héritage de l'Ancien Régime. Si les Montagnards sauvent la Révolution, c'est en la perdant.

Par où Quinet avance implicitement une théorie des causes de l'échec de la Révolution. Définie comme l'esprit nouveau de la liberté, celle-ci est vite corrompue par le recours aux moyens anciens du pouvoir absolu : il y a comme un écho de Montesquieu dans ce type d'explication

32. *Ibid.,* fol. 60.
33. *Ibid.,* fol. 60.

de la décadence d'un régime par une contradiction interne à ce régime. Chez Montesquieu la nature d'un gouvernement ne survit pas à la corruption de son principe. Chez Quinet, l'esprit de la Révolution est recouvert et vaincu par les moyens de l'Ancien Régime, qui en ramènent du coup l'esprit. L'analyse idéal-typique à la Montesquieu se double d'une dialectique évolutionniste entre l'ancien et le nouveau, par où Quinet sauve la dignité éminente de la Révolution comme irruption bénie de la liberté. C'est en quoi il reste malgré tout, dans ses instruments d'analyse, très éloigné de Tocqueville, puisqu'il revient en fin de compte à une construction chronologique où deux principes se disputent l'histoire de France dans l'axe du temps, la Révolution constituant comme une sorte de paroxysme de cet affrontement. Au moment où il lit et annote *L'Ancien Régime,* Quinet partage avec son grand prédécesseur le même jugement sur le Second Empire, et la même anxiété sur ce qui a rendu possible un deuxième Bonaparte, un demi-siècle après le premier. Mais les concepts de l'exilé républicain ne sont pas ceux de l'aristocrate libéral, et Quinet doit réaménager complètement les matériaux historiques rassemblés par Tocqueville.

Tocqueville, en effet, voit ce qu'il appelle la démocratie, c'est-à-dire l'égalisation des conditions, à l'œuvre dans l'Ancien Régime, sous l'influence et le poids de la monarchie absolue ; cette démocratie, déjà victorieuse sous une apparence inverse, s'épanouit avec la Révolution. Si bien que son problème conceptuel, comme je l'ai montré ailleurs [34], est dès lors de penser ensemble Révolution et continuité historique. Quinet au contraire, puisqu'il croit à la nouveauté radicale de la Révolution, ne voit dans l'Ancien Régime que des éléments contraires à la démocratie (par quoi il entend, lui, la liberté politique) : bien qu'il y ait, comme chez Tocqueville, un lien entre démocratie et absolutisme, il y a au contraire entre eux une contradiction fondamentale, que lève 1789 par la victoire de la liberté.

Ainsi Quinet se trouve-t-il libre de rejeter tout l'Ancien Régime dans une malédiction sans nuances : à la fois l'absolutisme, la centralisation qui en est l'instrument, fatal à l'esprit public, et aussi la noblesse et le clergé, dans lesquels Tocqueville voyait des remparts possibles de la liberté, alors

34. *Penser la Révolution française,* Paris, 1978.

que lui n'y voit que des esclaves de la monarchie absolue. Au fond, il récuse l'opposition conceptuelle aristocratie/démocratie qui est un des pôles de la pensée de Tocqueville, pour y substituer une typologie purement politique fondée sur la contradiction entre pouvoir absolu et liberté des citoyens. A l'intérieur de cette typologie, la Révolution représente l'avènement de la liberté : d'où l'admiration de Quinet pour l'Assemblée constituante. La séquence 1792-1794, en revanche, constitue le retour de l'Ancien Régime à l'intérieur de la Révolution.

En d'autres termes, Quinet ne partage au fond que le diagnostic de Tocqueville sur le bilan de la Révolution : c'est bien la restauration, et même l'épanouissement de l'État administratif centralisé. D'où la question lancinante : « Y avait-il besoin d'une *révolution pareille,* pour obtenir les résultats que nous avons, et qui presque tous appartiennent à l'Ancien Régime[35] ? » Mais si ces résultats sont si décevants, puisqu'ils ramènent en fin de compte la France à ce qu'il y a de détestable dans son passé, c'est que la Révolution a échoué : terme qui n'aurait eu aucun sens pour Tocqueville, à la fois parce qu'il n'avait investi dans la Révolution aucun espoir existentiel et parce qu'il n'en avait jamais analysé le sens en termes d'avènement. La Révolution s'inscrivait au contraire, à ses yeux, dans le droit fil de l'Ancien Régime, puisqu'elle était aux trois quarts faite avant même de survenir. Quinet paye ainsi en déception et en tristesse supplémentaires l'idéologie républicaine dont il a fait le sens de son action, et les instruments d'analyse qu'il s'est donnés pour étudier la Révolution. Bien qu'elle continue à afficher un espoir indéfectible, son histoire de la Révolution est plus désespérée que celle de Tocqueville dans la mesure où elle ne laisse place qu'à la servitude, si l'avènement de la liberté a avorté.

35. NAF 20764, fol. 138.

## III

## LA RÉVOLUTION DE QUINET

Le livre sur la Révolution française qu'Edgar Quinet finit par publier en 1865 illustre bien ce désespoir de l'exil : il va développer les notes des carnets de travail dans une sorte de méditation chronologique sur les origines de la démocratie française, de 1789 à 1794. De fait, l'ouvrage relève d'un genre assez exceptionnel dans l'historiographie de la Révolution, et même dans l'historiographie française tout court : il ne s'agit ni d'un récit des événements qui ont constitué la Révolution, ni d'un essai destiné à élucider une position, ou une préférence, ou un débat, sur ces événements, mais d'un mixte entre l'ordre chronologique et l'ordre de la réflexion thématique. C'est ce qu'on aurait appelé au XVIII^e^ siècle une « histoire philosophique », non seulement pour l'opposer à l'histoire érudite, mais pour rendre explicite l'enracinement d'une pareille histoire dans les préoccupations du présent, et sa valeur pédagogique. Vingt ans après ses fameuses leçons du Collège de France, Quinet veut montrer qu'il fait toujours du débat sur la Révolution le centre de sa réflexion politique et morale. La probité intellectuelle de cette approche facilite au lecteur d'aujourd'hui l'analyse des principales idées du livre.

Au centre, un constat qui est en même temps un diagnostic : la Révolution est la promesse sublime d'un nouvel ordre politique et spirituel, mais c'est une promesse avortée, qui s'est avérée incapable de fonder une civilisation neuve et d'empêcher les rechutes de la France dans les ornières du passé.

Ce diagnostic recouvre d'abord une analyse sur la double nature de la Révolution française. Par là, Quinet n'a pas dans l'esprit, au moins à titre principal, une décomposition chronologique de l'événement, un découpage en deux périodes séparées par leur sens. Il veut dire que la Révolution englobe deux processus distincts tout au long de son cours : d'une part ce qu'il appelle la « Révolution civile », ou encore « matérielle et sociale [1] », et qui renvoie aux transformations de la société. De l'autre, l'ordre de la liberté politique, qui touche au domaine de la morale et de la religion par les valeurs impliquées, et au problème du pouvoir puisqu'elle en dépend dans les faits. Entre les deux niveaux, entre les deux procès, il existe des relations, dans la mesure où le comportement politique des hommes et des classes est affecté par l'évolution, ou le rythme d'évolution de la société. Mais les deux histoires sont pourtant radicalement différentes. La première va de soi, pour ainsi dire. La seconde ne dépend que des hommes.

En effet, pour Quinet, la vie matérielle et l'existence sociale de l'humanité sont dominées par un progrès constant et irréversible, qui ressortit à l'ordre de la nécessité. On retrouve ici l'idée que les aspects purement économiques de la « civilisation » peuvent à ses yeux être complètement distingués de leurs aspects politiques et moraux. Quinet rompt avec l'idée du XVIIIe siècle, selon laquelle le progrès humain répand ses bienfaits de façon progressivement égale dans toutes les sphères de l'activité humaine, et que le commerce, les mœurs et la liberté marchent d'un même pas. Rousseau avait retourné l'argument, mais tout en gardant l'unité du concept, intacte à la fin du siècle chez Constant ou Staël. Au contraire, on a vu que chez Quinet, la « civilisation » — c'est le cas avec Louis XIV — peut s'épanouir contre la liberté : c'est que, définie par la production et la consommation des biens, et par exemple la splendeur de la Cour, elle obéit tout simplement à la loi générale du progrès ; mais cette nécessité ne régit pas toute l'activité des hommes et ne s'étend pas à l'histoire de la vie morale et politique, domaine de la liberté, où les choix des agents historiques sont décisifs. Par où Quinet ne réintroduit le fatalisme que pour mieux lui opposer la part divine de l'homme dans l'histoire, celle de la conscience morale. L'évolution matérielle de l'humanité est analogue au développement d'un phénomène naturel, soumise à une loi de croissance gouvernée par des causes physiques. Son évo-

1. *La Révolution,* livre IV : « Révolution civile ».

lution spirituelle, à l'inverse, est faite de surgissements imprévisibles suivis de retombées dans les ornières de la tradition, sans cesse travaillée par l'invention des consciences libres, guettée sans cesse par l'inertie des habitudes et des institutions.

La Révolution française appartient aux deux ordres de réalités : elle est d'une part la conquête de l'égalité civile, l'établissement d'une société sur de nouveaux principes, l'acquisition par de nombreux citoyens d'avantages concrets liés à l'abolition de la propriété féodale et à la vente des biens du clergé. D'autre part, elle a pour ambition de donner à chacun des membres du nouveau contrat social, à titre imprescriptible, la liberté politique. Or, elle accomplit sans peine la première partie de ses objectifs, tandis qu'elle ne cesse de remettre la seconde sur le métier.

En effet, sur l'égalité civile, tout est dit le 4 Août : l'Ancien Régime social meurt ce jour-là[2], et il meurt dans l'enthousiasme général. Quinet interprète l'unanimité de la fameuse nuit non en fonction de la pression paysanne sur l'Assemblée, mais comme la preuve que cette révolution civile était acquise avant d'avoir lieu. Celle-ci exprime en effet une évolution qui s'est produite avant elle, puisque inscrite dans la nécessité ; elle en est simplement la manifestation, qui aurait pu prendre d'autres formes sans que le fond des réformes accomplies en soit affecté. D'ailleurs, non seulement cette manifestation intervient très tôt, dans l'histoire de la Révolution, non seulement elle ne suscite aucune opposition, mais elle est irréversible. Elle sera institutionnalisée par le Code civil comme l'acquis fondamental de la Révolution. A travers elle, la nécessité historique a frayé sa voie de la façon la plus lisible.

Dès que s'ouvre, au contraire, à la même époque, la question de la liberté politique, quel contraste ! que de débats, de combats ! quelle cascade de gouvernements et de régimes ! quelle discontinuité ! En visant aussi la régénération de l'homme et l'avènement du citoyen, la Révolution française illustre le retour de la conscience et de sa liberté dans l'histoire, et la longue chaîne des aléas qui en est inséparable. Car la « difficulté[3] » qu'elle affronte n'est pas de créer une nouvelle société civile : celle-ci existe et n'a plus

2. On sait qu'en réalité les décrets détruisant l'Ancien Régime social sont votés entre le 4 et le 11 août 1789.
3. *La Révolution,* IV, 6 : « Où était la difficulté dans la Révolution ? »

qu'à paraître. C'est d'inventer quelque chose d'absolument inédit sur le théâtre du monde, et que l'Ancien Régime ne porte pas dans ses flancs, puisqu'il incarne au contraire l'esprit même du despotisme : il s'agit de fonder un nouveau rapport de l'homme à la liberté par la création d'une société politique où chaque citoyen soit exactement aussi souverain que l'est chaque conscience. Or, là gît l'échec de la Révolution, au cœur même de ce qu'elle a tenté de fondamental : « Tant il est vrai qu'il faut toujours en revenir à ceci : les questions de religion et de politique, c'est-à-dire de liberté, ont seules déchaîné les orages ; c'est pour elles seules que le sang a coulé, c'est pour elles que les hommes ont enduré cent fois pis que la mort[4]. »

Ainsi, c'est en instaurant, ou en rétablissant, une sorte d'autonomie première du politique et du religieux que Quinet cherche à résoudre le problème classique des historiens du XIXe siècle, celui de la continuité ou de la rupture entre l'Ancien Régime et la Révolution. L'interprétation traditionnelle (depuis la Restauration au moins) par la lutte des classes et la victoire de la bourgeoisie sur la noblesse avait en effet mis l'accent à la fois sur le caractère inévitable de la Révolution, et sur le rôle central joué dans cette détermination par l'évolution à long terme de la société civile ; mais du coup, 1789 apparaissait davantage comme la victoire d'une société produite par l'Ancien Régime que comme le déroulement d'une politique inaugurant la démocratie moderne : ni Thierry, ni Guizot, ni Mignet ne sortent jamais vraiment de ce dilemme, qu'ils lèguent d'ailleurs à Marx. Celui-ci, héritier de l'interprétation sociale de la Révolution française, a eu tout au long de sa vie le plus grand mal à penser ensemble une société bourgeoise victorieuse dès 1789 et l'incroyable diversité subséquente de ses manifestations politiques, de la Constituante à Napoléon Ier[5]. Quinet traite la question en séparant radicalement les deux ordres de réalités, dont il offre deux histoires, qui n'obéissent ni au même rythme, ni surtout à la même logique : inconséquence philosophique qui lui permet d'isoler d'un côté l'économique et le social, objets d'une sorte de nouvelle science naturelle, de l'autre le religieux et le politique, où se manifeste l'invention propre à l'humanité. De la sorte, la société qui sort du 4 août 1789

4. *Ibid.*, IV, 6.
5. Je commente cette question dans *Marx et la Révolution française*, Flammarion, 1986.

n'est que le produit des siècles précédents, et la Révolution la suite de l'Ancien Régime. Mais le pouvoir est le contraire du despotisme monarchique, et 1789 une rupture radicale avec l'Ancien Régime.

## *LA RÉVOLUTION ET LA RELIGION*

Reste à comprendre, à l'intérieur de ce qui est pour Quinet l'étage noble de l'histoire, celui de la liberté et du risque, comment s'articulent les deux instances qui en forment la substance, le religieux et le politique. Le rapport entre les deux ordres est au centre de la pensée de Quinet, et il n'est pas facile à élucider.

Pourtant Quinet distingue soigneusement la spécificité du phénomène religieux, irréductible à tout autre manifestation culturelle ou politique : il refuse de la dissoudre dans des catégories comme le génie national d'un peuple, ou le message politique que comporte tel grand événement. La religion a dans son esprit une sorte de valeur première dans le développement de la civilisation morale ; elle est, non le produit, mais la source des progrès de l'humanité.

Mais elle peut être du même coup le conservatoire de ses traditions mortes. Car en pénétrant l'âme et la vie d'un peuple, elle devient aussi un ensemble d'habitudes et d'institutions, et cristallise par excellence ce par quoi le passé ne cesse de paralyser le présent. Elle est donc à la fois constamment à l'avant-garde de l'histoire, puisqu'elle échappe dans son essence à l'empirique et à sa pesanteur, pur dialogue de chaque conscience avec la divinité, mais constamment aussi à la traîne de l'histoire, puisqu'elle immobilise l'homme dans sa version du dogme, son Église, ses prêtres. Le christianisme, qui inaugure le moderne, ne cesse de nourrir ce qui l'a suivi de son message ambigu : il est l'Église du Moyen Age, par quoi le despotisme du Bas-Empire est réincarné à l'intérieur de ce qui l'a vaincu ; et il est la révolution protestante, par laquelle réapparaît sous la sédimentation des siècles le message originel de liberté. La religion de Quinet ne cesse d'être le siège d'une dialectique de la lettre et de l'esprit qui forme le conflit central de l'histoire.

C'est pourquoi, elle est inévitablement liée à ses différentes incarnations temporelles, qui forment les enjeux de la politique. Le rapport à Dieu est en même temps un rapport au monde ; il n'y a rien dans la pensée de Quinet qui permette de limiter le religieux à la sphère privée de l'individu, de façon à autonomiser une sphère publique qui constituerait à proprement parler la sphère politique. Au contraire, son concept du politique est déduit de son concept du religieux, comme sa forme dégradée mais capitale, puisque de cette dégradation l'histoire constitue en même temps que la fatalité le tribunal d'appel : double nature qui donne ses chances à la liberté de renaître de ses cendres, et de réapparaître toujours sous la paresse des habitudes et des soumissions.

De là l'importance du concept de révolution, lié à cette renaissance périodique, brusque trouée de l'esprit nouveau, affleurement renouvelé du religieux dans le politique. C'est par son intermédiaire que Quinet établit la principale liaison entre les deux niveaux pour désigner un ordre de choses où ils sont, sinon substituables l'un à l'autre, du moins aussi proches qu'ils peuvent jamais l'être : car une révolution est cet ensemble d'événements par lesquels un peuple donné, à un point de l'espace et du temps, invente un avenir universel. A travers elle, Quinet donne ainsi au message religieux sa possibilité d'existence historique, ce qui n'implique ni nécessité, ni même fidélité, puisque ni l'apparition ni la nature spirituelle des révolutions n'appartiennent au registre causal de l'évolution des sociétés.

Précisément, le problème essentiel posé par la Révolution française est celui de sa nature spirituelle, c'est-à-dire de son rapport au christianisme, matrice de l'Europe moderne. L'ouvrage de 1865 (et notamment son livre V, intitulé « La religion ») permet d'aller plus loin à cet égard que les cours de 1845. Quinet y oppose les pays comme l'Angleterre, les États-Unis et la Hollande, où la révolution politique a cristallisé des croyances et des institutions religieuses préexistantes, à la France de la fin du XVIIIe siècle, restée une monarchie catholique. D'un côté, il y a un terrain religieux préalable et propice à la transformation politique ; de l'autre, l'esprit nouveau doit être inventé contre la religion. Quinet retrouve le problème, déjà exploré par Guizot[6], du rôle joué dans l'histoire anglaise (et, par extension, américaine) par la précédence de la révolution religieuse sur la révolution politique. Comme Guizot, au moins comme le

6. Notamment dans l'*Histoire de la civilisation en Europe* (1828), treizième leçon.

Guizot tardif, celui de 1850[7], revenu lui aussi de ses espérances de jeunesse, il parle de la « réussite » de la révolution anglaise, par opposition implicite avec le cas français. Plus que lui encore, il en attribue la raison à l'antériorité de la révolution protestante, origine vraie de la liberté politique anglaise, et son point d'ancrage : « Pourquoi la révolution d'Angleterre a-t-elle réussi[8] ? J'ai déjà répondu, parce qu'elle a été consacrée par la révolution religieuse. En effet, la nation anglaise a cette garantie, que l'on ne peut revenir en deçà de la réforme et retomber dans le catholicisme jacobite. De là, sa confiance, sa sûreté, son calme au milieu de la lutte des partis. Il y a un point acquis, une certitude, une ancre, un port ; cela n'a pu exister en France. Nous n'avons pu fixer un point moral pour nous empêcher de retourner aux abîmes[9]. »

La Révolution anglaise offre donc l'exemple de la mutation d'un contenu religieux en principes politiques, qui de ce fait sont durables. Dans le cas français, au contraire, l'historien a affaire à du politique pur et simple, bien que ce politique, par la promesse qu'il offre à toute l'humanité, s'apparente au message évangélique. Le paradoxe de l'histoire de France consiste à ne retrouver l'esprit du christianisme qu'à travers la démocratie pure. La Révolution française renouvelle la parole religieuse sans jamais accéder à la dignité du religieux. C'est que les Français, qui ont refusé la Réforme au XVIe siècle, et qui l'ont déracinée par la persécution au XVIIe, n'ont pas de système de croyances à travers lequel penser la liberté moderne. Ils n'ont à leur disposition qu'un système d'idées, formé par la « philosophie ». Or cette « philosophie », apanage des esprits savants, est par nature peu apte à se constituer en sagesse commune ou en lieu de consensus populaire : comment un peuple passerait-il d'un seul coup du plus vieux au plus neuf, du catholicisme à la souveraineté de la raison ? D'ailleurs, comment imaginer les institutions de l'esprit nouveau si l'on s'en tient à l'idée

7. Guizot a publié en 1850 un petit ouvrage, intitulé : *Discours sur la Révolution d'Angleterre,* dont le sous-titre indique bien le contenu : *Pourquoi la Révolution d'Angleterre a-t-elle réussi ?* Dans ses ouvrages des années 1820, sur l'histoire de l'Europe en général et sur la Révolution anglaise en particulier, cette notion de « réussite » anglaise n'est pas utilisée, puisqu'elle n'a de sens que rapportée à un « échec » français, et que l'histoire de France est appelée par hypothèse à la même fin que l'histoire anglaise, la victoire du gouvernement représentatif. Au contraire, à partir de 1848, la situation est modifiée par l'apparente impossibilité de réussir un 1688 français, et donc de terminer la Révolution française.
8. Quinet reprend littéralement la question de Guizot en 1850.
9. *La Révolution,* V, 6.

« philosophique » de la tolérance ? « Au fond, écrit Quinet, toutes ces questions étaient renfermées dans celles-ci : 1° La France peut-elle changer de religion ? 2° Quelle religion la France peut-elle adopter ? 3° Les Français peuvent-ils vivre en corps de peuple sans aucune religion [10] ? »

A poser le problème en ces termes, Quinet prend au pied de la lettre l'ambition révolutionnaire dans ce qu'elle a de plus singulier et de plus caractéristique : une tentative de régénération de l'humanité. Mais il en indique les conditions de réussite dans le contexte français : instituer une nouvelle religion sur les ruines de l'ancienne, et le paradoxe central : que cette religion nouvelle ne soit pas une religion.

Or la Révolution française n'a pas voulu instituer une religion, quelque forme que celle-ci puisse prendre. Elle s'est contentée d'instituer la tolérance et la liberté des cultes, c'est-à-dire de favoriser l'influence de la tradition et du catholicisme. Contre l'Église du passé, elle n'a eu que des audaces temporelles, sans oser voir que son principe même, à elle Révolution française, était incompatible avec l'esprit du catholicisme ; c'est cette combinaison d'audace superficielle et de pusillanimité profonde qui a fabriqué la Vendée. Pourquoi dit-on que les Constituants ou les Jacobins ont été trop radicaux ? Ils ont été trop timides. Ils ont combattu la royauté en pactisant avec l'Eglise, comme si ces deux institutions n'étaient pas solidaires dans la défense des servitudes ancestrales.

Cette idée d'une excessive modération de la Révolution française n'est pas simple à comprendre dans la mesure où elle s'accompagne chez Quinet, comme on le verra, d'une critique radicale de la Terreur. Elle exprime à ses yeux l'ambiguïté fondamentale de l'événement dans le domaine religieux : la Révolution avance des idées qui l'apparentent à une annonciation nouvelle, et pourtant elle leur enlève d'avance tout fondement ou tout caractère religieux. Elle veut se substituer au catholicisme comme principe politique sous le seul drapeau de la négation de la religion. De ce fait, elle s'installe dans du vide. Elle déclare une guerre qu'elle ne peut pas mener. Elle noue un conflit primordial dont elle refuse de se donner les moyens.

En effet, à la fin du XVIIIe siècle, l'idée de la liberté des cultes ne peut que porter de l'eau au moulin de l'Église

10. *Ibid.*, V, 2.

dominante, forte de la tradition la plus ancienne. Non que de cette idée Quinet méconnaisse la portée, puisqu'il partage avec le parti républicain, presque un siècle après, la revendication de séparation de l'Église et de l'État [11] : il a probablement dans l'esprit l'exemple américain, où la multiplicité des croyances individuelles et des Églises est à la base d'un consensus sur les valeurs de la Cité politique. Mais dans la France de 1789 qui sort tout juste d'une histoire monopolisée par la tradition catholique, cette articulation entre pluralisme confessionnel et État n'est pas pensable, ni d'ailleurs pensée. Surtout, la Révolution, pour être fidèle à elle-même, doit déraciner l'emprise du catholicisme sur les esprits et sur les mœurs. Comment le pourrait-elle, sans point d'appui quelque part dans le passé sur un corps de croyances substitutives, et sans autres armes que ce qui favorise précisément son adversaire ? La Révolution française est trop anticatholique pour ce qu'elle a de libéral, ou l'inverse. Elle cumule les inconvénients de la répression et de la tolérance [12].

De cette timidité spirituelle, qu'il oppose aux grandes ruptures religieuses du XVIe siècle, Quinet commente surtout les raisons de conjoncture, la volonté qu'ont eue les chefs révolutionnaires de ne pas heurter de front les croyances de la majorité des Français — volonté effectivement commune au Mirabeau de 1790 et au Robespierre de 1793-1794. Il s'étend moins sur l'explication essentielle qui tient au fait que la Révolution française prétend régénérer l'homme au nom de la raison — ce qu'il appelle la « philosophie » — et que, par là même, elle ne peut en faire une religion : moins parce que la « philosophie » n'est pas accessible au peuple, comme il le dit, que parce qu'elle voit dans la seule histoire de l'homme l'instrument de son salut, excluant tout recours à la transcendance. La Révolution française a bien cette ambition originelle de réinstituer un pacte social qui n'ait d'autre fondement que la volonté libre des citoyens : c'est ce que Quinet appelle « vivre en corps de peuple sans aucune religion ». Mais de cette ambition-là, pourtant consubstantielle à la Révolution, il n'analyse jamais les contraintes,

11. *Ibid.*, V, 1 : « L'idée qui prévaut de nos jours dans les esprits et qui est la véritable, la séparation de l'Église et de l'État, était celle dont on était le plus loin en 1789. »
12. *Ibid.*, V, 1 : « Il y a deux manières de résoudre les questions religieuses : ou l'interdiction, ou la liberté. La Révolution n'a employé ni l'un ni l'autre de ces moyens. Les révolutionnaires proscrivaient, en fait, les cultes, et ils gardaient, en théorie, la tolérance ; ce qui leur ôtait à la fois l'avantage que les modernes tirent de la tolérance, et l'avantage que les anciens ont tiré de la proscription. »

parce que cette analyse l'eût conduit à relativiser la valeur de son parallèle entre les révolutions protestantes du XVIe siècle et la Révolution française. En effet, ce qu'il « reproche » à la seconde, c'est sa nature même, ce qui la constitue à la fin du XVIIIe siècle comme unique, incomparable, fondatrice de l'universel démocratique. L'explicitation de cet universel, et de sa relation à l'universel religieux, est impossible à l'intérieur de l'appareil conceptuel de Quinet, fondé sur l'opposition entre révolution religieuse et révolution non religieuse.

A cet égard, Quinet est probablement le dernier des grands historiens du XIXe siècle à réfléchir sur la Révolution française sous l'angle du parallèle avec les pays anglo-saxons, Angleterre et Amérique. L'installation du « gouvernement représentatif » n'est plus, comme chez Mme de Staël ou Guizot, l'objectif premier de la comparaison. Quinet y a substitué la question religieuse, comme expliquant dans un cas le succès, dans l'autre l'échec. Ce faisant, il donne à son livre de 1865 un tour plus systématiquement comparatiste que ses leçons de 1845, et il s'y prononce aussi plus nettement en faveur de la liberté anglo-saxonne, notamment américaine[13] — autant d'éléments qui l'éloignent de son ami Michelet. Au fond, il est aussi, à sa manière, un critique de l' « artificialisme » révolutionnaire français, et d'une civilisation de la démocratie n'ayant d'autre fondement que l'abstraction philosophique des droits naturels de l'homme. Le drame de la Révolution française, c'est d'avoir conçu l'émancipation moderne de l'humanité sans lui offrir de point d'appui religieux[13 bis].

13. *Ibid.*, XXIV, 13 : « La démocratie française et la démocratie d'Amérique ». Dans ce chapitre, Quinet oppose aux faiseurs de système français, condamnés par leurs abstractions à l'adoration finale de l'État, le développement naturel de l'individualisme propriétaire aux États-Unis, seule garantie de la liberté. Une sorte de bon point à Locke contre Rousseau, contradictoire d'ailleurs avec la négation du rôle joué par l'économique dans la fondation de la liberté moderne.

13 bis. Cf. le thème du nécessaire soubassement religieux des luttes politiques est longuement développé dans le livre écrit par Quinet pendant la IIe République, *L'Enseignement du peuple.* Il est lié à celui de la timidité intellectuelle des deux partis en présence, la Révolution et la contre-révolution, également incapables d'assumer pleinement les conséquences de leurs choix fondamentaux. Mais à cette époque (1850), Quinet semble disculper de cette timidité les générations précédentes.

Cf. chap. VIII, p. 102 : « Une chose frappe au milieu des symptômes de notre temps, c'est, quoi qu'on en dise, la timidité d'esprit des deux parts sur le terrain où nos pères ont déployé tant de franchise et d'audace. La contre-révolution pour se sauver n'a qu'un seul moyen, qui est de reconstituer bravement l'unité religieuse en proscrivant tout autre culte que le catholicisme. Elle n'a pas le courage de l'orthodoxie. La révolution ne peut s'affermir qu'en s'émancipant de la tutelle du sacerdoce. Elle n'a pas le courage de l'hérésie. Ni la foi, ni la philosophie n'osent se mettre en présence. L'ancienne société et la nouvelle cherchent encore je ne sais quel terrain pour vider leur querelle par une équivoque. Je demande à la contre-révolution : pouvez-vous

## *LA RÉVOLUTION ET LE RETOUR DE L'ANCIEN RÉGIME*

Pourtant, cette ambition seule suffit à en faire une ligne de partage entre le passé et l'avenir, un point de passage privilégié dans l'évolution des peuples et de l'humanité. Quinet mêle à l'analyse de l'échec de la Révolution française la célébration de son audace. C'est que, à la différence de la Révolution anglaise, qui a morcelé ses objectifs, et détruit d'abord l'Église catholique, avant de s'attaquer à la monarchie absolue, la France qui a été plongée plus longtemps dans l'esclavage de l'Ancien Régime, au moins en affronte ensemble les deux malédictions. Il y a comme une prime accordée au retard dans le caractère admirablement pédagogique de 1789 : le nouveau monde cherchant à naître contre l'ancien, l'esprit moderne en face du Moyen Age, la liberté contre le couple Église-royauté.

Contre l'Église, la Révolution n'a su se servir que de l'arme boomerang de la liberté des cultes. Faute d'affronter son adversaire sur le terrain religieux, elle lui a abandonné la domination des âmes. Contre la royauté, c'est la liberté des citoyens qui est l'enjeu de la lutte ; ce versant du livre de Quinet nous ramène encore près de Tocqueville.

En effet, l'ancienne monarchie selon Quinet est comparable à celle que décrit *L'Ancien Régime* : immodérément centralisée, tentaculaire, ayant enseveli nation et société dans le pouvoir du roi, sous la représentation usurpée d'une « démocratie royale [14] ». A ce diagnostic identique, Quinet joint une indication d'origine qui n'est pas dans Tocqueville, et qui lui permet d'expulser le cancer monarchique hors de la tradition nationale : les rois de France ont imité les traits principaux du gouvernement byzantin. « L'idée que le prince absolu représente le peuple est l'héritage que le Bas-Empire a laissé à la France. Cette idée signifie que le despotisme a senti le besoin de se couvrir d'un mot. Et c'est le caractère essentiel de la société byzantine de mettre les mots

ramener la France, de gré ou de force, à l'unité religieuse ? Vous pourrez, dans ce cas, reconstituer l'ordre politique tel que vous l'entendez. Je demande à la révolution : pouvez-vous émanciper la France du système des castes sacerdotales ? Vous pourrez, dans ce cas, la faire entrer sans retour dans la voie de la liberté moderne. Mais si la contre-révolution et la révolution ne songent pas même à détruire, l'une le foyer de la révolution, l'autre le foyer de la contre-révolution, il est évident que la France ne peut se promettre aucun développement normal, ni dans un sens, ni dans un autre, mais une série de changements où le hasard, l'imprévu, la contradiction tiendront longtemps encore la place de la logique et de l'esprit de suite. »

14. *La Révolution,* VI, 4.

à la place des choses. Cette fiction ayant passé dans notre tradition, tant que le peuple a consenti à n'être rien, la royauté absolue a pu en effet répéter qu'elle le représentait. Cela a suffi pendant des siècles. Mais le jour est venu où, à la place du mot, la nation a voulu la réalité. Ce jour-là a éclaté la Révolution, c'est-à-dire le moment où les Français ont voulu se détacher de la tradition du Bas-Empire pour entrer dans les formes modernes [15]. »

Ainsi la Révolution constitue-t-elle à cet égard le ressaisissement du peuple et de la nation par eux-mêmes, après des siècles d'aliénation monarchique « byzantine » : d'où son caractère originairement et fondamentalement antimonarchique. Si la Constituante prend tant de précautions contre l'autorité royale, ce n'est pas pour des raisons tactiques : c'est qu'elle est portée par le génie même de la Révolution à ramener cette autorité à des « formes nationales », c'est-à-dire à la soumettre à la nation restaurée dans ses droits. En approfondissant cette idée, qu'il trouve dans les textes de 1789, puisque c'est celle du retour aux libertés originelles, Quinet est amené à magnifier l'œuvre de l'Assemblée constituante, incarnation par excellence de l'esprit de la Révolution. En reconstituant le vieux royaume sur des principes inverses à ceux de la monarchie, en décentralisant là où elle avait centralisé, en instaurant l'autorité élective là où elle avait mis l'administration, en fabriquant des citoyens là où elle avait asservi des sujets, en substituant à la tutelle de Versailles les libertés locales, la Constituante n'a pas entendu simplement se méfier du roi de l'ancienne France. Elle a voulu fonder, sur la destruction systématique du pouvoir absolu, le nouveau pouvoir assis sur la liberté et la démocratie : l'idée « première » de la Révolution, selon Quinet. « Oter pièce à pièce chaque partie du pouvoir central, faire revivre par là les libertés locales, voilà l'œuvre politique de la Constituante. On peut dire que la pensée première de la Révolution ne se montra jamais plus spontanément. Car n'ayant alors aucun danger à courir de la part de l'étranger, elle put suivre sa propre impulsion et montrer son vrai caractère, sans être obligée de le plier à des circonstances trop impérieuses. De tout cela, je conclus que le premier instinct de la révolution politique, son œuvre la plus libre, la plus spontanée, fut de diminuer le pouvoir central ; que tout

15. *Ibid.*, VI, 4.

ce qui se fera dans ce sens sera dans l'esprit de la révolution, et que tout ce qui se fera d'opposé se fera contre elle[16]. »

Ainsi, l'*autre* question centrale de la Révolution française, en dehors de celle du message moral et religieux, est celle du pouvoir. Dans l'historiographie du sujet, l'œuvre de Quinet est à ma connaissance celle qui analyse avec le plus de profondeur l'aspect politique de la Révolution. Si on accepte de laisser de côté la généalogie byzantine de la monarchie absolue — généalogie de fantaisie dont la seule raison d'être est de souligner à contrario la restauration nationale que constitue 1789 —, il reste en effet la vision d'un conflit essentiel noué au plus profond des représentations et des pratiques collectives, entre l'ancienne monarchie et les hommes de 89. Conflit qui recoupe d'ailleurs celui qui oppose la Révolution au catholicisme, puisque l'Église offre un autre modèle de monarchie absolue. Si le dernier Bourbon, en dépit de sa faiblesse, n'a pas incliné son drapeau devant la nouvelle France, ce n'est pas parce qu'il était ligoté à l'ancienne société (puisque cette société, il l'avait au contraire asservie) ; c'est parce qu'il incarnait un principe de pouvoir incompatible avec la liberté. Et si l'Assemblée constituante n'a pu lui faire, dans la Constitution de 1791, qu'un semblant de place, c'est parce que la Révolution avait précisément envahi l'espace de la monarchie absolue au nom d'un principe contraire. Quinet n'a pas étudié avec le génie historique de Tocqueville les pratiques politiques de l'Ancien Régime. Mais parce qu'il s'intéresse plus à la forme symbolique de la domination politique qu'à l'administration des hommes et des choses, il a deviné mieux que Tocqueville le système de représentation du pouvoir qui soutenait l'absolutisme et en a constitué, jusqu'au bout, la nature et la légitimité. C'est ce qui l'apparente à Michelet. Du même coup, il donne une valeur centrale à ce que la Révolution mobilise d'investissement symbolique dans une nouvelle image du pouvoir. Il a compris que si elle est cette espèce d'annonciation, ce n'est pas parce qu'elle doit changer la société, mais parce qu'elle doit mettre le peuple à la place du roi.

Or, c'est ici que se noue, à ses yeux, le second drame de la démocratie française : non seulement la Révolution n'a pas osé devenir la religion libératrice des temps nouveaux, mais elle va réinstituer le pouvoir absolu.

16. *Ibid.*, VI, 2.

Tel est l'enjeu du conflit entre Girondins et Montagnards ; tel est le sens de la victoire montagnarde et du règne de Robespierre. Les deux partis veulent le même but, régénérer la France et l'Europe, fonder une société libre. Mais les Girondins, qui n'ont pas pesé l'immensité de la tâche, pensent l'accomplir dans la fidélité aux principes nouveaux. Les Montagnards ont mesuré le poids du passé ; « ils ont aperçu que la question était de forcer un peuple d'être libre [17] » ; ils reconstituent le pouvoir absolu au service de la Révolution. Je dois ici citer longuement Quinet, pour montrer ce que son interprétation du jacobinisme à la fois comme un produit de l'État absolutiste et comme un retour à ses pratiques doit, sans d'ailleurs le dire, à *L'Ancien Régime et la Révolution* :

« Le fond des Girondins était de ne plus vouloir de maître à aucun prix. L'âme des Jacobins était, ce me semble, moins haute. Beaucoup d'entre eux eussent consenti à se refaire un maître, pourvu qu'il s'appelât dictateur. Tout était nouveau chez les premiers, le moyen et le but. Car ils voulaient arriver à la liberté par la liberté ; ils rejetaient tout l'héritage de la France ancienne.

Il n'y avait de nouveau que le but chez les Jacobins. Quant au moyen, la contrainte et l'autorité, c'est ce que l'on avait toujours vu chez nous depuis des siècles.

Ainsi, ils se pliaient à l'ancienne tradition. Ils se servaient du système politique de l'ancienne France pour la détruire, s'exposant par là à la refaire.

On comprend que le système jacobin pût renfermer l'ancien despotisme, le faire éclore de nouveau ; car ils étaient de même lignée, appartenaient au même *genre,* le pouvoir centralisé.

Par la loi que les naturalistes appellent *atavisme,* qui veut que le petit-fils rappelle la figure et le tempérament de son aïeul, la dictature jacobine pouvait ramener le tempérament de la monarchie pure, et les descendants de Robespierre retourner à Richelieu ou à César.

Cela n'était guère possible avec l'esprit de la Gironde. Entre son système et le despotisme, il n'y avait aucune parenté, aucune filiation naturelle ; ils se repoussaient l'un l'autre : entre eux il y avait un hiatus.

En 1793, Napoléon était Jacobin de l'école de Robes-

17. *Ibid.,* XII, 1.

pierre. Il n'eût pu être Girondin sans se contredire d'avance et faire avorter, dans l'œuf, sa puissance absolue.

Suivez les effets de l'ancienne centralisation dans la Révolution française ; je crois comprendre que c'est le fil principal qui peut servir de guide dans ce sanglant labyrinthe. Quand on voit la centralisation non seulement survivre à l'Ancien Régime, mais devenir le principal instrument des hommes nouveaux, il faut s'attendre à ce que cette arme des rois produise les résultats les plus extraordinaires dans les mains de la Révolution... Le même ressort qui, dans les mains de la royauté, assurait partout l'obéissance, assurera partout la révolte.

La Révolution n'aura qu'à s'embarquer sur le fleuve qui fait tout dériver d'une seule source. Il portera la République en un instant aux extrémités de l'État, dans la moindre commune, comme il y portait la monarchie [18]. »

Du même coup, le secret de la victoire montagnarde est simple : la force est à ceux qui redoublent la passion révolutionnaire du génie de l'Ancien Régime, cumulant ainsi les deux histoires de la France. Alors que les Girondins superposent les novations et les ruptures, les Montagnards compensent ou conjurent l'avenir par le recours au passé [18 bis]. Mais ils en annulent, en même temps, la promesse. Le 31 Mai restaure « l'ancien tempérament politique de la France » : le silence et la peur. Au bout, il y a le 18 Brumaire et la dictature impériale [19].

Mais la forme jacobine de ce retour à l'absolutisme, c'est la Terreur. L'ouvrage de Quinet est dirigé contre cette partie de la tradition républicaine qui s'est fait une spécialité de l'apologie, ouverte ou honteuse, de la Terreur. Son originalité à cet égard, de la part d'un auteur qui se situe à l'intérieur de cette tradition, est de récuser non seulement l'admiration rituelle et quasi spontanée pour cet héritage histori-

18. *Ibid.*, XII, 9. Quinet réutilise ici, pour l'appliquer au conflit Girondins-Montagnards, l'idée de la centralisation comme fil directeur de la Révolution française, telle qu'on la trouve dans ses carnets de 1862. Cf. *supra*, pp. 46-47.
18 bis. Même idée chez Proudhon in *Du principe fédératif et de la nécessité de reconstituer le parti de la Révolution*, Paris, 1863. Cf. *infra*, p. 237, note.
19. On trouve exactement la même analyse, quelques années plus tôt, dans l'ouvrage de l'historien libéral P. Lanfrey, intitulé : *Essai sur la Révolution* (1858), que Quinet a lu. Par exemple, p. 378 : « Entre le régime conventionnel et le régime consulaire, il y a un intervalle assez long au point de vue du temps et des faits, mais il n'y en a aucun du point de vue des idées. Tous les éléments du second sont contenus dans le premier : ce sont deux expressions successives d'une même nécessité, deux applications différentes d'un même système. » Ou encore, un peu plus loin, p. 386 : « Bonaparte est le successeur direct de la Convention et des Comités. Il s'est hardiment proclamé leur héritier et il a dit vrai. »

que, mais surtout son explication traditionnelle par ce que j'ai appelé ailleurs[20] la « théorie des circonstances », la contre-révolution, la Vendée, le danger aux frontières. Pour Quinet, la Terreur n'est pas le résultat d'une situation exceptionnelle, à ce titre admirable ou au moins justifiée, comme l'adaptation de moyens à une fin ; c'est au contraire le produit de la Révolution elle-même, sous sa forme jacobine, la reprise inédite, mais non pas nécessaire, de la tradition absolutiste par l'esprit révolutionnaire.

En effet, ce qui est condamnable, ce qui est absurde dans la Terreur, aux yeux de Quinet, ce n'est pas la violence. Car la violence tisse l'histoire des hommes depuis l'origine, et elle est aussi l'accoucheuse du progrès. Luther et Calvin n'ont pas mis fin à l'affreux Moyen Age par des homélies pacifiques. Les protestants du XVI^e^ siècle ont ouvert l'avenir en brisant les statues des saints aux frontons des Églises. A l'intérieur même de la Révolution française, cet exemple a trouvé des imitateurs dans le mouvement déchristianisateur animé par les militants sectionnaires dans l'hiver 1793-1794 : mais les chefs jacobins, Robespierre en tête, y ont mis fin et Quinet le déplore. C'est que les déchristianisateurs tentaient plus ou moins spontanément de donner un sens véritablement fondateur à leur action, en séparant la France de la tradition catholique et en instaurant une nouvelle religion plus conforme à l'esprit du christianisme. Ce que Quinet reproche donc à la Terreur est moins sa violence que son absence de sens : c'est une procédure d'extermination qui fonctionne dans le vide et qui n'a d'autre finalité que la mort des individus sacrifiés à l'État. Dans cette mesure, elle fait revivre sur le mode révolutionnaire la tradition absolutiste. Car non seulement la guillotine n'ouvre pas l'avenir, mais elle réintroduit le passé. Robespierre n'est ni Moïse ni Calvin, c'est Richelieu.

Il n'incarne pas une idée nouvelle, mais la vieille raison d'État. En vain, cherche-t-il à donner le change, in extremis, par le culte de l'Être suprême : cette tentative d'intellectuel livresque ne présente aucun rapport avec une prophétie religieuse[21]. Elle constitue une couverture de la Terreur, non l'institution d'une croyance, qui pourrait la justifier. Le sys-

20. Cf. *Penser la Révolution française*, Gallimard, 1978.

21. Bizarrement, Quinet critique le côté superficiel et livresque du culte de l'Être suprême alors qu'il vient de célébrer la tentative d'instaurer le culte de la Raison à l'automne 1793, et l'abjuration solennelle de l'évêque Gobel, le 7 novembre : c'est probablement à cause du caractère ouvertement anticatholique de la seconde, et de l'hostilité qu'elle suscite chez Robespierre,

tème terroriste n'a aux yeux de Quinet aucune logique supérieure : il n'a pas pour objet de prendre à bras-le-corps l'ancien monde spirituel et moral, et de tenter de le déraciner. Il n'offre aux sacrifices qu'il demande aucun objectif collectif de civilisation, que la haine des individus entre eux. Il suppose que distribuer la mort est juste, sans pourtant tracer la ligne de partage, puisqu'il reconnaît la liberté de son adversaire, l'Église catholique. « Ni art, ni subtilité ne renversera ce dilemme : si l'on voulait la terreur, il ne fallait pas la tolérance ; si l'on voulait la tolérance, il ne fallait pas la terreur[22]. »

En ce sens, la Terreur est contradictoire avec la Révolution, dans la mesure même où la tolérance est une suite de la liberté : l'autonomie des consciences individuelles est à ce prix. En instaurant un système de contrainte politique et d'extermination physique, les révolutionnaires ont recours à un droit antique au nom d'une idée moderne, puisqu'ils nient et reconnaissent à la fois le droit de leurs ennemis. La Terreur est chez Quinet un ressort inséparable des régimes monarchiques et aristocratiques ; elle a donc des racines plus anciennes que l'absolutisme français, exactement comme ce dernier est lui-même issu de la tradition romaine : le concept de la « liberté ancienne » n'existe pas pour notre auteur. Mais à l'inverse, la Terreur est incompatible avec la démocratie moderne. Ce qui la rend nécessaire, sans cesser d'être contradictoire, dans la Révolution française, est l'ignorance où se trouvent les Jacobins de la nature de cette démocratie moderne, et de son indispensable fondement religieux[23]. Faute de se battre pour créer la civilisation de l'avenir, les révolutionnaires français empruntent leurs moyens au passé. Du coup, il n'y a plus que leur action même qui puisse leur servir de finalité.

Bref, la Terreur est un système à pure logique politique, sans aucun sens qui le dépasse. Quinet lui consacre le dix-septième livre de son ouvrage, intitulé : « Théorie de la Terreur ». Il distingue d'abord la Terreur comme réaction populaire de la Terreur comme système de gouvernement :

alors que la fête de l'Être suprême est au contraire son initiative. Sur ce point, Quinet partage le jugement de Michelet : favorable au mouvement de déchristianisation des derniers mois de 1793, hostile à la tentative religieuse de Robespierre en juin 1794.

22. *La Révolution,* XVI, 12.

23. *Ibid.,* XVI, 2 : « Ni la mort de Louis XVI, ni celle des Girondins, ni l'étang de sang de la loi de prairial, ne remédiera à ce fond d'impuissance. L'idée des Jacobins sur le point fondamental des choses humaines, la religion, est le vide ; tout l'univers en ruine n'aurait pu le combler. »

il excuse la première, issue de la surenchère de violences entre la Révolution et la contre-révolution, vertige épisodique de vengeance contre les intrigues de la Cour et l'invasion étrangère. Mais ce qui l'intéresse, c'est la transformation de ce sentiment populaire en principe de gouvernement par les hommes du Comité de salut public : « Par eux, le vertige de certaines journées devint le tempérament fixe et l'âme de la Révolution [24]. » Cette mutation est facilitée par le caractère de l'idée révolutionnaire, l'indifférence où celle-ci peut conduire à l'égard des destins individuels, le partage qu'elle tend à opérer entre les bons et les méchants, la lenteur même dont elle s'impatiente à transformer le monde selon sa promesse. Mais Quinet passe très vite sur cet aspect des choses : en effet, la Terreur révolutionnaire n'est pas à ses yeux un mode de gouvernement inédit. Au contraire, c'est une résurgence de ce qui constitue le fond même de l'absolutisme ; le retour de Louis XI, de Richelieu et de Louis XIV ; le recommencement de la Saint-Barthélemy et des dragonnades : la violence toute nue du pouvoir, l'État comme fin en soi, et du côté de la nation, la peur et la servitude. La Terreur est cet enchaînement de la Révolution à l'héritage de la royauté.

Elle redonne un objet apparemment nouveau, en réalité archaïque, à l'adoration des Français pour le pouvoir : l'autorité absolue. Le Comité de salut public fait refleurir les vieilles mœurs politiques de la France monarchique, la délation, la courtisanerie, le mépris du droit, l'adoration de la force ; l'écho s'en trouve encore dans tous les livres d'histoire, et ce commentaire de Quinet pourrait avoir été écrit hier : « Si l'on veut voir à quel point les Français sont aisément éblouis par le pouvoir fort, il faut lire les historiens du Comité de salut public. Quelle complaisance ! quelle admiration sans bornes ! Jamais, dans aucune histoire, l'autorité absolue n'a reçu un pareil culte. Le vertige prend les démocrates ; les voilà enivrés dès le premier jour à la même coupe où ont bu tous les rois [25]. »

Non que Quinet nie, ou minimise, l'œuvre accomplie, le pays sauvé de l'invasion et de la guerre civile. Ce qu'il nie, c'est qu'il existe un lien de nécessité entre cette œuvre et les moyens de gouvernement utilisés pour l'accomplir ; il nie que les circonstances expliquent la Terreur, et que le « suc-

24. *Ibid.,* XVII, 1.
25. *Ibid.,* XVII, 4.

cès » la justifie ou même l'absolve. Celle-ci lui paraît avoir une source sui generis, moins dans la Révolution elle-même que dans les mœurs politiques de l'ancienne France, que la Révolution était censée abolir, et qui l'ont au contraire corrompue. A travers la Terreur, les révolutionnaires ont renoué avec l'Ancien Régime et ont aimé le pouvoir absolu. C'est ainsi que Quinet traite le vieux dilemme de la pensée libérale, qui consiste à célébrer 89 en récusant 93 : la Terreur n'est pas seulement une déviation malheureuse de la Révolution, c'est sa négation même.

La preuve, c'est qu'elle n'a jamais pu être avouée comme telle, et pour ce qu'elle est. Mensonge visible, et même dominant, après le 9 Thermidor, de la part de ceux de ses protagonistes qui lui avaient survécu : il leur faut déjà l'excuse mystificatrice des circonstances. Mais pendant même qu'elle bat son plein, en 1793-1794, la Révolution ne peut en faire la doctrine : comment ferait-elle, sans se renier, l'apologie du gouvernement par la peur ? Comment s'installerait-elle, sans cesser d'exister, dans le système par excellence des despotismes ? Aussi bien ne sort-elle pas de cette contradiction, qui a finalement raison du système lui-même. Quand Robespierre, au printemps 1794, guillotine les hébertistes, ou encore terrorise les terroristes, pour tenter de « stabiliser » sa dictature, il est pris dans cette contradiction-là ; mais il n'a plus que quelques mois à vivre.

Dans ce qu'elle a de faible, cette interprétation mêle et même confond deux réalités historiques très différentes, qui sont l'Ancien Régime politique et le gouvernement révolutionnaire. Sur l'absolutisme, qu'il ne distingue pas du despotisme pur et simple, et où il ne voit qu'une domination sans droit ni lois, Quinet est prisonnier de la mythologie révolutionnaire : papes et rois ensemble sont des institutions du « Moyen Age ». Conceptuellement, cette définition sommaire lui sert d'abord à définir la rupture historique opérée par les principes de la Révolution, ensuite à expliquer la rechute de la Révolution dans l'ornière du passé. Mais de ce fait, il se condamne à ne pas examiner sérieusement ce que la dictature révolutionnaire a de spécifiquement nouveau dans la typologie ou l'histoire des despotismes : d'où le caractère vague, et rapide, des passages consacrés au caractère particulier du terrorisme de l'an II, par opposition à l'exercice de la raison d'État monarchique. D'où surtout l'absence d'analyse historique du gouvernement révolutionnaire lui-même, puisque Quinet mêle comme autant de termes presque équivalents, ou en tout cas nécessairement liés, centralisation, jacobinisme, dictature et Terreur.

Mais d'un autre côté, il a aperçu quelque chose de fondamental de l'histoire de la Révolution ; quelque chose que seul Tocqueville, dix ans avant, et avec un génie analytique supérieur au sien, il est vrai, avait mis en lumière et s'était promis d'étudier : à savoir, que la Révolution brise et continue l'Ancien Régime dans le même temps. Quinet prend même cette formule au pied de la lettre, puisqu'il voit dans 93 une pure résurgence de l'arbitraire royal, ce qui signifie à la fois qu'il y a eu rupture et qu'il y a retour de l'ancien par-delà le nouveau. Quinet n'entend pas ce passé comme une simple survivance, une sorte de résidu historique que les temps nouveaux ont à surmonter. Il en fait au contraire le cœur de ce qu'il appelle le tempérament français, un principe corrupteur à l'œuvre dans la trame du temps, et cancérisant la Révolution elle-même, en la transformant en son contraire. Parti d'une grande fresque romantique opposant passé et avenir, il en dépasse le caractère banal en conceptualisant ses deux vecteurs temporels par l'opposition absolutisme/liberté, qui lui paraît caractériser non seulement la Révolution française, mais l'histoire qui a suivi, et où il est encore.

C'est bien ce qui le rapproche le plus de Tocqueville, bien qu'il n'appartienne ni au même milieu, ni à la même famille intellectuelle que l'aristocrate libéral. Et c'est ce qui l'éloigne de son ami Michelet, dont il a partagé pourtant les combats. Quinet a sur la Révolution française, en dépit du caractère sublime de ses principes, un jugement qui est au fond très pessimiste. Il pense qu'en reprenant à son compte les pratiques politiques de la monarchie, elle a renforcé l'habitude séculaire de la servitude, et inoculé même à la gauche républicaine le virus mortel du pouvoir absolu : passion honteuse, on l'a vu, inavouable, mais passion si forte que l'Europe de son temps, soixante-dix ans après, lui paraît menacée « de produire d'immenses démocraties serviles qui graviteront incessamment vers l'arbitraire d'où elles sortent et où elles rentrent, pendant que la vraie démocratie libre prendra son expansion dans les vastes déserts inconnus de l'Amérique du Nord[26] ».

26. *Ibid.*, VI, 2.

Cette interrogation inquiète, reprise aussi de Tocqueville, est inséparable de son diagnostic sur le legs de la Révolution. Ce qui fait de Quinet, dans la gauche républicaine de son temps, un esprit relativement solitaire, c'est ce non-conformisme sur la valeur de l'héritage révolutionnaire. Ce persécuté, cet exilé n'est pas assez Jacobin pour être de la famille. C'est que, plus « à gauche » que les historiens libéraux des années 1830, dont il a été l'adversaire politique sous la monarchie de Juillet, ce républicain exemplaire est plus sévère qu'eux à l'égard de la dictature de l'an II. Il est vrai qu'il leur emprunte une des questions clés de son livre : comment penser ensemble 89 et 93 ? Vrai aussi qu'il partage leur diagnostic : admirateur fervent de 89, et hostile à 93. Mais il en transforme et aggrave les considérants. Thiers, Mignet, Thierry, Guizot n'avaient pas eu besoin de condamner presque tout le passé national pour faire la critique de la Terreur. Au contraire, ils avaient pu tenir compagnie à la monarchie un très long moment, le temps que le Tiers-État grandisse sous sa tutelle, avant de l'abandonner, quelque part entre Louis XIV et Louis XV, aux excommunicateurs de l'« Ancien Régime ». Quant à la Terreur et aux Jacobins, il suffisait d'y voir les produits fâcheux mais occasionnels d'une conjoncture d'exception pour en disculper l'histoire de France en même temps que celle de la Révolution.

Or, une génération après, le républicain rescapé qu'est l'ancien combattant de 1848 n'a plus cet optimisme conquérant des « constitutionnels » qui voulaient et devaient refaire 89 en 1830. Dans le procès de l'an II, il inculpe toute l'histoire de France, celle de l'Église et celle des rois. Réfutant le paralogisme paresseux des fameuses « circonstances » censées expliquer tout de la Terreur et de la dictature, il leur substitue le poids, à l'intérieur même de la Révolution, de la tradition cléricale et monarchique : c'est la période apparemment la plus révolutionnaire qui devient sous sa plume la plus littéralement réactionnaire. Alors que 1789 est la révolte sublime d'un peuple contre sa propre histoire, 1793 figure sa retombée lugubre dans la servitude de ses traditions[27]. Ainsi, l'amertume de l'échec, redoublée par celle de l'exil, n'a pas seulement fait de Quinet un historien plus pessimiste que ses prédécesseurs juste-milieu. Elle a aussi

27. On trouve la pensée exactement inverse, comme de juste, chez l'historien socialiste-chrétien Esquiros : « Dans cette épreuve douloureuse [La Terreur], cette initiation par le sang, l'âme de la France s'arrachait au passé. » (*Histoire des Montagnards,* 1847, éd. Garnier, 1903, p. 609).

donné à sa pensée un tour plus radicalement critique, et une qualité d'interpellation du passé qui naît de cet extrémisme : plus philosophique que politique, et plus libertaire que libéral.

De cette voix qui s'était perdue, encore deux citations pour finir. D'abord sur Robespierre, cette mise en garde écrite il y a plus de cent ans et dont le XX^e siècle a comme redoublé la pertinence : « Quoique la mémoire de Robespierre et de Saint-Just ait été elle-même décapitée et interrompue pendant plusieurs générations, elle a laissé un héritage funeste que plus d'un esprit a recueilli sans en connaître l'origine. Cet héritage est l'idée de la nécessité d'une dictature pour fonder un État libre. Idée qui a souvent frappé dans la nuit à la porte du Comité de salut public, aux heures désespérées, et, éconduite, s'est répandue on ne sait par quels canaux dans la tradition vivante d'une partie de la démocratie française. Tantôt affichée ouvertement, tantôt déguisée, elle n'a cessé de reparaître çà et là comme la ressource suprême. Pensée de détresse chez tous ceux qui n'en font pas une pensée de domination [28]. »

Enfin, cette question en forme de bilan qui prend tout son sens d'être écrite par un exilé, sous le Second Empire :

« L'illusion persistante des Terroristes est d'invoquer le succès pour se couvrir devant la postérité. En effet, lui seul pouvait les absoudre. Mais ce succès, où est-il ? Les Terroristes dévorés par les échafauds qu'ils ont dressés, la République non seulement perdue, mais devenue exécrable, la contre-révolution politique victorieuse, le despotisme à la place de la liberté pour laquelle toute une nation avait juré de mourir : est-ce là le succès ?

Combien de temps répéterez-vous encore cet étrange non-sens, que tous les échafauds étaient nécessaires pour sauver la Révolution qui n'a pas été sauvée ?

Cependant " la guillotine marchait ", oui, mais il aurait fallu qu'elle marchât au bout du monde ; dès qu'elle s'arrêtait, elle décapitait les bourreaux.

N'importe, ajoute-t-on ; il fallait ces supplices pour tout sauver. Et moi, après une expérience de quatre-vingts ans, je demande aujourd'hui, avec la postérité : que pouvait-il donc nous arriver de pis [29] ? »

28. *La Révolution*, XIX, 6.
29. *Ibid.*, XVII, 14.

IV

# LE DÉBAT SUR *LA RÉVOLUTION* DE QUINET

Dans la « sortie » du livre d'Edgar Quinet, rien n'a été laissé au hasard [1]. L'éditeur, Lacroix, a multiplié les annonces et les prospectus. Après la mise en vente, il a confectionné à destination de la province ces « affiches-monstres » qu'il avait inaugurées en l'honneur des *Misérables.* Son travail a été considérablement facilité par l'activité complice du ménage Quinet qui, de Veytaux, agit par l'intermédiaire d'un jeune historien républicain, un peu journaliste à ses heures, Charles-Louis Chassin [2], tout dévoué à la gloire du « maître », qui l'appelle son « lieutenant ». Chassin s'est dépensé sans compter pour faire du livre un événement parisien, préparant le terrain auprès des journalistes, faisant passer des entrefilets dans la presse, donnant des fragments en prépublication à plusieurs journaux. *Le Siècle,* tout dévoué d'avance à Quinet, a pris le récit de la nuit du 4 Août pour introduire le livre auprès de son public populaire. *Les Débats,* auxquels Chassin avait proposé le passage du livre comparant la démocratie française à la démocratie américaine, tergiversent et finalement se dérobent prudemment : le directeur Bertin se prétend malade et personne ne veut s'engager au-delà de la promesse d'un article à venir sur l'ouvrage. Chassin soupçonne la main du pouvoir dans cette cascade d'ajournements.

1. On trouvera une analyse complète de cette « sortie », de sa préparation et des réactions de l'opinion publique dans la thèse de troisième cycle de M. Jacques Pochon. Cf. note 1, p. 7.
2. Hippolyte Monin, « Deux historiens de la Révolution française, Edgar Quinet et Charles-Louis Chassin », in *Revue d'Histoire de la Révolution française,* tome 1, 1910, pp. 51-80, 199-218, 380-403; tome 2, 1911, pp. 76-89, 228-245, 405-424 et 572-591; tome 3, 1912, pp. 90-109, 276-293, 447-460; tome 4, 1913, pp. 100-113, 291-307.

Pourtant, les premières attaques ne viennent pas du régime impérial et de ses hommes. Mais des « Jacobins » qui répondent le jour même de la mise en vente, le 17 novembre 1865, dans une série d'articles de *L'Avenir national*[3], sous la plume du rédacteur en chef Alphonse Peyrat[4].

## *LA POLÉMIQUE PEYRAT-JULES FERRY*

Le ton est vif, polémique. Peyrat s'en expliquera un peu plus tard dans sa préface au livre, en excipant des intérêts qui sont en jeu : Quinet est accusé d'affaiblir ou même de « dissoudre » le parti démocratique. Combattre son livre est un devoir. « Quelques personnes ont prétendu que j'aurais pu, en le critiquant, m'exprimer avec moins de vivacité. J'ai pensé, au contraire, et je pense encore que plus les intentions de l'auteur sont pures, que plus son caractère est honorable, plus ses erreurs peuvent être funestes et par conséquent plus elles doivent être sévèrement réfutées. J'ai dû oublier l'auteur et ne m'occuper que de la vérité. Et ici, s'occuper de la vérité, c'était s'occuper des plus sérieux intérêts du parti démocratique. Ainsi qu'une personne humaine, un grand parti politique ne reste lui-même que par les souvenirs de ce qu'il a éprouvé et ce qu'il a fait. L'identité permanente du parti démocratique implique donc, non seulement la connaissance des événements à travers lesquels il s'est formé, mais le respect des hommes qui ont accompli les plus grandes choses dont son histoire se compose. Calomnier ces hommes illustres, dénaturer leurs actes, briser la solidarité qui nous attache à eux, et que nous imposent la politique et la morale, c'est dissoudre le parti démocratique, méconnaître les conditions de son existence, sa véritable raison d'être. L'indifférence, en pareil cas, serait une désertion, le silence une ingratitude[5]. »

Edgar Quinet est donc accusé de « démoraliser Billancourt » en plein Second Empire. Le Billancourt de l'époque, c'est l'opposition républicaine, le « parti démocratique ». L'ouvrage de Quinet est d'autant plus dangereux, et nocif,

3. *L'Avenir national,* n$^{os}$ du 17 et 20 novembre 1865 ; 3, 9, 12, 18, 24 janvier 1866. Cette série d'articles sera republiée en 1866 dans un livre auquel Peyrat ajoutera deux chapitres, l'un, le cinquième, consacré aux « résultats » de la Révolution, l'autre, le huitième, à « la guerre avec l'Angleterre ».
4. Cf. *infra,* pp. 127-195.
5. Cf. *infra,* p. 125.

qu'il vient d'un personnage illustre, membre de cette opposition, dont il a payé le prix par l'exil, et qu'il peut donner des armes contre la Révolution aux ennemis communs des républicains : vieil argument, tiré de la confusion des genres et de l'utilisation « objective » des travaux intellectuels pour des combats d'une autre nature ; porté aussi par cette loi des luttes politiques, qui veut qu'on se haïsse d'autant plus qu'on est du même bord. C'est pourquoi Peyrat mobilise pour sa riposte non seulement la vérité, mais la morale et la politique, qu'il n'en distingue pas : conséquence logique de ce type d'exorde. Le patrimoine sera défendu contre les héritiers infidèles.

Non que le porte-parole jacobin ait le génie de son rival. En ce sens, cette polémique est inégale, car indépendamment des idées que défendent les deux auteurs, l'un est un grand intellectuel, plein de talent et d'idées, et l'autre un esprit moyen, plus porté au prosélytisme politique qu'à l'histoire ou à la philosophie ; son information aussi est sommaire, comme on peut le voir par exemple dans le deuxième chapitre du livre, où son survol chronologique de la situation militaire de la Révolution n'est même pas digne d'un manuel scolaire. Il n'y aurait donc aucun intérêt à comparer les talents ou les styles, et à écraser la critique jacobine sous l'inégalité des protagonistes. L'important est d'en restituer les principales articulations.

D'abord les plus fortes. Peyrat a compris qu'il y a deux idées dans le livre de Quinet, et qu'elles ne sont pas facilement compatibles : critiquer la Révolution pour n'avoir pas fondé de religion nouvelle qui déracine le catholicisme, et lui faire reproche par ailleurs d'avoir eu recours à la Terreur est en effet paradoxal. Il est vrai que Peyrat ne discute pas l'espèce de cohérence qu'il y a dans l'esprit de Quinet entre les deux propositions ; la Terreur révolutionnaire paraît néfaste à l'exilé précisément parce qu'elle s'exerce dans une sorte de vide culturel, n'ayant d'autre fin qu'elle-même, alors que les violences protestantes du XVIe siècle étaient porteuses d'une nouvelle civilisation religieuse. Quinet est libéral en politique, mais pas en religion. Son critique jacobin, lui, est un laïque au sens moderne du mot. Il est bien d'accord pour reprocher à la Constituante son compromis avec l'Église catholique, mais c'est au nom, déjà, de la séparation de l'Église et de l'État ! Bref, Quinet est à ses yeux non pas au-delà, mais en deçà de la première Assemblée révolutionnaire. Et puis, ajoute-t-il, quelle religion nouvelle ? « Monsieur Quinet a oublié de le dire[6]. » Interrogation forte, puisque Quinet, en effet, ne se préoccupe jamais de tenter ne fût-ce que l'esquisse de cette religion moderne de l'homme libre dont il ne cesse de déplorer l'absence.

Mais si l'idée religieuse, appliquée à la Révolution française, est la partie vulnérable du livre de l'exilé, la critique de la Terreur est sa partie forte, non seulement pour la période révolutionnaire, mais par ses implications sur l'évolution de la démocratie française au XIXe siècle. De cette évolution, Peyrat ne parle pas, peut-être parce que le spectacle du Second Empire triomphant, legs de la Révolution autoritaire, pouvait apporter de l'eau à la thèse de son adversaire. Il se contente de plaider le dossier historique de 1793, sans grand talent ni originalité. Fort sur la partie faible de Quinet, il est faible sur sa partie forte.

Ses premiers articles sont typiques à cet égard : exposé sommaire et panoramique des fameuses « circonstances » (il s'agit d'ailleurs plus de celles de 1792 que de celles du printemps 1793), de l'activité du Comité de salut public et du redressement opéré. Nulle chronologie serrée, nulle tentative de lier de façon un peu rigoureuse événements extérieurs et intérieurs, tout juste le récit hagiographique de l'épopée du salut public, pour lier globablement et une fois pour toutes victoire de la Révolution et dictature. Après ce tableau vient l'examen de la dictature elle-même, que Peyrat se refuse à considérer comme un système, ou un principe de gouvernement, de la part des leaders jacobins : « Non, la dictature ne fut pas un système de gouvernement ; elle fut le résultat de la nécessité la plus évidente, l'unique moyen de salut dans une situation désespérée[7]. » De la sorte, elle est par rapport à la Révolution une sorte de pure extériorité : elle n'a de nécessité que dans et par la contre-révolution et la guerre. En évacuant sa relation à la Révolution, la gauche jacobine s'évite tout simplement d'avoir à la penser. Et du coup, elle n'a pas non plus à penser son corollaire, la Terreur. Peyrat pousse même le scrupule plus loin : il n'en *parle* même pas, ni sous son aspect de réaction populaire, ni sous sa forme bureaucratique et gouvernementale.

Presque tout le reste de la polémique est consacré à

6. Cf. *infra*, p. 156.
7. Cf. *infra*, p. 152.

s'indigner du pessimisme de Quinet sur le bilan de la Révolution et à aligner l'ensemble des progrès de tous ordres réalisés pendant cette période, selon la logique naïve de la vulgarisation historique : *post hoc, ergo propter hoc.* Plus intéressante pour l'objet de la discussion est la fin de la polémique, dans laquelle Peyrat oppose les Jacobins à leurs prédécesseurs girondins et à leurs successeurs thermidoriens. Avant eux, l'incompétence. Après eux, la réaction. D'où la célébration du 31 Mai, qui leur donne le pouvoir, et la condamnation du 9 Thermidor, qui le leur enlève. Chronologie significative et promise à un grand avenir, dans la mesure où elle fait de l'épisode dictatorial et terroriste l'épicentre de la Révolution, bien que ni la dictature ni la Terreur figurent autrement que sous la forme de contraintes imposées à la Révolution par les circonstances. Ce 31 mai 1793, où Michelet avait vu la fin de la Révolution du Droit, ouvre pour Peyrat la période du Salut public. Le Jacobin du Second Empire a beau dire que c'est la faute des circonstances. La célébration de cette date indique qu'il y investit des sentiments plus puissants que le consentement à l'inévitable : une passion inavouée pour l'État autoritaire et pour les prétextes dont il orne sa « nécessité ».

Telle est au moins la thèse que Jules Ferry va défendre en volant au secours de Quinet, dans une série d'articles du *Temps*[8] destinés à répondre à Peyrat.

Comme son adversaire l'avait fait, le jeune avocat républicain situe d'abord le débat dans le contexte politique des luttes de la démocratie française au XIX^e^ siècle. Il en atténue les enjeux, pour ôter à la thèse jacobine le caractère d'obligation républicaine que ses partisans cherchent à lui donner. La religion jacobine, comme d'ailleurs la religion bonapartiste, ajoute-t-il à dessein, sont nées comme des réactions nécessaires de colère et d'amertume contre 1815 et la Restauration. Un demi-siècle après, elles n'ont plus de raison d'être. Et Jules Ferry s'en explique en ces termes, qui montrent à quel point, en plein Second Empire, le succès du bonapartisme continuait à être associé aux principes de la Révolution : « Aujourd'hui tout est bien changé — la société moderne n'est contestée par âme qui vive : l'Ancien Régime

8. *Le Temps*, n^os^ du 6, 11 et 30 janvier ; 2 et 5 février 1866. Jules Ferry est à cette époque membre de la rédaction du *Temps*. La série de ses articles consacrée à la défense de Quinet contre Peyrat a été republiée dans Paul Robiquet, *Discours et opinions de Jules Ferry*, 7 vol., Paris, 1898. Cf. t. 1, pp. 99-121.

n'existe plus que pour les vieux journaux qui ne veulent pas perdre l'habitude de le pourfendre. Au sein d'une démocratie débordante, qui, au lieu d'ennemis, n'a que des flagorneurs, le jacobinisme n'est plus une arme de guerre, mais un péril, car il représente parmi nous quelque chose de plus triste que le souvenir des échafauds : le Préjugé de la Dictature [9]. »

Texte très important, qui reprend sous une autre forme une distinction essentielle de la pensée libérale française dès le début du XIXe siècle, notamment chez Guizot : à savoir que la Révolution française a fondé une société, non un gouvernement [10]. Cette société, pour Ferry, n'est plus menacée sérieusement par personne dans la deuxième moitié du siècle. Cette « démocratie débordante » — Jules Ferry emploie le mot dans un sens proche de l'acception dominante chez Tocqueville — est si enracinée qu'elle n'a plus que des flatteurs. Le jeune opposant au Second Empire vise par là le bonapartisme lui-même, qui tient ses titres aussi de la tradition révolutionnaire et qui y puise le consentement populaire à la dictature d'un homme.

Or, le problème de Ferry, dès cette époque, reste celui de Guizot dans les années 1820 : créer des institutions libres, c'est-à-dire un régime représentatif durable, à partir de la société issue de la Révolution. Mais deux générations le séparent du ministre de Louis-Philippe. Sur les ruines de la monarchie de Juillet, sa jeunesse a été le témoin de l'échec du néo-jacobinisme de 1848 ; et il a retrouvé, au terme de cet échec, un second Bonaparte. Il appartient à une génération réaliste qui, forte de son expérience, veut démocratiser le parti orléaniste de Guizot et ancrer enfin la République à l'histoire nationale par le suffrage universel. Mais pour ce faire, il ne lui suffit pas d'abattre Louis-Napoléon Bonaparte. Il lui faut aussi exorciser le spectre du jacobinisme dans le camp républicain.

Cette « religion jacobine », qu'il voit comme complémentaire et complice de la « religion bonapartiste », solidement construite et constamment cultivée autour des deux idées du Salut public et de l'apologie de la Terreur, constitue en effet, à ses yeux, le grand obstacle à l'instauration de la démocratie politique en France. Comme le montre l'exemple

9. Cf. *infra*, p. 200.
10. F. Guizot, *Des moyens d'opposition et de gouvernement*, Paris, 1822.

de février et de juin 1848, le néo-jacobinisme parisien, fait de grands souvenirs plus que d'idées justes, effraie le pays sans pouvoir le gouverner, et ramène au bout du compte la droite et la dictature. Ce que Ferry veut donner pour demain à la gauche républicaine, dans ces années où il anticipe la chute de l'Empire, c'est une crédibilité gouvernementale à l'échelle du pays tout entier : donc débarrasser cette gauche de la célébration de la Terreur : « Celui qui aura démontré que la Terreur n'était pas nécessaire, celui qui aura débarrassé la démocratie de ce rêve de dictature qui tantôt le remue comme une tentation, tantôt l'obsède comme un cauchemar, celui-là aura bien mérité de l'avenir : il pourra braver la grosse voix de ces revenants de 1793, assez épris de leurs souvenirs, assez aveuglés par leurs propres systèmes, pour s'imaginer qu'en France le gouvernement puisse jamais se fonder sur l'esprit de coterie et d'intolérance[11]. »

D'où l'importance de l'ouvrage de Quinet, ce républicain irréprochable de l'autre génération, celle de 1848, qui offre à Ferry l'occasion de défendre « sa » Révolution française contre les « souvenirs » et les « systèmes » : l'historiographie du « souvenir » étant assez bien représentée par un homme comme Peyrat, qui parle au nom d'une tradition où la Révolution est un bloc à prendre ou à laisser ; celle du « système » qu'on pourrait illustrer par l'œuvre de Louis Blanc[12], étant faite du télescopage de l'idéologie socialiste avec le legs robespierriste. Quinet avait eu l'une et l'autre en point de mire. Jules Ferry vole à son secours. Il est d'ailleurs significatif qu'il ne dise pas un mot sur la partie forte de l'analyse de Peyrat : celle qui critique, chez Quinet, l'idée que la Révolution française aurait dû fonder une nouvelle religion, et que seule cette tentative eût pu justifier le recours à la violence d'État. Cette idée, probablement, n'intéresse pas son esprit « positif[13] » ; peut-être la juge-t-il faible, ou dangereuse. Toujours est-il que toute sa réfutation

11. Cf. *infra*, p. 201.
12. Cf. *infra*, pp. 85 et suiv.
13. Jules Ferry est de filiation comtiste. Edgar Quinet, lui, est hostile au positivisme dans la mesure où la science, à ses yeux, ne pourra jamais se substituer à la religion comme fondement du social. Il critique nommément Auguste Comte comme un de ces faiseurs de systèmes abstraits, qui risquent de conduire à la toute-puissance de l'État (cf. *La Révolution*, XXIV, 13).

Du côté positiviste, il existe un intéressant compte rendu critique, par Littré, du livre d'Edgar Quinet, in *La Philosophie positive*, t. III, juillet-décembre 1868. Littré met l'accent sur ce qu'il considère comme les inconséquences de Quinet en matière religieuse, et leur oppose la philosophie comtiste des trois âges.

de Peyrat porte sur l'autre versant de l'attaque contre Quinet : la célébration de la Terreur.

Cette célébration s'enveloppe le plus souvent — et c'est le cas chez Peyrat — dans l'excuse de la nécessité, qui entraîne en même temps une sorte d'anonymat collectif de la responsabilité. Pour mettre de l'ordre dans ce mélange d'émotions et d'idées vagues, Jules Ferry reprend, dans son deuxième article[14], la distinction faite par Quinet entre deux Terreurs : la Terreur populaire, « fruit ordinaire des longues servitudes et des inimitiés séculaires », et réaction plus ou moins spontanée des masses en face des pressions nées de la situation. Et la Terreur gouvernementale, véritable système de pouvoir, prenant appui sur ce sentiment populaire, mais distinct de lui, destiné à éterniser un despotisme de la peur devenu indépendant des circonstances qui lui ont servi de prétexte. De cette distinction devenue classique depuis lors, et dont les deux exemples « purs » pourraient être les massacres de septembre 1792, d'une part, et ce qu'on appelle la « Grande Terreur » du printemps 1794, de l'autre, Jules Ferry tire argument contre Peyrat pour montrer que le deuxième type de Terreur est un véritable système de gouvernement, comportant des institutions et une législation particulières ; et que cette dictature qui s'est d'abord déclarée provisoire, puisque liée à un danger extrême qu'elle se donne pour fonction d'écarter, tend à se perpétuer et même à s'aggraver, indépendamment des circonstances. « La Dictature révolutionnaire n'a pas échappé à cette loi historique de toute dictature, qui est de devenir promptement systématique, et de ne pas savoir finir... Glissant sur la pente que nul ne remonte, la Dictature se perd en cette monstrueuse et puérile rêverie d'une société régénérée par l'échafaud, incroyable mélange d'atrocité et de candeur, d'austérité naïve et de rigueur implacable, de littérature et de cruauté, utopie pédagogique, absurde et sanglante, à laquelle resteront éternellement attachés les noms de Saint-Just et de Robespierre[15]. »

Système de pouvoir autonome, devenu très vite indépendant de la conjoncture qui a facilité sa formation, la dictature terroriste n'est pas non plus responsable du redressement de la situation. L'espèce de nécessité causale que

14. Cf. *infra*, p. 202.
15. Cf. *infra*, p. 205.

l'historiographie jacobine installe dans la séquence chronologique Terreur-Salut public paraît à Jules Ferry un paralogisme : ce qui a sauvé la nation, c'est l'enthousiasme national, et s'il y a eu enthousiasme c'est que la Terreur était inutile : « Il faudrait pourtant choisir : ou cesser de nous entretenir de l'enthousiasme et des prodiges de 1792, ou reléguer parmi les plus hideux sophismes cette théorie de l'efficacité de la guillotine, au point de vue de la défense du territoire, sur laquelle vivent, depuis soixante ans, tous les apologistes de la Terreur, et qui serait grotesque, si elle n'était aussi sanglante. La vérité, c'est que toutes ces grandes choses ne furent faites ni par la Montagne, ni par la Gironde, mais par la France. On a toujours écrit cette histoire les yeux fixés sur la Convention. Dans notre fureur de centralisation, nous voulons tout centraliser, même l'esprit national, même le patriotisme. Nous mettons toute la Révolution dans Paris, tandis que Paris lui a porté, le 2 juin 1793, un des coups les plus terribles qu'elle ait reçus [16]. »

On retrouve dans cette exaltation de la nation tout entière par rapport à Paris le souci qu'a Jules Ferry de retrouver, demain, une République qui ne naisse pas exclusivement d'une insurrection parisienne, mais soit véritablement fondée sur un nouveau consensus national autour du patrimoine révolutionnaire. C'est ce qui explique qu'il consacre un de ses articles [17] à célébrer les Girondins, plus même que ne l'a fait le livre de Quinet qu'il défend. Il admire l'esprit girondin, c'est-à-dire la Constitution décentralisée de 1791, la fondation de la République, l'enthousiasme national. Il ne se demande pas à quelles conditions ces caractères politiques sont compatibles. Puisqu'il nie qu'il y ait une relation entre la Terreur et la guerre gagnée, il s'ensuit qu'il n'y a pas d'incompatibilité non plus entre la spontanéité révolutionnaire et la victoire. Dans cette perspective, le grand drame de la Révolution se noue bien pour Ferry là où l'a vu Quinet : au 31 Mai-2 Juin, quand la nouvelle France cède à un coup de force antiparlementaire, en expulsant les députés girondins de la Convention. Coup d'État imposé par la rue contre la Loi, non seulement inutile, mais néfaste, puisqu'il ouvre la voie à deux dictatures, celle de Robespierre et celle de Bonaparte. Le 31 Mai

16. Cf. *infra*, pp. 210-211.
17. Cf. *infra*, pp. 207 et suiv.

annonce le 18 Brumaire, comme la dictature de l'an II constitue le vestibule de l'Empire. Robespierre, Bonaparte, les deux retours du pouvoir absolu des rois à l'intérieur de la Révolution. La preuve : les Jacobins ont été les meilleurs serviteurs de l'Empereur.

Cette dernière allégation de Ferry relance la polémique en suscitant un nouvel article de Peyrat dans *L'Avenir national*[18]. Serviteurs de l'Empire, les Jacobins ? Qu'on les cite : Fouché, Fréron, Treilhard, Drouet, Merlin, etc., sont d'ex-Jacobins devenus thermidoriens, donc précisément responsables de la chute du régime jacobin au 9 Thermidor. Les seuls Jacobins authentiques sont ceux qui sont frappés en prairial 1795, ou ceux contre qui se fait le 18 Brumaire. Dans ce marivaudage entre les grandes dates de la Révolution qui est comme le symbole de cette polémique, et où le 18 Brumaire seul fait l'unanimité, mais dans la condamnation, Peyrat propose au coup d'État du premier Bonaparte un autre précédent que le 31 Mai, et c'est naturellement le 9 Thermidor.

A quoi Ferry riposte d'abord que « ce n'est pas en thermidoriens et en non-thermidoriens que les hommes de la Révolution se divisent, c'est en terroristes et en non-terroristes » ; et que, sous ce rapport, la plupart des ex-terroristes ont figuré dans le haut personnel administratif de l'Empire. Ensuite, que l'espèce de condamnation sommaire du régime et des hommes de Thermidor, à laquelle se livre Peyrat, est dans la plus pure tradition de la propagande bonapartiste : « Dire qu'entre le 9 Thermidor et le 18 Brumaire, la liberté n'a pu contenir les factions de l'intérieur, ni maintenir la discipline des armées, ni donner au pays le pain, la sécurité et la gloire, n'est-ce pas proclamer la nécessité du 18 Brumaire, et le vainqueur d'Arcole et des Pyramides parlait-il à la France un autre langage[19] ? »

Enfin, selon les bonnes règles de toute polémique, l'avocat anti-jacobin a épluché toutes les publications antérieures de son polygraphe d'adversaire, à la recherche de la citation assassine. Il l'a trouvée : c'est un texte de 1840, violemment antiparlementaire, dans lequel Peyrat fait l'apologie du 19 brumaire 1799, « ce grand jour de notre histoire, qui sera un jour de fête, si jamais nous avons le sens com-

18. Cf. *infra*, p. 176.
19. Cf. *infra*, pp. 218-219.

mun ». Le Jacobin intolérant de 1865 est donc un vieux bonapartiste. Ce qui, écrira perfidement Ferry après que son adversaire eut fait l'indispensable autocritique de son passé, « faisait honneur à sa logique[20] ».

Ainsi, la polémique autour du livre de Quinet et de l'histoire de la Révolution française mobilise, en même temps que des connaissances historiques proprement dites, un système de références, de finalités et d'espoirs qui continue à trouver sa source dans l'objet même de la polémique ; ce qui n'est pas surprenant, puisque la Révolution française a parcouru en dix ans tout le répertoire des formes politiques dont allait vivre la France du XIXe siècle : la monarchie constitutionnelle, la dictature jacobine, la République parlementaire, le despotisme napoléonien. Chaque courant politique qui se réclame de la Révolution peut donc trouver en elle sa légitimité : d'où l'interminable bataille autour de ce patrimoine mêlé. Pas plus que des révolutionnaires eux-mêmes, entre 1789 et 1799, le XIXe siècle n'arrive à « fermer » la Révolution : comme eux, il ne cesse d'en parler, sans jamais y parvenir. L'originalité de Ferry, à cet égard — ou plutôt celle de Quinet, que Ferry relaie dans la chaîne des générations républicaines —, est d'avoir compris que la « fin » de la Révolution, c'est-à-dire une République parlementaire enfin acceptée par le pays tout entier passe par une critique du jacobinisme : c'est la condition idéologique de la fondation de ce qui sera la IIIe République, comme l'écrasement de la Commune en sera le préalable chronologique et politique.

## *ÉMILE OLLIVIER, LOUIS BLANC*

C'est d'ailleurs, aussi, la condition d'un Empire libéralisé ou libéral. A l'époque où sort le livre d'Edgar Quinet,

20. *Le Temps*, 5 février 1866. Jules Ferry fait allusion à une publication mensuelle entreprise par Alphonse Peyrat en 1840, intitulée *Personnalités*, entièrement rédigée par lui, et destinée à « parler vrai » aux lecteurs sur les hommes du temps. La publication ne durera que quelques mois, et cesse apparemment avec le numéro de mai-juin 1840. Elle est de tonalité très antilibérale, pleine d'attaques contre Armand Carrel et l'équipe du *National* (auquel Peyrat a collaboré pendant une courte période), et plus encore très antiparlementaire. On y trouve des phrases de ce genre : « C'est bien aujourd'hui plus que jamais que le 18 Brumaire me paraît un grand jour et le maréchal Lefebvre un grand homme » (B.N. 8° Lc2 1465, p. 72). Dans le dernier numéro, Peyrat se livre à une comparaison curieuse entre Guizot et Robespierre, dans laquelle il célèbre leur mutuel mépris des Assemblées. On comprend comment cette publication de Peyrat constituait pour Jules Ferry un exemple inespéré de la tradition autoritaire dans la gauche républicaine.

c'est une perspective qui peut paraître plus réaliste, puisqu'elle prend en compte le pouvoir établi. Mais elle suppose également que la liberté politique, qu'il s'agit de restaurer petit à petit avec le consentement de l'empereur, soit rigoureusement distinguée de la tradition jacobine, et constitutionnellement organisée. Les républicains les plus modérés, qui lorgnent du côté de cette solution-là et rêvent d'aménager peu à peu l'Empire en régime parlementaire, ne sont pas différemment logés, à cet égard, que les républicains intransigeants : il leur faut séparer démocratie et tradition jacobine. Edgar Quinet, de son exil, déteste de tout son être ce à quoi pense Émile Ollivier[21], marier l'eau et le feu, la liberté avec la dictature. Mais le futur leader de l'Empire libéral trouve dans le livre de Quinet de quoi nourrir ses propres idées politiques et son grand projet de conciliation. On peut le lire entre les lignes des trois articles qu'il y consacre en janvier 1866, tout juste en même temps que Ferry.

Les temps ont changé depuis Guizot et l'orléanisme. Pour Ollivier comme pour Ferry, il n'y a pas de sens à refuser la démocratie. Mais pour la couronner par des institutions politiques, il faut réfuter le préjugé conservateur, selon lequel la Révolution n'a eu pour objet que la fondation des libertés civiles, et le préjugé jacobin, qui met 1793 au centre de l'héritage politique. A ces deux objectifs, le livre de Quinet apporte des points d'appui essentiels, qu'Émile Ollivier traite plus en homme politique qu'en historien. Ce que ses articles ont d'intéressant est précisément ce qu'ils ont d'un peu superficiel ; car ils montrent à quel point l'inventaire de la tradition révolutionnaire française reste la clé même d'un projet aussi disparate que le bonapartisme libéral. De la Révolution, Ollivier aime la Constituante et la Gironde, Mirabeau et Vergniaud, la monarchie constitutionnelle et la République girondine. A voir la fascination visible qu'exerce sur lui le personnage de Mirabeau, conseiller secret de la Cour, vénal mais sincère, dévoué à ses idées, on devine que sous l'évocation du ralliement à la royauté perce l'idée du ralliement à l'Empire, et que l'éloge du tribun assagi ouvre la voie au républicain rallié. Comparaison qui n'est pas absurde, mais à condition qu'on y lise également, dans la faillite de la monarchie constitutionnelle de 1791, l'anticipation de l'échec de l'Empire libéral : bref la condamnation des

21. En effet, dans sa correspondance d'exil, il ne cesse de morigéner ses amis républicains de Paris pour leur complaisance excessive à l'égard de l'Empire.

régimes bâtards, revanche de Quinet sur son lecteur trop intéressé.

D'ailleurs l'intervention d'Émile Ollivier n'est qu'un à-côté du grand débat. Celui-ci, lancé par Peyrat et Ferry, entraîne à son tour la réaction d'un collaborateur épisodique mais célèbre du *Temps,* Louis Blanc, qui tient à ne pas laisser penser que l'ensemble du journal partage les vues de Jules Ferry sur les thèses d'Edgar Quinet. Avec sa longue lettre adressée de Londres au *Temps,* qui la publie le 22 février 1866, quinze jours après le dernier article de Ferry, c'est le patriarche de l'historiographie jacobine qui entre en scène ; après le duel des seconds rôles, voici les ténors.

En effet, Louis Blanc est, comme Quinet, un exilé. Il est, comme lui, un vaincu de la IIe République. Comme lui, enfin, un historien de la Révolution française. Ils ont eu des vies comparables, séparées par des pensées contraires. Quinet est un démocrate libertaire. Louis Blanc est un socialiste centralisateur. Il entre dans la vie journalistico-politique française, en 1834, comme un mixte de Jacobin et de socialiste, dans les années où prend son essor l'historiographie jacobine et socialiste de la Révolution française, avec le premier volume de la monumentale *Histoire parlementaire* de Buchez et Roux. La dictature de l'an II n'est plus l'expédient populaire provisoire imposé par les circonstances pour sauver la Révolution, comme dans Mignet. C'est l'expression des intérêts du peuple contre la bourgeoisie. Buchez y voit surtout la tentative de reconstruire, sur les débris de l'individualisme bourgeois de type 89, un État messianique, incarnation nouvelle de l'idée catholique qui est le fond de l'histoire de France. Le jacobinisme ne préfigure pas seulement la dictature du travail sur le capital, mais aussi la fusion de tous les patriotes dans la nation, l'anticipation d'un socialisme chrétien reconstructeur de la communauté.

Le premier tome de l'*Histoire de la Révolution française* de Louis Blanc paraît en 1847, en même temps que celui de Michelet ; brillante année, puisque c'est aussi celle des *Montagnards* d'Esquiros et des *Girondins* de Lamartine. L'interprétation générale est donnée par la préface, et le reste de l'œuvre n'y sera pas infidèle ; Louis Blanc y laisse tomber, de Buchez, la référence à la finalité catholique de l'histoire de France, mais il en conserve la vision d'une Révolution française coupée en deux périodes, dont la première, 1789, appartient à la bourgeoisie, et la seconde, 1793, au peuple.

Plus généralement, trois principes se partagent à ses yeux l'histoire humaine et en constituent comme la règle de succession : l'autorité, que le catholicisme incarne ; l'individualisme, que traduisent chacun à leur tour et à leur manière le protestantisme, la bourgeoisie, la « philosophie » ; la fraternité enfin, qui sera la conquête du socialisme à venir. A l'intérieur de cette grande machine chronologique, la Révolution appartient à l'âge postcatholique, dont elle consomme la ruine, mais il y a deux révolutions dans la Révolution. Louis Blanc reprend la dichotomie de l'historiographie libérale des années 1820, en l'inversant au profit de la seconde période : l'individualisme triomphe de 1789 à 1791, mais l'an II est l'anticipation du règne de la fraternité. Robespierre et les Jacobins sont les vrais héros de ce temps, car ils ont seuls les clés de l'avenir. La vision téléologique de la Révolution, qui invente le schéma sur lequel vivra l'historiographie communiste du XXe siècle, apparaît ainsi juste avant la chute de Louis-Philippe.

Or, l'apologie du jacobinisme comme annonciation s'accompagne de tout ce qui est censé lui avoir frayé la voie dans l'histoire nationale, et notamment d'une sorte d'admiration constante pour la monarchie absolue, véhicule de la promotion et du pouvoir bourgeois, et pourtant incarnant un principe, l'État, indépendant et au-dessus de l'individualisme triomphant. Louis Blanc utilise ici Augustin Thierry et Guizot, l'historiographie du triomphe des Communes sur la noblesse à travers les victoires de l'absolutisme, en la simplifiant, et surtout en la dotant d'un avenir supplémentaire : l'histoire ne s'arrête pas avec 89 (ou avec 1830, ce qui revient au même) et le triomphe d'un pouvoir bourgeois fondateur de l'individualisme libéral « à l'anglaise ». Elle doit tenir les promesses de la « fraternité ». Après la révolution de Voltaire, philosophe de la bourgeoisie, vient celle de Rousseau, penseur du peuple (auquel Louis Blanc joint Morelly, Mably, et aussi Necker, à cause de sa polémique contre le laissez faire - laissez passer des physiocrates). Or, la défense du peuple et son avènement futur passent par l'expérience d'un État fort, contrebalançant les injustices qui naissent de la société, et d'une idéologie quasiment religieuse qui dignifie les pauvres. Écoutons Louis Blanc célébrer la filiation Rousseau-Robespierre : « Partisans l'un et l'autre d'un pouvoir fort tant qu'il y aurait des faibles à protéger et des malheureux à sauver de l'abandon, l'auteur du *Contrat social* et son disciple n'ignoraient pas que la forme des sociétés est la contre-épreuve de leur métaphysique et de leur théologie. Or, ils comprirent que l'athéisme consacre le désordre parmi les hommes, en supposant l'anarchie dans les cieux[22]. » Ainsi, le jacobinisme figure-t-il pour le publiciste socialiste à la fois la renaissance de l'État, l'existence d'un pouvoir fort au service des pauvres et l'avènement d'une religion consacrant la fraternité : Robespierre va être cette triple incarnation.

Mais il faut, pour ce faire, le dissocier de l'héritage « négatif » de la Révolution, c'est-à-dire de la Terreur. En effet, Louis Blanc plaide le dossier de la Terreur défensivement, à la manière des historiens libéraux de la Restauration : la Terreur est un moyen affreux de gouvernement, mais dont la Révolution doit être doublement disculpée, d'une part parce qu'elle hérite du recours à la violence politique comme d'une malédiction du passé, d'autre part parce que ce sont ses ennemis qui, par leur résistance et leurs complots, lui en font quasiment une nécessité. L'originalité de Louis Blanc n'est donc pas dans cette interprétation de la Terreur, déjà classique au moment où il écrit ; elle se trouve dans la dissociation systématique qu'il établit entre Robespierre et la Terreur. Les principaux pourvoyeurs de la guillotine sont à ses yeux, dans l'hiver 1793-1794, les hébertistes : Robespierre protège contre eux Danton et Camille Desmoulins. Puis, au printemps, c'est lui qui les fait arrêter et guillotiner — en même temps, il est vrai, que Danton et ses amis : sur ce point, Louis Blanc laisse percer un regret de voir son héros abandonner Danton au nom de l'orthodoxie révolutionnaire. Mais après la liquidation des « factions », au moment de ce que les historiens nomment la « Grande Terreur », il campe à nouveau Robespierre comme un modéré, et le groupe robespierriste comme étranger, et même hostile aux pires excès de la Terreur, notamment après la loi du 22 prairial : ce sont les futurs conjurés du 9 Thermidor qui sont pour Louis Blanc les ultra-terroristes du printemps 1794, ce qui lui permet de condamner ensemble, puisqu'ils ont les mêmes auteurs, la surenchère terroriste de juin 1794 et sa condamnation en Thermidor, qui transforme Robespierre en bouc émissaire. Ainsi, l'Incorruptible n'incarne que le bon côté du jacobinisme, qui est l'État

22. L. Blanc, *Histoire de la Révolution française*, t. I, éd. 1868, p. 348.

du peuple. Son mauvais côté, la Terreur, est dû non seulement aux adversaires de la Révolution, qui créent les fameuses « circonstances », mais aux exagérés de la Révolution, bientôt retournés en thermidoriens, c'est-à-dire revenus à leur corruption bourgeoise.

A la différence de ce qui se passe pour Quinet, l'expérience de la Révolution de 1848 n'a modifié en rien la manière dont Louis Blanc interprète l'histoire de la Révolution française. Pour Quinet, l'exilé du 2 décembre 1851, le problème est de comprendre l'échec de la démocratie française, la filiation recommencée de la Révolution à l'Empire. Louis Blanc, lui, a rompu non pas avec l'Empire mais avec la République. En fuite dès la journée du 15 mai 1848, passé en Angleterre après l'insurrection ouvrière de juin, condamné par contumace à la déportation par une cour spéciale réunie à Bourges, il prend sa revanche sur la République bourgeoise par la rédaction de la première histoire socialiste de la Révolution française, dont le douzième et dernier volume paraît en 1862. L'ancien président sans pouvoirs de la « Commission du Luxembourg » est un exilé aussi intransigeant que le républicain sans espoir de Bruxelles et de Veytaux, puisqu'il ne rentrera lui aussi en France qu'en 1870. Mais chassé de sa patrie par la République et non par l'Empire, il n'a rien dans son expérience qui lui permette de partager ou même de comprendre la question posée par Edgar Quinet à l'histoire de France en général et de la Révolution en particulier. Les formes politiques du pouvoir et de la souveraineté nationale, le problème des droits ou des libertés des citoyens ne l'intéressent pas plus en 1852 qu'en 1847. Ce socialiste reste d'autant plus jacobin qu'il est l'exilé du jacobinisme vaincu : c'est la bataille de rues de juin 1848 qui a scellé son destin, non le coup d'État du prince-président.

Ainsi, en écrivant à Londres son *Histoire de la Révolution française,* célèbre-t-il tout naturellement le patrimoine jacobin, la dictature de l'an II et Robespierre : le socialisme qu'il appelle de ses vœux et qu'il voit comme l'âge de la fraternité trouve dans cette anticipation historique ses lettres de noblesse. L'ouvrage de Quinet, qui paraît trois ans après son dernier volume, ne peut que choquer l'ensemble de ses convictions, indigner en lui l'homme politique et blesser l'historien : il est très exactement dirigé contre cette tradition à la fois égalitariste et autoritaire que représente le socialisme de Louis Blanc. D'où cette longue lettre au *Temps*[23], où celui-ci défend, avec son livre, ce qui donne un sens à son exil et à sa vie. L'héritage de la Révolution est indivisible, et en faisant la critique de sa période terroriste, Edgar Quinet prête la main à la contre-révolution : procès d'intention inusable, promis à un avenir aussi durable que celui des luttes politiques, puisqu'en substituant à un débat à l'intérieur de la gauche une condamnation de la droite par la gauche il permet d'empocher la mise avant qu'ait commencé la partie.

Pourtant, après cette mise en garde, Louis Blanc plaide un peu en retrait. La Terreur n'est plus l'instrument d'un renouveau de la communauté nationale, comme dans Buchez et Roux et dans certaines pages de sa *Révolution française*; elle est un malheur, déplorable, néfaste, plein de risques pour la Révolution elle-même. Mais nécessaire, ou plutôt inévitable : car elle tient tout entière en deux causes indépendantes de la Révolution, les circonstances dramatiques de l'an II et les siècles de ténèbres qui l'ont précédée. « La Terreur, préparée par des siècles d'oppression provoquée par d'effroyables attaques, et stimulée par les dangers d'une lutte de Titans, sortit des entrailles de l'Histoire[24]. » Loin d'être un système imaginé et organisé par les hommes de 1793, elle constitue par excellence l'immaîtrisable de la Révolution, ce sur quoi celle-ci n'a par définition aucune prise, puisque son origine se trouve dans ce contre quoi elle lutte et qu'elle cherche à abolir : la contre-révolution, dans le présent, et l'Ancien Régime, dans le passé. Quinet y voyait la reprise en forme de système gouvernemental, par la Révolution, de la tradition et des mœurs de la monarchie absolue. Louis Blanc l'interprète en termes de fatalité provisoire, nécessaire pour supprimer ce qui en constitue justement la cause. Sa « lettre au *Temps* » est à cet égard totalement fidèle à la vision de leur propre action qu'ont eue les hommes de l'an II ; elle apporte à la « théorie des circonstances », reprise de Mignet et des historiens libéraux, le renfort de l'historiographie jacobine, qui y disculpe ses ancêtres.

De fait, l'apologie de Robespierre sert chez Louis Blanc l' « explication » de la Terreur. Dictateur, Robespierre ? Il

23. L'article de Louis Blanc répondant au livre de Quinet, publié par *Le Temps* du 22 février 1866, est republié en préface d'une réédition populaire, par la librairie du Progrès, en deux volumes illustrés in-4°, de son *Histoire de la Révolution française,* Paris, 1869, pp. XIII à XXII.
24. Cf. *infra,* p. 246.

n'exerça qu'une magistrature, celle de la parole ; et le soupçon seul de dominer par la parole suffit précisément à le faire accuser de dictature, tant était en éveil la sensibilité de la Révolution au règne d'un seul. D'ailleurs le pouvoir de la Terreur était tout provisoire, puisque la Constitution de 1793, « à laquelle Robespierre prit tant de part », avait prévu et donné tous ses droits à la liberté des citoyens. Enfin, le 9 Thermidor n'a pas mis fin à la Terreur, comme le veulent Edgar Quinet et Jules Ferry, puisque la chute du gouvernement des Comités ouvre la voie à la Terreur blanche.

Par ce dernier argument, Louis Blanc montre bien à quel point il récuse la conception de ses adversaires, selon laquelle la Terreur révolutionnaire a constitué un système de gouvernement. A ses yeux, celle-ci est faite, comme son contraire la Terreur blanche, de la violence incontrôlable de la société contre une partie d'elle-même, sans qu'il y ait aucune vérité à l'imputer à une politique, sous la forme d'un « système » ou même d'une simple volonté. Quinet distingue deux Terreurs, l'une spontanée et populaire, l'autre organisée et gouvernementale. Louis Blanc n'en reconnaît qu'une seule, phénomène purement réactif à des événements et à des risques immenses, et donc quasiment hors du champ proprement politique ; mais à l'intérieur de ce genre unique, qui les rapproche, la Terreur rouge et la Terreur blanche s'opposent par les fonctions qu'elles remplissent, puisque la première est exercée au nom d'un « but glorieux à atteindre », alors que la seconde est l'instrument de haines et de vengeances réactionnaires. Toutefois, Louis Blanc n'assume qu'à demi ce type d'analyse, puisqu'il termine sa comparaison en faisant crédit à la Terreur rouge d'avoir eu recours à des formes régulières comme ce tribunal révolutionnaire, « procédés terriblement sommaires sans doute, mais qui du moins ne faisaient venir le bourreau qu'après le juge », alors que la Terreur blanche n'était qu'une pure vendetta sociale. Par quoi, sans le savoir, il revient à la question posée par Quinet d'un « système » de la Terreur, qu'il a préalablement écartée.

Mais cette idée, contradictoire avec l'ensemble de sa démonstration, est une sorte d'idée limite, avancée pour créditer même la Terreur révolutionnaire, par comparaison avec la Terreur blanche de la période suivante. En réalité, Louis Blanc condamne la Terreur, et son problème est de ne pas entraîner dans cette condamnation la Révolution de 1792-1794, incarnée par Robespierre. D'où la double idée de la fatalité de la Terreur et de l'insaisissable diffusion de ses ressorts psychologiques au plus profond du corps social, comme une réponse aux dangers extrêmes courus par la Révolution. La Terreur était inévitable, et elle n'a été véritablement voulue par personne, puisque c'est de l'extérieur de la Révolution qu'a surgi sa nécessité. En ce sens, Louis Blanc est l'héritier de Mignet et l'historiographie socialiste s'installe dans les traces laissées par l'historiographie libérale. Mais l'ami de Thiers et de Guizot n'avait repris aux thermidoriens la théorie des circonstances que pour diminuer l'importance, justement « circonstancielle », de la période jacobine de la Révolution : 1789 restait la voie royale de la nécessité historique, et 1793, une sorte de sous-nécessité provisoire, secondaire. Au contraire, pour l'émigré de Londres, rescapé du naufrage socialiste de mai-juin 1848, la théorie des circonstances sert à disculper de la Terreur les hommes de la Révolution, à élever 93 au-dessus de 89 et à sculpter la statue de Robespierre comme figure de proue de la Révolution française. Dans les deux cas, c'est la même interprétation qui sert, mais elle ne sert pas à célébrer la même Révolution.

## *LA RÉPONSE DE QUINET*

Le journal quotidien que tient Mme Quinet, en même temps que la correspondance de Quinet lui-même témoignent de l'extrême attention que, des bords du lac de Genève, le couple porte aux comptes rendus du livre du « maître » et à la polémique qu'il a déclenchée. Le « suivi » est l'objet des mêmes soins que le lancement. Mme Quinet note avec fierté le 12 janvier 1866 : « C'est Edgar Quinet et son livre qui forment la revue de Paris de chaque journal depuis quinze jours[25]. » Et sept mois plus tard, le 24 juillet, elle calcule que vient de paraître le cent trente-huitième article sur *La Révolution*[26]. C'est dire à quel point elle tient avec soin le comptoir de la gloire conjugale.

Quinet suit avec passion le débat historico-politique qui a commencé avec les articles de Peyrat. Il ne cesse de

25. H. Quinet, Mémorial d'exil, Mss BN, NAF 11832, fol. 8v. Cf. également Jacques Pochon, *op. cit.*, p. 239.
26. H. Quinet, *ibid.*, fol. 138v. Cf. également Jacques Pochon, *op. cit.*, p. 239.

dauber, dans sa correspondance, sur ses adversaires jacobins et sur les articles de Peyrat ; et d'encourager son chevalier dans le tournoi d'idées, le jeune Jules Ferry. Une lettre en résumera vingt autres ; je la cite intégralement, parce qu'elle est inédite, en date du 10 février 1866, et qu'elle se passe de commentaires :

« Monsieur, dans la vigoureuse et triomphante polémique que vous venez de soutenir, vous n'avez eu d'autre but que la vérité. C'est elle qui est et qui sera votre récompense. Il n'est guère possible d'applatir *[sic]* un adversaire mieux que vous n'avez fait. Votre voix est celle des générations nouvelles. Il était temps d'en finir avec la rhétorique des momies de Robespierre. Vous avez mis un terme à ce sanglant rococo qui nous barrait le chemin vers l'avenir, je vous en suis profondément reconnaissant. Avant de lire *L'Avenir national,* je n'aurais jamais cru qu'il fût possible d'écrire des articles sur la Révolution sans rencontrer ni un fait ni une idée. On réunit dit-on en brochure ce vide parfait. N'est-il pas à désirer que votre travail, si sérieux, si solide, si fort, soit de nouveau publié de la même manière, et qu'on puisse le comparée *[sic]* à la vaine déclamation que vous avez pris la peine de déshabiller.

Une chose m'a frappé. C'est que beaucoup de nos démocrates robespierristes n'ont senti aucune peine de ce qui se passe depuis quinze ans. Il est commode à bien des gens de se plier au joug, en se drapant dans le terrorisme. Quand je parle de mon deuil de la liberté perdue, ils ne savent ce que je veux dire. Pourtant la liberté et l'avenir se dégageront de ces masques ; et vous, Monsieur, et vos amis, vous verrez cet avenir que vous aurez fait[27]. »

Et, après ses « sentiments dévoués », Quinet ajoute un post-scriptum transversal, pour rire du front commun entre ses adversaires robespierristes et ses ennemis ultramontains : « J'aurai bien des choses à dire sur la question religieuse. N'est-il pas plaisant que nos modernes robespierristes se soient faits, sur ce point, plus catholiques que *Le Monde*[28] ! »

Mais après avoir commenté dans la coulisse, avec ses seuls amis et partisans, tout le tapage fait autour de son livre, Quinet rédige à la fin de 1866 une riposte qui sera

27. Lettre d'E. Quinet à J. Ferry, du 10 février 1866. Cette lettre est extraite des archives Jules Ferry, à Saint-Dié. Elle m'a été aimablement communiquée, avec plusieurs autres concernant le même débat, par mon ami Claude Nicolet.
28. *Le Monde* est à cette époque le journal ultramontain.

publiée d'abord séparément en février 1867, puis comme préface à la cinquième édition de son livre, l'année suivante : c'est *La Critique de la Révolution,* qu'il envoie aussi à Jules Ferry, quelques jours avant la mise en vente, avec mission d'en présenter un extrait aux lecteurs du *Temps.* Ce texte, destiné à combattre en priorité les « robespierristes », est aussi l'exposé le plus systématique de sa conception générale.

La partie délicate du plaidoyer concerne la contradiction où Quinet semble s'être enfermé : regrettant d'une part que la France de la Révolution n'ait pas eu le courage, comme les Provinces-Unies ou l'Angleterre aux siècles précédents, d'extirper le catholicisme pour y substituer une nouvelle religion plus fidèle à l'idée chrétienne ; critiquant d'autre part la Terreur comme l'exercice d'une violence qui reprend les procédés de gouvernement de l'Ancien Régime, Quinet déplore à la fois que la Révolution n'ait pas déraciné l'Église catholique et qu'elle ait été trop violente. Vulnérable sur sa droite, du fait de la première critique, et sur sa gauche, du fait de la seconde, il a permis aux néo-jacobins de le dénoncer aux ultramontains, unissant contre lui dans ce qu'il appelle ironiquement un « grand zèle ecclésiastique », le parti prêtre et les fidèles de Robespierre.

Il sort de cette impasse par une profession de foi préliminaire en faveur de la liberté des cultes, et même de la séparation de l'Église et de l'État, une des principales revendications des républicains de sa génération. Mais il ajoute que cette solution, « la seule possible pour nos temps », n'éclaire en rien le problème des rapports entre la Révolution française et la Terreur. Au contraire. Ou bien, en effet, la Terreur était indispensable à la Révolution : et sa logique, qui est celle de l'extermination de l'adversaire, excluait la liberté des cultes, que pourtant celle-ci gardait comme drapeau. Ou bien la liberté des cultes est inséparable de la Révolution : et c'est la Terreur qui devient inintelligible, incohérence logique et politique. Quinet critique ainsi la politique jacobine de l'intérieur, au nom de ses objectifs mêmes, qui lui paraissent incompatibles : « Voulait-on les barbaries du XVIe siècle ? Il était contradictoire de proclamer la liberté des cultes. Voulait-on la liberté des cultes ? Il était contradictoire de vouloir les barbaries du XVIe siècle[29]. »

29. Cf. *infra,* p. 268.

L'alternative est en effet imparable. Mais elle ne l'est qu'à l'intérieur de l'interprétation de Quinet, qui analyse la Terreur comme un système politique créé, ou plutôt recréé, par la Révolution. Si au contraire, en suivant Peyrat et Louis Blanc, on fait de la Terreur un produit extérieur à la Révolution, résultat des pressions hostiles qui s'exercent contre elle, il n'existe plus de contradiction entre ce que la Révolution établit (la tolérance, la liberté des cultes) et ce que provisoirement, et contrairement à sa nature même, elle doit accepter pour survivre (la Terreur). Quinet et Louis Blanc ont tous les deux raison à l'intérieur de leurs argumentations respectives, qui sont incompatibles.

Mais en choisissant de riposter à ses contradicteurs jacobins seulement sur la question de savoir si liberté religieuse et Terreur étaient conciliables, Quinet a limité la portée de sa thèse sur les rapports de la Révolution et de la religion. En effet, son livre voit l'échec essentiel de la Révolution dans son impuissance à fonder une nouvelle religion : de celle-ci il ne dessine jamais les traits, comme le lui reprochent ses adversaires, mais on peut imaginer, sur son enthousiasme pour Luther et Calvin, et sa haine de l'autorité romaine, qu'elle aurait pour fondement une version très individualiste de la Réforme. Le plus important de sa thèse n'est d'ailleurs pas dans la définition positive de cette religion, puisque cette définition est inexistante, mais dans l'analyse qu'elle induit de la fragilité de la Révolution, incapable de se fonder sur autre chose que sur elle-même, c'est-à-dire un corps d'idées savantes inaccessibles au peuple. Il est bien vrai que, dans sa *Révolution,* Quinet laisse souvent à penser que ce qu'il reproche à la Terreur, c'est moins son existence que son absence de fondement : cette violence sociale n'a d'autre justification qu'elle-même, elle n'ouvre pas l'histoire à une nouvelle foi supérieure à l'homme. C'est dire que l'échec principal de la Révolution n'est pas la violence, mais le caractère absurde, arbitraire de cette violence, privée de signification fondatrice.

Or, Quinet laisse tomber tout cet aspect de son livre au moment où il répond à ses adversaires, qui pourtant l'avaient explicitement critiqué sur ce point fondamental. « A en croire M. Quinet, avait écrit Peyrat, les législateurs de la France nouvelle auraient dû, s'emparant en même temps du pouvoir politique et du pontificat religieux, proscrire tous les anciens cultes, détruire tous les temples, et sur les ruines des anciennes religions proclamer et imposer une religion nouvelle. Laquelle? M. Quinet a oublié de le dire[30]. » Quinet le dit encore moins en 1867 qu'en 1865, puisqu'il ne relève même pas cette objection venue de plusieurs côtés, et qu'il se borne à s'affirmer partisan de la tolérance religieuse et de la séparation de l'Église et de l'État. Est-ce par souci de rejoindre sur ce problème le consensus républicain, par amitié pour Michelet, qu'il a choqué sur ce point, ou par volonté de centrer toute sa « défense » sur le problème de la Terreur, où il se sent le plus fort ? Je ne sais, et rien dans sa correspondance de l'époque ne permet de trancher cette question. Toujours est-il que ce silence prive sa *Critique de la Révolution* de l'approfondissement polémique d'une des principales idées de son livre, et l'une des plus originales et des plus mal comprises : à savoir, que la fragilité de la Révolution vient de ce qu'elle n'a d'autre enracinement que dans sa réalité immanente.

Mais si le Quinet iconoclaste, rêvant à une Révolution porteuse d'une religion nouvelle, disparaît du texte de 1867, le Quinet anti-terroriste, critique de la tradition jacobine, n'en prend que plus de force : de fait, l'émigré de Veytaux n'attaque de ses adversaires — sans les citer d'ailleurs, vieille ficelle du métier — que ceux qui se sont indignés au nom de cette tradition, et tout spécialement Peyrat et Louis Blanc. Point de mire, centre de la contre-attaque, la théorie de la « fatalité » historique, création d'une « histoire automatique » qui entraîne dans sa nécessité à la fois la Révolution et le recours à la Terreur, indépendamment de la volonté des hommes. Quinet souligne l'incohérence qu'il y a à justifier la Terreur par l'anonymat des « circonstances » et à célébrer Robespierre comme tout à fait étranger à la politique terroriste : « Il est trop illogique », écrit-il en pensant visiblement à Louis Blanc, « de dire que la Terreur a été le salut et que le Sauveur n'a été pour rien dans la Terreur[31]. » D'ailleurs, la Terreur de 93-94 n'est pas assimilable à n'importe quelle violence sociale. Louis Blanc l'avait bizarrement comparée à la répression de la révolte des cipayes dans l'Inde anglaise de 1867[32], inaugurant ainsi cette incapacité à spécifier les caractères de la violence sociale qui a fait une si longue carrière dans l'idéologie de gauche. Mais Quinet :

30. Cf. *infra*, p. 156.
31. Cf. *infra*, p. 273.
32. Cf. *infra*, p. 245.

« On a comparé la conduite des Anglais dans l'Inde au régime de 93. Où est l'analogie ? Le monde est plein de violences et de guerres. Qui en doute ? Mais là n'est pas la question. Les généraux anglais dans l'Inde se sont-ils entre-tués les uns les autres ? Voilà ce qu'il faudrait pour que la comparaison pût se soutenir. Ne voyez-vous donc pas qu'un des traits particuliers à la Révolution française, c'est que les révolutionnaires ont été mis à mort par les révolutionnaires, les Jacobins par les Jacobins, les Montagnards par les Montagnards ? Pourquoi cela est-il arrivé [33] ? »

La violence terroriste exercée comme une loi par les révolutionnaires contre eux-mêmes, au nom de la lutte contre leurs adversaires communs, c'est ce phénomène historique particulier qu'il s'agit de comprendre, au lieu de le diluer soit dans une interprétation tellement générale de la violence sociale qu'elle rend compte d'à peu près tous les types de pouvoirs, c'est-à-dire d'aucun, soit dans un culte d'ensemble porté à l'entité abstraite Révolution, qui ne laisse aucune place à l'esprit d'examen et à la distinction des idées et des hommes. Dans les deux cas d'ailleurs, c'est l'idée de nécessité, employée dans deux sens différents, d'abord comme une loi inexorable de toute vie sociale, ensuite comme une obligation malheureuse liée à un événement salutaire, qui fait obstacle à l'analyse en lui substituant la justification. Philosophe de la liberté, Quinet s'élève en même temps contre l'abaissement des hommes et la paresse du raisonnement historique que comporte toute interprétation de l'histoire en terme de fatalité. « Non, ce n'est pas la nécessité des choses qui a fait le système de la Terreur. Ce sont des idées fausses [34]. » En écrivant cela, Quinet ouvre d'ailleurs une voie qui n'est pas exactement celle qu'il a lui-même proposée dans son livre, puisqu'il ne s'y borne pas à voir dans la Terreur un retour de l'Ancien Régime, ou des idées de l'Ancien Régime ; il suggère qu'il y a des « idées fausses » qui constituent spécifiquement le « système » de la Terreur. Mais sur ce que j'appellerais plutôt l'idéologie du pouvoir révolutionnaire, il n'en dira pas plus.

La partie la plus brillante de cette réplique à ses adversaires jacobins reste donc, comme son titre l'indique, sa partie « critique ». Jamais, depuis Benjamin Constant, les inco-

33. Cf. *infra*, p. 272.
34. Cf. *infra*, p. 276.

hérences logiques de la « théorie des circonstances » n'ont été relevées avec tant de brio et de talent. Jamais l'inconsistance chronologique de la justification par le salut public n'a été démontrée avec tant de pertinence.

« Les grandes noyades de la Loire sont de décembre 1793. Comment donc les noyades auraient-elles sauvé Nantes déjà sauvé en juin, c'est-à-dire depuis cinq mois ? Carrier continue ses exterminations après la déroute des Vendéens au Mans. Est-ce Carrier ou Marceau qui a décidé cette déroute ? C'est ainsi que la Grande Terreur s'est montrée presque partout après les victoires. Prétendons-nous qu'elle les a produites ? Dirons-nous que dans nos systèmes l'effet précède la cause ? Il le faudrait si nous voulons continuer à soutenir que la Terreur était nécessaire pour produire les victoires républicaines qui ont précédé la Terreur[35]. »

Cette démonstration de l'absence de lien, chronologique et logique, entre la Terreur gouvernementale et les victoires révolutionnaires, n'est pas aux yeux de Quinet un exercice de tour d'ivoire. Pour lui, comme pour Jules Ferry dont il reprend in fine l'argument, elle comporte un enjeu capital, qui est la crédibilité politique du parti républicain. Par où l'exilé de Veytaux retrouve la préface de l'ouvrage de Peyrat, auquel il répond par ces lignes : « Quand les catholiques de l'école de M. de Maistre nous vantent la nécessité de l'Inquisition, nous ne pouvons croire qu'ils soient aujourd'hui les amis de la liberté. Pour que nous croyions à une conversion sincère, il faut qu'ils renoncent à préconiser dans le passé ce qu'ils prétendent repousser dans le présent. A ce prix seulement, nous admettons qu'ils se sont rapprochés de nous. Il ne peut en être autrement de nous-mêmes. Quand nous préconisons les nécessités de la Terreur de 93, nous avons beau ajouter que nous ne voulons pas la recommencer. Cette assertion est puérile. Nous ne pouvons ainsi convaincre le monde, et le monde a raison ; car il sait qu'on n'est guéri d'un ancien penchant que si on le condamne dans les actes antérieurs. S'imaginer le contraire est une erreur aussi grave en morale qu'en politique[36]. »

35. Cf. *infra*, p. 277.
36. Cf. *infra*, p. 277.

Cette idée qu'il faut exorciser le spectre de la Terreur pour restituer son rayonnement et la plénitude de son influence à la Révolution française et à son legs est courante dans la gauche du XIX^e^ siècle : il suffit par exemple de lire George Sand pour en mesurer la force. Michelet la partage aussi, et l'exprime longuement dans une note jointe au début du chapitre VII du *Peuple,* livre qu'il dédie précisément, en 1846, à son ami Edgar Quinet. Je cite cette note presque en entier : « ... le sang humain a une vertu terrible contre ceux qui l'ont versé. Il me serait trop facile d'établir que la France fut sauvée *malgré la Terreur.* Les terroristes nous ont fait un mal immense, et qui dure. Allez dans la dernière chaumière du pays le plus reculé de l'Europe, vous retrouvez ce souvenir, et cette malédiction. Les rois ont fait périr de sang-froid sur les échafauds, dans leurs Spielberg, leurs *présides,* leurs Sibéries, etc., un nombre d'hommes bien plus grand, n'importe ? les victimes de la Terreur n'en restent pas moins toujours sanglantes dans la pensée des peuples. Nous ne devons jamais perdre l'occasion de protester contre ces horreurs qui ne sont point *nôtres,* et ne nous sont point imputables. L'élan des armées sauva seul la France. Le Comité de Salut public seconda cet élan, sans doute, mais justement par les excellents administrateurs militaires qu'il avait dans son sein, que Robespierre détestait, et qu'il aurait fait périr, s'il avait pu se passer d'eux. Nos généraux les plus purs ne trouvèrent dans Robespierre et ses amis que malveillance, défiance, obstacles, de toute sorte. Je n'ai pas le temps aujourd'hui de m'arrêter sur tout ceci. » Mais Michelet a pourtant le temps d'enchaîner immédiatement à ce constat anti-jacobin une critique radicale des historiens spécialisés dans l'exaltation posthume du terrorisme : « A ce propos, je fais des vœux pour que ceux qui réimpriment l'utile compilation de MM. Roux et Buchez en fassent disparaître leurs tristes paradoxes, l'apologie du 2 Septembre et de la Saint-Barthélemy, le brevet de bons catholiques donné aux Jacobins, la satire de Charlotte Corday (t. XXVIII, p. 337), et l'éloge de Marat, etc. " Marat distribuait ses dénonciations *avec un sens droit et un tact à peu près sûr* " (p. 345). Judicieux éloge de celui qui demandait deux cent mille têtes à la fois (v. *Le Publiciste,* 14 décembre 1792). Ces néo-catholiques, dans leurs belles justifications de la Terreur, ont pris au sérieux celle que s'est amusé à faire le paradoxal rédacteur de *La Quotidienne,* Charles Nodier. Je n'aurais pas fait cette observation si l'on ne s'attachait à répandre ces étranges folies, par des journaux à bon marché, dans le peuple et parmi les travailleurs qui n'ont pas le temps d'examiner. » (Michelet, *Le Peuple,* Flammarion, 1974, pp. 231-232.)

On peut voir ainsi à quel point le Michelet de 1846 anticipe, sur la Terreur, la condamnation portée par le Quinet de 1865, dans des termes assez comparables. Pourtant, Michelet supprimera, dans la réédition de 1866 du *Peuple,* cette longue note, si catégoriquement hostile à l'historiographie jacobine. Ce qui ne change rien à son avis sur le fond, puisqu'il le réaffirme dans ses préfaces de 1868. Mais ce qui traduit probablement chez lui, à cette époque, le désir de ne pas rompre ce qu'il appellera dans cette seconde préface « l'unité de la grande Église », c'est-à-dire le front commun des républicains contre l'Empire. Soit un peu plus qu'une réserve sur l'opportunité politique du livre de Quinet.

# V

# LA RUPTURE DE QUINET AVEC MICHELET

A ce débat sur la Révolution qui a comme protagoniste collectif mais divisé la gauche républicaine, il manque encore, au moment où Quinet rédige sa *Critique,* le plus grand des historiens de la Révolution. Michelet est l'intime de Quinet depuis 1825, le frère des combats du Collège de France, l'ami que la dédicace du *Christianisme et la Révolution,* en 1845, célèbre ainsi : « Depuis le premier instant où nous nous sommes connus, par quel hasard est-il arrivé que, séparés ou rapprochés, nous n'ayons cessé au même moment de penser, de croire, et souvent d'imaginer les mêmes choses sans avoir eu besoin de nous parler [1] ? » A cette déclaration, Michelet répond l'année suivante en dédiant à son tour *Le Peuple* à son double : « Ce livre est plus qu'un livre ; c'est moi-même — voilà pourquoi il vous appartient [2]. »

Or, vingt ans après, Michelet et Quinet ont chacun écrit une *Révolution française.* Mais cette œuvre, qu'ils ont encore en commun dans leurs vies, cette fois les divise.

L'histoire de cette quasi-rupture, traitée en demi-teinte par Mme Quinet dans le livre qu'elle a consacré à ces « cinquante ans d'amitié [3] », a déjà été écrite [4]. Entre les deux

1. E. Quinet, *Le Christianisme et la Révolution française,* préface.
2. J. Michelet, *Le Peuple,* Flammarion, 1974, p. 57.
3. H. Quinet, *Cinquante ans d'amitié,* Paris, 1899. La veuve d'Edgar Quinet ne peut éviter d'indiquer le désaccord politique des deux amis dans les années 1860 (cf. notamment pp. 291, 308, 321), en même temps que leur amertume réciproque après la publication de *La Révolution* de Quinet (cf. pp. 321-324). Toute à la célébration de cette amitié légendaire, elle sous-estime probablement l'écart qui s'est creusé entre les deux écrivains dans les années du Second Empire, bien qu'elle perçoive et mentionne le désaccord politique qui naît comme naturellement entre l'exilé et celui qui est resté au pays. En tout état de cause, le Mémorial d'exil, jour-

grands amis, l'absence tisse à partir de 1851 son œuvre mélancolique d'oubli mutuel. Quinet est en exil, c'est donc à Michelet de faire le voyage. Mais les retrouvailles au bord du lac de Genève (en 1861, 1865, 1867 et 1868) ne restituent jamais l'amitié transparente des années parisiennes. Du haut de son exil, Quinet porte sur tout ce qui existe en France une condamnation radicale, qui atteint tous ceux qui y sont restés. Les deux jeunes femmes, toutes deux récemment épousées, et qui ont toutes deux envahi l'espace affectif de chacun des deux « maîtres », montent une garde vigilante sur leurs frontières : elles récoltent soigneusement les moindres graines de désaccord pour les cultiver dans leurs jardins particuliers. Les différences d'optique entre l'exilé et l'opposant de l'intérieur deviennent par exemple sous la plume d'Hermione Quinet un jugement sur Athenaïs Michelet : « Mme Michelet a les plus rares qualités mais le sens politique et un certain sens moral en politique lui manquent absolument [5]. »

Le silence qui s'est installé entre les deux amis, à la faveur de l'absence, aucun d'eux n'arrive plus à le rompre quand ils se voient, lors des visites des Michelet. En 1865, deuxième visite de Michelet, alors que Quinet met la dernière main à sa *Révolution* : il vient de vivre des années avec celle qu'a publiée quinze ans auparavant l'ami si cher qu'il reçoit dans sa maison, et il ne souffle mot de sa propre version, dans laquelle il met pourtant toute sa vie. Comme les histoires d'amour qui finissent, les amitiés qui s'effilochent n'arrivent plus à entamer le silence. Celui-ci est devenu opaque. Par écrit aussi, Quinet reste muet : Michelet n'est pas cité dans sa *Révolution* [6].

Travail de l'absence, manège des femmes, désaccord politique, conflit d'interprétation, cachoterie d'auteur, sno-

nal qu'elle tient au jour le jour et qui n'est pas destiné à la publication, permet de mesurer ce qu'elle cache ou au moins ce qu'elle voile dans *Cinquante ans d'amitié*.

4. Dans deux articles essentiels : J. Pochon, « La rupture de Michelet et de Quinet, comme l'a vue Mme Quinet », in *Visages de l'Ain*, nº 119, janvier-février 1972, pp. 36-42 ; Simone Bernard-Griffiths, « Rupture entre Michelet et Quinet à propos de l'histoire de la Révolution », in *Romantisme*, 1975, nº 19, pp. 145-165.

5. H. Quinet, Mémorial d'exil, Mss B.N., N.A.F. 11 831, fol. 186 cité par J. Pochon, art. cit., p. 42.

6. Prudence, amitié ou remords, Quinet rajoutera in extremis, en octobre 1865, au moment de la correction finale des épreuves de son livre, une note rendant hommage à l'œuvre de son prédécesseur et ami, à propos de la Terreur : « Dans son *Histoire* si humaine, si pathétique, si ouverte à la pitié, où le système n'a jamais étouffé la nature, M. Michelet a devancé bien des fois ce que l'expérience a confirmé ici. » Cette note est placée à la fin du deuxième volume de l'édition de 1869, p. 181. Elle paraît, de toute façon, bien plate et presque forcée. On ne s'étonne pas qu'elle n'ait pas calmé l'amertume de Michelet.

bisme d'historien, jalousie d'écrivain ? Le dosage de toutes ces « raisons » n'est pas plus possible à faire aujourd'hui qu'il n'était clair à l'époque, dans l'esprit des deux amis, qui souffrent tous les deux de cet éloignement réciproque. Quinet, au moins, l'a choisi quelque part en lui-même, puisqu'il assume cette étrangeté d'ignorer officiellement l'immense travail de son prédécesseur et ami, qu'il connaît pourtant dans le détail. C'est peut-être ce qui explique que chez Michelet le deuil ou le semi-deuil de cette amitié fasse son chemin plus lentement et plus douloureusement. Les premières lettres qu'il envoie à Veytaux, après la sortie du livre, sont presque enthousiastes. Ainsi le 3 décembre 1865, écrivant à Mme Quinet : « C'est pour moi un grand succès, Madame, car nous sommes la même personne. Je suis ravi en avançant dans ce livre immense. Le succès, croyez-le, sera non seulement grand, mais profond. J'écris dessus le mot d'une épée du XVI$^{e}$ siècle, la devise : *Penetrabit*[7]. »

Six mois plus tard, le 8 mai 1866, il est encore admiratif mais sa lettre à Quinet cerne les points de désaccord : « Mon admiration pour votre livre va croissant. Vous avez poussé jusqu'au bout, épuisé, un côté de la question, avec une force prodigieuse. Oui, la Révolution a avorté pour elle-même dans le présent, en fécondant toutefois le monde, l'avenir. (...) Entre vos sévérités parfois excessives, une qui a été pénible : c'est le passage où vous dites que le seul événement où le peuple ait pris l'initiative, le culte de la Raison, organisé par le stoïcien Romme et par les mathématiciens auteurs du calendrier, " ne figurait que le plaisir " (...) Pourquoi une personne *vivante,* belle, austère, telle que j'ai vu de ces Raisons qui vivaient encore dans mon enfance, pourquoi eût-elle eu moins de prise, moins de dignité symbolique qu'un bois vermoulu ? (...) Je n'accepte pas non plus " que le catholicisme n'eût pu être vaincu que par une autre forme chrétienne ", ni " qu'une âme chrétienne se vainque plus qu'une âme stoïque ". La Révolution " ne peut s'appuyer d'aucune Église ", mais pourquoi ? parce qu'elle était une Église[8]. »

Et voici Michelet reparti vers son propre livre, auquel il décide en 1867 d'ajouter une nouvelle préface : il lui faut non seulement discuter avec Quinet, mais répondre à Louis

7. Cité par Hermione Quinet, *Cinquante ans d'amitié,* p. 301.
8. *Ibid.,* p. 302.

Blanc, approfondir le problème du christianisme et de la Révolution, qui le sépare de Quinet, et réaffirmer sa position sur la Terreur, pour marquer son opposition à Louis Blanc et aux néo-robespierristes. « Quinet, Louis Blanc m'ont (...) isolé, ayant perdu la voie droite », note-t-il le 12 septembre 1868 dans son journal. Sa seconde préface constitue sa réponse à l'un et à l'autre [9].

Or, au moment même où il la termine [10], comme par hasard, il remet un peu solennellement à Quinet, lors de son dernier voyage à Veytaux, le 9 septembre, une lettre de rupture qui montre, au-delà des désaccords, l'étendue du gâchis affectif intervenu entre eux, et son histoire : « Il est sûr que nos rapports ont changé. Le cœur reste le même. Mais le commerce est extrêmement difficile. Je l'ai senti en 65, quand vous acheviez votre *Histoire.* Pas une des grandes questions religieuses, politiques, n'a été touchée entre nous. Je l'ai senti en 67. Nous ne pouvions parler que de choses étrangères. Nous nous revoyons toujours avec grand plaisir, mais nous ne nous disons rien [11]. »

Et ce jour-là, Michelet a décidé d'aller au bout de ce qu'il pense. Sa préface terminée donnera son sentiment sur le plan de la vérité historique. Sa lettre privée à Quinet ajoute au constat des « différences » d'interprétation une note d'amertume personnelle : « Vous les avez senties et marquées fortement, ces différences, par l'oubli expressif que vous avez fait dans votre *Histoire* de celle qui vous précédait et que vous rencontriez à chaque pas. Cela a surpris tout le monde. Thiers, Lamartine, n'ont fait aucune recherche. Louis Blanc, avec sa petite collection de Londres, n'a pu même me combattre qu'en me copiant. Seul, en ce travail de sept ans, j'avais exhumé la révolution des archives. Je ne dis pas cela par une sotte vanité, mais pour marquer ce surprenant oubli de celui qui *seul* avait frayé les voies [12]. »

A cette lettre qui redouble subitement son exil par la perte d'un frère, Quinet répond dès le 18 ; il tente de justifier cet « oubli expressif » de l'œuvre antérieure de son ami par la crainte qu'il avait d'en subir trop fortement l'influence, et de l'associer indûment, par là même, au destin

9. Cf. *infra*, p. 282.
10. Elle est terminée le 17 septembre, et Michelet la date du 1er octobre 1868.
11. Cf. S. Bernard-Griffiths, art. cit., p. 163, note 30. Le 28 septembre 1868, Michelet note encore : « Je crois être dans une des plus grandes crises de la vie. Un livre si important ! et des ennemis nouveaux (L. Blanc, Mad. Q...). »
12. S. Bernard-Griffiths, art. cit., p. 163.

aléatoire de son propre livre[13]. Un peu plus tard, le 2 janvier 1869, il renouvelle à Michelet l'expression de son chagrin en ces termes :

« J'ai eu, dans cette année 1868, une grande joie, et une grande peine.

Ma joie a été l'accueil fait aux *Mémoires d'exil*; ma peine, votre lettre de quasi-rupture.

Elle m'est de plus inconcevable ; car j'ai reçu et lu votre préface et votre discussion avec Louis Blanc et je me suis trouvé, malgré vous, d'accord avec vous.

... Je proteste contre cette séparation, sans cause.

Non, vous-même vous ne la voulez pas. Vous ne pouvez pas la vouloir[14]. »

La crise ne se termine donc pas par une rupture. L'ultimatum sentimental du 8 septembre 1868 a finalement raccommodé les choses. L'exilé est pris d'effroi devant le vertige de sa solitude, et Michelet n'a rien écrit d'irréparable. Les apparences, au moins, seront sauvées. La légende des deux amis inséparables pourra nourrir la piété familiale d'Hermione Quinet.

Restent pour l'historien les pièces à conviction du désaccord et du débat : la deuxième préface de Michelet en constitue bien l'aspect public.

La pointe n'en est pas dirigée contre Quinet, mais contre Louis Blanc, qui n'a cessé de l'attaquer, tout au long de ses douze volumes, tout en l'utilisant constamment : quand Louis Blanc le cite, en effet, c'est pour le critiquer ; quand il l'utilise, il ne le cite pas. Michelet redit donc publiquement à son propos ce qu'il a écrit en privé à Quinet : « Je pourrais dire pourtant, ayant exhumé tant de choses, donné tant de secours et à lui et à tous, je pourrais dire : " Ces fameuses journées, qui les saurait sans moi[15] ? " »

Ce rappel déontologique, qui s'adresse à tous, n'empêche pas Michelet de centrer sa préface sur le fond de son désaccord avec Louis Blanc : Robespierre et le jacobisme. Et il va très vite droit à l'essentiel, le domaine des convictions profondes, qu'il appelle les « religions », tant le domaine du politique est pour lui indissociable du phénomène religieux. Louis Blanc ? Il y a tout un monde entre ce « socialiste papiste » et lui.

13. *Ibid.*
14. *Ibid.*
15. Cf. *infra*, p. 292.

« Une chose nous sépare bien plus qu'il ne paraît, une chose profonde. Nous sommes de deux religions. Il est demi-chrétien à la façon de Rousseau et de Robespierre. L'Être suprême, l'Évangile, le retour à l'Église primitive : c'est ce *credo* vague et bâtard par lequel les politiques croient atteindre, embrasser les partis opposés, philosophes et dévots. La race et le tempérament ne sont pas peu non plus dans notre opposition. Il est né à Madrid. Il est corse de mère, français par son père (de Rodez). Il a la flamme riche et le brillant des Méridionaux, avec un travail, une suite que ces races n'ont pas toujours. Il a étudié à Rodez, au pays des Bonald, des Frayssinous, qui nous fait tant de prêtres. Dans la démocratie, il est autoritaire [16]. »

Voilà pour les « tempéraments ». Michelet n'aime le pontificat jacobin ni chez Robespierre, ni chez Louis Blanc. Mais il n'épouse pas pour autant la thèse de Quinet, dont le livre l'a blessé en bien des endroits. Personnellement, comme on l'a vu, et dans cette amitié même, puisque Quinet ne fait quasiment aucune référence à son œuvre. Intellectuellement, parce que ce silence cache un désaccord profond sur la relation de la Révolution au Christianisme : « La Révolution, a-t-on dit [17], a eu un tort. Contre le fanatisme vendéen et la réaction catholique, elle devait s'armer d'un credo de secte chrétienne, se réclamer de Luther ou Calvin. Je réponds : Elle eût abdiqué. Elle n'adopta aucune Église. Pourquoi ? C'est qu'elle était une Église elle-même [18]. »

Pourtant, cette conception de la Révolution comme « Église elle-même », annonciation du Droit sans autre fondement que sa propre histoire, n'entraîne pas Michelet dans le camp jacobin. Au contraire, le jacobinisme lui paraît faire revivre l'esprit de secte et d'intolérance, caractéristique de l'ancienne Église, et à l'opposé de la nouvelle. Dans la Révolution, il aime et il célèbre tout particulièrement 89, la fête de la Fédération, la levée en masse, la patrie sauvée. La réduire à ce qu'il appelle le « petit cloître jacobin », « c'est en faire un tronçon sanglant, terrible épouvantail, pour la joie de nos ennemis [19] ». Il continue donc en 1868 à partager l'hostilité de la gauche libérale et de Quinet à la dictature terroriste.

16. Cf. *infra*, pp. 291-292.
17. Il s'agit bien évidemment de Quinet.
18. Cf. *infra*, p. 286.
19. Cf. *infra*, p. 295.

Mais cet accord politique n'implique pas une analyse commune. En réalité, Quinet et Michelet ne présentent pas du tout le jacobinisme sous le même angle. Et Quinet, tout à sa théorie de la réincarnation de l'absolutisme par Robespierre, ne semble avoir porté aucune attention au livre IX de l'*Histoire de la Révolution française* de son ami, paru en 1851. Or, l'ensemble des chapitres qui constituent ce livre IX, notamment les chapitres 3 et 4, présentent du phénomène jacobin une analyse tout à fait originale, qui n'a jamais été reprise par la tradition républicaine, ni même commentée par les historiens du XIXe et du XXe siècle. Paradoxalement, elle annonce plutôt Cochin qu'Aulard. Elle est, en tout état de cause, impossible à enrôler sous la bannière des partis et des ambitions, inapte à donner un sens aux combats du présent. D'où vient sans doute que, bien qu'un peu antérieure aux livres de Louis Blanc et de Quinet, elle est pourtant moins « datée ». Elle a mieux vieilli.

Pour comprendre le jacobinisme, Michelet propose de partir de trois données centrales. La première, dont il ne cesse, tout au long de son œuvre de souligner l'importance, est ce qu'il appelle la conquête de la terre par le travailleur : « fait immense », qui ancre la France profonde dans la Révolution par le poids des intérêts. La deuxième, c'est la désorganisation universelle, au milieu de l'indifférence publique. « Le peuple, en 93, est rentré chez lui ; avant la fin de cette année, il faudra le salarier pour qu'il retourne aux sections[20]. » Michelet oppose les foules immenses et unanimes de 89 aux minorités activistes de 93. A ses yeux, et contrairement à ce qu'affirment ensemble la tradition libérale et la tradition socialiste, Thiers et Buchez, Mignet et Louis Blanc, 1793 n'est donc pas du tout l'épisode populaire de la Révolution, l'esprit communautaire retrouvé, moins encore la saisie du pouvoir par le peuple. C'est que, troisième donnée, le pouvoir révolutionnaire s'est « recomposé » à travers la société des Jacobins. Il y a un lien direct entre l'indifférence générale et cette espèce de confiscation de l'autorité publique : « Dans cette apathie croissante et pour y remédier, se refait, se recompose la redoutable machine qui s'est relâchée dans l'année 1792, la machine du *Salut public* en son principal ressort, la *société des Jacobins*[21]. »

20. Michelet, *Histoire de la Révolution française,* La Pléiade, t. II, p. 8.
21. *Ibid.,* p. 8.

Ainsi, les Jacobins se substituent au pouvoir de la Révolution en deux sens : négativement en ce que ce pouvoir a perdu son ressort populaire, positivement en ce qu'ils le remplacent par une « machine ». Par ce terme qu'on retrouve si souvent dans la sociologie politique de la fin du siècle [22], Michelet veut dire d'une part que l'initiative révolutionnaire cesse d'être spontanée pour devenir mécanique, de l'autre que le magistère du Droit s'est dégradé en police des personnes. Il insiste en effet, dans ces deux chapitres 3 et 4 du livre IX, sur ce qu'il appelle, au prix d'une comparaison tout à fait explicite, l'« orthodoxie » jacobine (le « consensus » de Cochin). Dans une note curieuse, et brillante, il se demande par exemple pourquoi les Girondins ne cessent de faire apparaître leurs divisions, et les Jacobins leur unité. C'est, répond-il, que les Girondins s'expriment surtout par la presse, qui fixe impitoyablement par écrit toutes les positions individuelles, alors que les Jacobins procèdent par l'association et la prédication, comme les ordres mendiants du Moyen Age : dès lors, ce qui importe c'est l'interprétation orale des textes devant des assemblées, exercice qui permet de plier n'importe quelle situation à leur canon. « Les Jacobins furent quasi-prêtres ; ils soutinrent invariablement, de changements en changements, leur orthodoxie [23]. »

A ce magistère idéologique se joint tout naturellement le contrôle des individus : l'autre activité essentielle et connexe des Jacobins est d'« épurer » la Convention, après en avoir plus ou moins choisi les membres. Le club n'a pas joué de rôle important dans l'insurrection du 10 Août, mais il veille à ce que l'élection des députés parisiens à la Convention se fasse dans les lieux où il se réunit, en sa présence. Il décide tout de suite après qu'il exclut de son sein tout député qui tendrait à une société « non publique » : ce qui revient à interdire les réunions des parlementaires entre eux pour préparer les débats de l'Assemblée, et de ne leur laisser comme points de rencontre que les Jacobins et la Convention. Enfin il y a la procédure de radiation : Michelet fait un sort à l'exclusion de Brissot le 12 octobre 1792 et au texte voté ce jour-là par la société « avec une publicité immense, plus meurtrière que n'eût été le mandat d'arrêt, dressé le 2 septembre, pour le mettre à l'abbaye... On est confondu en

22. Chez Michels, Ostrogorski, Cochin notamment.
23. Michelet, *op. cit.*, t. II, p. 39.

lisant l'adresse que les Jacobins lancèrent, et qui, envoyée à deux ou trois mille sociétés jacobines, lue par elles à la tribune, répétée de bouche en bouche, multipliée ainsi en proportion géométrique, dut arriver, en huit jours, à la connaissance à peu près d'un million d'hommes, tous désormais convaincus qu'une chose examinée de si près par l'Incorruptible était décidément jugée, tous condamnant sans examen et jugeant à mort, sur la parole de Caton[24] ».

Il y a donc chez Michelet une analyse du jacobinisme comme type de pouvoir fondé sur le maniement d'une orthodoxie idéologique, la discipline d'un appareil militant centralisé, l'épuration systématique des adversaires et des amis, la manipulation autoritaire des institutions élues : analyse qui recoupe en un sens la détestation de Quinet pour la dictature de 93-94, mais qui repose sur des éléments très différents. Michelet ne voit aucunement dans 93 une résurrection des pratiques monarchiques ; il s'agit au contraire à ses yeux d'un régime inédit, propre à la Révolution.

C'est une idée à laquelle il tient tant qu'il la développe à nouveau dans une nouvelle préface ; rédigée celle-là à la fin de l'année 1868, et qu'il placera non pas en tête de l'ensemble de l'ouvrage, comme la précédente, mais avant le tome V de l'édition de 1869, c'est-à-dire à l'entrée de la période du Comité de Salut public (avril 1793). Cette préface, qu'on trouvera aussi dans la deuxième partie de ce livre, porte un titre significatif : « Le tyran[25] ». Il s'agit de Robespierre. Michelet, comme il le dit dans une note, a passé une bonne partie de l'année 1868 non seulement avec les douze volumes de Louis Blanc, mais avec les trois volumes d'hagiographie robespierriste d'Ernest Hamel[26]. C'est pour leur répondre une fois encore qu'il rédige ce nouvel avertissement, plus antirobespierriste encore que la préface de 1867.

En un sens, il est proche de Quinet, au moins dans le diagnostic. Quinze ans après avoir rédigé son livre, il est encore plus sévère pour la Terreur : « Ce temps fut une dictature. » La période qu'il vise n'est pas seulement celle qui s'étend entre les grands procès de la fin mars-début avril 1794 et le 9 Thermidor, ces « quatre derniers mois où, tous les pouvoirs étant dans une même main, un homme se

24. *Ibid.*, p. 39.
25. Cf. *infra*, p. 296.
26. E. Hamel, *Histoire de Robespierre*, 3 vol., 1865.

trouva absolu, redouté, plus que Louis XIV et plus que Bonaparte[27] ». Il fait remonter l'histoire de la Terreur à l'été 1792 et au pouvoir des clubs, tout particulièrement des Jacobins, sur la Convention et sur la Révolution. Il en fait un système politique, largement indépendant des hommes, et annonciateur du despotisme napoléonien : comme Bonaparte, Robespierre est le produit d'une formidable machine de domination, mais civile, alors que celle de l'Empire est militaire. Témoin le passage extraordinaire où Michelet repense à sa manière le vieux thème à la fois libéral et marxiste[28] de la filiation entre robespierrisme et bonapartisme : « Cette tyrannie [la Terreur] précède la tyrannie militaire. Elles s'expliquent l'une par l'autre. Robespierre, Bonaparte, en leur destinée si diverse, eurent cela de commun, que, dans le milieu qui les fit, ils eurent tout préparés leurs instruments d'action. Ils n'eurent pas à créer. La fortune obligeante leur mit sous la main les machines (terribles machines électriques) dont ils devaient user. Robespierre trouva tout d'abord l'association jacobine des trois cents, des six cents, puis des trois mille sociétés. Grande armée de police, qui, par quarante mille comités, gouverna, défendit et écrasa la France. Bonaparte reçut aguerries les armées de la République. D'elles, il hérita l'épée enchantée, infaillible, qui permit toute faute, ne pouvant pas être vaincue. Il en a promené la terreur par le monde, tous les abus de la victoire, nous a fait et en Allemagne et partout des haines solides. L'Europe lui en garde rancune, comme la France à Robespierre[29]. »

On peut comprendre à partir de là ce qui rapproche et ce qui continue à séparer Michelet et Quinet sur l'interprétation du jacobinisme. Ce qu'ils ont en commun est important : la condamnation de Robespierre et du robespierrisme comme fourriers du despotisme, la critique des historiens robespierristes comme complices involontaires de la destruction de la liberté par l'Empire. Tous les deux aussi — Michelet et Quinet — reprochent à Robespierre, sur un autre plan, sa politique de conciliation avec l'Église catholique, son refus de la déchristianisation, qui ramène la France révolutionnaire au passé. Ils restent à cet égard fidèles au combat contre le cléricalisme et l'Église catholique qui a

27. Cf. *infra*, p. 296.
28. Puisqu'on le trouve aussi chez le Marx de *La Sainte Famille*.
29. Cf. *infra*, p. 297.

scellé leur amitié sous le régime de Juillet. Mais il reste que, du cours de la Révolution française, ils n'ont pas du tout la même analyse.

Quinet oppose 1793 à 1789, comme la dictature à la liberté, le passé à l'avenir. La Terreur, c'est l'Ancien Régime revenu, donc la Révolution avortée. Michelet n'accepte ni cette dichotomie radicale, ni cette condamnation absolue. A ses yeux la Révolution continue en 1793, malgré la « tyrannie », pour beaucoup de raisons. Elle est enracinée dans le peuple (même si le peuple, comme il le dit de Paris, « reste chez lui »), à la fois spirituellement et matériellement, par son message idéologique et par la vente des biens nationaux. Elle se bat contre l'Europe monarchique, bien servie en cela par les patriotes austères qui siègent avec les discoureurs terroristes au Comité de Salut public et à la Convention, les Carnot, les Lindet, les Prieur, les Cambon. Enfin sa dérive dictatoriale, loin d'être contraire à sa nature, en est au contraire une des potentialités : l' « inquisition jacobine », avec son grand prêtre Robespierre, son produit plus que son instigateur, est la confiscation oligarchique d'une orthodoxie révolutionnaire.

Le plus grand historien de la Révolution française ne s'interdit pas pour autant de célébrer l'héroïsme des hommes et la patrie sauvée ; mais avant d'être un sujet d'exaltation patriotique, son jacobinisme est un système politique procédant de l'histoire et de la logique intérieures de la Révolution elle-même : par quoi Michelet réfute implicitement et l'explication par les circonstances (commune à Mignet et Louis Blanc), et l'interprétation d'Edgar Quinet par le resurgissement de la tradition absolutiste dans la Révolution. Sa divination du caractère inédit de la lutte pour le pouvoir révolutionnaire le garde des platitudes de la première, et de l'anachronisme de la seconde ; mais du coup sa voix est isolée dans l'historiographie de gauche. Elle n'ouvre pas le chemin à une tradition d'analyse. Si Cochin, cinquante ans après, cherche à conceptualiser le phénomène jacobin dans des termes comparables, bien qu'infiniment plus systématiques, c'est à partir de Durkheim, non de Michelet. Il est vrai que lui aussi, à l'autre bout du spectre politique pourtant, restera un isolé dans l'historiographie de droite. Est-ce pour les mêmes raisons, qui seraient alors plus profondes que l'affrontement de la célébration et de la détestation ?

Ainsi, *La Révolution française* de Michelet, si elle

constitue pour tous les historiens qui suivent, y compris Quinet, le grand réservoir de faits auquel ils puisent, n'a pas fait de disciples, et Quinet n'échappe pas à la règle. Disciple, il ne l'est à aucun titre, puisque son interprétation comporte peu de points communs avec celle de son grand ami, et présente au contraire des thèses contradictoires avec les siennes. On ne peut s'empêcher de penser qu'il le sait depuis longtemps, depuis les premières années d'exil où il travaille à déchiffrer l'histoire de France, et celle de la Révolution, dans l'espèce de pessimisme radical qui lui est si particulier ; et que Michelet ne découvre vraiment la profondeur des désaccords qui les séparent qu'avec le livre de 1865. L'amitié avait survécu grâce au silence gardé sur l'essentiel, et elle se brise sur la publicité du conflit des interprétations. Construite sur la mémoire d'une fraternité morale enracinée dans les luttes académiques de 1845, elle ne résiste pas au désaveu intellectuel de ces souvenirs communs. Témoignage supplémentaire que la Révolution française ne sépare pas seulement au XIXe siècle la droite de la gauche, ni même la gauche de la gauche, mais même deux républicains qui sont deux amis intimes, acharnés à en déchiffrer le message.

# CONCLUSION

Si l'histoire de la Révolution française a provoqué, dans ces dernières années du Second Empire, un débat si fondamental, c'est d'abord à cause du protagoniste autour duquel se noue la polémique : cet auteur si oublié aujourd'hui [1], après avoir été si chaudement discuté, qu'on se prend à se demander si les questions posées par son livre ont été, depuis, résolues, oubliées, ou enterrées. Mais plutôt que d'imaginer le dialogue de Quinet avec les historiens du XXe siècle, il vaut mieux tenter de comprendre ce qui a donné à son livre, il y a cent vingt ans, cette qualité particulière d'interpellation.

Des deux problèmes qui en tissent la table des matières, le problème religieux et le problème politique, c'est le second qui a soulevé les passions et le débat. Non pas que le premier soit secondaire. Il est, au contraire, aux yeux de Quinet, primordial, puisque c'est l'impuissance de la Révolution française à se donner un fondement transcendant

1. Si l'on veut se faire une idée de l'indifférence ou plutôt de l'incompréhension où est tombée l'œuvre d'Edgar Quinet dans l'historiographie de la Révolution française au XXe siècle, on pourra se reporter au compte rendu fait par Georges Lefebvre de la traduction italienne, par A. Galante Garrone, de *La Révolution.* J'en cite quelques extraits qui se passent de commentaires :

« ... On ne peut contester qu'inconsciemment sans doute, Quinet fut également orienté par son origine sociale : il était de bonne bourgeoisie. En juin 1848, il combattit contre les insurgés ; le désastre de la Seconde République le remplit d'amertume ; il ne pardonna point aux classes populaires de s'être associées au plébiscite qui sanctionne triomphalement le coup d'État ; à cet égard, son cas n'est pas sans analogie avec celui de Taine.

... Il y a de belles pages dans Quinet, et l'on pense particulièrement à son exégèse de *La Marseillaise,* mais l'histoire positive n'en retient rien. Si son livre est utile, c'est comme témoignage de l'état d'esprit qui régnait, en son temps, dans une partie des classes dominantes ; ramenant l'évolution historique à celle des religions, il reste un exemple, entre beaucoup d'autres, de la renaissance de la métaphysique qui, parallèlement à celle du catholicisme, caractérisa la première moitié du XIXe siècle ; l'indifférence, la sourde méfiance qu'on y constate à l'égard des classes populaires reflètent la catastrophe de la démocratie telle que la connaît la bourgeoisie » (in *Annales historiques de la Révolution française,* t. XXVI, 1954, pp. 182-184).

qui en explique la fragilité politique et les rechutes dans l'ordre ancien. Le professeur au Collège de France en a trouvé les matériaux avant de devenir historien, dans la philosophie des rapports entre la Révolution française et le christianisme. Mais ce qui donne à son livre de 1865 son pouvoir de scandale, c'est le travail de cette idée et de cette conviction dans le tissu chronologique et politique de la Révolution.

En effet, des trois auteurs qui composent au milieu du XIXe siècle le trésor historiographique français sur la Révolution, Michelet, Tocqueville et Quinet, seul le dernier construit son interprétation à partir du paradoxe d'une Révolution française constituée de deux périodes et de deux principes incompatibles. Pour Michelet, pour Tocqueville, la Révolution peut et même doit être pensée comme un ensemble. Chez Quinet, elle reçoit une interprétation fractionnée et contradictoire, déroulement d'événements manifestant des significations opposées, 1793 après 1789. L'amont et l'aval s'organisent en fonction de ces deux années phares. Déjà l'ouvrage de 1854, préface du suivant, cherche à repérer dans le passé national ce qui préfigure 89 et ce qui annonce 93, ce qui conduit à la liberté et ce qui mène à la servitude. Onze ans plus tard, Quinet démonte le même mécanisme à l'intérieur de la Révolution, véritable épicentre de l'histoire nationale, d'où il aperçoit le passé et cherche à conjurer l'avenir.

En un sens, donc, il est comparable aux historiens libéraux de la Restauration, puisque sa référence préférée à l'histoire nationale est la même que la leur, 1789 ; et que, comme eux, il déteste la dictature de 1793. Mais chez lui, l'opposition entre les deux périodes est infiniment plus radicale. Elle entraîne la condamnation radicale de la monarchie absolue, et même de la monarchie tout court, dont Thierry et Guizot avaient célébré l'œuvre ; elle n'exalte 1789 que comme une naissance fragile de la liberté, alors que les Doctrinaires y voyaient une fin de l'histoire, avec la victoire de la classe moyenne ; et elle rejette 1793 comme incompatible avec les principes de 1789, alors que Thiers et Mignet en avaient fait un accompagnement déplorable mais nécessaire de la Révolution. C'est que Quinet n'écrit plus, de cette Révolution, une histoire sociale, dominée par la lutte de classes entre la noblesse et la bourgeoisie. Il en fait l'avènement de la conscience dans l'histoire, la découverte de la liberté comme fondement du pacte social, l'invention sublime du citoyen moderne. Tentative presque divine, puisqu'elle trouve son sens originel dans le christianisme, mais qui ne cesse d'être compromise par la pente de l'homme social à la passivité et à la servitude. De fait, elle n'échappe pas à cette rechute dans le passé, comme le montre la Terreur. Cette Révolution française que les hommes de 1830 cherchèrent à terminer, par une apothéose de fidélité à son esprit, il en dénonce, lui, l'avortement dans son cours même : pessimisme radical qui l'apparente à Tocqueville et le sépare de Michelet.

C'est pourquoi son livre entrecroise comme dans une symphonie des thèmes qui surgissent d'univers différents. Il touche le débat entre historiens libéraux et historiens socialistes qui a fait rage sous la monarchie de Juillet, puisqu'il en reprend les matériaux par le contraste entre 1789 et 1793. Mais il modifie complètement les termes de la discussion sur l'héritage révolutionnaire par le privilège intellectuel donné à la question de la liberté et du pouvoir politique. En cessant d'être définie par le conflit des classes sociales, la Révolution de Quinet incarne l'époque et le terrain où se constituent les nouvelles représentations du rapport des Français avec l'État. Ainsi, elle renouvelle et déplace à la fois le débat de la période précédente.

Sa richesse vient de ce caractère polyphonique. Quinet est un carrefour. Il entremêle à la discussion qui faisait rage sous l'orléanisme les nouveaux thèmes que 1848 et l'échec de 1848 ont fait surgir. Il discute non seulement avec Guizot et Louis Blanc, mais avec Michelet et Tocqueville. Obsédé par l'expérience historique française, il garde un œil sur la révolution anglaise, la démocratie américaine et la philosophie allemande. Il réussit ce tour de force rare, transformer l'exil en atout intellectuel : devenu l'homme de nulle part, ce républicain de 1848 jette sur la Révolution française un regard européen. Si bien que même la pose de l'exilé, dans laquelle il s'enveloppe de temps en temps avec un peu de complaisance, n'arrive jamais à gâcher le travail d'une intelligence aux prises avec son malheur.

Car c'est du malheur que celle-ci tire aussi son radicalisme. En effet, chassé de son pays par le 2 Décembre, Quinet reste plus que jamais adossé aux convictions d'une vie ; mais il trouve dans cette fidélité l'occasion d'un regard lucide sur l'échec. Au lieu de galvauder dans l'illusion les grands espoirs déchirés de 1848, il passe les années d'exil à en faire la critique historique. Produit des circonstances, sa *Révolution* en tire non pas un esprit d'accommodement avec la sagesse moyenne de l'époque, mais une volonté d'aller jusqu'au bout de la faillite républicaine. C'est ce qui donne à son livre à la fois son centre et sa force. Son centre, puisque le problème de l'État post-révolutionnaire, et des rapports des citoyens avec cet État, y est substitué à l'interprétation sociale des historiens de la Restauration. Sa force, puisque par le rajeunissement qu'il opère du vieux débat sur 89 et 93, il jette un défi intellectuel et politique à toute la gauche républicaine du Second Empire.

L'originalité de Quinet, qui en fait un auteur véritablement unique dans toute l'historiographie révolutionnaire, consiste à transformer le contenu de l'opposition classique 89-93 en mettant au premier plan l'analyse des formes politiques inventées par la Révolution, et le destin de la nouvelle citoyenneté. En réfutant l'interprétation paresseuse de la Terreur par les circonstances, il renvoie dos à dos Mignet et Louis Blanc. En faisant de la dictature terroriste un système politique interne à la Révolution, il y voit la marque de son échec, ou une forme dégénérée de son développement : en quoi il dépasse la conjoncture politique qui donne sens à son livre, et ouvre à l'histoire de la Révolution un champ nouveau, qui est, depuis, resté à peu près en l'état où il l'a laissé.

En effet, il n'a pas eu de successeur. Son interrogation, son problème n'ont pas été repris par les historiens qui l'ont suivi. Il est vrai qu'en un sens les fondateurs de la III$^{e}$ République sont ses disciples, Jules Ferry en tête, mais même cette victoire politique posthume contribue à enterrer les questions qu'il a posées. Avec l'avènement de ce que Jules Ferry appelle le « gouvernement définitif » de la France, et qui est au moins un régime de large consensus démocratique, la Révolution française est enfin au pouvoir. Mais elle est du même coup une propriété nationale, gérée sagement par une gauche de gouvernement, sans exclusion sur aucune de ses périodes, sans excommunication d'aucun de ses héros, puisque c'est d'elle tout entière que la République tire ses titres à rassembler toute la nation. En même temps, l'histoire révolutionnaire se professionnalise, devient une période historique canonique et une chaire universitaire spécialisée[2].

2. Le « cours » d'histoire de la Révolution, confié à Aulard, est ouvert à la Sorbonne en 1886. Il deviendra « chaire », financée sur le budget de l'État en 1891.

Elle passe des intellectuels aux professeurs. Elle y gagne en érudition, mais elle y perd aussi en profondeur et en éclat. La volonté politique d'œcuménisme dans l'interprétation joint ses effets à ceux de l'étroitesse intellectuelle caractéristique de la tradition positiviste française pour « aplatir » le champ des études révolutionnaires juste au moment où il est officiellement établi.

De ce double mouvement, l'œuvre d'Aulard[3], qui est le premier titulaire de la nouvelle chaire, est caractéristique. Elle récupère au profit de la République l'ensemble de la Révolution, de 1789 à Bonaparte, sans poser la question du sens de ses différentes périodes. Par ce silence, elle ôte à la gauche républicaine la matière de ses désaccords : la polémique est tout entière tournée contre les adversaires de la Révolution, dont le champion le plus récent est Taine[4], et rétrécie à des problèmes d'érudition et d'établissement des faits. Aulard n'a pas plus d'idées contre la droite qu'il n'en a apporté à la gauche. Sa Révolution est tout uniment l'avènement difficile de la République et de la démocratie, le mouvement de la raison éclairée par l'histoire : avènement, mouvement inscrits dans la Déclaration des droits de 89, réalisés dans leur plénitude en 1792-1793, contrariés par les forces hostiles et les circonstances dramatiques, et rétrogradant à partir de 1794 pour disparaître provisoirement au 18 Brumaire. Le culte syncrétique de Danton[5], placé en position centrale, permet d'échapper au dilemme Constituante ou robespierrisme. Dans ce schéma, la « République » et la « démocratie » n'ont plus d'autre signification que celle que l'historien tire du discours politique de la IIIe République : Ni Michelet, ni Louis Blanc, ni Tocqueville, ni Quinet n'ont véritablement existé pour Aulard, même s'il les a lus. En cela, le premier historien universitaire de la Révolution est encore fidèle à la tradition positiviste : faisant de l'événementiel politique la trame principale de l'histoire, et pensant que la chronologie (« montée » de la démocratie, puis « recul ») suffit à en dévoiler le sens, sans voir qu'elle véhicule seulement, sur le ton de l'évidence, le discours de l'héri-

3. J'ai principalement à l'esprit, dans les lignes qui suivent, son *Histoire politique de la Révolution française,* Paris, 1901.
4. H. Taine, *Les Origines de la France contemporaine,* Paris, 1875-1893, 6 vol.
5. Culte issu d'Auguste Comte, qui, hostile aux Assemblées et à la démocratie, célébrait en Danton une dictature provisoire, « l'autorité nue », formant transition entre l'âge théologique et l'âge positif (*Cours de philosophie positive,* 4e vol., pp. 289-320). La récupération et la démocratisation de la figure de Danton par Aulard et la tradition du consensus républicain mériteraient une étude particulière.

tage nettoyé de ses contradictions, et dégradé en consensus républicain.

Consensus provisoire, puisqu'il ne dure ni sur le plan politique, ni sur le plan historiographique. La République a retrouvé très vite des adversaires sur sa gauche, en la personne des socialistes. Mais il est significatif que l'historien qui polémique avec Aulard, ce n'est pas Jaurès, mais son successeur-adversaire, Mathiez [6]. Aux mains des professeurs, l'histoire de la Révolution retrouve ses conflits, mais sur le mode mineur de la polémique universitaire. L'affrontement posthume entre Danton et Robespierre que ressuscitent les deux spécialistes ne recouvre, ou ne retraite, aucun des grands problèmes posés par l'historiographie du XIXe siècle sur la nature du pouvoir révolutionnaire, le rapport que la dictature de salut public entretient avec les principes de 89, ou le sens de la Terreur. Ce que cache au contraire le débat érudit entre le Jacobin « mou » et le Jacobin « dur », c'est un accord de fond sur le schéma politique d'ensemble, selon lequel la démocratie englobe d'une bénédiction générale toute la Révolution, et culmine entre 1792 et 1794 pour rétrograder ensuite de Thermidor à Bonaparte. Qu'Aulard date le recul de la mort de Danton et Mathiez de la mort de Robespierre, ce décalage de quelques mois ne change rien à l'architecture générale de leur pensée sur la Révolution. Il suffit de voir, d'ailleurs, à quel point ils réagissent de manière identique, avec la même incompréhension, à l'œuvre d'Augustin Cochin [7] pour comprendre à quel point la « question politique » posée par la Révolution française, et retournée par tous les grands esprits du XIXe siècle, est enterrée par les deux belligérants-complices du théâtre universitaire.

L'histoire de ce tournant de l'historiographie révolutionnaire de gauche, au moment où elle devient à la fois un fondement de la IIIe République et une spécialité académique, est encore à écrire. Peut-être ai-je un peu tendance à sous-estimer ce qu'elle apporte d'érudition et de connaissances nouvelles, pour souligner le déficit conceptuel dont

6. Mathiez (1874-1932) ne « succéda » pas à proprement parler à Aulard dans la chaire d'histoire de la Révolution française de la Sorbonne, puisque c'est Philippe Sagnac qui y fut élu contre lui en 1923. Mais il enseigna à Paris à partir de 1926 (d'abord à la Sorbonne, comme chargé de cours, puis à l'École pratique des Hautes Études) jusqu'à sa mort. Par ses travaux, et ses célèbres polémiques, il est la principale figure de l'historiographie révolutionnaire entre les deux guerres, et le successeur « moral » d'Aulard.

7. Cf. *Penser la Révolution française,* Gallimard, 1978, pp. 214-216.

ces gains apparaissent comme la contrepartie. Cette pesée délicate appartient à des travaux futurs, auxquels j'espère contribuer. Mais Quinet, son livre, la discussion à laquelle il donne lieu, en constituent l'inévitable introduction. En couronnant les débats républicains du XIX^e siècle, ils permettent aussi d'en mesurer la profondeur et les contradictions, avant que la République victorieuse n'en efface jusqu'aux traces.

*Note additionnelle à la note 14 du chapitre premier.*

Ce livre était sous presse quand est paru le deuxième volume des *Écrits et Discours politiques* de Tocqueville, qui constituent le tome III des *Œuvres complètes.* Il s'y trouve un discours de janvier 1844 dans lequel Tocqueville vise Quinet, sans le nommer il est vrai. La question en discussion est celle du conflit entre l'Église et l'Université — question brûlante de l'époque, que Tocqueville commente ainsi :

« La guerre est enfin née, la voilà commencée, vive, active déjà. Que fait, Messieurs, le gouvernement, lorsque quelques évêques, qui ne sont pas assurément des fonctionnaires publics, Dieu me garde de leur donner ce titre, mais qui sont des hommes publics, croient pouvoir impunément attaquer, injurier, calomnier dans certains cas une institution de l'État ? Que fait Monsieur le Ministre de la Justice ? Il reste muet et immobile. (Murmures au centre.)

« Lorsque ensuite, irrités par ces attaques injustes, des hommes considérables, parlant au nom de l'État, dans des chaires créées et maintenues par l'État, attaquent non plus seulement telle portion du clergé qui menace l'instruction laïque, non plus même le clergé tout entier, mais le catholicisme même, mais le christianisme même, qui est la source où toutes les notions modernes ont dû puiser leur force et leur grandeur, que fait Monsieur le Ministre de l'Instruction publique ? »

Les « hommes considérables » dont parle Tocqueville sont bien évidemment Michelet et Quinet : ainsi, l'auteur a modifié son opinion sur les leçons du professeur au Collège de France, par rapport à sa lettre de félicitations de 1843. Mais il faut noter que le terrain de la critique et celui du compliment ne sont pas les mêmes ! Tocqueville a félicité Quinet de son rejet du « matérialisme » de la monarchie de Juillet. Mais il n'apprécie pas le cours de plus en plus anticatholique de l'enseignement donné par celui-ci ; il y voit une attaque contre le christianisme lui-même, ce qui est très significatif de ce qui le sépare de Quinet, pour qui l'institution catholique est une trahison de l'esprit chrétien.

# *LES PIÈCES DU DÉBAT*

*Textes présentés par Marina Valensise*

*Présentation des notes :* un double système a été adopté. Les numéros renvoient aux notes établies par François Furet et Marina Valensise.

Les astérisques renvoient aux notes qui figurent dans l'édition originale des textes publiés.

Ces notes peuvent elles-mêmes comporter des appels numérotés, dans ce cas, le texte de la note vient à la suite.

# ALPHONSE PEYRAT

*Né à Toulouse en 1812, Alphonse Peyrat fait des études classiques et de théologie au séminaire de sa ville natale. Installé à Paris en 1833, il se fait une petite notoriété dans la presse d'opposition ; il est chargé des comptes rendus parlementaires à* La Tribune *d'Armand Marrast, jusqu'à la suspension du journal en 1835. Il est ensuite pour une courte période secrétaire du directeur du* National, *Charles Thomas, successeur d'Armand Carrel. Après s'être brouillé avec lui, il semble avoir vivoté entre un retour provisoire à Toulouse, au service de la feuille conservatrice* La France méridionale, *la tentative avortée (en 1840) de lancer une publication périodique, différentes collaborations journalistiques et des voyages. Il entre en 1844 à* La Presse, *journal d'Émile de Girardin ; il en devient le rédacteur en chef en 1857, à la tête d'une publication qui est dans l'opposition au régime impérial. Il s'y occupe de politique étrangère et de diplomatie, tout en se consacrant à des articles de critique religieuse, philosophique et littéraire, qui témoignent de son adhésion au positivisme et de sa conversion au rationalisme anticlérical. Il réunit ces articles en trois publications successives (*Histoire et religion, *1858 ;* Études historiques et religieuses, *1863 ;* Histoire élémentaire et critique de la vie de Jésus, *1864). Ce n'est qu'en 1865, au moment où il prend la rédaction en chef d'un nouveau quotidien d'opposition républicaine,* L'Avenir national, *que s'affirme chez lui la vocation de politicien néo-jacobin ; c'est dans ce journal qu'il publie les articles sur l'ouvrage d'Edgar Quinet qui sont présentés ici.*

# ALPHONSE PEYRAT

*Après la chute du Second Empire, Alphonse Peyrat est élu député de la Seine le 8 février 1871 ; il siège à l'extrême gauche de l'Assemblée nationale et vote à Bordeaux contre les préliminaires de paix. Hostile à la Commune de Paris, il cherche en vain — en même temps que Jules Ferry d'ailleurs, ce qui relativise la portée de leur polémique « historique » de 1865-1866 — à faire prévaloir une conciliation. Président du groupe de l'Union républicaine, et très actif dans le combat pour la République dans les années qui suivent, il est élu sénateur de la Seine en janvier 1876, réélu en 1882, et finit sa carrière comme vice-président du Sénat. Il meurt en 1891.*

## ALPHONSE PEYRAT

### Préface à *La Révolution et le livre de M. Quinet*[1], Michel Lévy, Paris, 1866

L'histoire de la Révolution française est, de toutes les histoires, non seulement la plus instructive, mais la plus attrayante ; elle a donc très naturellement fixé l'attention des esprits nés pour chercher les grandes instructions dans de grands événements. Rien n'est, en effet, plus digne d'être médité que cette histoire, et aucune étude ne demande plus de réflexion et de jugement. Mais telle est la nature des questions soulevées par cette étude inépuisable, qu'elles se reproduisent toujours neuves et entières, à mesure que les livres et les solutions se multiplient. Des écrivains fort distingués ont porté sur ce beau sujet les ressources et la force de leur esprit ; cependant l'opinion publique, toujours avide de lumière sur les hommes et les choses de cette grande époque, a fait au livre de M. Quinet un accueil aussi empressé que si la nouveauté de la matière eût été jointe à l'éclat prévu de l'exécution. M. Quinet a-t-il justifié cet accueil si flatteur pour lui ? Les articles où j'ai examiné son livre et que je réunis dans ce volume répondent à cette question (...).

Comme toutes les histoires, l'histoire de la Révolution peut être écrite de deux manières : l'historien peut se borner à la narration des événements, en y mêlant très peu d'observations ; ou bien considérer tout simplement les faits comme un texte qu'il commente et développe pour en tirer tout ce que l'histoire offre de pensées, de résultats et de lumière à la politique, à la morale, à la philosophie.

De ces deux manières, M. Quinet a choisi la seconde. La première ne demande qu'un écrivain instruit, judicieux et d'une scrupuleuse exactitude. La seconde exige de plus hautes qualités,

1. Ce texte est la préface au livre d'Alphonse Peyrat sur l'ouvrage d'Edgar Quinet, paru en 1866. Le livre se compose des articles publiés entre novembre 1865 et février 1866 dans *L'Avenir national.* Peyrat y a ajouté deux chapitres supplémentaires sur le progrès matériel dû à la Révolution et sur la guerre contre l'Angleterre.

En plus de cette préface, qui leur est postérieure, on publie ici les articles originaux de *L'Avenir national,* afin de respecter le ton et l'articulation chronologique de la polémique qu'ils soulèvent.

impose des devoirs plus difficiles. Il y faut un sens juste et profond, une raison supérieure qui découvre les rapports cachés, les mystérieuses liaisons des événements, toutes les causes qui, bien expliquées, sont pour le lecteur une source de jouissance et d'instruction. Mais alors, plus les devoirs de l'historien sont sévères et difficiles à remplir, plus les obstacles et les dangers se multiplient devant lui. Lorsque sa pensée, quittant les surfaces, passe du spectacle des faits à l'investigation des causes, plus il a d'imagination, et plus il rencontre de routes où il peut s'égarer ; l'esprit de système lui tend mille pièges qu'un grand bon sens et un esprit très ferme peuvent seuls éviter : M. Quinet n'en a évité aucun.

C'est comme penseur et comme philosophe qu'il a voulu juger la Révolution. Chez les vrais penseurs et les vrais philosophes, l'abondance des idées produit la concision du style, l'expression se resserre à mesure que les pensées s'étendent et se multiplient. Il ne paraît pas que M. Quinet ait visé à cette concision : il a développé en deux gros volumes ce que le génie de Montesquieu eût réduit à quelques pages, renfermé dans un très petit livre ; et ce développement donné à son sujet n'a pas, tant s'en faut, tourné au profit de la solution.

Puisqu'il voulait juger en philosophe les hommes et les choses de la Révolution, son devoir était bien simple et son travail tout tracé d'avance. Il devait indiquer les causes qui amenèrent la chute de la monarchie, prouver que la République, au moment où elle fut proclamée, était dans la force des choses, dans celle de l'opinion, et que rien ne manquait, ni au-dedans ni au-dehors, pour en consolider l'établissement, lorsqu'elle périt par le crime des thermidoriens, par les intrigues des royalistes et par l'habilité avec laquelle les meneurs du coup d'État de Brumaire exploitèrent les alarmes et le mécontentement de quelques patriotes égarés, mais sincères.

Dans ce travail si attrayant pour un philosophe, M. Quinet n'aurait peut-être pas démêlé toujours la vérité, depuis si longtemps obscurcie par tant de passions et de préjugés, mais il y aurait réussi au moins sur les points essentiels ; il aurait, sans nul doute, fait un tableau brillant, consolateur, et, au temps où nous sommes, particulièrement instructif. Il a fait précisément le contraire : il a dénaturé les choses, outragé les hommes les plus purs, les plus dévoués, ceux qui ont rendu les plus grands services, et, en déclarant que la Révolution ne vaut pas ce qu'elle a coûté, porté sur elle le jugement le plus inouï, le plus insensé.

J'ai dit ce que je pense de son livre, qui pouvait être si utile et qui est si déplorable. Quelques personnes ont prétendu que j'aurais pu, en le critiquant, m'exprimer avec moins de vivacité. J'ai pensé, au contraire, et je pense encore que plus les intentions de l'auteur sont pures, que plus son caractère est honorable, plus ses erreurs peuvent être funestes, et par conséquent plus elles doivent être sévèrement réfutées. J'ai dû oublier l'auteur et ne m'occuper que de la vérité.

Et ici, s'occuper de la vérité, c'était s'occuper des plus sérieux intérêts du parti démocratique. Ainsi qu'une personne humaine, un grand parti politique ne reste lui-même que par les souvenirs de ce qu'il a éprouvé et de ce qu'il a fait. L'identité permanente du parti démocratique implique donc, non seulement la connaissance des événements à travers lesquels il s'est formé, mais le respect des hommes qui ont accompli les plus grandes choses dont son histoire se compose. Calomnier ces hommes illustres, dénaturer leurs actes, briser la solidarité qui nous attache à eux, et que nous imposent la politique et la morale, c'est dissoudre le parti démocratique, méconnaître les conditions de son existence, sa véritable raison d'être. L'indifférence, en pareil cas, serait une désertion, le silence une ingratitude.

J'ai donc, en attendant que je puisse faire un livre, accompli mon devoir, l'impérieux devoir du citoyen qui aime la Révolution et qui en connaît l'histoire, celui de la présenter sous son véritable jour, d'éclairer le labyrinthe d'erreurs où l'on veut égarer l'opinion publique, surprendre sa justice et lui faire prononcer sur les grands hommes indignement immolés, il y a soixante-douze ans, un jugement qui serait un second arrêt de proscription, plus impardonnable encore que le premier.

J'ai pris hautement la défense des Jacobins qui sont, comme l'histoire bien faite le proclamera, un grand parti révolutionnaire et une grande école de gouvernement. J'ai défendu aussi la dictature exercée par le Comité de Salut public : je l'ai défendue en fait et en théorie. En fait, j'ai prouvé qu'elle avait été imposée par les circonstances, qu'elle avait eu des résultats inespérés, qu'elle avait sauvé la Révolution. En théorie, j'ai invoqué les plus grandes autorités, les plus grands maîtres de la politique : Machiavel, Montesquieu, Rousseau, Royer-Collard. J'ai cité textuellement leur opinion basée sur une étude approfondie et sur les enseignements décisifs de l'histoire ancienne et moderne.

J'ai rappelé et je rappelle encore ces admirables paroles de Royer-Collard : « Qu'il y ait pour les États des crises plus fortes que les remèdes ordinaires, dont l'application serait impossible ou dangereuse ; qu'à ces époques fatales, les gouvernements puissent et doivent s'élever au-dessus des lois, frapper, s'il en est besoin, ceux qu'elles épargnent, épargner ceux qu'elles frappent, séparer le fait du droit et la justice de ses formes ; en un mot, chercher leurs motifs et leurs règles dans l'intérêt suprême du salut de l'État, dont alors ils sont uniquement responsables ; c'est ce qu'on ne peut nier, après avoir lu l'histoire et assisté à la plus terrible de ses leçons, à moins qu'on ne prétende d'une manière générale et absolue qu'il est prescrit aux nations de descendre au tombeau plutôt que de s'écarter, un seul instant, d'aucun des principes, d'aucune des formes établies dans d'autres temps, et pour un autre but. Les gouvernements ont sans doute abusé de ce droit terrible de négliger les lois quand le salut de l'État le commande ; mais on abuserait aussi contre eux, et avec bien plus de péril, de l'impuissance où ils seraient de l'exercer[2]. »

Après avoir cité ce passage où la politique, le bon sens et l'expérience se formulent en un si beau langage, j'ai demandé si la Révolution, lorsque le Comité de Salut public s'empara de la dictature, traversait une de ces crises où les gouvernements « doivent chercher leurs motifs et leurs règles dans l'intérêt suprême du salut de l'État, dont alors ils sont uniquement responsables ».

Il y avait là les éléments d'une discussion du plus haut intérêt et de la plus évidente utilité. On pouvait y apporter des lumières qui m'auraient éclairé et des raisons dont j'aurais fait mon profit ; on a trouvé plus commode de m'appeler « doctrinaire de la Terreur[3] ». Je n'avais pas besoin de cette réponse pour savoir qu'il est plus facile de donner des sobriquets que de bons arguments.

Il a pu paraître très piquant à quelques soi-disant philosophes de faire de l'histoire de la Révolution une satire contre les principaux révolutionnaires : mais ce n'est pas avec de petits sophismes qu'on enlèvera à ces hommes illustres le rang si élevé qu'ils occupent dans l'histoire. On aura beau attaquer le pouvoir qu'ils ont exercé si laborieusement pour eux, si utilement pour nous, aucun esprit droit et sensé n'admettra jamais qu'ils aient pu nous léguer sans gloire ce que nous faisons gloire de posséder.

Quant au livre de M. Quinet, il a pu, pendant quelques jours, occuper l'attention publique, mais il passera sans laisser de traces. La nouveauté seule l'a soutenu un moment ; dès qu'il n'aura plus cet appui passager, il tombera. Il est déjà à peu près oublié. Et, quoi que les défenseurs de ce livre déplorable aient pu dire de mes critiques, un sentiment qui m'est bien doux ne saurait m'être enlevé : j'aurai reçu les témoignages de sympathie et d'approbation de ceux dont l'approbation et la sympathie me sont le plus chères, j'aurai, encore une fois, rendu hommage à de grands hommes calomniés, j'aurai donné une nouvelle preuve de mon attachement à la Révolution.

2. Cf. *L'Avenir national,* 6 décembre 1865, note 1, *infra,* p. 140.
3. Allusion à l'article de Jules Ferry dans *Le Temps* du 11 janvier, cf. *infra,* pp. 202-206.

## ALPHONSE PEYRAT

### L'Avenir national, 17 novembre 1865
### La Révolution

Sous ce titre M. Edgar Quinet a composé, en deux volumes, un ouvrage qui sera mis en vente, demain, à la Librairie Internationale. Ce que nous en avons déjà lu, — les trois quarts du premier volume à peu près, — nous a causé le plus douloureux étonnement. Nous extrayons du second volume le chapitre sur le « Moral des armées de la Révolution » : c'est, de beaucoup l'un des meilleurs, et cependant il s'y trouve une phrase qui a failli nous le faire rejeter tout entier. Nos lecteurs le remarqueront certainement, mais nous ne voulons pas même la signaler parce qu'il nous faudrait entrer immédiatement dans une discussion qui doit être complète et, par conséquent, ajournée. Nous la commencerons lorsque nous aurons lu l'ouvrage jusqu'au bout. Nous désirons que le second volume détruise la pénible impression que nous cause le premier, mais franchement, nous ne l'espérons pas. Là, comme en tout et partout, les erreurs doivent se tenir et s'engendrer fatalement.

Si ce livre venait d'un écrivain inconnu il n'y aurait point à s'en émouvoir, et nous le laisserions aller en paix où sont allés, sans inconvénients, tant d'autres livres sur le même sujet. Mais M. Quinet étant un ami de la Révolution, ses erreurs, inévitablement dangereuses, ne sauraient passer sans réfutation. Il nous est bien pénible de nous trouver en désaccord avec M. Quinet, mais comme le désaccord porte sur un sujet où, pour nous du moins, il ne peut y avoir ni concessions, ni réticences, ni équivoques d'aucune sorte, ni pour aucune considération quelque pénible que soit le devoir que ce désaccord nous impose, nous le remplirons.

*MORAL DES ARMÉES*[1]

« Par la création des quatorze armées, la Convention avait

1. Comme il l'indique dans ses considérations liminaires, Peyrat présente ici à ses lecteurs une prépublication de l'un des chapitres — le deuxième du livre XXI — de *La Révolution* d'Edgar Quinet, 2 vol., Paris, 1865, t. II, pp. 413-422. Toutes les citations de cet ouvrage se réfèrent à la première édition.

assuré le salut de la France. Mais dans le salut était le péril, s'il est vrai qu'après le malheur d'être envahi par l'étranger, le plus grand danger pour un peuple est de devenir la proie de ses propres soldats. C'était la première fois que la France avait armé de si grandes forces militaires. Comment maintiendra-t-elle le citoyen dans le soldat ? Comment portera-t-elle la cité dans l'armée ? Après que les quatorze armées auront repoussé l'ennemi, qui empêchera que, selon l'habitude des victorieux, elles ne traitent leur pays en maîtres ?

« Dans un jour d'enthousiasme, elles s'étaient levées et avaient affranchi le sol. Mais, l'enthousiasme passé, résisteront-elles à leur pente naturelle ? Ne prendront-elles pas un esprit particulier de corps ? Après tant de victoires ne mépriseront-elles pas les autorités civiles sitôt qu'elles les verront sans défense ? L'habitude de commander au dehors ne leur inspirera-t-elle pas le désir de commander au dedans ? Le succès même les corrompra ; et ce jour-là qui pourra leur résister ? On n'aura donc vaincu que pour être dépouillé du prix de la victoire. Tombée sous le joug de ses libérateurs, la France aura conquis l'indépendance et perdu la liberté.

« Les pays qui dans le monde sont restés libres ont pris contre leurs propres armées des précautions presque aussi défiantes que contre l'ennemi. Chez les Romains, elles ne pouvaient s'approcher de Rome au-delà du Rubicon. A Venise, il était défendu aux flottes et aux équipages d'entrer dans le port intérieur sous peine de mort. Quel fut le Rubicon que la Convention assigna pour limite à ses armées ?

« Ce Rubicon fut la Terreur, jointe au sentiment exalté de la patrie. Il est certain que ces hommes si intrépides devant l'ennemi osaient à peine regarder en arrière dans l'intérieur de la France. Pour un grand nombre, l'armée fut un refuge autant qu'une occasion de gloire ; et, à ce point de vue, le régime de 1793, funeste au dedans, nuisit moins qu'ailleurs sur les champs de bataille. A des troupes formées d'hier, il tint lieu de discipline. La fureur de l'avancement, par où se corrompent si vite les armées, était impossible là où il y allait de la tête pour une simple erreur de détail. En ramenant les maximes impitoyables des Romains au temps de Brutus et des Manlius, on se fit de nouvelles armées romaines, non moins dociles que les anciennes.

« Les généraux y étaient plus modestes que les soldats. Joubert, Ney, Gouvion-Saint-Cyr, refusaient leur avancement [2]. Par là

2. B.C. Joubert (1769-1799), sergent de la garde nationale de l'armée du Rhin en septembre 1791. Sous-lieutenant en janvier 1792. Lieutenant à l'armée d'Italie en novembre 1792. Général de brigade en décembre 1795.

M. Ney (1769-1815), lieutenant à la fin de la campagne de 1792 à l'armée du Nord. Capitaine dans l'armée de Sambre et Meuse en avril 1794. Chef de brigade en octobre 1794. Général de brigade en août 1796.

L. Gouvion-Saint-Cyr (1764-1830), capitaine du 1er bataillon des chasseurs républicains en novembre 1792, en service à l'armée du Rhin en 1793. Général de division en 1794.

se retrouvèrent les vieilles vertus militaires que les modernes ne connaissent plus, religion de la loi, abnégation, scrupule, soumission de la force au droit, véritable héroïsme patriotique qui ne peut guère se passer de la crainte civile.

« Si ces masses énormes allaient un jour retomber de tout leur poids sur la liberté intérieure ; si les volontaires de 1792 rentraient dans leur pays, chargés de gloire, pour y établir le régime militaire et chasser de leurs sièges les représentants du peuple !... Peu d'hommes avaient alors des appréhensions de ce genre. C'est l'honneur de Saint-Just d'avoir clairement aperçu l'avenir à travers tant de trophées : " Tu fais trop mousser les victoires ", avait-il dit à Barère.

« Pour moi, ce que j'admire autant que la victoire, ce fut la modestie imposée aux vainqueurs. De toutes les œuvres de la Convention, la plus belle selon moi, a été de mettre le frein à ces invincibles. C'est à quoi servirent merveilleusement les représentants envoyés en mission. Ils personnifiaient ce que l'on est trop tenté d'oublier dans le sang et la mêlée, l'autorité du magistrat et la crainte de la loi. Ils tenaient fièrement et continuellement en bride ces impétueux et les empêchaient de s'emporter.

« C'est ainsi qu'ils ôtèrent à l'héroïsme l'occasion de dégénérer, comme il arrive presque toujours, en militarisme ; deux choses que confondent d'ordinaire les contemporains, et que la postérité seule distingue, quand elle n'est plus éblouie par l'épée.

« L'héroïsme est de tous les moments, de toutes les situations, parce qu'il a son siège dans l'âme ; il ne connaît ni fatigue, ni découragement, ni dégoût, toujours le même, toujours prêt, toujours en éveil.

« Le militarisme, au contraire, a ses moments, ses heures, tantôt exalté, tantôt abattu. C'est une profession, le métier des armes, non plus un état d'âme ; et de là, il est soumis aux divers changements que tout métier entraîne avec lui ; il se lasse, il s'use, il se dépite. Il n'est pas au-dessus des découragements qui suivent les désastres.

« Dans les campagnes de 1793, vous voyez, au début des armées presque toujours battues, qui s'effrayent d'elles-mêmes, tant elles sont nocives. Ce que vous ne voyez jamais, au milieu des défaites, des maladies, de la famine, de la mort, c'est une armée découragée.

« Il faut être bien aveugle pour ne pas reconnaître que les soixante représentants en mission, hier inconnus et demain retombés dans l'oubli, ont soutenu, comme le destin, les armées contre toutes les causes qui les ruinent ordinairement. Comme ils parlaient de haut, en souverains*, à cette plèbe de fer ! Louis XIV ne

* « L'auteur de la réfutation de l'histoire de l'abbé Montgaillard[3] parle sans cesse des instructions données aux représentants du peuple et que souvent ils dépassaient. C'est une erreur. J'ai été plus de deux ans en mission près des armées et dans les départements. Je n'ai jamais eu une

fut pas plus altier dans les camps. “ Nous avions, disaient-ils **, le pouvoir de l’éloquence et les baïonnettes au bout. ” Avec eux, il n’y eut plus de différence dans les saisons. L’hiver ne fut plus une barrière. Leur conseil stratégique ne fut pas toujours le meilleur, quoiqu’à n’en pas douter, on l’ait trop rabaissé systématiquement dans la plupart des cas. Mais ce qui est impossible au militarisme ils le firent. Merlin de Thionville, Saint-Just, Baudot à la tête des colonnes, ne souffrirent pas qu’il y eût dans le moral des armées, du haut et du bas, du fort et du faible [5] ; ils imprimèrent un mouvement toujours égal, ne permettant ni hésitation dans le péril, ni abattement après les revers, ni lassitude après la victoire. Dans un temps où la science de la grande guerre était perdue, le salut se trouva dans cette nécessité de vaincre que personnifiaient les représentants en mission.

« Des armées qui ne connaissent ni la faim, ni le sommeil, ni le chaud, ni le froid, ni la fatigue, ni la maladie, c’est là un miracle que le militarisme seul ne produit jamais, et ce prodige se faisait chaque jour. Aussi n’a-t-on vu aucun désastre véritable dans ces troupes ; elles pouvaient être battues, elles ne pouvaient être désorganisées ; les revers doublaient leur audace, plus nombreuses elles étaient plus elles étaient décimées. Jamais une seule ne se fondit par les marches ou par ses hôpitaux, comme cela se vit plus tard. “ Un grenadier est malheureux, écrivait Joubert, quand il est réduit au quart de la ration de pain ” ; mais tout malheureux qu’il était, ce grenadier se savait invincible.

« La désertion était chose inouïe. On n’apprit à la connaître qu’après la Convention. Un homme qui en 1793 ou 1794 eût quitté les rangs, eût trouvé derrière lui toute une nation indignée qui l’eût rejeté dans la mêlée. La France aurait fait comme cette mère romaine d’Étienne le Grand, qui, le voyant fuir, le rejeta dans les bras de l’ennemi.

« Ainsi non seulement les armées étaient indestructibles, mais elles se sentaient dans la main de la loi. Les terribles baïonnettes qui refoulaient l’Europe s’inclinaient devant le plus obscur, le plus désarmé des hommes, s’il représentait l’autorité civile ; et

---

instruction d’une ligne. Les pouvoirs étaient illimités en fait et à la lettre. » Mémoires inédits de Baudot [4].

3. Il s’agit de P. M. Laurent de l’Ardèche. Son ouvrage paraît en 1828.

4. M. A. Baudot (1765-1838), député de Saône-et-Loire à la Législative et à la Convention. Montagnard. Envoyé en mission dans le Lot en juillet 1793. Représentant à l’armée du Rhin de novembre 1793 à mars 1794. Absent par congé le 9 Thermidor. Décrété d’arrestation le 13 prairial 1795, se réfugie à Venise et aux États-Unis jusqu’au 18 brumaire 1799. Rentré en France, élit domicile à Charolles et se lie d’amitié avec la famille Quinet qui y habite aussi. Exilé en 1816 comme régicide, reste en correspondance avec le futur historien, qu’il revoit à son retour sous la monarchie de Juillet. Ses Mémoires inédits, transmis à Quinet en 1863, sont publiés trente ans plus tard par la veuve de l’historien dans le cadre des initiatives officielles pour le premier centenaire de la Révolution.

** *Ibid.*

5. Allusion à la mission à Mayence de Merlin de Thionville de décembre 1792 jusqu’à la capitulation de la ville face au siège prussien en juillet 1793 ; aux missions de Saint-Just à l’armée du Rhin en octobre 1793 et à l’armée du Nord en janvier 1794. Sur Baudot cf. *supra*, note 4.

indépendamment de leur héroïsme, c'est cette religion du droit, au milieu de l'ivresse de la force, qui donne aux armées de la République un caractère unique de grandeur.

« Les représentants en mission revenaient quelquefois aux mœurs antiques bien plus qu'ils ne le croyaient eux-mêmes. Saint-Just ordonne un jour aux Strasbourgeois de donner leurs manteaux et leurs souliers aux soldats en haillons de l'armée du Rhin. Le scandale en dure encore. Et pourtant Saint-Just n'avait rien ordonné que ce que les gens de Smyrne avaient fait spontanément en pleine assemblée pour une armée romaine* [6].

« Quand les représentants avaient communiqué leur première ardeur, ils rentraient entre deux combats dans la Convention. Là ils se retrempaient de nouveau dans le fanatisme de l'Assemblée et du Comité. Ils allumaient leurs colères, leurs passions de vaincre à ce brasier; et courant à la frontière, ils y portaient l'étincelle nouvelle qu'ils venaient de puiser; ainsi était continuellement entretenue et portée du centre aux extrémités la flamme inextinguible. Les généraux tentaient de reprendre haleine ou de suivre les anciennes règles méthodiques. Ils étaient tout à coup soulevés, emportés au combat par les représentants, que leur inexpérience même de la guerre affranchissait de tout esprit de routine.

« Les conventionnels changeaient souvent les généraux; par là ils obtinrent ces deux résultats: d'empêcher les incapables d'aggraver leurs fautes, et les habiles de devenir les idoles de leurs soldats, c'est-à-dire de la patrie : double écueil qui se rencontrait à chaque pas entre Luckner et Dumouriez, entre Dumouriez et Pichegru, entre Pichegru et Bonaparte [7].

« Les hommes du métier s'étonnaient, frémissaient, mais ils

* « Omnes qui adstabant, detraxisse corpori tegmina, nostrisque legionibus misisse. » Tac., *Annal.*, IV, 56.

6. Allusion aux décrets de réquisition des manteaux et des chaussures des citoyens de Strasbourg, promulgués par Saint-Just le 25 et le 29 brumaire 1793. Selon Tacite, l'acte de générosité des citoyens de Smyrne, venant au secours de l'armée de Sylla en détresse, vaut à la ville d'Asie la préférence du Sénat pour la construction d'un temple en l'honneur de Tibère.

7. Quinet énumère les noms de quelques généraux des armées révolutionnaires — jusqu'au plus célèbre d'entre eux, Bonaparte, pour illustrer la longue série de difficultés politiques rencontrées par la Révolution dans ses rapports avec les chefs militaires.

N. Lückner (1722-1794), commandant en chef de l'armée du Rhin en 1791. A la tête de l'armée du Nord en 1792. Privé de son commandement après le 10 Août à cause de ses rapports avec La Fayette. Condamné à mort en octobre 1793.

C. F. Dumouriez (1739-1823), agent de la diplomatie secrète sous l'Ancien Régime, rallié à la Révolution. Ministre de la Guerre en mars 1792. Général de l'armée de Sedan en août suivant. Vainqueur à Valmy le 20 septembre, et à Jemappes le 6 novembre. Dirige la conquête de la Hollande en février 1793. Battu à Neerwinden le 16 mars, négocie en secret avec le prince de Cobourg. Cité à la Convention le 1er avril, fait arrêter les commissaires envoyés pour connaître ses plans. Menacé par ses troupes, passe à l'ennemi. Après l'échec de ses desseins diplomatiques, se réfugie en Suisse, en Angleterre et dans le Holstein.

C. Pichegru (1761-1804), commandant d'un bataillon de volontaires du Gard en 1792. Commandant de l'armée du Rhin en novembre 1793. A la tête de l'armée du Nord en février 1794, prépare la victoire de Fleurus du 26 juin 1794, et occupe la Hollande en décembre. A la tête de l'armée du Rhin en janvier 1795, se rallie aux royalistes.

obéissaient. Un art supérieur se formait de l'inspiration et de l'instinct qui, plus tard seulement, devait se traduire en règles.

« Les campagnes de 1793 marquent ainsi le moment où, les anciennes méthodes tombant en ruine, et la science nouvelle n'étant pas encore clairement aperçue, la guerre fut surtout choses d'inspiration. L'enthousiasme dut tenir la place de l'expérience. Un enthousiasme nouveau, tel que celui du Coran, régla les batailles.

« En 1838, je me trouvai au lit de mort de l'un de ces survivants de la Convention qui avait le plus agi dans ses missions aux armées. C'était Baudot. Il me dit qu'avant de mourir il avait voulu me voir pour me confier ses Mémoires, qu'on y verrait un commentaire des actes et de pensées les plus secrètes des divers partis dans la Convention ; me retenant par le bras et réunissant toutes ses forces dans un dernier regard, il ajouta : “ Croyez que le premier mot de notre histoire n'a pas encore été écrit. Saint-Just et moi nous mettions le feu aux batteries de Wissenbourg. On nous en savait beaucoup de gré. Eh bien, nous n'y avions aucun mérite. Nous savions parfaitement que les boulets ne nous pouvaient rien. ” Sur cela, il se tut, et je pris congé de lui pour toujours.

« En réfléchissant plus tard à ces étranges paroles, je me suis expliqué bien des faits que je ne pouvais pas saisir auparavant. Ce qui me surprit quand je les répétai, elles n'étaient plus comprises par nos contemporains. Même les révolutionnaires les plus ardents les rejetaient comme une superstition vaine. Le mot que ce mourant trouvait si simple devenait une risée pour les hommes les plus emportés de notre âge.

« “ Nous savions que les boulets ne nous pouvaient rien. ” Quelle foi dans ce qu'ils appelaient les principes ! Comme ils sentaient que c'était là une armure invincible non pour eux, mais pour la France ! Cette foi, cette armure magique, devint celle des armées. Ce fut d'abord toute leur stratégie, quand, vaincues, brisées, elles rentraient en ligne, invulnérables et immortelles.

« Dans l'homme qui me parlait, cinquante ans de désastres privés, de reniements, d'exils, de malédiction, n'avaient pas extirpé cette foi. Elle avait dû se cacher, s'ensevelir sous mille déguisements et surtout dans le silence. Mais à ce dernier moment elle éclatait de nouveau, comme le fond de la conscience, en présence de la mort imminente. Par là, je compris que ces hommes n'avaient été altérés qu'à la surface par le changement des idées et des passions d'un autre temps, comme le granit qui s'écaille au contact de l'atmosphère. L'ancien foyer qui semblait si bien éteint se rallumait et jetait encore des flammes sitôt que disparaissait l'oppression du monde. On trouve des paroles de ce genre dans le Coran ; elles ne surprennent pas, venant d'intelligences mystiques. Mais de la part d'hommes d'affaires et d'intelligences moqueuses, quelle merveille ! Mahomet et Voltaire, Jeanne d'Arc et Candide !

Qui eût cru que des mondes si opposés pouvaient se réunir et se fondre dans un même esprit ? Voilà un des traits uniques de la Révolution française, et combien nous en sommes loin, aujourd'hui, puisqu'il nous faut expliquer ce qui était l'évidence même pour nos pères ! Leur héroïsme nous scandalise. » Ed. QUINET.

## ALPHONSE PEYRAT

### L'Avenir national, 30 novembre 1865

Nous avons promis, il y a une quinzaine de jours, d'examiner le livre de M. Quinet ; nous le regrettons beaucoup, la lecture du second volume ayant non seulement justifié, mais singulièrement aggravé la pénible impression que nous avait causée la lecture du premier. Au fond, malgré quelques bons chapitres qui s'y trouvent de loin en loin, ce livre est une satire contre la Révolution, un réquisitoire violent et calomnieux contre les principaux révolutionnaires. Nous avons lu bien des ouvrages de tout genre et de toute provenance sur ce sujet inépuisable ; aucun ne nous a plus profondément blessé dans nos plus intimes sentiments. Réflexion faite, et malgré l'engagement que nous avions pris, nous nous serions, très-probablement, décidé à n'en rien dire ; mais nous voyons qu'on veut en faire un événement au profit de certaines doctrines et de certaines théories aussi fausses que dangereuses. Alors il n'y a plus à hésiter, il faut s'expliquer, ne serait-ce que pour s'honorer en défendant une fois de plus les grandes choses qu'on dénature et les hommes illustres que M. Quinet a si inconsidérément exposés aux outrages de nos ennemis communs.

Pour juger ce livre dans tous ses détails, et l'apprécier d'une manière complète, il faudrait faire le même travail et même un travail plus étendu. Il faudrait suivre M. Quinet pas à pas, vérifier toutes ses assertions, discuter tous ses paradoxes, épier toutes ses erreurs, relever toutes ses injustices ; en d'autres termes, pour réfuter deux volumes, il faudrait en écrire quatre. Ce n'est pas là, bien entendu, ce que nous voulons faire. Nous nous bornerons à discuter l'idée fondamentale du livre ; celle qui lui donne son caractère antiphilosophique, antihistorique, antirévolutionnaire. Nous nous attacherons seulement aux parties essentielles, à celles où M. Quinet montre à la fois les égarements et les préventions de son esprit, ses aspirations les plus étranges et ses aperçus les plus erronés, toutes les qualités qui recommandent son talent d'écrivain, et tous ses défauts incompatibles avec la clairvoyance et le sens droit d'un historien. On verra alors que ce livre est un mélange singulier de préjugés, de passions aveugles et de prétentions philosophiques ; de vérités triviales et de méprises grossières ; un tableau quelquefois brillant, mais presque toujours infidèle, digne d'être rangé parmi les productions les plus inconsidérées, les plus choquantes et les plus dangereuses de notre temps. Nous voudrions en présenter une critique impartiale, faire une exacte séparation des vérités et des erreurs, mais ces erreurs sont si déplorables, nous sommes si étonné de les trouver sous la plume de M. Quinet, et nos adversaires peuvent en faire un tel usage, que nous nous sentons incapable de les combattre sans une certaine vivacité.

Le premier défaut de ce livre, c'est de n'avoir ni ordre, ni plan, ni proportion : tout y est mêlé, confus, confondu, et le rhéteur s'y montre presque toujours à la place du philosophe et de l'historien. On y trouve des allures décisives, des idées générales qui ne s'appliquent pas plus à la Révolution française qu'aux révolutions de Rome et de la Grèce, des théories et des jugements sommaires, débités d'un ton de professeur, très choquant en général, parce qu'il est très déplacé.

M. Quinet prétend que « dès les premiers jours, la Révolution a montré ses pieds d'argile [1] », et, pour justifier cette inconcevable assertion, il a recours aux plus étranges rapprochements. Parce que les chefs de la Révolution n'ont pas voulu supprimer le christianisme, démolir les églises et « dragonner les esprits » pour en extirper la religion catholique, M. Quinet les accuse d'avoir fait « une retraite précipitée jusqu'au cœur du moyen âge [2] ». Ils ont, dit-il, renouvelé, par les piques et par la guillotine, les meurtres commis autrefois par la hart et les hallebardes. Dans chaque exécution de 93, c'est le moyen âge qui reparaît ; les têtes coupées au haut des piques sont l'étendard du passé, et « l'histoire de Byzance suit des pareils trophées [3] ». Les échafauds de la Révolution s'appuient à ceux de Richelieu, comme les échafauds de Richelieu à ceux du moyen âge. Collot d'Herbois, Fouché, Fréron, Ronsin, reproduisent Caligula, Néron, Caracalla, Commode, Théodose [4] et

1. E. Quinet, *op. cit.* Livre V, chap. VII, t. I, p. 163.
2. *Ibid.* Livre XVI, chap. V, t. II, p. 157.
3. *Ibid.* Livre XVII, chap. XIV, t. II, p. 239.
4. La comparaison entre les conventionnels responsables des violences terroristes et les empereurs romains auteurs de folies sanguinaires et célèbres pour l'exercice arbitraire de leur puissance autocratique, se trouve dans le chapitre XI (« Les proconsuls de la Révolution. La folie césarienne ») du livre XVII de l'œuvre de Quinet, t. II, p. 229.

Collot d'Herbois (1749-1810), député de Paris à la Convention. Montagnard. Membre du Comité de Salut public en septembre 1793. Envoyé à Lyon avec Fouché le 30 octobre, dirige la répression de l'insurrection royaliste. Établit une commission révolutionnaire qui prononce deux mille condamnations à mort, exécutées par mitraillades collectives. Rappelé à Paris, justifie ses opérations devant la Convention dans la séance du 21 décembre 1793 : « C'est pour délivrer l'humanité du spectacle déplorable de tant d'exécutions successives... Qui de vous, citoyens, à la place de vos collègues, n'eût pas voulu tenir la poudre pour anéantir des traîtres d'un seul coup. »

J. Fouché (1759-1820), député de la Loire-Inférieure à la Convention. Montagnard. Anime la répression en Vendée en juin-août 1793. Participe à la déchristianisation dans la Niè-

avec ses bateaux de la Loire, Carrier refait le bateau d'Agrippine [5]. Le Comité de Salut public, c'est l'Inquisition ; la dictature de 93 c'est la révocation de l'Édit de Nantes.

M. Quinet compare Billaud-Varennes et Saint-Just à Moïse [6] qui, cependant, leur est supérieur comme terroriste, parce qu'il pratiqua l'extermination plus en grand ; Marat est un autre comte de Montfort [7], et quant à Robespierre, qui rappelle saint Cyrille, saint Dominique et Torquemada [8], il « poursuivait le plan d'une tragédie classique. Tout ce qui sortait de l'ordonnance commune, vie, spontanéité, instinct populaire, lui apparaissait comme une monstruosité ; il y portait le fer et le feu [9] ».

Louis XVI, mangeant dans la loge du logographe, c'est le Christ buvant sur la croix ; les discussions entre les Montagnards et les Girondins, c'est le dialogue des Euménides [10], et lorsque la loi du 22 prairial est présentée à la Convention [11], les hommes de proie de cette assemblée se jettent sur cet appât « par gloutonnerie de la mort ».

Il y a des chapitres dont le titre seul est non seulement une erreur inconcevable, mais un vrai scandale ; par exemple celui-ci : « Qu'il n'y a pas de proportion dans la Révolution, entre les sacrifices et les résultats obtenus [12]. »

---

vre et l'Allier en septembre-octobre. Envoyé à Lyon avec Collot, continue à diriger la Terreur, après le rappel à Paris de celui-ci, jusqu'en avril 1794.

S. L. M. Fréron (1754-1802), député de Paris à la Convention. Montagnard. Adjoint de Barras à l'armée du Var en juin 1793. Prend part au siège de Toulon, livré aux Anglais en août 1793. Organise la répression à Marseille en décembre 1793, en décrétant la destruction des maisons des rebelles, et le changement du nom de la ville en « Ville sans nom ».

C. P. H. Ronsin (1752-1794), militant sectionnaire, membre du Club des Cordeliers. Adjoint du ministre de la Guerre Bouchotte en avril 1793. Général de l'armée révolutionnaire en septembre 1793, participe à la Terreur en Vendée par des pillages et des dévastations. Auxiliaire de Collot d'Herbois à Lyon en novembre 1793.

5. Bateau truqué qui devait servir au meurtre d'Agrippine ordonné par Néron, au large du cap de Misène. Cf. Tacite, *Annales,* XIV, 3 ; Suétone, *Vies des Douze Césars,* VI, XXXIV.

J. B. Carrier (1756-1794), député du Cantal à la Convention. Montagnard. En mission à l'armée de l'Ouest d'octobre 1793 à janvier 1794, invente à Nantes des moyens expéditifs pour la répression de masse, dont les bateaux à soupape, qui noyaient dans la Loire cent personnes à la fois.

6. Cette comparaison avec le sauveur d'Israël de la servitude égyptienne tient à l'idée de régénération d'un peuple par des moyens coercitifs ; cf. Livre XVI : *La Religion sous la Terreur,* chap. I : « Le terrorisme français et le terrorisme hébraïque », t. II, p. 133 : « Les chefs de 1793 entreprirent d'arracher leur peuple à ses anciens fondements ; ils conçurent le projet de l'entraîner dans une sorte de désert d'égarement, loin de toutes ses traditions, de toutes ses habitudes, jusqu'à ce qu'il eût contracté sous le glaive un autre esprit que celui du passé. »

7. Chef de la croisade contre les Albigeois en 1208.

8. Défenseurs intransigeants de l'orthodoxie religieuse : saint Cyrille, patriarche d'Alexandrie, fait condamner Nestorius par le concile d'Éphèse en 431. Saint Dominique fonde l'ordre des prêcheurs, prêtres théologiens voués à là pauvreté et à la lutte contre l'hérésie en 1216. Torquemada, Inquisiteur général de Castille et d'Aragon (1483-1486), donne à l'Inquisition une organisation unifiée et puissante.

9. *Op. cit.,* Livre XVIII, chap. I, t. II, p. 254.

10. Déesses bienveillantes de l'Antiquité grecque. Dans la trilogie de l'*Orestie* d'Eschyle, les Erynnies assoiffées de vengeance qui recevaient le sacrifice des accusés absous par le tribunal de l'Aréopage, deviennent les Euménides, et poursuivent seulement les meurtriers qui ont fait couler le sang familial.

11. Présentée par Couthon le 10 juin 1794, cette loi réorganise dans un sens encore plus répressif le tribunal révolutionnaire : elle supprime notamment l'interrogation préalable, les défenseurs, et les témoins, dans les procès des suspects.

12. Il s'agit du chapitre II du Livre XIV.

Il y a d'autres chapitres où M. Quinet traite la démocratie, comme les royalistes ne l'ont jamais traitée, aux plus mauvais jours de leurs vengeances et de leurs calomnies. En voici un exemple : « Dans l'extirpation des hommes qui marchent à sa tête et qui lui ont tout sacrifié, la démocratie, dit M. Quinet, voit je ne sais quel commencement d'égalité qui lui inspire tout le contraire de l'indignation. Elle ne se sent point atteinte et blessée dans les hommes qui souffrent pour elle. C'est là une sorte d'aristocratie dont elle vous sait même gré de la débarrasser. Elle tient, en effet, les siens pour ennemis dès qu'ils sont sortis du néant ; le mérite de l'avoir servie ou d'avoir souffert pour elle est un de ceux qu'elle pardonne le moins[13]. »

Ces comparaisons bizarres, ces étonnantes banalités, ces considérations puériles, ces injustices criantes, remplissent plus de la moitié de l'ouvrage. M. Quinet les répète à satiété et ne prend même pas la peine de varier ses formules. D'abord l'on se sent étonné et blessé : bientôt la monotonie l'emporte, et à l'irritation succède une insurmontable lassitude : plus d'une fois le livre nous est tombé des mains.

Nous ne cherchons pas, on le voit, à atténuer l'expression des sentiments que nous a inspirés la lecture du livre de M. Quinet, et nous avons pour cela nos raisons. Nous savons qu'il est de mode aujourd'hui dans une certaine classe de libéraux de traiter d'autoritaires, de Jacobins et même de césariens, ceux qui, regardant la Révolution comme une chose entière, repoussent tout compromis qui en dénature les actes, les tendances, les résultats. Ces épithètes ne nous font pas peur. Sur les trois il en est une que, historiquement, nous acceptons de grand cœur, une autre, sauf explication, et quant à la troisième, elle nous fait tout simplement hausser les épaules.

Il peut paraître très piquant à quelques soi-disant philosophes de faire de l'histoire de la Révolution une satire contre les révolutionnaires, mais de ce côté nous sommes sans inquiétude. Cette prétendue philosophie, tout récemment éclose pour flatter les passions du moment, ne sera pas plus durable qu'elles. La vérité seule demeure, et sa voix prévaudra contre tous sophismes. C'est cette voix qui assigne aux principaux acteurs de la Révolution un rang si élevé dans notre histoire, c'est elle qui les recommande à notre admiration, à notre reconnaissance, et les prétentions éphémères des coteries pseudo-philosophiques et libérales essaient bien vainement de les rabaisser. Cela dit, revenons au livre de M. Quinet.

Selon M. Quinet la Révolution au commencement a dévié de son but, et, à la fin, presqu'entièrement avorté. Elle a dévié, parce que les chefs du mouvement, novateurs en théorie, mais, en fait,

13. Livre XVII, chap. XV, t. II, p. 244.

timides et hommes du passé, ont manqué de sagacité et d'intrépidité philosophique. Pour assurer le triomphe de la révolution politique, ils devaient faire en même temps une révolution dans les idées, c'est-à-dire fonder une nouvelle religion, l'opposer aux religions anciennes et notamment, supprimer le catholicisme.

Après avoir commis cette faute capitale, les chefs de la Révolution en commirent une autre non moins fatale, en proclamant et en exerçant la dictature. Cette dictature a été un crime et un fléau ; un crime parce qu'elle était inutile ; un fléau, parce qu'en habituant les Français à un régime passager d'arbitraire et de terreur, elle leur a fait perdre le sentiment et la dignité des peuples libres et les a préparés à subir toutes les tyrannies.

La première de ces deux idées est une aberration et, dans le système de M. Quinet, une évidente inconséquence ; la seconde est un lieu commun qui traîne depuis cinquante ans dans les pamphlets royalistes, et M. Quinet, en allant l'y ramasser, ne l'a pas rajeuni. Mais en la répétant, et surtout en la faisant répéter, il nous condamne à prouver encore, ce qui a été prouvé mille fois, que cette accusation est injuste, irréfléchie, et aussi insoutenable que dangereuse. Ce n'est là, heureusement, qu'une question d'équité et de bon sens ; nous le prouverons un autre jour.

Aujourd'hui, nous n'avons voulu faire qu'une chose : répondre aux lettres et aux instances personnelles de ceux qui blessés comme nous par le livre de M. Quinet, désiraient, avant toute discussion, trouver dans un article particulier l'expression publique et énergiquement formulée de leur vive désapprobation.

## ALPHONSE PEYRAT

### L'Avenir national, 6 décembre 1865
### La Révolution I

Notre intention, nous l'avons dit, n'est pas d'examiner le livre de M. Quinet en détail, et d'écrire quatre volumes pour en réfuter deux. Nous sommes cependant forcé de dépasser la mesure ordinaire des travaux que comporte un journal. Il est facile d'énoncer une erreur en quelques mots, il faut plus de temps et plus d'espace pour exposer les faits et rétablir la vérité. Nous sommes forcé aussi, pour mettre dans la discussion la logique et la clarté que M. Quinet n'a pas mises dans son livre, d'intervertir l'ordre des événements. M. Quinet reproche aux chefs de la Révolution, d'abord de n'avoir pas proclamé et imposé une nouvelle religion, ensuite de s'être emparés de la dictature. Le premier reproche n'est pas seulement une chose insensée ; rapproché du second, il est une inconséquence qui suffirait seule pour ôter au livre toute valeur philosophique et morale. Mais comme cette inconséquence ne serait pas suffisamment appréciée si nous n'examinions d'abord la question de la dictature, c'est par là que nous allons commencer.

Dans cette question, les faits sont le meilleur argument ; cependant nous voulons, avant de l'aborder, invoquer l'autorité d'un homme peu suspect de tendresse pour la Révolution et pour la dictature du Comité de Salut public. Voici ce que dit Royer-Collard :

« Qu'il y ait pour les États des crises plus fortes que les remèdes ordinaires, dont l'application serait impossible ou dangereuse, qu'à ces époques fatales les gouvernements puissent et doivent s'élever au-dessus des lois, frapper, s'il en est besoin, ceux qu'elles épargnent, épargner ceux qu'elles frappent, séparer le fait du droit et la justice de ses formes ; et, en un mot, chercher leurs motifs et leurs règles dans l'intérêt suprême du salut de l'État, dont alors ils sont uniquement responsables ; c'est ce qu'on ne peut nier, après avoir lu l'histoire et assisté à la plus terrible de ses leçons, à moins qu'on ne prétende d'une manière générale et absolue, qu'il est prescrit aux nations de descendre au tombeau plutôt que de s'écarter un seul jour, un seul instant, d'aucun de ses principes, d'aucune des formes établies dans d'autres temps, et pour un autre but. Les gouvernements ont sans doute abusé de ce droit terrible de négliger les lois quand le salut de l'État le commande ; mais on abuserait aussi contre eux, et avec bien plus de péril, de l'impuissance où ils seraient de l'exercer[1]. »

Admirons d'abord ces pensées si fermes et si hautes, exprimées en un si beau style, et voyons si la France, lorsque les chefs de la Révolution s'emparèrent de la dictature, traversait une de ces crises où les gouvernements « doivent chercher leurs motifs et leurs règles dans l'intérêt suprême du salut de l'État, dont ils sont uniquement responsables ».

Ce que nous allons dire, nous l'avons dit plus d'une fois, mais il ne faut pas se lasser de repousser les sophismes qu'on ne se lasse pas de reproduire, sophismes déplorables qui, depuis soixante ans, égarent les esprits, fournissent des armes à nos ennemis et, chose impardonnable ! insultent ceux qui, dans leur incomparable abnégation, ont sciemment sacrifié pour nous, non seulement leur repos et leur vie, mais quelque chose de plus sérieux, leur réputation. « Périsse ma mémoire, ont-ils dit, et que la patrie soit sauvée ! » Cette mémoire, qu'ils ont abandonnée ainsi à la calomnie, est notre glorieux héritage, et au lieu de la défendre, M. Quinet la poursuit de ses outrages. Nous parlerons des hommes un autre jour ; aujourd'hui nous n'examinons que les faits. Nous ne nous excusons pas de les répéter à ceux qui les savent, mais nous devons les rappeler à ceux qui les oublient.

Jusqu'au 10 Août, la Révolution est mal assurée dans sa marche ; elle tâtonne, elle hésite, quelquefois on peut croire qu'elle s'égare. Enfin, le 21 septembre 92, elle apparaît dans sa force et dans la logique de ses principes ; elle s'établit sur son vrai terrain, et elle s'y maintient tant que ses destinées sont dans les mains de ses vrais défenseurs. Dès les premiers jours, dit M. Quinet, « elle a montré ses pieds d'argile ». Quelle vue fausse et quelle inconcevable erreur !

La naissance de la République au milieu des déchirements et des plus grands revers, suivis des plus glorieuses victoires ; la puissance avec laquelle, de son berceau, elle accable tous ses ennemis, donnent au contraire à son enfance la majesté des vieux empires, imposent et assurent la gloire de tout son avenir.

1. Peyrat cite indûment, sans d'ailleurs donner la référence, l'*Opinion sur la loi d'amnistie,* prononcée le 2 janvier 1816 par P. P. Royer-Collard (1763-1843), l'un des chefs de l'opposition constitutionnelle de la Chambre de 1816, qui défend la prééminence législative royale face à la réaction ultra-royaliste, désireuse de mettre à profit sa majorité au Parlement. Le discours de Royer-Collard ne contient pas l'apologie de la Terreur, dont l'auteur, qui avait été membre de la Commune de Paris jusqu'au 10 août 1792, n'avait jamais été le défenseur. Il plaide, à l'occasion des dispositions concernant les régicides de 93, pour la limitation du droit d'amendement de la part du Parlement, et contre une loi qui aurait eu comme conséquences des confiscations et l'augmentation du nombre des personnes soumises à poursuites. L'opinion de Royer-Collard prévalut et consacra son autorité parlementaire.

Après l'indigne trahison de Dumouriez, tous les malheurs éclatent à la fois. Dumouriez, qui avait commencé sa défection en Champagne, trahit le courage de son armée à Nerwinde. Le 18 mars 1792[2], il ouvre les portes de Bréda ; le 31, celles de Gertruydemberg, et livre le 1er avril, aux Autrichiens, les quatre représentants envoyés par la Convention pour l'arrêter. Mayence n'était plus à nous ; le Palatinat et le cours du Rhin étaient perdus ; Condé, Valenciennes et le Quesnoy livrés au prince de Coburg ; Dunkerque, Landrecies, Maubeuge et Cambrai menacés. L'ouest était en feu, Lyon insurgé, Toulon livré aux Anglais ; la Gironde, le Morbihan et le Calvados étaient soulevés et en armes ; les Espagnols, qui avaient envahi le Roussillon le 17 avril, s'étaient emparés de Bellegonde, de Port-Vendres, de Collioures, et menaçaient Perpignan.

En même temps, Paris était agité par les émissaires venus de Londres et de Bâle ; le pain était rare et le peuple craignait chaque jour d'en manquer ; le papier monnaie était avili par les faux assignats qui tuaient le crédit et minaient la confiance ; les caisses du Trésor étaient à sec et celles de l'armée livrées au pillage le plus éhonté : « Je ne conçois pas, avait dit Cambon[3] dans la séance du 5 décembre, comment il se fait qu'avec 198, 148 et 122 millions de dépenses par mois, car tel est le taux des dépenses pendant les trois derniers mois, tout manque à nos armées. » Le scandale fut bientôt poussé plus loin, et quand Dumouriez passa à l'ennemi, nos troupes étaient sans souliers, sans habits et sans pain.

Les insurgés de l'intérieur étaient maîtres de la plupart des manufactures d'armes ; les magasins à poudre avaient été incendiés à Huningue, à Lorient et à Bayonne ; et comme le dit alors Barère, le dénuement de munitions était une seconde famine pour les armées. La marine était désorganisée, l'émigration lui ayant enlevé presque tous ses officiers, et pendant que nos ports étaient menacés ou vendus et nos colonies dévastées, nous n'avions à opposer sur mer que 66 vaisseaux de ligne et 96 frégates ou corvettes à la coalition, où la Hollande seule comptait, pour 100 vaisseaux de différentes grandeurs, et l'Angleterre pour 158 vaisseaux de ligne, 22 vaisseaux de 50, 123 frégates et 108 cutters.

Il y eut quelque chose de plus grand que toutes ces catastrophes, ce fut l'énergie du Comité de Salut public. L'immensité des dangers qui menaçaient la France lui fit découvrir en elle des ressources inconnues. Ces terroristes, ces hommes qui, selon M. Quinet et ses approbateurs, n'avaient pas le sentiment de la réalité, — précisément le sentiment qu'ils eurent au plus haut

2. Inexact : il s'agit de 1793. Peyrat corrige son erreur dans le recueil d'articles, tout en y ajoutant des détails sur les événements militaires. Cf. *La Révolution et le livre de M. Quinet,* Paris, 1866, pp. 19, 35.
3. P. J. Cambon (1756-1820), député de l'Hérault à la Législative et à la Convention. Président du Comité des finances en 1792. Chargé de la surveillance de la Trésorerie nationale en juillet 1793, dirige la politique financière de la France jusqu'au 9 Thermidor.

degré, — ces terroristes s'entourent d'abord de tout ce qu'il y avait d'illustre dans la science : Fourcroy, Berthollet, Vandermonde, Monge, sont associés aux travaux du Comité[4]. Les savants nationaux et étrangers reçoivent l'invitation de publier toutes les découvertes utiles, de concourir au perfectionnement des machines de guerre, de mettre à la portée du gouvernement et de tous les citoyens les procédés et les connaissances nécessaires à la fabrication des armes de toute espèce.

La guerre avait épuisé le salpêtre : en neuf mois on en fabriqua deux millions de livres, plus que l'Europe entière n'avait coutume d'en produire. Avant la Révolution, la France n'avait que deux fonderies pour les canons de bronze et quatre pour les canons en fer, donnant annuellement 900 bouches à feu. Le Comité de Salut public en établit quinze pour les canons en bronze, produisant annuellement 7 000 pièces, et trente pour les canons en fer, donnant 13 000 bouches à feu. Avant la guerre, il n'existait qu'une manufacture d'armes blanches : le Comité de Salut public en ouvrit vingt, dirigées par des procédés nouveaux, et la manufacture de Paris seule put fournir en moins d'un an de 140 à 150 000 fusils, c'est-à-dire plus que toutes les fabriques réunies de l'ancien régime. Il créa 188 ateliers de réparation pour les armes de toute espèce : avant la guerre, il n'en existait que six. Il établit une manufacture de carabines, dont la fabrication était jusqu'alors inconnue en France. Il fonda à Meulan une école de carabiniers, et à Meudon un établissement secret où se faisaient chaque jour des expériences sur la poudre, sur les boulets rouges, les boulets à bague, les boulets creux.

Tous les métiers, toutes les capacités, tous les bras furent mis en réquisition au service de la République, et contre ses ennemis intérieurs et extérieurs qui la déchiraient et fondaient sur elle de tous les côtés.

Il fallait, pour nourrir la France, lutter contre un système de famine organisé sur les mers, sur les frontières, à Paris et dans les départements. Il fallait faire parvenir aux villes et aux communes les grains accaparés par la Conspiration. Il fallait former une cavalerie, épurer les états-majors, choisir de bons généraux, punir les traîtres. Il fallait surtout, sous peine d'avoir fait en vain tant d'efforts et de sacrifices, reprendre les places du Nord et du Midi perdues ou livrées par les royalistes. Il fallait relever notre marine désorganisée par la trahison ou brûlée par l'Angleterre. Tout cela se fit.

4. Savants nommés à l'École révolutionnaire des Armes et Poudres par décret du 2 février 1794 et que Peyrat cite pour leurs contributions à la défense nationale. A. F. Fourcroy (1755-1809), médecin, chimiste, député de Paris à la Convention, traite des moyens d'extraire le salpêtre. C. L. Berthollet (1749-1822), médecin, chimiste, travaille sur le chlorate pour la fabrication de la poudre. A. Vandermonde (1735-1796), mathématicien, physicien, est en 1793 l'auteur abec Berthollet et Monge d'un *Avis aux ouvriers en fer sur la composition de l'acier*. G. Monge (1746-1818), géomètre. Ministre de la Marine d'août 1792 à avril 1793, améliore la fabrication des armes par un procédé de fusion du bronze des cloches (juillet 1793).

En moins d'un an, quatorze armées étaient en pleine activité, la victoire, conduite au pas de charge, dégageait toutes nos frontières, la France était sauvée, et le drapeau de la République flottait, triomphant et respecté, sur les Pyrénées, sur les Alpes, sur la Meuse et sur le Rhin.

Les hommes qui accomplirent ces prodiges eurent leurs colères, leurs emportements, leurs excès. La violence causa de grandes douleurs, mais la dictature assura le succès. Avant tout, il fallait que la Révolution triomphât de tous ses ennemis, intérieurs et extérieurs. En eut-elle triomphé si, aux moyens indignes par lesquels elle fut attaquée, le Comité de Salut public eût tout simplement opposé les procédés doux et lents de la légalité ordinaire ?

Puisque nous sommes, à notre grand étonnement, condamné par M. Quinet à poser une telle question, nous l'examinerons dans un prochain article. Mais, disons-le tout de suite : nous n'admettons pas que, entre gens sensés, il puisse avoir là autre chose qu'une affaire d'équité et de bon sens.

## ALPHONSE PEYRAT

### L'Avenir national, 9 décembre 1865
### La Révolution II — La Dictature

N'ayons pas peur des mots et posons nettement la question. Le salut de l'État étant incontestablement « en danger », la dictature est-elle une institution forcée, une ressource non seulement utile, mais nécessaire? Sur cette question fondamentale et en thèse générale, les maîtres de la politique n'hésitent pas : ils répondent oui. Nous avons cité l'opinion si ferme et si admirablement exprimée de Royer-Collard, c'est aussi l'opinion de Machiavel, de Montesquieu, de Rousseau. Tous s'accordent à reconnaître que la dictature, tant qu'elle a été créée pour l'intérêt de l'État, et non réclamée ou usurpée par l'ambition d'un homme, n'a fait que du bien, et ils ne croient pas que, sans ce grand ressort, une République puisse échapper à de certaines crises, à de certaines secousses extraordinaires. Qui oserait dire que la dictature du Comité de Salut public a été réclamée par l'ambition d'un homme? Qui oserait nier qu'elle ait été imposée par les plus grands dangers, par les plus grandes catastrophes!

C'est surtout dans les Républiques que Machiavel trouve la dictature naturelle et absolument justifiée; car, dit-il, dans ce gouvernement, « la nécessité de réunir plusieurs volontés et la lenteur des délibérations empêchent d'apporter d'assez prompts remèdes aux progrès rapides de certaines calamités [1] ». Montesquieu, plus circonspect, défenseur plus systématique de la légalité, veut que les lois politiques pourvoient à tout, tiennent les remèdes prêts et fournissent les moyens de les employer. Mais n'y a-t-il point d'exception à cette règle? Oui, répond Montesquieu, lorsque l'État est dans de telles circonstances, « qu'il a besoin d'une magistrature qui ait un pouvoir exorbitant ». Et il ajoute : « Ce sont des magistratures terribles qui ramènent violemment l'État à la liberté [2]. »

1. *Discours sur la première Décade de Tite-Live,* Livre I, chap. XXXIX. Dans ce chapitre, Machiavel illustre les bienfaits de la dictature dans la République romaine, esquisse une typologie de l'autorité ordinaire et extraordinaire, et rappelle l'exemple moderne de la République de Venise.
2. *L'Esprit des lois,* Livre II, chap. III : « ... Dans une république où un citoyen se fait donner

Rousseau est encore plus explicite, il recommande plus formellement la dictature, et la définit d'une manière plus précise, plus historique. « L'inflexibilité des lois, dit-il, qui les empêche de se plier aux événements, peut, en certains cas, les rendre pernicieuses. L'ordre et la lenteur des formes demandent un espace de temps que les circonstances refusent quelquefois. Il peut se présenter mille cas auxquels le législateur n'a point prévu, et c'est une prévoyance très nécessaire de sentir qu'on ne peut tout prévoir. Il ne faut donc pas vouloir affermir les institutions politiques jusqu'à s'ôter le pouvoir d'en suspendre l'effet. Mais il n'y a que les plus grands dangers qui puissent balancer celui d'altérer l'ordre public. Dans ces cas *rares* et *manifestes,* ce n'est pas l'autorité de la loi qu'on altère, mais seulement la forme de son administration[3]. »

Comme les chefs de la Révolution, en 93, Rousseau demande la Dictature lorsque « le péril est tel que l'appareil des lois est un obstacle à s'en garantir ». Aussi, ce qu'il redoute dans la Dictature, « ce n'est pas le danger de l'abus, mais celui de l'avilissement », car si on la prodiguait, dit-il, il serait à craindre qu'on s'accoutumât à la regarder comme un vain titre. Dans les crises qui la font établir, l'État est bientôt détruit ou sauvé, et, « passé le besoin pressant, la Dictature devient tyrannique ou vaine ».

Voilà le langage de l'histoire, de la politique, de la raison. Et ici, sans doute, nous n'avons pas besoin de faire une distinction qui frappe tous les esprits sensés et loyaux, car cette distinction résulte de la nature même des choses. Il est évident qu'il n'y a ni comparaison, ni confusion possible entre les attentats des ambi-

---

un pouvoir exorbitant, l'abus de ce pouvoir est plus grand, parce que les lois, qui ne l'ont pas prévu, n'ont rien fait pour l'arrêter. L'exception à cette règle est lorsque la constitution de l'État est telle qu'il a besoin d'une magistrature qui ait un pouvoir exorbitant. Telle était Rome, avec ses dictateurs, telle est Venise avec ses Inquisiteurs d'État ; ce sont des magistratures terribles, qui ramènent violemment l'État à la liberté. » Peyrat ne cite qu'à moitié le passage de Montesquieu, dont il élimine les références historiques.

3. *Du Contrat social,* Livre IV, chap. VI. Dans son analyse de la dictature romaine, Rousseau sépare l'autorité extraordinaire qui touche aux « formes d'administration » des lois, de celle qui vise à la suspension des lois. Il fait ainsi la distinction entre la dictature comme forme de gouvernement et comme suspension provisoire de la souveraineté. « Dans ces cas rares et manifestes, on pourvoit à la sûreté publique par un acte particulier qui en remet la charge au plus digne. Cette commission peut se donner de deux manières, selon l'espèce du danger.

« Si, pour y remédier, il suffit d'augmenter l'activité du gouvernement, on le concentre dans un ou deux de ses membres : ainsi ce n'est pas l'autorité des lois qu'on altère, mais seulement la forme de leur administration. Que si le péril est tel que l'appareil des lois soit un obstacle à s'en garantir, alors on nomme un chef suprême, qui fasse taire toutes les lois et suspendre un moment l'autorité souveraine. En pareil cas, sa volonté générale n'est pas douteuse, et il est évident que la première intention du peuple est que l'État ne périsse pas. De cette manière, la suspension de l'autorité législative ne l'abolit point : le magistrat qui la fait taire ne peut la faire parler ; il la domine sans pouvoir la représenter. Il peut tout faire, excepté des lois.

« Le premier moyen s'employait par le Sénat Romain quand il chargeait les Consuls par une formule consacrée de pourvoir au salut de la République. Le second avait lieu quand un des deux Consuls nommait un Dictateur ; usage dont Albe avait donné l'exemple à Rome. »

Ainsi, par ses libres citations, Peyrat adapte la dictature née de la souveraineté du peuple de l'an II à la dictature à la romaine, simple commission temporaire. C'est éliminer une différence essentielle dans la définition de ces deux types d'autorité quant à leur source, leur fondation juridique et leur extension. Ce qui d'ailleurs permet à Peyrat de trouver une justification intellectuelle à la théorie des circonstances qu'il propose.

tieux et des usurpateurs qui abusent de leur puissance légale pour commettre des actes arbitraires, et l'apparition soudaine d'un pouvoir dictatorial qui, dans une crise suprême, pour un danger évident et universellement reconnu, domine momentanément le système entier des lois politiques, civiles et pénales.

L'opinion de Machiavel, de Montesquieu, de Rousseau, de Royer-Collard, qui s'accordent à justifier ce pouvoir et à le recommander est, certainement, d'un très grand poids : mais l'histoire de la Révolution donne à cette doctrine du Salut public, philosophiquement et loyalement comprise, une autorité bien autrement décisive. Machiavel, Montesquieu, Rousseau, raisonnaient en théoriciens, et ces grands esprits arrivaient, par la force seule de leur bon sens, à la vérité pratique. Il est vrai qu'ils avaient, les deux premiers surtout, la connaissance profonde et les féconds enseignements de l'histoire. Mais dans aucune histoire, pas même dans celle de Rome, ils n'avaient rien vu qui pût lui donner une idée des secousses ressenties et des dangers courus par la Révolution française. Royer-Collard, lui, les avait vus, ses sentiments en avaient été bouleversés, mais la loyauté du politique et du philosophe surmontant les passions de l'homme de parti, il a justifié, en fait, la doctrine du Salut public, plus explicitement que Machiavel, Montesquieu et Rousseau ne l'ont justifiée en théorie.

La dictature révolutionnaire s'établit par la force invincible des choses, du moment où toute lenteur dans l'action et dans la répression eût été une preuve de faiblesse et une cause de ruine. Son premier effet fut de tirer le gouvernement des sept cent cinquante mains où il flottait, et de le faire passer dans celles du Comité de Salut public, où rien ne flotta. Il fallait ou « descendre au tombeau », comme dit Royer-Collard, ou avoir raison en même temps de la guerre civile, de la guerre étrangère, de la trahison, de la famine. Un gouvernement ordinaire eût infailliblement succombé, et les coalisés étaient si convaincus de l'impossibilité de toute résistance victorieuse que le duc de Brunswick[4], après la revue de l'armée prussienne, passée à Magdebourg la veille de l'invasion, dit à ses officiers : « Messieurs, pas trop d'embarras, pas trop de dépenses : tout ceci ne sera qu'une promenade militaire. »

Les rois, les princes, les royalistes, affectant de regarder la Révolution comme une révolte contre l'ordre social, l'attaquèrent par des moyens qui font horreur. Quand le Comité de Salut public vit la Révolution ainsi insultée, attaquée, affamée, il ne prit conseil que de son droit et de son désespoir, il opposa violence à violence, et ses ennemis, croyant l'intimider, lui donnèrent cette force irrésistible qui les accabla tous.

Devant ce pouvoir inflexible, qui avait « fait un pacte avec la mort », tout trembla, tout s'humilia, au-dehors comme à l'inté-

4. Commandant des troupes prussiennes en 1792.

rieur. Dans une séance de la Chambre des lords, le duc de Bedford [5] avoua, — ce que l'histoire prouve aujourd'hui incontestablement —, que c'était aux conspirateurs, aux cabinets étrangers et surtout au ministère anglais qu'il fallait attribuer le régime de la Terreur. Cette Terreur, avec laquelle on croyait perdre la République, passa dans les armées ennemies, et finit par gagner les princes, les rois, les gouvernements. Tous étaient frappés ou menacés, tous fléchirent. La Toscane, Parme, la Sardaigne, l'Espagne, la Hollande, la Saxe, la Prusse, conquises ou envahies, demandèrent la paix. Plusieurs de ces puissances s'allièrent même à la France et déclarèrent la guerre à l'Angleterre qui les avait soulevées contre nous. Quelques-unes de ces choses se firent, lorsque la Terreur ne régnait plus ; mais elle avait donné l'impulsion, et l'impression qu'elle avait fait durait toujours.

L'audace, en entreprenant toujours plus que n'eût entrepris la prudence, trompa tous les calculs ; et les moyens qu'elle trouva furent, non seulement formidables, mais expéditifs : c'était important. Et comme ce qui est merveilleux frappe vivement l'imagination des hommes, l'audace du Comité de Salut public opéra des prodiges en sens contraire sur les armées ennemies et sur les armées françaises : sur les premières, en exagérant leur faiblesse, d'où résultèrent des Terreurs vaines et paniques ; sur les nôtres, en exagérant leurs forces, d'où résultèrent des miracles de confiance et d'intrépidité.

Pour sauver la Révolution, il fallait un pouvoir qui trouvât des ressources grandes comme les besoins, et qui rendît l'obéissance prompte comme le danger. Six cent mille hommes furent levés en moins d'un mois. Tous les cultivateurs durent verser leurs denrées dans les magasins de la République ; tout fut mis en réquisition, les chevaux, les chariots, les chaussures, les vêtements. Tous ceux qui n'étaient pas employés à combattre furent employés à travailler pour ceux qui combattaient. Les résultats répondirent aux efforts. Le duc de Brunswick, au mois de septembre 92, partait de Magdebourg, en *promenade militaire,* et venait, au nom de la coalition, traiter la France comme une seconde Pologne. Bientôt, l'on vit cette coalition si insolente, expirer, humiliée et vaincue dans un village du Frioul.

Un pouvoir limité par une Constitution et assujetti à des règles fixes eût-il opéré de tels prodiges ? N'eût-il pas infailliblement succombé sous la foule de calamités et d'ennemis qui fondaient sur la Révolution de toutes parts ? En vérité, nous n'admettons pas que cela puisse faire l'objet d'un doute et, bien moins encore, d'une sérieuse discussion.

La Dictature, dit-on, causa de grands maux ; qui donc le nie ? Mais les vents et le tonnerre causent aussi de grands maux à ceux

5. F. Russel, duc de Bedford (1765-1802), homme politique et agronome anglais. Adhère au parti whig et attaque en plusieurs circonstances le ministère Pitt.

qu'ils tuent ou dont ils ravagent les récoltes. Cependant, sans les vents et le tonnerre tout ce qui respire serait suffoqué. Puisqu'il y a des vapeurs, il faut qu'il y ait des orages.

Notre temps, disent M. Quinet et ses approbateurs, s'est ressenti de la violence des moyens employés par la Dictature révolutionnaire, et la France a été ainsi préparée, pliée d'avance à toutes les tyrannies. D'abord la question n'est pas là. Les destinées de la Révolution en 92, 93 et 94, n'étaient pas dans l'avenir, elles étaient dans le présent, et c'est dans le présent qu'il fallait les sauver. La Dictature du Comité de Salut public les sauva ; cela, nous le supposons, ne se conteste pas.

Quant à l'avenir, c'est-à-dire quant aux résultats assurés par le triomphe de la Révolution, ils ne peuvent pas se contester davantage, et il a fallu à M. Quinet de biens étranges préoccupations pour oser dire que la Révolution a avorté.

Cet article étant déjà long, nous nous arrêtons, mais nous n'avons pas tout dit. Nous sommes sur le point culminant et essentiel de la discussion, et il importe de prouver aussi complètement que possible que, sur ce point, M. Quinet a, par un égal aveuglement et une égale injustice, calomnié les hommes et méconnu les faits.

## ALPHONSE PEYRAT

### L'Avenir national, 20 décembre 1865
### La Révolution III — La Dictature

La Dictature du Comité de Salut public a seule pu assurer le triomphe de la Révolution : nous croyons l'avoir prouvé. Maintenant, est-il vrai que la Révolution se soit abîmée dans son triomphe, que le ressort national, tendu outre mesure par les Dictateurs, se soit brisé dans leurs mains, et que la France, momentanément soumise à ce régime de compression, y ait perdu le goût, le sentiment, l'intelligence même de la liberté ? Ceux qui ont lutté et qui sont morts pour nous affranchir, nous ont-ils dressés à la servitude ? En d'autres termes, est-il vrai, comme le dit M. Quinet, que la Révolution ne vaille pas ce qu'elle a coûté, et que les résultats ne soient pas proportionnés aux sacrifices ? Très sincèrement, nous sommes humilié d'avoir à poser une telle question.

Les résultats de la Révolution ! Mais où donc trouver, dans notre existence politique et sociale, un acte, une jouissance, une sécurité, qui ne soit pas un résultat de la Révolution ? Mais ces résultats sont l'essence même de notre société ; ils sont partout, et partout indestructibles. Énumérons-les au hasard et tels qu'ils se présentent naturellement sous la plume.

La Révolution a supprimé tous les privilèges d'homme à homme, de corporation à corporation, de province à province, de propriété à propriété. Aux privilèges, elle a substitué l'égalité des droits ; aux Parlements, une représentation nationale ; aux justices des seigneurs, les justices de paix ; à la judicature vénale, les jugements par jurés ; aux compagnies exclusives des marchands, la liberté illimitée du commerce. Par ses lois sur le partage des successions et par la vente des biens nationaux, elle a centuplé le nombre des propriétaires, c'est-à-dire des hommes intéressés à l'ordre social, et cette multiplication des propriétaires a multiplié la population. Il y aurait à faire sous ce titre : influence de la Révolution française sur la population, un excellent chapitre qui manque dans toutes les histoires.

Un bienfait plus important encore de la Révolution, c'est

l'esprit de liberté qu'elle a répandu dans le monde. Cet esprit, malheureusement, n'empêche ni les méfaits des gouvernements, ni les actes arbitraires ; mais il rend impossible toute tyrannie durable. Si les rois n'ont pas profité de l'exemple d'un roi détrôné, jugé, condamné ; l'exemple d'un peuple affranchi, n'a pas été perdu pour les peuples, quoi qu'en dise M. Quinet.

Que dans les premiers jours de la Révolution, et à l'époque de ses plus violents déchirements, quelques esprits aient été plus frappés de ses maux que de ses avantages, à la rigueur cela s'explique. Les maux éclatant en même temps que la Révolution et les avantages ne devant venir qu'à sa suite, il était naturel de sentir plus vivement les souffrances immédiates que les dédommagements éloignés. Mais, les douleurs que nos pères ont éprouvées, nous ne les ressentons plus, et les biens qu'ils ont à peine entrevus, nous les possédons. Que les maux immédiats aient pu former un préjugé dans l'esprit des contemporains, nous pouvons l'admettre ; mais aujourd'hui, quand les biens sont irrévocablement acquis, quand nous pouvons contempler, en même temps que la grandeur de la lutte, l'incessante fécondité des résultats, comment admettre, comment expliquer que ce préjugé dure encore et puisse troubler l'esprit d'un historien ?

Un autre tort très grave de M. Quinet, c'est de ne montrer jamais que le pouvoir dictatorial. Il ne voit pas, ou du moins, il ne le laisse point voir, derrière cette puissance de combat, naturellement placée sur le premier plan, un gouvernement qui fonctionne avec une régularité, une activité, un ensemble, qu'on chercherait en vain chez les meilleurs gouvernements dans les temps les plus calmes. Un étranger qui ne connaîtrait la Révolution que par le livre de M. Quinet devrait croire que la Convention, depuis le mois d'octobre 92 jusqu'au 1er prairial, a été une arène, où des partis fous furieux n'ont eu qu'une préoccupation et n'ont fait qu'un seul travail : se provoquer, s'outrager sans cesse et se proscrire tour à tour. Il ne saurait pas que cette Convention si agitée, a été, incomparablement, la plus laborieuse, la plus organisatrice de toutes nos Assemblées. Il ignorerait que vingt-deux comités, en permanence, travaillant non seulement le jour, mais la nuit, et occupés du régime général de la République, organisaient la France nouvelle pendant que le Comité du Salut public la défendait contre ses ennemis du dedans et du dehors.

Dans un article de son règlement, la Convention s'était déclarée « comptable de ses moments à la nation entière », et son ardeur au travail ne se ralentit pas un instant, même aux jours des plus violentes convulsions. Nous n'essaierons pas de donner une idée des travaux de ses comités, de ses *commissions fixes* et de ses *commissions éventuelles*; un volume n'y suffirait pas. Les archives seules du Comité de Salut public confondent l'imagination, quand on les compare à ce qui se fait aujourd'hui dans nos Assemblées.

Pourquoi M. Quinet, au lieu d'étaler si démesurément et avec une si affligeante persistance les déchirements des partis, n'a-t-il pas instruit et consolé ses lecteurs en leur montrant un peu en détail ces immenses et merveilleux travaux ? Ils auraient vu alors, — ce qu'il importait surtout d'apprendre à ceux qui l'ignorent, — que si bien des révolutions ont agité le monde, aucune n'a eu la fécondité de la Révolution française, et que si quelques-unes ont offert une partie de ses résultats, aucune ne les a réunis. Voilà la vérité historique, et ce n'est pas dans un livre de M. Quinet que nous nous attendions à la voir contestée.

Il y a, dans ce livre, bien d'autres choses que nous ne devions pas y trouver ; par exemple, cette assertion que la Terreur a été, dans l'esprit de quelques hommes, un système, un moyen régulier et permanent de gouvernement : accusation absolument injuste, démentie par les faits, par les déclarations de ceux que M. Quinet accuse, et, nous le montrerons, par M. Quinet lui-même. Mais ici nous devons citer textuellement.

« Robespierre, Saint-Just, Billaud-Varenne, dit M. Quinet, voulurent changer ce qui avait été un accident en un état permanent. Ils se firent un principe de gouvernement de ce qui avait été d'abord un éclat de colère, une impulsion du désespoir. Froidement et impassiblement, ils convertirent la furie gauloise en règles ; ils rendirent durable ce qui, de sa nature, n'est que passager : l'indignation, la crainte, la frénésie ; ils firent de la fureur un froid instrument de règne et de salut. *Figurez-vous une mer déchaînée et changée tout à coup en une mer d'airain immobile.* Voilà la conception du terrorisme.

« Par eux, le vertige de certaines journées devint le tempérament fixe et l'âme de la Révolution. Ils fermèrent le retour à la pitié, au repentir. Ils prirent tout ce qu'il y a de tempêtes dans les passions de la foule, et ils *en firent du bronze.* Ils fixèrent ce qu'il y a de plus changeant dans le monde : les colères d'un peuple. Ils systématisèrent ce qu'il y a de plus spontané, de plus irréfléchi : *l'ivresse d'une multitude*[1]. »

Laissons de côté la mer d'airain, les tempêtes de bronze et toute cette rhétorique si déplacée sous la plume d'un historien ; attachons-nous au fond. M. Quinet accuse les chefs de la République d'avoir voulu changer la Dictature en un état permanent, et d'en avoir fait un principe de gouvernement. Une telle accusation voulait être appuyée de documents sérieux, irrécusables, authentiques. M. Quinet devait avoir et donner des preuves ; il n'en a aucune et n'en donne pas une seule. Il affirme et passe outre, ce qui est tout à fait insuffisant.

Robespierre, Saint-Just, Billaud-Varenne et les autres que M. Quinet ne nomme pas, ont prononcé bien des discours à la

1. E. Quinet, *op. cit.,* Livre XVII, chap. I, t. II, pp. 182-183.

Convention et au Club des Jacobins : nous avons ces discours textuellement : y trouve-t-on une phrase, un mot qui justifie cette imputation d'avoir voulu systématiser la Terreur ? Non ; pas une phrase, pas un mot. Tout prouve, au contraire, que la Dictature n'a été pour eux qu'une machine de guerre, une arme de combat, et qu'ils n'en ont fait usage, avec la plus grande répugnance, qu'au moment suprême et sous le coup de la plus impérieuse nécessité [2]. « La France, dit Robert Lindet [3], a été pendant dix-huit mois un camp que nous avons nourri. » Et M. Quinet lui-même reconnaît que les Dictateurs « tant qu'ils furent les maîtres, opérèrent le miracle d'empêcher la famine ».

Robespierre, dès les premiers jours, et lorsque la coalition s'organisait à la frontière, se prononça énergiquement contre le système de la guerre offensive que soutenaient les Girondins, en quoi il montra, de l'aveu même de M. Quinet, sa prévoyance et son bon sens. Indépendamment du désarroi où la trahison de la cour avait jeté la France, ce qui effrayait Robespierre, dans le projet de guerre offensive, c'était la dictature qu'il entrevoyait comme l'inévitable résultat, soit de la défaite, soit de la victoire. Sur ce point, il n'a jamais varié, ni dans ses discours, ni dans ses écrits, et là-dessus, sa conviction était telle qu'il n'hésita pas, pour la faire prévaloir, à jouer sa popularité. Dans l'histoire de la Révolution c'est le fait le plus connu ; il est le point de départ de la lutte entre les Jacobins et les Girondins, et il est inconcevable que M. Quinet ait pu le méconnaître.

Non, la Dictature ne fut pas un système de gouvernement : elle fut le résultat de la nécessité la plus évidente, l'unique moyen de salut dans une situation désespérée. Les rois de l'Europe, ayant vu de bonne heure combien la Révolution leur était personnelle, n'épargnèrent rien pour la détruire ; ni la guerre, ni la famine, ni la corruption, ni les conspirations intérieures ; et afin de justifier de pareilles iniquités, ils feignirent de regarder la Révolution comme une rébellion contre l'ordre social. C'est contre eux, contre les ennemis du dedans et du dehors, que la Dictature fut organisée et exercée légitimement par les plus forts, par les cœurs fiers et indomptés, par ceux en qui la Révolution avait mis sa confiance et qui la justifièrent.

La Dictature dura dix-huit mois. Elle eût pu durer davantage dans les mains d'un seul homme : elle ne le pouvait guère dans les mains de plusieurs, et si, en effet, elle ne dura pas plus longtemps, c'est qu'étant pour tous, non un système régulier et permanent,

2. Cf. sur ce point, la critique de Jules Ferry, « Les Doctrinaires de la Terreur », *Le Temps*, 11 janvier 1866, *infra*, p. 202.

3. R. Lindet (1746-1825), député de l'Eure à la Législative et à la Convention. Girondin rallié aux Montagnards. Membre du Comité de Salut public en avril 1793, réélu en juillet suivant, en fait partie jusqu'en octobre 1794. Responsable des subsistances, de l'agriculture, du commerce, des postes et des transports. Refuse de signer le décret d'arrestation de Danton en germinal 1794.

comme dit M. Quinet, mais un expédient de combat, violent et passager, chacun, à un certain moment, voulut le supprimer. Il y eut divergence sur la question d'opportunité, mais sur le fond, Danton, Camille Desmoulins et Robespierre étaient d'accord. Et M. Quinet, se contredisant lui-même, le reconnaît, car il dit formellement : « Robespierre croyait pouvoir se réconcilier avec un état régulier. » — S'il cherchait à rétablir un état régulier, il n'avait donc pas voulu « changer ce qui était un accident en un état permanent » et faire de la Dictature un principe de gouvernement. Et c'était là tellement la conviction des contemporains les plus honorables que — c'est encore M. Quinet qui parle, et cette fois il dit vrai, — « Des hommes de grand sens, tels que Cambon, regrettèrent ouvertement la victoire du 9 Thermidor[4]. » Le livre de M. Quinet est plein de ces contradictions et celle-là n'est pas la plus étonnante.

Nous allons voir, en effet, qu'après avoir injustement accusé les chefs de la Révolution d'avoir voulu établir, comme système de gouvernement, la Dictature momentanée qui leur fut imposée par les circonstances, il leur reproche avec une injustice plus grande et plus inconsidérée, de n'avoir pas violemment substitué aux anciennes religions une religion nouvelle, « dragonné » les esprits et les consciences, c'est-à-dire courbé la France sous une Terreur qui eût été, à la fois odieuse et impuissante, et pour laquelle l'Histoire n'aurait jamais eu assez de blâme et d'indignation.

4. Attaqué par Robespierre le 8 thermidor, Cambon dénonce à son tour le dictateur et contribue à son renversement. Redouté pourtant par les thermidoriens, il défend ensuite ses anciens collègues ; décrété d'arrestation en germinal 1795, il réussit à se cacher. Amnistié le 4 brumaire an IV, il reste à l'écart de la vie politique jusqu'aux Cent-Jours. Dans ses Mémoires, Baudot parle des regrets de Cambon sur Thermidor, et cite à ce propos la *Réfutation de l'Histoire de Montgaillard;* cf. *Notes Historiques,* Paris, 1893, pp. 75 et 340.

## ALPHONSE PEYRAT

### L'Avenir national, 3 janvier 1866
### La Révolution IV — La Religion

De toutes les questions soulevées par la conduite de ceux qui eurent en main les destinées de la Révolution, en 91 et 93, la plus délicate, sans comparaison, est la question religieuse. C'est celle qui impose le plus à l'historien la parfaite connaissance des faits et la sereine impartialité des jugements.

Or, de toutes les parties du livre de M. Quinet, la plus erronée, la plus illogique, celle où les faits, les nécessités des circonstances, les principes fondamentaux de la politique et de la philosophie sont les plus méconnus, c'est incontestablement la partie où la question religieuse est examinée. Nous accentuons ainsi notre pensée, parce que nous avons d'avance la certitude que, sur ce point, plus que sur aucun autre, notre appréciation sera approuvée par tous les lecteurs sensés et pratiques, sans distinction de croyances.

Le sujet est des plus importants, et nous pouvons être entraîné plus loin que nous ne voulions aller en commençant ce travail : donc, procédons avec ordre.

Aujourd'hui, la question religieuse, en apparence si compliquée, est très simple. Pour la trancher, il suffirait d'un article de loi à peu près ainsi conçu : « Le budget des cultes est supprimé. L'État ne reconnaît aucune religion ; il protège indistinctement toutes celles qui ne sont pas incompatibles avec l'ordre social et avec la morale publique. » Le jour où une Assemblée nationale aura le bon sens de proclamer ces deux vérités élémentaires : d'abord que l'État est incompétent pour juger les doctrines spéculatives ; ensuite qu'il n'y a dans le monde qu'un seul pouvoir, le pouvoir civil, ce jour-là, non seulement l'éternel problème des rapports entre l'Empire et le sacerdoce sera résolu, il n'existera plus.

Mais cette solution, imposée désormais par la force même des choses, n'était pas, en 89, aussi simple qu'aujourd'hui. Elle ne s'était présentée, pendant le XVIII^e siècle, qu'à quelques esprits d'élite, trop élevés sur ce point au-dessus de leurs contemporains pour en être compris. D'ailleurs, ces grands esprits n'avaient examiné la question que d'une manière abstraite et en philosophes, tandis que les chefs de la Révolution, aux prises avec la réalité, durent, avant tout, l'envisager en politiques chargés, devant leur pays et devant l'histoire, de la plus redoutable responsabilité.

En 89, les publicistes, les jurisconsultes, indignés et fatigués du perpétuel conflit du sacerdoce et de l'Empire, crurent non seulement y mettre un terme, mais changer le conflit en concours, en réunissant les deux puissances dans la même main. Ils partirent de ce principe incontestable : — qu'il ne peut y avoir deux puissances indépendantes dans une même société, sans y causer des troubles, sans priver l'État de l'unité de pouvoir qui en maintient l'harmonie. Mais au lieu de remonter à l'origine de ces deux puissances, de rechercher leurs fondements et leurs moyens d'action, ce qui les aurait conduits à en éliminer une, ils les reconnurent comme également légitimes, et ils firent de l'une l'attribut de l'autre. Sous prétexte que la religion est un bien appartenant à la communauté, ils imaginèrent d'en déférer le pontificat au magistrat civil, en sorte que, tout en reconnaissant deux puissances de nature différente, ils ne voulurent pas qu'elles fussent séparées dans leur exercice. Ils ne reconnurent donc pour les deux qu'un chef et qu'une force coactive. Dans ce système, les deux têtes de l'aigle étaient réunies de nouveau, comme elles le furent dans le Paganisme.

Mais l'aigle à deux têtes est un monstre, le produit de notre ignorance, de notre crédulité, et le pouvoir dont ce monstre est l'emblème, en quelque main qu'il se trouve, est un pouvoir exorbitant et légitime. L'État est le centre où aboutissent les intérêts divers du citoyen, de l'homme civil et politique, mais nullement ceux de l'homme religieux. Sa qualité de protecteur de tous les cultes lui défend d'entrer en négociation avec aucun d'eux. Son devoir et son droit exigent qu'il se tienne en dehors de toutes les associations religieuses, afin qu'il puisse, de plus haut et plus impartialement en surveiller la conduite, et, au besoin, exercer le pouvoir défensif dont il est investi contre elles dans l'intérêt de l'ordre social. Les religions n'étant pour lui que l'ensemble de tous les cultes, aucune ne put obtenir à raison de ces dogmes — choses dont l'État n'est pas juge parce qu'il est incompétent — aucune prééminence sur les autres. C'est pour avoir méconnu ce principe, que les législateurs de 89 ont légué à leurs successeurs immédiats de si cruels embarras, et à tous gouvernements de si grandes complications.

Si M. Quinet se fût borné à blâmer leur conduite, il n'y aurait eu qu'à s'associer à son blâme ; seulement, pour être juste, il aurait fallu tenir compte des raisons qui expliquent cet oubli des principes. Et si, au lieu d'un article de journal nous écrivions une histoire, nous montrerions combien ces raisons sont nombreuses et puissantes. Mais M. Quinet va plus loin ; ce qu'il reproche aux législateurs de la France nouvelle, ce n'est pas la faute qu'ils ont commise, c'est de n'avoir pas commis une plus grande.

A l'en croire, ils auraient dû, s'emparant en même temps du pouvoir politique et du pontificat religieux, proscrire tous les anciens cultes, détruire tous les temples, et sur les ruines des anciennes religions proclamer et imposer une religion nouvelle. Laquelle ? M. Quinet a oublié de le dire.

Pour le moment, n'insistons pas sur cette idée bizarre de métamorphoser les disciples de Voltaire et de Montesquieu, en fondateurs de religion, et de renouveler dans la France de l'*Encyclopédie,* du *Dictionnaire philosophique* et des *Lettres Persanes,* les luttes religieuses qui ont bouleversé l'Europe du XVIe siècle. Disons seulement qu'avec le système de M. Quinet — en admettant que l'application de ce système chimérique eût pu jamais être entreprise —, la Révolution se couvrait de honte et de ridicule. Le plus intolérable despotisme était fondé, et la France trouvait, dans la concentration de deux pouvoirs, un dissolvant plus actif que la combinaison imaginée par les législateurs de 89. Nous allons voir à quels embarras et à quelles mesures terribles l'Assemblée constituante condamna l'Assemblée législative et la Convention ; on pourra juger alors, approximativement, des conséquences qu'aurait eues le système de M. Quinet que nous exposerons bientôt.

Nous l'avons dit : au lieu de la grande réforme entreprise par le comité ecclésiastique de l'Assemblée, il fallait tout simplement assurer la liberté du culte catholique et s'en tenir là ; protéger tous les cultes, tant qu'ils se seraient maintenus dans leurs temples, et les y faire rentrer le jour où ils auraient essayé d'en sortir.

Ce système, qui aurait en même temps consacré un grand principe et résolu un grand problème, ne parut plus praticable dans les circonstances du moment. Des esprits d'ailleurs fort éclairés, regardèrent comme une imprudence d'abandonner à lui-même le clergé d'un culte naguère dominant, et qui subissait en murmurant le régime nouveau qui lui enlevait sa position privilégiée dans l'État et ses immenses propriétés.

Dans la nuit du 4 Août, le clergé avait consenti au rachat des dîmes ; le 11 août l'Assemblée les supprime sans indemnité. Le clergé crie à la spoliation et déclare le culte, défense nationale. Faute énorme. Le clergé, cependant, se prétend dépouillé ; on trouve qu'il ne l'est point assez. Pour lui enlever l'influence dont il jouit encore et dont il usait contre la Révolution, et pour lui ôter jusqu'à l'espérance de redevenir le premier ordre de l'État, les jurisconsultes de l'Assemblée font la *Constitution Civile du Clergé.* Pour expliquer les motifs sur lesquels on se fonda pour décréter cette Constitution, il faudrait dépasser les bornes d'un article et faire l'histoire du Comité ecclésiastique de la Constituante. Bornons-nous à rappeler qu'on établit la Constitution civile sur ces quatre dispositions principales : circonscription uniforme des archevêchés, des évêchés et des paroisses ; traitements égaux, sous condition de résidence ; élection, par le peuple, des archevêques, évêques et curés ; institution canonique donnée par les évêques, sans confirmation du pape. C'était trancher des questions qui ne sont pas de la compétence de l'État et amalgamer des choses rebelles à tout amalgame. Nous savons les conséquences funestes qu'a eues cet oubli des principes, nous en souffrons encore : voici les complications et le mal qu'il produisit immédiatement. Les évêques protestent ; l'Assemblée décrète qu'ils seront remplacés s'ils ne prêtent pas le serment prescrit par la Constitution. Plusieurs refusent ; ils sont remplacés. Alors, d'insermentés, les prêtres deviennent perturbateurs et réfractaires. Appuyés par le pape, ils déclarent qu'il y a schisme, ils alarment les consciences, ils rallient à leur cause tous les ennemis de la Révolution. L'Assemblée, assaillie de pétitions en sens contraire, les unes contre le clergé, les autres pour la liberté de conscience, rend, le 29 novembre 1791, les prêtres insermentés responsables des troubles qui arriveront dans les communes de leur résidence et ordonne aux autorités de les surveiller. Louis XVI refuse de sanctionner ces décrets. L'Assemblée s'exalte ; elle abolit les costumes ecclésiastiques et autorise les municipalités à déporter, sur la proposition de vingt citoyens, les prêtres insermentés. Poursuivis par l'irritation populaire, les prêtres se cachent ; l'Assemblée leur ordonne de sortir, dans la quinzaine, du territoire français, avec interdiction de se rendre dans aucun pays en guerre avec la France.

Les prêtres alors se révoltent ou conspirent ouvertement : mais voici la Convention. Par les décrets du 21 et du 23 avril 93, il est ordonné que tous les ecclésiastiques quelconques, séculiers ou réguliers, qui n'auront pas prêté le serment de maintenir la liberté et l'égalité, conformément aux lois des 14 et 15 août 92, seront embarqués et transportés sans délai à la Guyane. Peine de mort contre ceux qui rentreraient.

L'Assemblée législative avait décrété la vente des palais épiscopaux, trop onéreux à entretenir, la confiscation de l'argenterie consacrée au culte, pour subvenir aux frais de la guerre, et la fonte des cloches pour en faire de la monnaie. Un décret du 7 septembre 92 supprime le casuel des curés, un autre décret du 10 décembre déclare que les prêtres ne sont plus fonctionnaires publics.

Par une mesure décisive et — sauf de très rares exceptions — mal appréciée par les historiens, l'ère chrétienne est solennellement abolie le 5 octobre 1793. Bientôt, les églises sont fermées dans la plupart des communes, et, conformément au vœu de la commune de Paris, conduite à la barre de l'Assemblée par Chaumette [1], la Convention décrète, le 20 brumaire an II, que Notre-Dame sera désormais le temple de la Raison. La séance est suspendue et la Convention, entourée et acclamée par le peuple de la

1. P. G. Chaumette (1763-1794) , militant sans-culotte. Procureur de la Commune en décembre 1792. Promoteur du culte de la Raison (novembre 1793). Décrété d'arrestation avec les hébertistes et condamné à mort en avril 1794.

capitale, va prendre possession du Temple nouveau, au nom de la philosophie et en chantant la *Marseillaise.*

Alors commencent des scènes que, pour le moment, nous nous bornons à rappeler. L'évêque de la Dordogne présente sa femme à la Convention, et l'évêque de l'Allier, assisté de la sienne, officie en bonnet rouge et une pique à la main. L'évêque de Paris et son clergé viennent à la barre abjurer leurs croyances ; les protestants, imitant les catholiques, déclarent que désormais ils n'auront d'autre culte que celui de la Patrie, d'autre évangile que la constitution républicaine ; et les juifs envoient à la commune les instruments de leur culte en témoignage de leur renoncement aux superstitions de l'ancienne loi.

Dans cette *déprêtrisation,* et dans les scènes dont elle fut accompagnée, Robespierre, Saint-Just, Camille Desmoulins, et presque tous les Jacobins, ne virent que de compromettantes mascarades, et, généralement, qu'un acte de lâcheté sacerdotale. C'est alors que Robespierre, dominé par l'idée d'élever le déisme philosophique sur les ruines des anciens cultes, fit décréter par la Convention, le 18 floréal an II, que le peuple français reconnaissait l'Être suprême et l'immortalité de l'âme. Voilà à quelles mesures extraordinaires et à quelle faute finale ont conduit une première faute, un premier oubli des principes. Nous ne voulons pas aujourd'hui insister là-dessus ; nous y reviendrons. Nous avons rappelé ce que la Révolution mal engagée par les législateurs de 89, fit dans la question religieuse ; voyons maintenant ce que M. Quinet regrette qu'elle n'ait pas fait.

## ALPHONSE PEYRAT

L'Avenir national, 9 janvier 1866
La Révolution V — La Religion (suite)

Notre article d'aujourd'hui sera presque entièrement composé de citations. Nous les recommandons à la plus sérieuse attention de ceux qui ont suivi cette discussion depuis le commencement. Quand ils les auront lues, ils verront s'il est permis à l'écrivain qui formule, au nom de la philosophie, un tel système de tyrannie matérielle et morale, de blâmer la dictature momentanée que les circonstances imposèrent aux hommes, qui, chargés de sauver la France et la Révolution, les sauvèrent, contre toute probabilité, par des miracles d'abnégation et d'énergie.

Selon M. Quinet, les seules révolutions politiques dignes de ce nom, les révolutions fondamentales et définitives, sont celles qui ont pour point de départ et pour point d'appui une révolution religieuse. Proclamer de nouvelles croyances et travailler à leur application, sans avoir préalablement extirpé les croyances anciennes, c'est bâtir sur le sable, s'agiter dans le vide. Croire et dire qu'on peut laisser la liberté à son ennemi, respecter même sa conscience intime, c'est, dit M. Quinet, « écrire pour des agneaux, non pour des hommes ».

Proscription officielle des anciennes croyances ; extermination des croyants obstinés, saccagement et démolition des monuments consacrés aux anciens cultes ; voilà le système de M. Quinet. C'est, réduit à sa quintessence, le système de l'Inquisition et de la vieille barbarie musulmane : « Crois ou meurs. » Il a pour emblème, dans l'histoire, le marteau, le cimeterre et le bûcher.

Et c'est bien vainement que les rares défenseurs de M. Quinet cherchent à donner ou à prendre le change sur cette partie de son livre ; ils n'y réussiront pas. Pour couper court à toute équivoque, il suffit de citer, citons donc :

« Un novateur, dit M. Quinet, commande, *impose, foudroie...* Partout où la Réforme a éclaté, au XVIe siècle, ses premiers actes ont été le brisement des images, les sac des églises, l'aliénation des biens ecclésiastiques, l'injonction d'obéir, *dans l'intime conscience,* au nouveau prince spirituel, le bannissement, non seulement des prêtres, mais de tous les croyants qui gardaient l'ancienne Église au *fond du cœur*. Voilà ce qu'a fait la Réforme et comment elle a pu s'établir et s'enraciner dans le monde[1]...

« C'est ainsi, et non autrement, que l'Angleterre, les États scandinaves, la Hollande, la Suisse, les États-Unis, et tous les peuples enfants de la Réforme, ont pu contracter une âme nouvelle. Tous, sans exception, ont tenu l'ancienne religion pour ennemi, ou du moins l'ont voilée et éloignée, aussi longtemps que cela a été nécessaire pour imprimer d'autres habitudes morales, un autre esprit à la nation. Quand enfin le vieux culte eut perdu sa puissance par l'oubli et par le goût des nouveautés, alors les États régénérés lui accordèrent une *liberté qui n'avait plus de péril*. Car il reparaissait en étranger, ombre atténuée de ce qu'il avait été. La nation était trop fortement engagée pour revenir à son point de départ. On rendit ses droits au vieil esprit *quand il lui fut impossible d'en faire usage* pour ressaisir l'autorité.

« Voilà comment toutes les sociétés qui ont rompu avec le passé ont réussi à changer, non pas seulement leurs dehors, mais leur esprit, *seule révolution, à vrai dire, qui mérite ce nom*[2]. »

Il semble que cela était assez clair, assez explicite : M. Quinet a voulu être plus clair, plus explicite encore. Voici en quels termes et avec quelles allures il passe de la théorie à la pratique de l'extermination :

« L'erreur des chefs de la Révolution a été de s'imaginer qu'une ancienne religion disparaît de la terre par la seule indifférence, par la désuétude ou par la discussion. Il n'est pas, jusqu'à ce jour, un seul culte, si faux, si absurde que vous puissiez vous le figurer, qui ait disparu de cette manière. Tout ceux qui ont cessé d'être sont tombés, non par l'indifférence, mais *parce que l'ordre formel leur a été donné de mourir* (...).

« Si le christianisme se fût contenté de discuter avec le paganisme, quand tout esprit en avait disparu, les temples d'Isis et de Diane seraient encore debout en Égypte et en Grèce. Mais le christianisme, voyant qu'il avait affaire à des choses mortes, n'essaya plus de les persuader. Il *ordonna* comme on ordonne à la nature inanimée, et le *paganisme s'évanouit*. La crainte tint lieu de la conversion dont il n'était plus capable.

« *Il n'est même rien de plus vain que de croire que la force ne peut rien contre les idées*. Car on a vu la force abolir même des cultes nouveaux, qui avaient toute l'énergie de croyances en apparence invincibles. Ainsi, il est arrivé que, sans beaucoup de peine, les chrétiens d'Orient ont été convertis ou réduits par les Mahomé-

1. Peyrat cite et souligne ici un mélange de passages tirés de différents chapitres du livre de Quinet. Il commence par le Livre V, *La Religion*, chap. IX, « La Constitution civile du clergé. Une révolution à contresens », t. I, p. 176.
2. *Ibid.*, Livre V, chap. VI, « Comment se sont faites les révolutions religieuses dans les temps modernes », t. I, pp. 151-152.

tans, les Albigeois par le comte de Montfort, les Tabarites et les Calixtins[3] par Sigismond et le légat, les protestants belges par le duc d'Albe[4].[5] »

A mesure qu'il avance dans l'exposition de son système, M. Quinet devient de plus en plus précis et s'exalte jusqu'au lyrisme. « Moïse, dit-il, était précédé de la colonne de feu » et il ajoute : « Si dans le terrorisme hébraïque, Moïse se fût contenté d'entraîner les Juifs dans le désert, en leur laissant emporter avec eux leurs anciennes idoles, le peuple, déconcerté d'abord, n'eût pas manqué de revenir au génie de l'Égypte. Couvert de sang des douze tribus, Moïse serait aujourd'hui exécrable à la postérité[6]... »

« L'évidence aurait dû éclater sur ce point et montrer que le travail prodigieux que l'on tentait pour dépayser la nation française, serait aisément chose illusoire, tant que la forme du passé et les *tours de Notre-Dame* se montreraient partout à l'horizon[7]. » Et c'est parce qu'on ne démolit pas Notre-Dame et les autres églises que « la cause du Moyen Age fut gagnée ».

N'avoir pas démoli les églises et surtout Notre-Dame, c'est le grand grief de M. Quinet contre les chefs de la Révolution ; il y revient sans cesse, sur tous les tons et en toute occasion.

« Sous les empereurs chrétiens, dit-il, quand il s'agit d'arracher le peuple d'Égypte aux cultes des pharaons, toute la nation restait incertaine autour des temples. Un centurion sortit de la foule, il donna le premier coup de marteau au temple d'Isis. La foule suivit, et acheva ce que le centurion avait commencé. De ce moment l'Égypte appartint au monde nouveau. Ce centurion manqua à la Révolution française[8].

« Qui peut dire ce qui serait arrivé, si les révolutionnaires des comités et de l'Assemblée eussent *prêté leurs forces aux iconoclastes*? Où allait ce renversement, et que serait-il sorti de cette poussière ?

« Mais les terroristes eurent peur des ravageurs de monastères, que la Réforme avait vus sans trouble ou même avec joie.

« Ils opposèrent leur puissance d'épouvante à cette tempête. Tout rentra dans l'obéissance.

« Luther aurait ri de ce qui fit trembler Robespierre et Danton...

« Les douze dictateurs, armés de la hache, firent rentrer la France dans le cercle du moyen âge, d'où un instinct barbare, il est vrai, mais populaire, la poussait à s'affranchir. Dès lors il fut certain que cet immense travail de vingt-cinq millions d'hommes en

3. Disciples de Jean Hus dans la révolte religieuse en Bohême au XV^e siècle, parvenus à un compromis avec l'Empereur Sigismond en 1431.
4. Gouverneur des Pays-Bas espagnols en 1567.
5. *Ibid.*, Livre XVI, *La Religion sous la Terreur,* chap. XI, « Si l'indifférence détruit la religion », t. II, pp. 175-176.
6. *Ibid.*, Livre XVI, chap. I, « Le terrorisme français et le terrorisme hébraïque », t. II, p. 134.
7. *Ibid.*
8. Livre XVI, chap. X, « La guerre au philosophisme », t. II, p. 174.

fureur était condamné à quelque immense avortement, puisque leur énergie s'employait à empêcher leur délivrance...

« Les Réformateurs n'avaient pas découragé les brise-images ni les renverseurs des vieux autels ; ils n'en avaient point fait justice. Les Jacobins les mirent à mort.

« Hercules-enfants, dit M. Quinet, ils n'osent rejeter les serpents de leur berceau, et il ajoute : *Voilà le vrai vide de la Révolution française*[9]. »

Lancé dans cette voie, M. Quinet ne recule devant aucune proposition : il semble même qu'il choisisse de préférence les plus extravagantes et les plus puériles. Par exemple, il s'écrie tranquillement qu'en refusant de proscrire les anciennes croyances, « les chefs de la Révolution opérèrent une retraite précipitée jusqu'au sein du moyen âge », et il affirme qu'en s'opposant à la démolition des églises, Robespierre et le Comité de Salut public ont plus fait pour le catholicisme que saint Dominique et Torquemada.

Cette unanimité des vrais chefs de la Révolution, professant hautement le respect de toutes les croyances, au nom de la liberté, confond et irrite M. Quinet. Ce respect, il le reproche surtout à Robespierre, dont l'influence sur ce point, comme en tout, fut décisive. « Nos ennemis, dit Robespierre, se sont proposé un double but en imprimant le mouvement violent contre le culte catholique : de se servir de la philosophie pour détruire la liberté... Vous devez empêcher des folies qui coïncident avec les plans de conspirations[10]... On a supposé qu'en admettant les offrandes civiques, la Convention avait proscrit le culte catholique. Non ! La Convention n'a pas fait cette démarche téméraire, la Convention ne la fera jamais. » — « On relève l'Église ! » s'écrie M. Quinet. Non, on ne relève pas l'Église, mais on l'abandonne à la libre discussion.

Un homme qui étonne et afflige M. Quinet plus encore que Robespierre, c'est Danton. La déprêtrisation et les scènes grotesques dont elle fut suivie dégoûtèrent bientôt tous les gens sensés, et Danton demanda formellement « qu'il n'y eût plus de mascarades anti-religieuses[11] ». Danton s'effraye, dit M. Quinet, « l'Atlas de la Révolution » devient contre-révolutionnaire. Ces « mascarades », M. Quinet les approuve, et il ne pardonne pas à Robespierre, à Danton, au Comité de Salut public, de ne pas les avoir encouragées. « L'ardeur des iconoclastes, dit-il, fut peut-être le seul mouvement où le peuple ait pris l'initiative ; c'est aussi celui qui fut le mieux écrasé par l'autorité jacobine... Par cette méthode, il est évident qu'aucune des révolutions du monde n'eût pu s'établir[12]. »

9. *Ibid.*, Livre XVI, chap. IV, « Les révolutionnaires ont peur de la Révolution », t. II, pp. 147-148.
10. Robespierre, « Rapport sur la liberté des cultes du 6 décembre 1793 », *Le Moniteur*, t. XVIII, p. 605.
11. *Ibid.*, Livre XVI, chap. V, « Reniement », t. II, p. 158.
12. *Ibid.*, Livre XVI, chap. IV, t. II, p. 149.

Donc, si la Révolution a, dès les premiers jours, « montré ses pieds d'argile », comme dit M. Quinet ; si elle a avorté, comme il le prétend ; si elle ne vaut pas ce qu'elle a coûté, comme il l'affirme, et si les résultats ne sont pas proportionnés aux sacrifices, c'est parce que les Jacobins, pusillanimes, ont refusé de proscrire légalement toutes les croyances anciennes, d'exterminer les croyants et de laisser les iconoclastes modernes démolir les édifices consacrés aux divers cultes.

Voilà l'écrivain que ses rares défenseurs nous donnent comme un apôtre de la liberté ; voilà le libéralisme qu'ils opposent à ce qu'ils appellent notre intolérance jacobine ! En vérité, on ne se moque pas ainsi des lecteurs.

Pour défendre la France et la Révolution, attaquées au-dedans et au-dehors par des moyens indignes, le Comité de Salut public s'arma d'une dictature terrible, mais momentanée pour opprimer ce qu'il y a au monde de plus inviolable et de plus sacré, la pensée et la conscience, M. Quinet érige l'extermination en système. Où est ici le vrai terroriste ? Que les hommes sensés répondent.

M. Quinet prétend qu'en arrêtant l'ardeur de ceux qu'il appelle les iconoclastes, les ravageurs d'églises, les Jacobins ont livré à l'ennemi la Révolution « démâtée, désorientée, sans boussole, sans étoile », et il ajoute : « Ce qu'il y a de plus effroyable en 1793, est de voir les terroristes la ramener eux-mêmes, voiles basses, vergues brisées dans l'ancien port du pouvoir absolu... Là est toute l'histoire des défaites de la démocratie française [13]. » Et comme il sent bien que ces voiles basses, ces vergues brisées et cet ancien port ne sont pas des raisons, il fortifie cette belle rhétorique par ce dilemme que, dit-il, « on ne renversera pas. Si l'on voulait la terreur, il ne fallait pas la tolérance ; si l'on voulait la tolérance, il ne fallait pas la terreur ». La réponse est facile : on voulait la terreur contre les *actes* hostiles, contre les *faits matériels* de conspiration, d'insurrection, d'agression intérieure ou extérieure ; on voulait la tolérance pour *les pensées et les croyances.* Et rien n'était plus politique, plus libéral, plus philosophique, plus en harmonie avec l'esprit du XVIIIe siècle. Le terrible dilemme est donc un non-sens ; c'est là, cependant, ce que les défenseurs de M. Quinet ont trouvé, dans son livre, de plus fort à nous opposer.

Encore une citation, et nous la signalons particulièrement.

« Les Terroristes avaient très bien vu que, pour rendre les Français propres à la liberté, il fallait entreprendre de changer leur tempérament. En cela, ils ont montré leur sagacité. Où ils se sont trompés, c'est lorsqu'ils ont cru que, pour modifier le tempérament d'un peuple, *il leur suffirait de quelques mois d'une courte terreur.* Philippe II, il est vrai, changea le caractère du peuple espagnol. Il

13. *Ibid.*, Livre XVI, chap. V, t. II, p. 159.

ploya le génie national; *mais il y mit un demi-siècle*[14]. Au contraire, qu'était *ce peu de mois* de terreur révolutionnaire? Ils suffisaient justement pour exciter l'exécration; après quoi l'esprit public reparut plus léger, plus inconstant que jamais[15]. »

Ainsi les chefs de la Révolution méritent l'exécration parce qu'ils se sont bornés à quelques mois d'une courte terreur. Si au contraire, ils avaient, à l'exemple de Philippe II, terrorisé la France pendant un demi-siècle, ils seraient justifiés. Quelle belle conception, et quel apôtre de la liberté!

Bornons là nos citations et jugeons sommairement la doctrine qu'elles formulent. Cette doctrine est fausse en fait et en droit : elle est condamnée par l'histoire, par la politique et par la philosophie; elle est l'antipode des principes les plus élémentaires de l'école libérale et démocratique.

M. Quinet prétend que les religions disparaissent quand on leur signifie qu'il faut mourir. « Le Christianisme ordonne, dit-il, et le paganisme s'évanouit. » Il s'évanouit si peu, qu'il résiste plus de huit cents ans, et que le christianisme ne peut en triompher qu'en lui empruntant ses fêtes, ses cérémonies, tout l'appareil extérieur et populaire du culte.

« Les chrétiens d'Orient, dit encore M. Quinet, ont été convertis par Mahomet. » Ils l'ont été si peu qu'ils ont conservé leur croyance malgré la plus terrible tyrannie, la plus abrutissante servitude, et qu'il y a, en Turquie, beaucoup plus de chrétiens que de mahométans. Et le protestantisme! Malgré les guerres qui ont noyé deux ou trois générations dans le sang, où donc a-t-il extirpé le catholicisme? Nulle part! Ni en Irlande, ni en Angleterre, ni en Allemagne, ni dans le Danemark. Tous les persécuteurs catholiques ou protestants quand ils ont voulu dompter leurs adversaires par la force, ont été également odieux et impuissants. Des deux côtés, le sang des martyrs a été, ce qu'il sera toujours, une semence de croyants.

« Il n'est rien, dit M. Quinet, de plus vain que de croire que la force ne peut rien contre les idées. » Il n'est rien, au contraire, de plus vrai et de plus consolant. C'est la gloire de la conscience humaine de braver la persécution et de la couvrir de honte en lui résistant. L'impuissance de la force contre les idées est le plus constant enseignement de l'histoire.

D'ailleurs, et cette considération est décisive, la Révolution n'ayant qu'un but purement politique, et les armées des deux partis offrant le pêle-mêle de toutes les sectes, les combattants ne parurent dans la mêlée qu'à titre de personnes civiles. Les chefs de la Révolution ne leur en reconnurent point d'autre. Dans le prêtre, ils virent exclusivement le citoyen, et, dans son égalité devant la

14. Philippe II, fils de Charles Quint, régna de 1556 à 1598.
15. Livre XVII, *Théorie de la Terreur,* chap. XIV, « Le succès a-t-il légitimé la Terreur », t. II, pp. 241-242.

loi, une conséquence de sa nullité politique. Ils montrèrent ainsi le politique à côté du philosophe, et M. Quinet ne montre, en lui, ni l'un ni l'autre, lorsqu'il les attaque avec autant d'injustice que de légèreté.

En proclamant une nouvelle religion, les chefs de la Révolution se seraient couverts de ridicule, et l'histoire n'aurait pas eu pour eux assez de sifflets ; en imposant cette religion par la force, ils se seraient couverts de honte ; et, au contraire, en respectant toutes les croyances, même celles qu'ils ne partageaient pas et qu'ils trouvaient absurdes, ils ont rendu à la philosophie le seul hommage digne d'elle et donné une leçon dont les gouvernements ont trop peu profité. Parmi les titres si nombreux qu'ils ont à notre admiration et à notre reconnaissance, celui-là est, incontestablement, l'un des plus solides et des plus inattaquables.

Pour terminer l'examen des trois ou quatre erreurs principales de ce livre qui renferme presque autant d'erreurs que de pages, il nous reste à examiner ce que M. Quinet dit des Girondins comparés aux Jacobins. Nous attachons à cette question une importance particulière, parce qu'il est impossible de l'examiner sans y mêler les choses et les hommes de notre temps presque autant que les choses et les hommes de 92 et 93.

## ALPHONSE PEYRAT

### L'Avenir national, 12 janvier 1866

Nous interrompons un instant notre examen du livre de M. Quinet, pour compléter une des citations dont secompose notre dernier article. Les citations sont concluantes, mais si nombreuses, que nous avons dû, forcément et bien à contre cœur, faire un choix et même, le choix fait, abréger encore beaucoup. Nous nous sommes, notamment, borné à citer quelques mots du discours par lequel Robespierre, en pleine Terreur, défendit, au profit de toutes les religions et de toutes les croyances indistinctement, la liberté de penser et la liberté des cultes. Nous voulons, avant d'aller plus loin, rétablir textuellement un passage de ce discours célèbre qui fit alors une impression profonde, attestée par tous les contemporains. Voici ce passage :

« On a supposé qu'en accueillant des offrandes civiques, la Convention avait proscrit le culte catholique.

« Non, la Convention n'a point fait cette démarche téméraire : la Convention ne la fera jamais. Son intention est de *maintenir la liberté des cultes,* qu'elle a proclamée, et de réprimer en même temps tous ceux qui en abuseraient pour troubler l'ordre public ; *elle ne permettra pas qu'on persécute les ministres paisibles du culte* et elle les punira avec sévérité toutes les fois qu'ils oseront se prévaloir de leurs fonctions pour tromper les citoyens, et pour armer les préjugés ou le royalisme contre la République. On a dénoncé des prêtres pour avoir dit la messe : *Ils la diront plus longtemps, si on les empêche de la dire. Celui qui veut les empêcher est plus fanatique que celui qui dit la messe.*

« Il est des hommes qui veulent aller plus loin, qui sous le prétexte de détruire la superstition, veulent faire une sorte de religion de l'athéisme lui-même. Tout philosophe, tout individu peut adopter là-dessus l'opinion qu'il lui plaira. Quiconque voudrait lui en faire un crime est un insensé ; mais l'homme public, le législateur serait cent fois plus insensé qui adopterait un pareil système. La Convention *n'est point un faiseur de livres, un auteur de systèmes métaphysiques,* c'est un corps politique et populaire, chargé de faire respecter, non seulement les droits, mais le caractère du peuple français. Ce n'est point en vain qu'elle a proclamé la déclaration des droits de l'homme [1]. »

Voilà en quels termes Robespierre parlait de la liberté, dans la fameuse séance du club des Jacobins du 1er frimaire an II (21 novembre 1793).

Ainsi, Robespierre veut qu'on maintienne la liberté des cultes et qu'on réprime seulement ceux qui en abuseraient pour troubler l'ordre — c'est un terroriste. M. Quinet aurait voulu qu'on donnât à tous les cultes l'ordre formel de mourir — c'est un libéral.

Robespierre ne veut pas qu'on empêche les prêtres de dire la messe, et il déclare qu'il y a plus de fanatisme à l'empêcher qu'à la dire — c'est un tyran. M. Quinet veut, non seulement empêcher de dire la messe, il veut renverser les autels et démolir les églises — c'est un libéral.

Robespierre, avec autant d'esprit que de bon sens, déclare que la Convention n'est pas un faiseur de livres, un auteur de systèmes métaphysiques — c'est un petit esprit et un persécuteur. M. Quinet déclare qu'il fallait, sur les ruines de toutes les religions, proclamer une religion nouvelle ; il ne dit pas laquelle, et pour cause ; n'importe, c'est un philosophe très profond, très pratique et très sensé.

Robespierre veut que tout individu adopte l'opinion qu'il lui plaira, et il déclare que la Convention « abhorre » l'homme criminel et insensé qui tenterait d'intervenir par la force dans le domaine inviolable de la conscience — c'est un affreux tyran. Selon M. Quinet, la Convention aurait dû commander, *imposer, foudroyer,* signifier à tous l'*injonction d'obéir dans l'intime conscience,* et il déclare formellement que : « Il n'est rien de plus vain que de croire que la force ne peut rien contre les idées. » N'importe encore, M. Quinet est un vrai libéral, un vrai philosophe ; il honore la liberté et la démocratie, que les chefs de la Révolution ont déshonorées.

Car les « vrais libéraux » soutiennent que les Jacobins ont déshonoré la liberté et la démocratie, et c'est la question que nous allons examiner. En attendant, disons à ces vrais libéraux que s'ils ont quelques libertés, ils les doivent toutes à ces hommes illustres, toutes, y compris celle de les outrager avec autant d'injustice que d'ingratitude.

Du reste, les vrais libéraux ne sont plus les seuls défenseurs de M. Quinet : il leur arrive des renforts ; hier M. Émile Ollivier [2] entouré, à ce qu'il assure, de la jeunesse qu'il sent « de toutes parts

1. Peyrat cite ici le Discours de Robespierre aux Jacobins du 1er frimaire an II. Ce discours figure dans *Le Moniteur,* t. XVIII, p. 508. Peyrat ampute du passage qu'il cite la dernière phrase : « en présence de l'Être suprême. »
2. Dans *La Presse* du 9 janvier 1866, cf. *infra,* pp. 227-231.

autour de lui » ; aujourd'hui, les royalistes et les cléricaux, par l'organe de l'*Union*[3]. La *Gazette de France* s'était mise en bataille dès les premiers jours[4].

Ainsi, les défenseurs du pape et de l'*Encyclopédie,* les vrais catholiques, les vrais religieux, comme les « vrais libéraux » prennent contre nous, la défense du livre où l'on propose la démolition de Notre-Dame et de toutes les églises, et où le plus grand reproche qu'on fasse au Comité de Salut public et à la Convention, c'est de n'avoir pas « prêté leurs forces aux iconoclastes », d'avoir « découragé les brise-images, les renverseurs des vieux autels ». L'imbroglio est complet.

L'*Union* applaudit aux démonstrations des vrais libéraux, à leur « renoncement au jacobinisme », et elle ajoute :

« Certes, tout n'est pas là, et il faut d'autres renoncements pour établir la France dans la liberté, dans l'autorité, dans la paix ! Mais gardons-nous de méconnaître ce premier pas dans la voie du retour, et espérons qu'il en présagera de plus décisifs. Henri de Riancey. »

Cette joie et les espérances de l'*Union,* plus l'approbation de M. Émile Ollivier, soi-disant entouré de la jeunesse, ne peuvent que flatter infiniment M. Quinet et redoubler la pétulance de ses défenseurs.

3. Dans *L'Union* du 11 janvier 1866, Henri de Riancey juge « faible et médiocre » la conception historique de Quinet, « singulièrement digne d'attention » son programme politique ; et donne son assentiment au désaveu du terrorisme par Quinet et Émile Ollivier.

4. Dans *La Gazette de France* du 1er décembre 1865, Gustave Janicot dénonce dans les articles de Peyrat « toute la naïveté de ses convictions ». Le 11 janvier, il intervient à nouveau dans le débat avec un article hostile à Ollivier. Ces deux contributions ne présentent pas un grand intérêt intellectuel.

## ALPHONSE PEYRAT

### L'Avenir national, 18 janvier 1866
### La Révolution VII — Les Jacobins et les Girondins

Dans les révolutions, le parti vaincu, surtout lorsqu'il est vaincu légitimement, se venge toujours sur les hommes du triomphe qu'il cède aux choses et aux principes ; c'est ce qu'on a vu dans tous les pays et dans tous les temps. Mais ce qu'on n'a vu dans aucun pays ni dans aucun temps, dans aucune révolution ancienne ou moderne, c'est une vengeance comparable à celle qui, depuis le 9 Thermidor, s'acharne sur la personne et la mémoire des Jacobins. Sauf de rares et honorables exceptions, il est impossible de lire sans tristesse la plupart des livres écrits depuis soixante-dix ans sur la Convention et le Comité de Salut public. Jamais la vérité n'a été étouffée sous un tel poids de mensonges et de calomnies, jamais l'histoire n'a été plus audacieusement falsifiée, plus scandaleusement appelée en faux témoignage. Nous ne connaissons rien de plus navrant.

Surpris par les événements, quelques hommes très jeunes, complètement inexpérimentés, et n'ayant d'autre ressource que leur dévouement, soutiennent le choc des ennemis intérieurs et extérieurs de la République ; ils assurent le triomphe de la Révolution qui a changé la face de l'Europe. Grâce à eux, la France, menacée par la plus grande coalition que le monde eût encore vue, sort de la lutte, victorieuse et respectée ; elle devient la Grande Nation. Et parce que, dans ce combat à mort, ils se sont armés de la dictature, parce qu'ils ont eu des emportements et commis des excès, ils sont traités comme des monstres, et invariablement couverts d'opprobre. Ils ont, dit-on, déshonoré la démocratie et la liberté. En quels termes qualifier une telle injustice, et comment en parler de sang-froid ? N'oublions pas, cependant, que ces hommes illustres avaient prévu cette ingratitude, et que la perspective des outrages que l'histoire leur réservait ne les a ni ébranlés, ni émus. Ayons donc, pour repousser les calomnies dont on ose flétrir leur mémoire, le calme qu'ils eurent pour les dédaigner.

Si les Jacobins ont été calomniés indignement, les Girondins ont été vantés jusqu'au ridicule. Ils ont eu pour eux les rhéteurs, les politiques de fantaisie, les faiseurs de phrases, tous ceux qui, dans les révolutions, trouvent plus facile de parler que d'agir, de critiquer la besogne faite que de la faire. Dans leurs discours ils ont rencontré quelques mots, passés depuis lors à l'état de proverbe, et qui leur ont fait une sorte de légende. Leur histoire, depuis longtemps, n'est qu'une amplification de rhétorique, et c'est à eux surtout que s'applique l'apostrophe du poète :

I demens
Ut pueris placeas, et declamatio fias.

M. Quinet, naturellement, prend parti pour les Girondins. A l'en croire, ils étaient de grands politiques, de fortes têtes, ils auraient tout sauvé, tandis que les Jacobins ont tout compromis. Voyons si les faits justifient ce jugement.

Les massacres de Septembre avaient soulevé une indignation générale ; il n'y avait, d'un bout de la France à l'autre, qu'un sentiment et qu'une voix contre ce crime abominable. Les députés nouvellement élus arrivaient à la Convention avec les préventions les plus hostiles contre la députation de Paris, dont les principaux membres étaient injustement accusés d'avoir organisé ces massacres. Les plus ardents, ceux qui, dès les premiers jours, formèrent le noyau de la Montagne, étaient indécis. Quant à ceux qui n'avaient point fait partie des deux précédentes Législatives, ils ignoraient les haines qui avaient éclaté avant et surtout pendant les élections, et ils confondaient dans leur estime Robespierre et Pétion, Danton et Vergniaud, Desmoulins et Brissot. S'ils avaient une préférence, elle était pour les Girondins, entourés du prestige que leur avait donné l'éloquence de leurs chefs. Les sentiments de ces nouveaux députés se montrèrent dans le choix du premier président de la Convention ; Pétion fut élu presque à l'unanimité. Les Girondins se crurent les maîtres de la Révolution ; mais ils montrèrent bientôt qu'ils étaient incapables d'en diriger la marche.

Par leurs tracasseries, leurs injures, leurs attaques quotidiennes et intempestives, ils fatiguèrent la Convention, excitèrent d'implacables animosités, et rendirent impossible la conciliation si nécessaire à la République, et que Danton leur proposa vainement au nom de la Montagne.

Leur orgueil ne souffrait aucune rivalité ; ils étaient dévorés de l'impatience de vaincre, du besoin de dominer. Mais la vanité les aveuglait et les empêchait de voir que ce n'était pas avec des phrases à effet qu'ils pouvaient lutter contre la députation de Paris, contre les hommes énergiques qui avaient fait partie de la Commune du 10 Août, appris à braver tous les dangers, et dont le caractère avait été formé par la plus terrible éducation révolutionnaire.

Ils donnèrent à la France un spectacle vraiment unique. Par une aberration inexplicable, insultant et menaçant sans cesse leurs adversaires, ils leur montraient avec évidence que le pouvoir était leur seule égide, et puis ils leur faisaient un crime de vouloir s'en emparer. Inexorables dans leur faiblesse, implacables dans leur impuissance, ils portèrent l'imprudence jusqu'à la plus puérile étourderie. Égarés par la passion et entraînés par la rhétorique, ils ne comprirent jamais qu'étant assez forts pour irriter les Jacobins, ils ne l'étaient point assez pour les écraser. Dans le même temps qu'ils leur imputaient la férocité des tigres, ils les provoquaient comme s'ils leur eussent connu la douceur et la patience des agneaux.

Dans toutes les luttes qui déchirèrent la Convention et où ils finirent par succomber, l'attaque partait toujours de leur côté, et presque toujours ils la motivaient par des faits antérieurs à la réunion de l'Assemblée, et que tout le monde voulait oublier. Ils poussaient alors l'intolérance jusqu'à l'oppression, jusqu'au plus criant déni de justice. Quand un membre de la Montagne, directement attaqué, se présentait à la tribune, il y était accueilli par des clameurs et des injures ; il ne parvenait à s'expliquer qu'en bravant les cris, les fureurs et les menaces de ses accusateurs, et en les fatiguant par sa constance et sa ténacité.

Ces violences inconsidérées et si préjudiciables à la République fatiguèrent bientôt la Convention. Les patriotes les plus purs et les plus modérés, tels que Cambon et Robert Lindet[1], qui s'étaient d'abord alliés aux Girondins, abandonnèrent un parti où ils ne trouvaient que des vanités intraitables et des esprits vindicatifs. Le Centre lui-même finit par se dégoûter de ce parti de brouillons, d'ambitieux et de perturbateurs, et par voter contre lui avec la Montagne dont il s'était, les premiers jours, montré très éloigné ! Il avait soutenu les Girondins par crainte des emportements et des excès populaires ; mais, lorsqu'il fallut songer à battre la coalition et les conspirations du dedans, à sauver la République, ses dispositions changèrent. Comprenant qu'avec des hommes tels que les meneurs du côté droit, toute organisation sérieuse était impossible, le Centre se tourna du côté de la Montagne et c'est ainsi que les Girondins, toujours aveuglés par leur présomption et leur estime d'eux-mêmes, se flattaient encore d'avoir la majorité numérique, lorsque l'autorité réelle était déjà dans les mains de leurs ennemis.

Dans toutes les occasions importantes, les Girondins manquèrent de prévoyance et de sens politique. Ils manquèrent aussi quelquefois de droiture et de franchise. Au mois de juillet 1792, il se tint dans une petite maison, près du Pont-Tournant, une réunion secrète qualifiée alors de *Comité autrichien.* Là se rendaient, mystérieusement et toujours la nuit, des membres de l'Assemblée législative, les uns attachés au parti de la Cour, les autres au parti de la Gironde. Ceux-ci, s'offrant en conciliateurs, se promettaient de

1. Cf. *supra*, note 3, p. 141 et notes 3 et 4, p. 152 et 153.

prévenir ou de hâter la chute du trône, selon que la Cour se montrerait plus ou moins favorable à leurs desseins. Ils eurent l'imprudence d'écrire au roi une lettre qui fut lue plus tard à l'Assemblée. Cet écrit, qui était moins une lettre qu'un traité entre les députés et la Cour, pesa toujours sur les chefs du parti, il permit au parti ennemi de méconnaître leur patriotisme et de calomnier les motifs de leur éloquence. Mais l'histoire impartiale doit reconnaître que si, dans un moment de défaillance, quelques-uns tombèrent dans le piège tendu à leur ambition, tous, en général, restèrent purs.

Les Girondins eurent rarement, dans les occasions décisives, des idées justes et d'heureuses inspirations. Pendant le procès de Louis XVI, ils s'égarèrent dans cette opinion alambiquée de l'appel au peuple, idée complexe, enveloppée de raisonnements insaisissables ; idée dangereuse, mais à laquelle ils revenaient toujours, malgré son impopularité et les orages qu'elle soulevait, parce qu'ils avaient l'arrière-pensée de s'en servir contre leurs adversaires. Une de leurs plus grandes fautes, c'est d'avoir, les premiers, porté atteinte à l'inviolabilité de la représentation nationale. Ils périrent donc frappés par l'arme même dont ils avaient montré l'usage à leurs ennemis.

Malheureusement pour leur mémoire, ils ne montrèrent pas dans la défaite la fermeté qui relève et honore les vaincus. Devant les sections soulevées contre eux, les Girondins, abandonnés par toutes les parties de l'Assemblée, s'abandonnèrent eux-mêmes. En présence des bataillons armés, au bruit de la générale et du tocsin sonné par ordre de la Commune, Vergniaud proposa de déclarer que les sections de Paris avaient bien mérité de la patrie. La Montagne accueillit par des bravos et des applaudissements ironiques cette motion inconcevable ; et Chaumette dit au Conseil général : « Vous apprendrez sans doute avec joie, mais avec surprise, que Vergniaud a proposé de déclarer que nous avons bien mérité de la patrie. Mais d'où que vienne cette motion, elle est conforme à la justice et à la vérité. »

L'attitude des Girondins devant le tribunal révolutionnaire fut encore plus affligeante. Vergniaud défendit éloquemment son parti, Gensonné et Valazé montrèrent beaucoup de sang-froid et de présence d'esprit[2], mais les autres cherchèrent à se sauver par le plus triste abandon de la cause commune. Boilleau avoua qu'il

2. Cf. *Le Moniteur,* t. XVIII, pp. 226-268. P.V. Vergniaud (1753-1793), député de la Gironde à la Législative et à la Convention. Girondin. Mis en accusation le 2 juin 1793, demande vainement le rapport sur le complot dont il est accusé. Au procès, en octobre 1793, réfute tous les points d'accusation contre lui-même et son parti. Condamné à mort le 30 octobre.

A. Gensonné (1758-1793), député de la Gironde à la Législative et à la Convention. Girondin. Décrété d'accusation le 2 juin, reste impassible à son banc et écrit une protestation contre le coup de force dont il est victime. Au procès, avoue sa collusion avec Dumouriez, mais refuse de répondre à l'accusation d'avoir participé à la trahison de celui-ci. Condamné à mort le 30 octobre.

C. E. Valazé (1751-1793), député de l'Orne à la Convention. Girondin. Décrété d'arrestation le 2 juin, refuse de fuir. Condamné à mort le 30 octobre, il se poignarde en plein tribunal.

s'était trompé et déclara[3] que, depuis le 2 juin, il était devenu un ardent Montagnard. Les anciens membres de la Commission des Douze rejetèrent l'un sur l'autre la signature des mandats d'arrêt lancés contre Hébert, Varlet et Dobsent[4]. Brissot et Sillery se défendirent isolément et en se séparant de leurs coaccusés[5] ; presque tous abandonnèrent leurs collègues fugitifs et condamnèrent leur conduite. Ils se relevèrent après leur condamnation et devant l'échafaud : ils moururent comme on mourait alors, simplement, avec calme et dignité.

Tels furent les Girondins. « C'est, dit M. Quinet, le seul parti qui n'ait pas eu de successeurs. » Pour une bonne raison ; c'est que les Girondins furent moins un parti qu'une réunion factice d'hommes sans principes communs, sans but fixe ; il y eut, parmi eux, des orateurs éloquents, quelques hommes de mérite et personnellement estimables, mais pas un homme de tête. Vergniaud, qui les couvre encore du prestige de son éloquence, n'était leur chef qu'en apparence. Les meneurs l'associèrent à leur ambition, mais ils ne parvinrent jamais à le rendre ambitieux pour lui-même. Il fut entouré, entraîné, mais rien ne put surmonter son insouciance, sa paresse, son amour du plaisir ; il sommeillait dans l'intervalle de ses discours, et Mme Roland répéta souvent qu'on n'en pouvait tirer aucun parti. Il n'y eut jamais, en effet, d'homme plus impropre à jouer le premier rôle dans une grande révolution. Ce rôle, Gensonné, peut-être, aurait pu le remplir, mais il excitait plus d'admiration que de sympathie. La lettre à Louis XVI, où l'on reconnut son habileté, sa vanité et son style, avait tous les caractères de l'infidélité, de la défection et de l'intérêt personnel ; elle lui ôta toute sérieuse influence.

Les Girondins, dit M. Quinet, voulurent « décentraliser la France », et c'est là, sans doute, ce qui explique l'admiration affectée, et peut-être un peu trop bruyante, de ceux qui les défendent aujourd'hui. Il n'y a là, cependant, qu'une erreur et un vieux préjugé. Comme le pouvoir leur échappait dans Paris, les Girondins voulurent le ressaisir en insurgeant les départements ; ce fut pour eux une question de combat, mais nullement un système ; et ils

3. Cf. *Le Moniteur*, t. XVIII, p. 227 ; J. Boilleau (1752-1793), député d'Avallon à la Constituante et de l'Yonne à la Convention. Girondin. Membre de la Commission des Douze. Décrété d'arrestation le 2 juin. Condamné à mort le 30 octobre.

4. Le 24-26 mai 1793. Le 27 mai, la Convention ordonne la mise en liberté des trois sans-culottes réclamés par la Commune : J.R. Hébert (1757-1794), substitut du procureur de la Commune Chaumette, très violent contre les Girondins dans *Le Père Duchesne* ; J. Varlet, commis à la Grande Poste et orateur ambulant ; C.E. Dobsent (1743-1811), président de la section de la Cité. Juge au tribunal révolutionnaire.

Créée au milieu de mai 1793, la Commission des Douze est la dernière victoire girondine à la Convention. Peuplée de députés girondins, elle est chargée de l'ordre public. Sa mission implicite est de briser les autorités parisiennes, aux mains de la Montagne.

5. C.A. de Sillery (1737-1793), député de Rennes à la Constituante et de la Somme à la Convention. Fidèle du duc d'Orléans. Dénoncé comme complice de Dumouriez par les Girondins en avril 1793. Décrété d'accusation le 3 octobre suivant. Englobé dans le procès de ses dénonciateurs et condamné à mort le 30 octobre.

ont toujours repoussé comme une calomnie cette accusation de leurs adversaires.

Après avoir visité la France entière, ils se convainquirent, dit M. Quinet, qu'en se brouillant avec Paris ils s'étaient brouillés avec la Révolution, et il ajoute : « C'est ce qui les jeta dans l'excès de désespoir qu'aucun parti n'a montré à ce degré. Il ne leur restait aucune issue, maudissant la domination de la capitale et trouvant les provinces impuissantes ou ennemies. » Si les Girondins s'étaient brouillés avec la Révolution, pourquoi les défendre contre ceux qui lui restèrent toujours fidèles ?

Une chose terrible pour la mémoire des Girondins, c'est le changement qui se fit après le 31 Mai. Au lieu de perdre, comme auparavant, toutes ses séances en discussions et en récriminations personnelles, la Convention les consacra aux affaires publiques, et l'énumération de ses travaux d'un seul mois est un sujet d'étonnement et d'admiration. Qu'avaient fait les Girondins ? Des discours, et c'est ce qui les rend si chers à tous les rhéteurs. Qu'en était-il résulté ? Un désordre universel, et c'est ce qui les rend si blâmables pour les amis de la Révolution, même aujourd'hui que les passions sont tombées, que le jour s'est levé sur toutes les injustices, sur toutes les exagérations, et qu'il est possible de juger équitablement. Qu'on examine l'état de la République au 31 Mai et au 9 Thermidor, et qu'on dise lequel des deux partis a sauvé la France et la Révolution.

M. Quinet pose cette question : « La liberté eût-elle été anéantie aisément en 1799, si ceux qui la représentaient (les Girondins) eussent vécu jusqu'alors ? » Sans nul doute, et plus aisément peut-être, car ceux qui étaient allés à la maison du Pont-Tournant seraient allés à Saint-Cloud, et nous ne voyons pas pourquoi ceux qui voulaient traiter avec Louis XVI ne se seraient pas entendus avec Bonaparte.

Du reste, par une de ces contradictions dont son livre fourmille, M. Quinet formule lui-même en ces termes, contre les hommes qu'il exalte, la sévère et juste sentence de l'histoire.

« Il faut avouer qu'un signe fatal, chez les Girondins, fut d'en appeler de toutes les difficultés à une nouvelle élection. Quoi ! des votes, des assemblées primaires, tout remis au hasard, quand les Autrichiens sont à Condé ou à Valenciennes ! Se retirer à Bourges, comme le demandait Guadet ! *Cela suffirait à montrer qu'ils n'étaient pas faits pour commander dans la tourmente.* Le péril croissant, le pouvoir revint aux plus audacieux [6]. »

Un mot, maintenant, sur « ces audacieux », investis par le péril croissant du pouvoir qui sauva la France et la Révolution. C'est par là que nous terminerons ce que nous avons voulu dire sur la partie essentielle du livre de M. Quinet. Plus tard, à l'occa-

6. E. Quinet, *op. cit.,* Livre XII, chap. VIII, t. I, p. 462.

sion et à notre aise, nous pourrons reprendre notre critique et signaler les erreurs de détails que nous avons négligées. En attendant, par tout ce qu'on nous dit et tout ce qu'on nous écrit chaque jour nous avons la satisfaction de savoir que ce livre est jugé par le parti démocratique comme il mérite de l'être, c'est-à-dire comme l'un des plus faux et des plus dangereux qu'on ait écrits sur la Révolution.

## ALPHONSE PEYRAT

### L'Avenir national, 24 janvier 1866
### La Révolution VIII et dernier article
### Les Jacobins

Nous avons si souvent, dans le cours de ce travail, parlé des Jacobins, qu'il nous serait à peu près impossible d'en parler encore sans répéter ce que nous avons dit. Cependant, nous voulons, en terminant, exprimer encore une fois, très nettement, notre pensée sur ces grands calomniés de l'Histoire. Dans notre conviction profonde, et cette conviction ne s'est pas formée légèrement, les Jacobins ont été non seulement un grand parti révolutionnaire, mais une grande école de gouvernement. Leur esprit, comme leur temps, fut plein d'orages, mais leur raison fut sans faiblesse, et leur conscience ne faiblit point. Investis de la dictature par le danger qui menaçait la France, leur pouvoir s'accrut comme le danger, leurs prodiges se multiplièrent comme les obstacles, leur force créatrice fut toujours aussi féconde que rapide ; en quelques mois, ils firent tout de rien.

Ils sont essentiellement les hommes d'État de la Révolution, et le gouvernement révolutionnaire, dont l'honneur leur revient tout entier, est la conception la plus hardie où, en temps de crise sociale, l'esprit politique se soit élevé. Ceux qui les outragent devraient bien prendre la peine de nous signaler dans l'histoire, à une époque quelconque, un gouvernement qui, dans la prospérité ou dans les revers, ait eu un sentiment aussi profond de son devoir, de son droit et de sa grandeur. Ils ne l'essayeront certainement pas, car le spectacle d'un tel gouvernement, qui avait en quelque sorte surpris à la nature le secret de sa toute-puissance, est unique dans le monde.

Comme tous les hommes de notre âge, nous avons commencé par lire l'histoire de la Révolution dans des livres où il était impossible de rien comprendre à cette Révolution, d'en saisir le caractère, la marche, les causes et les effets. Dans ces livres détestables et surtout ridicules, des écrivains passionnés, ignorants ou de mauvaise foi ne montraient que des ruines, des meurtres, des excès inouïs, des malheurs sans compensation. Frauduleusement caché sous une couche de sang, le grand tableau de la Révolution ne pouvait guère inspirer que de l'horreur. Cependant, ayant osé le regarder de près, nous ne tardâmes pas à nous convaincre qu'il suffisait de le laver pour avoir un tableau magnifique. Après avoir découvert la vérité au milieu de tant de mensonges, de falsifications et de calomnies, nous n'avons pas perdu une occasion de la proclamer et de la défendre. En appelant ainsi du jugement porté contre ceux qui furent les chefs de la Révolution, nous savons qu'on affecterait de ne voir dans l'explication de leur conduite que l'apologie de leurs excès. Nous serions indigne de tenir une plume dans un journal démocratique si des considérations aussi misérables avaient pu nous arrêter.

Nous acceptions donc très volontiers l'épithète de Jacobin, que jetait, il y a quelques jours, à tort et à travers, un rhéteur en désarroi[1], et très insuffisamment instruit des questions qu'il tranche avec autant de suffisance que d'insuffisance. Historiquement, oui mille fois, nous sommes Jacobin, c'est-à-dire convaincu que les Jacobins ont seuls bien compris, bien conduit et définitivement sauvé la Révolution. Mais Jacobin aujourd'hui, quel enfantillage et quelle présomption ! Jacobin contre qui ? Lorsque ceux qui portent ce grand nom dans l'histoire s'armèrent de la massue d'Hercule, ce fut pour écraser autre chose que de ridicules mirmidons.

Quelles que soient les complications que l'avenir réserve à la France, nul certainement, ni de nous ni de nos enfants, ne verra le concours de causes et de faits qui, en quelques mois, de 92 à 94, a produit tant d'héroïsme et de fureurs, tant de violences et de vertus, les destructions et les créations de plusieurs siècles.

Nous honorons les Jacobins comme nos pères, comme nos maîtres, mais grâce à eux, nous n'avons plus à les étudier comme des modèles. Ce qu'ils ont fait, ils l'ont si bien fait que nous n'avons plus à le faire ; ce qu'ils ont conquis, ils l'ont conquis si définitivement que nous n'avons plus à le conquérir. Mais, si nous sommes fiers des résultats, et nous en sommes très fiers, comment rougirions-nous de ceux à qui nous les devons ? Ils n'ont connu que les sacrifices, et nous ont légué les dédommagements ; nous jouissons de ce qu'ils nous ont transmis et dont ils n'ont pas joui eux-mêmes. Nous serions les plus ingrats des hommes si nous n'avions pas pour eux la plus sincère, la plus inébranlable reconnaissance. Ils ont jeté les fondements indestructibles d'un nouvel ordre social ; leur nom et leur gloire sont liés au progrès de la civilisation. Que les royalistes les maudissent, cela s'explique ; mais que, dans ce concert d'outrages et de calomnies, quelques amis de la Révolution mêlent leur voix à celle des royalistes, cela confond.

Heureusement, les esprits honnêtes ont beau faire, même dans leurs écarts, et lorsqu'ils s'égarent le plus dans de faux sys-

1. Jules Ferry, dans son article du *Temps* du 6 janvier 1866, cf. *infra,* p. 199.

tèmes, ils n'échappent pas à la vérité. Aussi M. Quinet, au moment même où il attaque les Jacobins avec le plus d'injustice, leur rend-il le plus glorieux des hommages. « Robespierre et Saint-Just croyaient, dit-il, qu'on s'attache les hommes par les idées morales, plus que par les bienfaits matériels, immédiats. *Cette pensée honnête a beaucoup contribué à perdre leur mémoire*[2]. » Après un tel aveu, arraché par la force même des choses, comment expliquer que M. Quinet ne prenne pas la défense de ces hommes qui se sont perdus par excès d'honnêteté ? En les attaquant, il a commis une impardonnable injustice, et manqué au premier devoir de l'historien.

Et il est d'autant plus inexcusable, qu'il avoue lui-même que le 9 Thermidor fut la victoire des corrompus, des malfaiteurs et des lâches ; que le mot d'ordre, ce jour-là, fut « d'en finir avec tout ce qui survivait d'âmes fières et indomptées », et que les hommes les plus honorables et du plus grand sens, tels que Cambon, regrettèrent la victoire remportée dans ce jour à jamais néfaste[3].

Nous avons dit qu'une chose terrible pour la mémoire des Girondins, c'est le changement qui se fit après le 31 Mai. Nous pouvons dire, avec la même justice, qu'une chose décisive en faveur des Jacobins, c'est le changement qui se fit après le 9 Thermidor. En quelques mois de réaction thermidorienne, la France tomba dans le plus épouvantable état de misère, de désordre et d'abjection. Nous avons fait ailleurs le récit de cette odieuse et méprisable réaction ; reprenons-le textuellement, c'est la meilleure réponse que nous puissions faire aux Muscadins et aux Incroyables de notre temps[4].

« Les sicaires du royalisme[5], organisé en compagnies, égorgeaient publiquement les républicains, et l'apologie de l'assassinat se faisait impunément dans les journaux du parti et au Conseil des Cinq-Cents. La cocarde tricolore était devenue dans le Midi et dans l'Ouest, un signal de proscription et de mort ; les royalistes opposaient gouvernement à gouvernement dans des clubs où l'on n'entrait qu'avec des cartes portant aux quatre angles des fleurs de lis, et au revers une croix de Saint-Louis. On publiait des proclamations annonçant que la royauté allait être rétablie, la France distribuée de nouveau en provinces, la banqueroute générale déclarée " hormis envers les étrangers et les Français fidèles à la bonne cause ", et que les émigrés seraient réintégrés dans leurs biens, titres et privilèges, que les régicides et les chefs du parti patriotique dans les trois Assemblées, dans les armées de terre et de mer, dans les autorités constituées, seraient condamnés à mort,

2. E. Quinet, *op. cit.,* Livre XV, chap. I, t. II, p. 102.
3. Cf. *supra,* note 4, p. 153.
4. Ces sobriquets désignent, à partir du 9 Thermidor, la jeunesse dorée au service de la réaction politique.
5. Peyrat cite ici un passage tiré de son article sur l'*Histoire du Directoire* par Barante (Paris, 1855), publié dans le recueil paru en 1858 sous le titre *Histoire et Religion.*

et que leurs biens seraient confisqués. En attendant, on insultait les soldats de la République, on assassinait les acquéreurs de biens nationaux, et tous les moyens employés pour réprimer ce brigandage étaient inutiles. La gendarmerie, mal équipée, mal payée, ne faisait pas son devoir. La terreur qu'inspiraient les royalistes était telle qu'on ne trouvait plus ni témoins ni jurés ; les plus grands coupables jouissaient de l'impunité et le peuple, poussé à bout, se faisait justice lui-même.

« En même temps, ceux qui pendant quatorze mois, avaient suivi dans la boue le char de la Révolution, se dédommageaient dans la débauche de leur longue lâcheté. La pudeur publique était si effrontément outragée qu'un honnête homme ne pouvait plus entrer ni dans un café, ni dans un théâtre, et qu'une honnête femme osait à peine se présenter dans les rues. Les lieux publics étaient occupés souverainement par les " caillettes ", à moitié nues, qui après avoir reçu, comme déesse de la liberté et de la maternité, l'encens de Chaumette sur l'autel de la Patrie, représentaient, dans les bals et dans les théâtres, la bonne cause et les bons principes. Elles avaient pour cavaliers ces " Incroyables " qu'on cherche à réhabiliter de nos jours ; ces Muscadins, qui, avec leur habit carré, leurs souliers découverts, leurs cheveux tombant sur la face, leurs visages blêmes et leur dos voûté, se croyaient des prodiges de beauté, d'élégance et de belles manières. Cet accoutrement s'appelait *costume à la victime,* et ce costume allait bien à des gens qui, en trois mois, avaient assassiné plus de deux mille républicains. Il est vrai que les Muscadins affirmaient sur leur *paôle d'honneu* qu'ils n'avaient tué que de la " canaille jacobine ", oubliant qu'ils avaient grand soin d'être au moins six contre un, quand ils tombaient sur cette canaille à coups d'assommoir, dans quelque rue isolée.

« L'agiotage était effréné comme la débauche ; il avait pris la place du commerce et porté la corruption dans toutes les parties de la société. Les gens de bien, effrayés et dégoûtés, s'enfonçaient dans la retraite. Comme les traitements étaient à peu près nuls, il ne se présentait plus, pour occuper les places, que des intrigants et des fripons qui voulaient en trafiquer ; ou bien des républicains dévoués qui cherchaient dans ce poste périlleux à assurer le triomphe de leurs principes et le salut de la République.

« La famine était organisée à la frontière, à Paris et dans les départements. Il fallait nourrir la capitale, approvisionner les grandes villes, faire arriver aux districts, aux communes, les grains accaparés par la spéculation ou par la conspiration. Chaque habitant de Paris ne recevait que quatre onces de pain et deux onces de riz par jour, et il y eut des jours où cette misérable distribution manqua. La viande, l'huile, le sucre, le café étaient à des prix inabordables. Les magasins publics n'avaient plus de grains, et pour transporter un sac de blé d'un village à l'autre, il fallait faire le coup de fusil. Les ressources manquaient même dans les hôpitaux.

Les grands chemins, les ponts, les canaux étaient ou horriblement négligés ou tout à fait impraticables. Les forêts étaient au pillage.

« La contre-révolution était maîtresse de tout le Midi, la Vendée en pleine insurrection; les compagnies de chauffeurs désolaient les campagnes; des représentants, dont la Restauration a plus tard récompensé le zèle, conspiraient ouvertement et criaient à la calomnie quand on parlait de leurs machinations. La *Quotidienne*, l'*Éclair*, le *Postillon*, le *Messager*, la *Feuille du Jour*, l'*Accusateur public*, le *Tableau de Paris*, le *Petit Gautier*, et vingt autres journaux dévoués ou vendus au parti royaliste, ameutaient les esprits, vilipendaient le gouvernement, insultaient la République. Des pamphlets, dont la violence et l'ineptie rendent la lecture aujourd'hui presque impossible, étaient répandus à profusion dans les cafés, dans les théâtres, dans les casernes.

« Au-dehors, la situation n'était pas plus rassurante. L'armée, sans pain, sans chaussures, sans vêtements, sans discipline, était découragée, battue; elle perdait le fruit des victoires immortelles de 1792, 1793 et 1794. Nos flottes étaient presque détruites, nos ports bloqués; les désertions se faisaient par masses; les Anglais avaient envahi la Corse; Clairfayt [6] nous avait battus à Monbach, où nous avions perdu trois mille hommes et cent canons. Wurmser [7] avait repris Mannheim et fait prisonnière la garnison composée de sept mille hommes; la Suisse était un foyer de conspiration, et l'Europe était en armes contre nous.

« Des comités sans nombre, des commissions de toute espèce, des bureaux sans nom et sans attribution fixe, où les papiers étaient entassés et confondus, avaient jeté les affaires dans un tel désordre, que le retour d'une administration régulière paraissait impossible*. »

Voilà en quel état quelques mois de réaction thermidorienne mirent la France.

Le mal arriva enfin à un tel excès que Courtois, l'un des proscripteurs et des calomniateurs les plus effrénés du 9 Thermidor [8], fut obligé de faire cet aveu dans la séance du 8 brumaire an VII : « La réaction a tout confondu dans ses fureurs. » Louvet [9], l'un des proscrits du 31 Mai, rentré dans la Convention, y devint un ardent Montagnard, et l'homme qui, le 9 Thermidor, pendant que Robes-

6. C.J. de Clairfayt (1733-1798). Feld-maréchal de l'armée autrichienne, vainqueur à Monbach le 29 octobre 1795.

7. D. G. Wurmser (1724-1797). Feld-maréchal de l'armée autrichienne, lève le siège de Mannheim le 21 décembre 1795.

* Extrait de notre volume intitulé *Histoire et Religion*, pp. 156-161. Éd. Michel Lévy.

8. E.B. Courtois (1754-1826), député de l'Aube à la Législative et à la Convention. Montagnard. Chargé de l'examen des papiers saisis chez Robespierre après le 9 Thermidor et du rapport sur ces papiers à la Convention. Rallié au 18 Brumaire. Membre du Tribunat.

9. J. B. Louvet (1760-1797), député de Paris à la Convention. Girondin. Décrété d'arrestation le 2 juin 1793, se réfugie en Normandie, en Bretagne et enfin en Gironde. Réadmis à la Convention en mars 1795. Membre de la Commission des lois organiques en avril 1795 et du Comité de Salut public en juillet suivant. Élu au Conseil des Cinq-Cents en octobre 1795, subit les attaques des royalistes.

pierre s'épuisait inutilement au pied de la tribune, pour obtenir la parole, poussa le cri décisif : A bas le tyran ! Louchet [10], dégoûté et épouvanté par les atrocités de la réaction, fit la proposition formelle de « remettre la Terreur à l'ordre du jour ».

Ainsi, tant que les Jacobins sont maîtres du pouvoir, ils contiennent toutes les factions ; après leur mort, les factions déchaînées prennent leur revanche : elles font de la France un lieu de débauche et un coupe-gorge. Tant que les Jacobins gouvernent, dit M. Quinet lui-même, « ils opèrent le miracle d'empêcher la famine » ; quand ils sont renversés et immolés, la France n'a plus de pain. Tant que les Jacobins ont dans les mains les destinées du pays, tout cède à l'ascendant de la Révolution, la France marche de victoire en victoire ; quand les Jacobins ne commandent plus, ne donnent plus l'exemple et l'impulsion, la désobéissance, l'indiscipline et le découragement se mettent dans les armées ; nous éprouvons partout des revers. La Révolution s'arrête, recule ; la France se débat dans la misère ; elle n'a plus en perspective que le 18 Brumaire.

On attribue à Cambacérès un mot devenu célèbre, parce qu'il est parfaitement exact. Parlant du 9 Thermidor, Cambacérès aurait dit : « C'est un procès jugé, mais non plaidé [11]. » Il commence à être plaidé, et en ce qui nous concerne, nous le plaidons depuis longtemps ; nous le plaiderons encore, et il finira par être jugé, bien autrement qu'il ne le fut en 94. Nous avons eu l'honneur, dans notre jeunesse, de connaître quelques-uns de ceux qui avaient survécu aux crises et aux défaites de la Révolution, et qui rentrèrent en France après la Révolution de 1830. Nous les avons tous vus s'attrister au souvenir du 9 Thermidor et regarder la part qu'ils avaient prise à cette journée comme le remords de leur vie.

Au temps où nous sommes, si nous rappelons les souvenirs d'une époque déjà si loin de nous, ce n'est pas pour réveiller des haines éteintes, des douleurs oubliées. Mais il importe que la génération qui arrive connaisse les maux qu'elle n'a point éprouvés et que les hommes de notre âge ont plus d'une fois ressentis par contrecoup. Il y a là, pour l'avenir, des leçons qui ne doivent point être perdues. Il faut habituer la jeunesse à s'élever au-dessus des préjugés et des calomnies ; il faut surtout l'habituer à n'avoir peur ni des mots ni des noms propres. Il faut lui montrer ce qu'ont fait et ce que valent les hommes auxquels on prodigue, depuis soixante-douze ans, tous les genres d'anathèmes et d'outrages, sans le moindre mélange de véritable discussion, sans aucun examen, et, il faut le dire, presque sans aucune étude, sans aucune connaissance des faits.

10. L. Louchet (1755-1813), député de l'Aveyron à la Convention. Montagnard. Demande le 9 Thermidor le décret d'arrestation contre Robespierre.

11. Ce jugement figure dans le *Mémorial de Sainte-Hélène,* comme le note Jules Ferry dans son article du *Temps* du 2 février 1866, cf. *infra,* p. 215.

Quant à nous, nous ne voyons dans les indignités dont on veut flétrir les hommes illustres qui se sont immolés pour nous, qu'une raison de plus de les défendre plus hautement, de raconter leurs incomparables travaux, les inappréciables services qu'ils ont rendus à la France, à la Révolution, aux peuples qu'ils ont affranchis, à tout ce qui mérite le nom de civilisation.

Et pour revenir au livre de M. Quinet, nous avons la conviction d'avoir rendu un vrai service en combattant des doctrines auxquelles la considération qui entoure le nom de l'auteur donne une importance qu'elles n'ont point par elles-mêmes, doctrines d'autant plus dangereuses qu'elles affichent la prétention d'être philosophiques. Ce livre pouvant entraîner les lecteurs peu instruits et la jeunesse inexpérimentée en des routes fausses et périlleuses, nous avons signalé, sans réticence, quelques-unes des erreurs, des injustices, des contradictions et des folies qui en font un mauvais livre. Nous n'avons pas tout dit, il s'en faut de beaucoup, mais nous essaierons plus tard de compléter notre critique. Ne permettons pas qu'on empoisonne les sources les plus pures des bienfaits dont nous jouissons; combattons, de quelque nom qu'ils se parent, de déplorables systèmes, car si nous avions, pour les hommes que M. Quinet livre aux outrages des royalistes, autre chose que des actions de grâces, nous mériterions de perdre les biens qu'ils nous ont légués sans en jouir.

Étudions, sans cesse, ailleurs que dans les livres tels que celui de M. Quinet, l'histoire de la Révolution française : il n'en est aucune, pas même l'histoire de Rome, qui soit, au même degré, pleine de leçons morales et politiques, riches en grands caractères et en actions mémorables. Les hommes qui alors eurent en main les destinées de la France, ont été placés dans des situations qui exigeaient, pour soutenir la bonne cause, le plus haut degré de courage, de persévérance et d'énergie. Ces hommes ont commis des fautes, déplorons-les; mais admirons la grandeur de leurs conceptions, la fécondité de leurs œuvres, l'éclat de leur vertu, et cette incomparable abnégation qui leur a fait sacrifier à leurs principes et à leur cause, qui est celle de la démocratie, quelque chose de plus précieux que leur fortune et que leur vie : leur réputation.

P.-S. Nous devons, en terminant notre examen du livre de M. Quinet, signaler un fait qui précise mieux que nous n'avons pu le faire nous-même le caractère et la portée de ce livre.

Chaque année, les journaux royalistes qui, depuis 1814, abusent du 21 janvier, saisissent le prétexte de l'exécution de Louis XVI pour lancer, contre la Convention et ses principaux membres, des injures stéréotypées qui, depuis longtemps, ne sont plus que des froides déclamations et des ridicules lieux communs.

Cette année, trouvant la besogne toute faite, ils ne se sont pas mis en frais. Avant-hier, la *Gazette de France* a publié solennellement en tête de ses colonnes, un article intitulé « Le 21 janvier, procès et mort de Louis XVI » et signé en grosses lettres Edgar Quinet !! Cet article est un extrait du premier volume de M. Quinet de la page 428 à la page 433 [12]. Nous avons vérifié la citation ; elle est faite textuellement, mot à mot, sans observations, sans restrictions, ni suppressions, ni réserve à faire. Le morceau est parfaitement approprié aux idées et aux sentiments du journal royaliste.

Nous avons traité et dû traiter sévèrement le livre de M. Quinet ; mais, nous n'en avons pas fait et nul ne saurait pas faire une critique plus terrible que cette démonstration de la *Gazette de France.* Nous aimons à penser que, sur ce point-là du moins, les rares défenseurs du livre de M. Quinet, et M. Quinet lui-même, sont de notre avis.

12. Ces pages se réfèrent au deuxième chapitre du Livre XII, consacré au procès et à la mort du roi. Quinet y décrit les derniers moments de Louis XVI à la veille du 21 janvier, et il juge le régicide par les enjeux symboliques qu'il comporte et les résultats politiques qu'il provoque : « Qu'est-ce donc que les révolutionnaires gagnèrent à cette mort ? Ils se donnèrent la joie de punir leurs anciens maîtres, dans la personne d'un seul : comme presque toujours, le châtiment tomba sur le plus débonnaire. Ils étonnèrent par leur inflexibilité ; ils devaient étonner plus encore par leur prompt retour sous un joug semblable à celui qu'ils venaient de briser. Bientôt, de ce supplice, il ne devait rester, chez une nation mobile, qu'une immense pitié pour la victime et un reniement presque universel des justiciers » (p. 433).

# ALPHONSE PEYRAT

## L'Avenir national, 31 janvier 1866

Notre critique du livre de M. Quinet a produit une émotion que nous n'avions pas prévue, et dont nous nous félicitons. Dans les départements, les journaux royalistes nous ont dit des injures que nous méritons et que nous mériterons toujours ; nos amis nous ont adressé, verbalement et par écrit, des félicitations dont nous les remercions cordialement. Nous avons les preuves réitérées, authentiques, matérielles, qu'en faisant justice de cet ouvrage, qui livre aux insultes de nos ennemis les plus grandes choses et les hommes les plus illustres de la Révolution, nous avons exprimé l'opinion et les sentiments du parti démocratique. Les hommes les plus justement respectés et les plus incontestablement autorisés se sont associés à nos critiques de la manière la plus explicite et dans les termes les plus concluants. A cet égard, nous avons reçu des témoignages faits pour dissiper tous nos doutes, si nous en eussions jamais eu aucun, et pour nous encourager, si, pour défendre la Révolution, nous avions besoin d'encouragements.

Décontenancés par cette attitude et cette réprobation du parti démocratique, les très rares défenseurs du livre de M. Quinet ont un moment suspendu leurs apologies auxquelles les journaux royalistes ont seuls jusqu'à présent fait écho. Aujourd'hui, ils reviennent à la charge, et voici ce qu'on lit dans le *Temps* :

« Il est dans l'histoire de la Révolution deux dates décisives, deux coups d'État qui se lient l'un à l'autre, comme la première et la dernière pierre de l'édifice : le 31 Mai et le 18 Brumaire.

« Les premiers Jacobins, les vrais, ne les séparaient pas. *Il n'y avait pas si loin des bureaux du Comité de Salut public aux antichambres du Premier consul : d'illustres exemples l'ont fait voir. Les fauteurs de la dictature conventionnelle applaudirent* TOUS *au coup d'État de Bonaparte.* Les Jacobins furent les meilleurs préfets de l'Empire.

« Les néo-jacobins, qui se caractérisent surtout par l'inconséquence, ont tenté les premiers de distinguer entre le coup d'État démagogique et le coup d'État militaire, comme si l'on pouvait échapper à la souveraine logique des choses, comme si le sophisme du Salut public n'était pas toujours le même.

« M. Peyrat, du moins, ne méritera pas le reproche d'inconséquence. Il déclare nettement qu'après le 9 Thermidor, la Révolution arrêtée, menacée, décimée, *n'avait plus qu'un recours :* le 18 Brumaire [1]. »

Quand un écrivain sérieux se permet de lancer une telle accusation, c'est qu'il est en mesure de la justifier par des preuves irrécusables. Ces preuves, nous les demandons : l'accusation est nette, il faut que la preuve le soit.

Voilà soixante ans que les royalistes accusent les Jacobins de s'être associés aux entreprises de Bonaparte contre la République et d'avoir été les instruments de l'autocratie impériale. Il est grand temps d'en finir avec ce lieu commun ressassé et cette audacieuse calomnie. Qu'on laisse donc de côté les phrases et les amplifications de rhétorique, les fantasmagories dont on amuse les enfants et les bonnes femmes, et qu'on cite les noms. Quels sont les Jacobins, les vrais Jacobins, comme on les appelle, qui ont quitté les bureaux du Comité de Salut public pour s'installer dans les antichambres du Premier consul et de l'empereur ? Parmi ceux qui ont été préfets, conseillers d'État, qui ont plié l'échine pour se faire prendre mesure d'un habit brodé, qu'on en nomme un, un seul, qui n'ait pas eu sa part et son rôle dans le 9 Thermidor, c'est-à-dire dans cette journée où les vrais Jacobins furent vaincus en même temps que la Révolution. Encore un coup, pas de phrases et des noms propres [2].

Bonaparte connaissait mieux les Jacobins et leur rendrait mieux justice. Trahis ou maltraités au 18 Brumaire, ils ne furent pas immédiatement tous proscrits. Mais leur présence seule importunait le nouveau maître, et voici en quels termes il en parlait, le 9 pluviôse, dans une séance du Sénat : « *C'est une vermine* que j'ai sur mes habits ; il ne faut pas croire que je me laisserai attaquer ; je ne le souffrirai pas. »

Il les outrageait ainsi, en attendant, pour les frapper, une occasion et un prétexte, que lui donna la machine infernale du 3 nivôse. Pour cet attentat, notoirement royaliste, cent trente Jacobins furent arrêtés, emprisonnés, déportés en masse, sans procédure, sans jugement, pour un crime qu'ils n'avaient pas commis ; tout le monde le savait, le gouvernement en avait la preuve. Forcé d'avouer, en plein Conseil d'État, qu'en effet il n'avait aucune preuve contre ces cent trente Jacobins proscrits, Bonaparte répondit à Roederer, à Regnault de Saint-Jean-d'Angély [3], et à tous leurs

1. Jules Ferry, « Girondins et Jacobins », *Le Temps,* 30 janvier 1866, cf. *infra,* p. 207.
2. Cf. la réponse de Ferry dans *Le Temps,* 2 février 1866, *infra,* pp. 212 et suiv.
3. Membres du Conseil d'État du 4 nivôse an VIII, P. L. Roederer (1754-1835) et M.L.E. Regnault de Saint-Jean-d'Angély (1761-1819), avant leur ralliement au 18 Brumaire, ont siégé dans les Assemblées révolutionnaires, successivement monarchistes constitutionnels, adversaires de la Terreur, et républicains thermidoriens.

collègues stupéfaits : « On les déporte pour le 2 Septembre, pour le 31 Mai, la conspiration de Babeuf et tout ce qui s'est fait depuis. »

On voit donc que, après le 18 Brumaire, pour trouver les Jacobins, il faut les chercher à Oléron, à l'île de Rhé, à Cayenne, et nullement dans les antichambres de Bonaparte. Ceux qu'on trouve dans les antichambres du consul et dans les conseils de l'empereur, ce sont les thermidoriens, c'est-à-dire ceux qui tuèrent les Jacobins après les avoir platement adulés, et qui se déshonorèrent par leurs calomnies après s'être avilis par leur lâcheté. Ils firent plus tard, avec Napoléon, ce qu'ils avaient fait avec Robespierre ; vainqueur, ils se prosternèrent devant lui ; vaincu, ils crièrent : *A bas le tyran !* C'est le cri qu'ils avaient poussé le 9 Thermidor.

Tous les Jacobins, cependant, ne furent pas proscrits ; il en resta quelques-uns, notamment La Révellière-Lépeaux. Cet homme de mérite, ce vrai patriote, cet honnête et galant homme, que les royalistes ont cherché à ridiculiser, tombé du pouvoir qu'il avait honoré par sa probité, son patriotisme et son énergie, rentra dans la vie privée et fut bientôt obligé, pour vivre, de vendre ses livres et sa maison d'Andilly. Il refusa, comme membre de l'Institut de prêter serment à l'Empire. En 1811, le gouvernement le sachant malheureux et lui ayant fait offrir une pension, il répondit que, n'ayant pas servi le gouvernement impérial, il n'avait aucun droit à ses faveurs. Encore un Jacobin, celui-là [4], qu'on n'a pas vu dans les antichambres de Napoléon, où l'on a vu ces plats et misérables thermidoriens, qu'on essaie, très vainement, du reste, de réhabiliter aujourd'hui.

A en croire le *Temps,* nous avons prétendu que, après le 9 Thermidor, la France n'avait plus *qu'un recours* : le 18 Brumaire. Le *Temps* nous fait dire exactement le contraire de ce que nous pensons : le contraire de ce que nous avons dit, non seulement en réfutant M. Quinet, mais toutes les fois que nous avons eu à parler de ce coup d'État, et nous en avons parlé souvent. Il y a dix ou douze ans, en examinant l'*Histoire du Directoire* de M. de Barante, et en rappelant l'épouvantable état d'anarchie et de démoralisation où les thermidoriens avaient jeté la France, nous disions :

« Quand les partis sont tombés à cet état de dégradation, le premier ambitieux qui veut prendre le pouvoir peut compter sur la plus honteuse servilité. Aussi quand César passa le Rubicon,

4. Cf. La rectification de Ferry sur la situation politique de La Révellière, dans l'article du 2 février, *infra,* p. 216 ; et la réplique de Peyrat dans son article du 3 février, *infra,* p. 190. L. M. La Révellière-Lépeaux (1753-1824), député d'Angers à la Constituante et de Maine-et-Loire à la Convention. Proche du groupe girondin, mais indépendant. Vote pour la mort du roi en janvier 1793. Combat l'établissement du tribunal révolutionnaire en mars 1793. Proteste contre la proscription des Girondins en juin 1793 et abandonne la Convention. Décrété d'arrestation en août 1793. Réadmis à la Convention en mars 1795. Élu au Conseil des Cinq-Cents en octobre 1795. Membre du Directoire, associé au coup d'État anti-royaliste du 18 fructidor 1797. Démissionnaire en juin 1799, reste étranger au régime de Bonaparte. Refuse en 1804 de prêter serment à l'Empire.

Brutus ne se montra pas, et de même que le 18 Fructidor, le 18 Brumaire s'accomplit sans difficulté : *illic sedimus et flevimus.* Jamais depuis 89, la France n'avait offert un si triste spectacle[5]. »

Ce que nous pensions, il y a douze ans, nous le pensons encore ; ce que nous avons dit alors, nous l'avons répété presque textuellement dans l'article que le *Temps* dénature, en prétendant y avoir vu le contraire de ce que nous y avons mis ; il est vrai qu'il s'est bien gardé de citer nos paroles, que voici, puisqu'on nous force à les répéter : « Tant que les Jacobins sont maîtres du pouvoir, ils contiennent toutes les factions ; après leur mort, les factions déchaînées prennent leur revanche ; elles font de la France un lieu de débauche et un coupe-gorge. Tant que les Jacobins gouvernent, dit M. Quinet lui-même, " ils opèrent le miracle d'empêcher la famine " ; quand ils sont renversés et immolés, la France n'a plus de pain. Tant que les Jacobins ont dans les mains les destinées du pays, tout cède à l'ascendant de la Révolution, la France marche de victoire en victoire, quand les Jacobins ne commandent plus, ne donnent plus l'exemple et l'impulsion, la désobéissance, l'indiscipline et le découragement se mettent dans les armées ; nous éprouvons partout des revers. La Révolution s'arrête, recule ; la France se débat dans la misère ; elle n'a plus en *perspective* que le 18 Brumaire[6]. »

Oui, telle fut la *perspective* de la France, quand les vrais républicains eurent été immolés ; oui, le 9 Thermidor a produit le 18 Brumaire, comme la cause produit l'effet, comme le principe produit la conséquence. C'est là fatalement que devait aboutir la contre-révolution commencée le 9 Thermidor, et c'est parce qu'ils en étaient convaincus que les hommes honnêtes, alors trompés et égarés, et reconnaissant trop tard leur erreur, se sont toujours frappé la poitrine au souvenir de cette journée néfaste. Ce qui succomba le 9 Thermidor, ce fut la Révolution, et, heureusement pour la morale et pour l'honneur de la démocratie, ceux qui, ce jour-là, renversèrent la République, se montrèrent aussi incapables qu'indignes de la relever. La responsabilité du 18 Brumaire pèse sur les auteurs du 9 Thermidor ; voilà la vérité ! Les apologistes de M. Quinet ont beau le nier, elle éclate malgré eux et nous avons la satisfaction de penser que cette discussion n'y a pas peu contribué ; ils ont beau travailler à dénaturer les faits et à intervertir les rôles, ils n'y réussiront pas.

5. A. Peyrat, *op. cit.*, pp. 186-187.
6. Cf. J. Ferry, *Le Temps*, 2 février 1866, *infra*, p. 218.

## ALPHONSE PEYRAT

### L'Avenir national, 3 février 1866

Le *Temps* avait dit que *les vrais Jacobins* passèrent très naturellement des bureaux du Comité de Salut public dans les antichambres du Premier consul, et qu'ils « applaudirent *tous* au coup d'État de Bonaparte ». Pour en finir avec cette vieille calomnie royaliste, nous avions prié le *Temps* de laisser les phrases de côté, de citer les noms ; et puisque *tous* les Jacobins commirent la même platitude, il était facile d'en signaler au moins quelques-uns. Forcé de s'expliquer, le *Temps* prend d'abord ses précautions. « Nous allons, dit-il, venir aux noms propres, mais nous sommes sûrs d'avance que vous ne les accepterez pas [1]. » Il en était en effet, bien sûr, car, parmi tous ceux qu'il cite, et il en cite une vingtaine, tous, sauf David et Carnot, sont des thermidoriens furieux, des contre-révolutionnaires notoires, ou de ces hommes qui, grâce à leur obscurité et à leur insignifiance, purent aller d'un parti à l'autre, acclamer toujours les vainqueurs et traverser ainsi, sans se compromettre, toutes les crises de la Révolution.

Si le *Temps* se bornait à nommer Cochon de l'Apparent, Réal, Treilhard, Hentz, Lacholle, Drouet, Borie et Thirion [2], il n'y aurait qu'à rire de son embarras, mais il va plus loin, et il est vraiment inconcevable qu'il ose appeler Jacobins les assassins des Jacobins, et qu'il essaie de flétrir les victimes en les rendant responsables de la conduite de leurs bourreaux.

1. Jules Ferry, *Le Temps,* 2 février 1866, cf. *infra,* p. 213.
2. Peyrat reprend ici une liste de personnalités thermidoriennes citées par son adversaire Jules Ferry (cf. *infra,* pp. 214-217) pour illustrer la thèse de la continuité entre jacobinisme et bonapartisme. Il veut dire qu'à ses yeux ces personnalités n'ont pas réellement appartenu au « parti » jacobin. A la liste des députés cités par Ferry, Peyrat ajoute le nom de Lacholle, que nous n'avons pas réussi à identifier. Il s'agit, peut-être, d'une faute d'impression, réitérée d'ailleurs dans le recueil d'articles, qui aurait transformé en Lacholle, P. P. A. Pocholle (1764-1831), député suppléant de la Seine-Inférieure à la Législative et à la Convention. Montagnard. Envoyé constamment en mission : dans la Seine-Inférieure et dans la Somme (mars-août 1793), en Normandie (juillet 1793) et à Lyon (août 1794). Réacteur. Commissaire du Directoire près de l'armée d'Italie, et ensuite aux îles Ioniennes. Secrétaire général de la Roër en 1801. Sous-préfet de Neuchâtel en 1804.

Entre les prétendus Jacobins qui ont applaudi le coup d'État du 18 Brumaire, on ne craint pas de nommer Fouché et Fréron, c'est-à-dire les deux hommes par qui les Jacobins ont été le plus lâchement proscrits et le plus effrontément insultés ; ce Fréron, le digne chef de cette Jeunesse Dorée qui scandalisa la France par ses turpitudes, révolta la conscience publique par ses débauches, outragea et battit les femmes, et se souilla du sang des Jacobins assassinés sans défense. A la fin, couvert de honte et bourrelé de remords, ce misérable Fréron crut racheter sa conduite en publiant son *Mémoire historique sur la réaction royale et sur les massacres du Midi*[3]. Il était trop tard : son mémoire reste comme preuve historique, mais cette réaction, dont il dévoile les infamies, c'est lui qui l'avait excitée ; ces massacres, c'est lui qui les avait provoqués, ils souillent à jamais sa mémoire et celle de ses complices les thermidoriens. Que ceux qui approuvent le 9 Thermidor, et qui entreprennent de la réhabiliter, gardent donc pour eux Fréron, Fouché et leurs semblables, car ils sont bien à eux, ils leur appartiennent. Quant aux Jacobins, non seulement ils les repoussent, mais ils les méprisent.

Le *Temps* nous demande où nous avons pu voir qu'il ait entrepris de réhabiliter les thermidoriens. Comment, où nous avons pu le voir ? Mais dans son article d'aujourd'hui, le même où il nous adresse cette incroyable question ; et voici ses propres paroles — « Thermidor, c'est la fin de la Terreur, c'est le réveil de la justice et de la clémence, la défaite de l'épouvante dans son incarnation la plus savante et la plus haute[4] ». Si ce n'est pas là une réhabilitation, qu'est-ce donc ?

Et si le 9 Thermidor a été, comme dit le *Temps,* le réveil de la justice et de la clémence, c'est de toutes les journées de la Révolution, la plus belle, la plus morale, la plus glorieuse ; il ne suffit pas de la réhabiliter, il faut la célébrer hautement. Elle fut, en effet, célébrée, mais par qui ? Par les contre-révolutionnaires, par les royalistes, par les émigrés qui sentaient renaître leurs espérances, poussèrent des cris de joie ; par les rois de l'Europe qui comprirent que la Révolution, invincible jusqu'alors, était frappée au cœur. Ils avaient raison, car c'est à dater du 9 Thermidor que la confusion se met dans les esprits, que tous les intérêts tremblent, que tous les cœurs les plus fermes se troublent, et que la France, dévorée de misère et d'anarchie, se traîne de coup d'État en coup d'État jusqu'au 18 Brumaire.

Ce que le *Temps* appelle le « réveil de la justice et de la clémence » fut d'un côté le réveil de toutes les lâchetés, de toutes les trahisons, de toutes les débauches ; de l'autre, le réveil du roya-

3. Par cet écrit, publié en 1796, Fréron répondait au Directoire qui lui avait intimé l'ordre de rendre compte de sa mission comme commissaire dans les Bouches-du-Rhône d'octobre 1795 à février 1796.
4. Jules Ferry, *Le Temps,* 2 février 1866, cf. *infra*, p. 213.

lisme. En moins de trois mois, plus de deux mille républicains furent égorgés, et la France tomba dans un état si épouvantable, que les honnêtes gens, fourvoyés le 9 Thermidor à la suite de conspirateurs, regrettèrent la victoire remportée dans cette journée fatale. C'est M. Quinet lui-même qui le dit, et le *Temps,* sans doute, ne le récusera pas.

Le *Temps* nous demande « où sont les Jacobins après Robespierre ? ». D'abord ceux du club, ceux de la Convention, ceux des principales sections, sont presque tous morts assassinés ; ceux qui survivent se cachent dans la retraite où ils gémissent sur les infamies qui se commettent et sur la République perdue. Toujours dévoués, toujours inébranlables, ils en sortent un moment, le 13 vendémiaire, pour voler au secours de la Convention menacée par les royalistes. Ils la sauvent, le cœur navré, sans illusion, sans espérance ; mais, selon leur habitude, ils ont couru au danger et fait leur devoir.

Il y a aussi quelques Jacobins dans la Convention, sur la Montagne décimée. Ils s'appellent Romme, Goujon, Bourbotte, Duquesnoy, Soubrany [5] ; mais leur présence trouble les thermidoriens, et, après le 1er prairial, ils sont, eux aussi, assassinés par cette réaction que le *Temps* appelle si heureusement « le réveil de la justice et de la clémence ».

Le *Temps* nous reproche d'avoir fait de La Révellière un Jacobin. « Gardez vos saints, mais laissez-nous les nôtres [6]. » Jusqu'au 9 Thermidor, La Révellière, qui avait blâmé le 31 Mai et le 2 juin, siégea, en effet, parmi les modérés. Mais, après le 9 Thermidor, indigné et dégoûté par « le réveil de la justice et de la clémence », il se jeta comme bien d'autres, comme Louvet [7] notamment, du côté où il voyait encore des hommes honnêtes, des patriotes purs et des républicains. Il fut de ceux qui se firent Jacobins par probité, par indignation, par repentir. Ces Jacobins de la dernière heure ne sont pas suspects, ils comptent parmi les plus estimables et les plus courageux.

Et La Révellière prouva, le 18 fructidor, avec qui et contre qui il marchait. Ce jour-là, il sauva la République, en déjouant et en frappant la conspiration royaliste ; mais le lendemain il dépassa la mesure. Au lieu de juger les conspirateurs, contre lesquels les preuves étaient accablantes, on les proscrivit. Et puisque le *Temps* revendique La Révellière comme un de ses saints, il paraît qu'au besoin les proscriptions ne lui répugnent pas, car l'homme qu'il met ainsi dans son oratoire, est un de ceux qui déportèrent sans jugement les propriétaires, rédacteurs et imprimeurs de quarante-

5. Députés formant le petit groupe montagnard dans la Convention thermidorienne. Décrétés d'accusation après l'insurrection du 1er prairial 1795. Condamnés à mort le 29 prairial, ils se suicident à l'annonce du verdict, sauf deux d'entre eux, Soubrany et Bourbotte, qui sont guillotinés.

6. Jules Ferry, *Le Temps,* 2 février 1866, cf. *infra,* p. 216.

7. Cf. *supra,* note 9, p. 180.

deux journaux ou recueils périodiques, quarante membres des Cinq-Cents, treize des Anciens, et qui cassèrent les élections de quarante-neuf départements[8].

Quant à Carnot, nous regrettons que le *Temps* ait placé son nom dans la ridicule nomenclature des prétendus Jacobins qui acclamèrent le 18 Brumaire. Carnot était un très honnête homme, mais un homme faible[9]. Embarrassé de sa conduite pendant les quarante jours qui précédèrent le 9 Thermidor, il voulut plaire aux modérés de tous les partis qui, abusant de son imprévoyance, le compromirent dans leurs intrigues et le firent comprendre dans la proscription de fructidor. Le souvenir de cette journée et la haine contre ses anciens collègues du Directoire, notamment contre La Révellière, expliquent sa conduite après le 18 Brumaire. C'est un moment de faiblesse, amplement racheté par toute une vie de dévouement, de patriotisme et de probité. Le *Temps* n'aurait pas dû placer Carnot dans la même liste que Fouché.

Encore un mot pour terminer cette discussion, où nous ne serions certainement pas entré si nous avions pu supposer qu'on y apporterait des raisons si peu sérieuses. Nous avons dit qu'en protestant contre le livre de M. Quinet, nous avions la certitude d'avoir exprimé les sentiments du parti démocratique, et que les hommes les plus considérés et les plus autorisés de ce parti se sont associés à nos critiques de la manière la plus explicite et dans les termes les plus concluants. Le *Temps* nous demande les noms de ces honorables citoyens ; et voici en quels termes : « Les noms, s'il vous plaît, de ces patriarches du robespierrisme, de ces inconsolables de Thermidor, les noms, s'il ne vous est pas défendu de les dire ? »

Nous n'avons pas l'habitude de faire imprimer et de livrer à la publicité les communications que nos amis nous font verbalement ou par écrit. Quant à leurs noms, puisque le *Temps* suppose qu'il nous est défendu de les dire, il n'aurait pas dû nous les demander.

8. Allusion aux deux lois d'exception du 19 et du 22 fructidor 1797.
9. Cf. *infra*, note 13, p. 215.

## ALPHONSE PEYRAT

### L'Avenir national, 6 février 1866

Le *Temps* nous rend un service pour lequel nous le prions de vouloir bien recevoir nos plus sincères remerciements. Il nous rappelle une erreur que nous avons commise, il y a vingt-six ans, et que nous sommes heureux de reconnaître publiquement. Nous ne parlons pas de la réparer ; nous croyons avoir le droit de dire que nous l'avons réparée par notre dévouement à la cause que nous défendons ici, et à laquelle, depuis bien des années, nous avons consacré notre vie. Voici de quoi il s'agit.

Nous avons prouvé au *Temps* qu'il a calomnié les Jacobins en disant qu'ils étaient allés des bureaux du Comité de Salut public dans les antichambres de Bonaparte, et qu'il a donné pour Jacobins des thermidoriens furieux, des contre-révolutionnaires notoires, des hommes inconnus ou sans valeur. Devant cette erreur démontrée, le *Temps* s'en prend à nous personnellement, et, n'osant plus soutenir que *tous* les Jacobins se sont ralliés au 18 Brumaire, en 1799, il nous rappelle que nous en avons fait l'éloge en 1840, ce qui n'était pas précisément la question. N'importe, voilà d'abord les Jacobins hors de cause, c'est l'essentiel. Quant à notre personne, quoiqu'il nous en coûte de la mêler à une discussion de cette importance, nous allons dire au *Temps* pourquoi nous avons eu, dans notre jeunesse sur le 18 Brumaire une opinion contraire à celle que nous avons aujourd'hui. Puisqu'il faut s'humilier, humilions-nous de bonne grâce, et expliquons-nous.

En 1840, nous publiâmes — pardon, puisque je suis personnellement en cause, je surmonte la plus forte de mes répugnances, et je parle à la première personne. Donc, en 1840, je publiai, en un petit volume, une lettre à M. Thiers, que, soit dit en passant, je n'avais pas plus l'honneur de connaître alors qu'aujourd'hui. Je n'ai pas conservé ce volume ; mais j'en juge par le court extrait qu'en donne le *Temps*[1]. J'avais, il y a vingt-six ans, la tête assez chaude,

1. Cf. *infra*, p. 221.

et dans l'esprit plus d'exaltation que de maturité. Cependant cette exaltation s'explique.

Je commençais alors à étudier sérieusement l'histoire de la Révolution, que je n'avais connue encore, comme tous les hommes de mon âge, que par les livres détestables et ridicules où elle est dénaturée, outragée, falsifiée. Cette étude me causait un enthousiasme qui ne s'est point affaibli, et des indignations qui sont aujourd'hui aussi vives, mais plus fortement motivées. Le 9 Thermidor surtout, ce triomphe remporté par les intrigants, les corrompus et les lâches, sur les républicains les plus dévoués, les plus énergiques et les plus purs, m'irritait profondément. Je voyais la Révolution compromise, la République déshonorée et perdue par les thermidoriens. En effet, à dater de ce moment, les factions vaincues se fortifient dans l'ombre. Les chefs vendéens échappés à la journée du 13 vendémiaire renouent leurs intelligences avec l'Angleterre et s'apprêtent à des nouveaux efforts. Vaincus une seconde fois, le 18 fructidor, au moment où leur triomphe paraît certain, les royalistes de l'intérieur, instruits par leurs nombreuses défaites, dissimulent mieux leurs espérances, s'agitent avec plus de mesure, et de manière à surprendre l'autorité sans défense.

La France en était là, lorsque le coup d'État du 30 prairial, le huitième en moins de sept ans, mit le pouvoir dans les mains de deux incapables et de trois traîtres ; Moulin [2], militaire sans réputation ; Gohier [3], honnête homme, mais inconnu et sans autorité ; Roger Ducos [4] nommé pour sa nullité ; Barras [5], dilapidateur, débauché en correspondance avec Louis XVIII et vendu aux ennemis de la République ; Sieyès [6], ex-constituant, ex-conventionnel, ex-prêtre et ayant toute l'astuce d'un prêtre et d'un mauvais prêtre. Dans cette situation, et, lorsque, selon l'expression de M. Quinet lui-même, « la réaction de 1797 à 1799 avait corrompu la nation jusqu'à la moelle », je crus, comme de très honnêtes gens et de très

2. J. F. A. Moulin (1752-1810), général à l'armée d'Angleterre en octobre 1798, nommé membre du Directoire en remplacement de La Révellière le 2 messidor 1799.

3. L.J. Gohier (1746-1830), député de l'Ille-et-Vilaine à la Législative. Secrétaire général du ministère de la Justice, et ministre de mars 1793 à avril 1794. Président du tribunal criminel de la Seine en 1795. Juge au tribunal de cassation. Membre du Directoire après le 30 prairial 1799, il en est le dernier président. S'oppose avec Moulin au coup d'État du 18 Brumaire.

4. P. Roger Ducos (1747-1816), député des Landes à la Convention, siège sur les bancs de la Plaine. Membre du Comité des secours publics. Élu au Conseil des Anciens en octobre 1795, il en devient président au 18 fructidor 1797. Président du tribunal criminel des Landes, après l'annulation de son élection par la loi du 22 floréal 1798. Nommé membre du Directoire en remplacement de Merlin de Douai après le 30 prairial. Au lendemain du coup d'État de Bonaparte, qu'il favorise, il est un des trois consuls provisoires. Membre du Sénat conservateur en décembre 1799. Comte d'Empire en 1808.

5. Cf. *infra*, note 1, p. 220.

6. E.J. Sieyès (1748-1836), député de Paris à la Constituante et de la Sarthe à la Convention, le principal théoricien politique des Assemblées révolutionnaires. Très influent en 1789, il se tait en 1793. Membre du Comité de Salut public en mars 1795. Élu au Conseil des Cinq-Cents en octobre 1795. Favorable au coup d'État du 18 fructidor 1797. Ambassadeur à Berlin en mai 1798. Nommé membre du Directoire à la place de Rewbell en mai 1799, soutient les Conseils dans le renversement des directeurs en prairial, avant d'être associé au coup d'État du 18 Brumaire. Consul provisoire. Sénateur. Comte en 1802. Grand officier de la Légion d'honneur en 1808.

bons patriotes crurent en 1799, que la Révolution avait été sauvée par le 18 Brumaire, et, que la Dictature était alors indiquée par la raison, conseillée par la prudence, commandée par la nécessité, qui seule légitime cette magistrature redoutable. Et comme là-dessus ma conviction était entière, je l'exprimai nettement dans la brochure avec laquelle le *Temps* croit m'embarrasser. Il se trompe : il ne m'embarrasse pas, mais il m'afflige, pour une raison particulière que je dirai dans un moment.

Ce que je pensais en 1840, je ne l'ai pas pensé longtemps, je ne le pense plus surtout aujourd'hui. C'est le seul point de l'histoire de la Révolution où mes sentiments aient jamais changé, mais sur ce point ils ont changé radicalement. L'expérience m'a appris que ce fut, en 1797 et en 1799, une grande faute de laisser l'armée prendre un rôle politique. Le Comité de Salut public avait constamment porté les efforts des soldats contre l'ennemi du dehors, les empêchant ainsi de se retourner vers l'intérieur et de se mêler aux discordes civiles. C'est encore là l'un des grands services rendus par les Jacobins et une preuve de leur supériorité politique.

L'étude de la Révolution m'a appris aussi que l'État de la France, en 1799, quoique très grave, ne l'était point assez pour justifier le coup d'État et la dictature qui en fut la conséquence. Le maintien de la constitution républicaine correspondait aux vœux et aux intérêts de l'immense majorité de la France.

La République était assez forte pour contenir ses adversaires. Elle avait contre elle une poignée de royalistes, quelques prêtres ulcérés, quelques rentiers ruinés, trois ou quatre journalistes éhontés et notoirement salariés par le Prétendant, enfin ce mauvais ton, le plat jargon et les mœurs scandaleuses de la jeunesse dorée des deux sexes.

Mais, elle avait pour elle les armées composées encore en grande partie de ces volontaires partis en 92, quand la patrie était en danger, et qui avaient vaincu l'Europe pour vaincre la monarchie. Elle avait pour elle cent journalistes, tous les écrivains de quelque autorité, les poètes, les artistes, les acquéreurs des biens nationaux, tous les propriétaires, las de leurs incertitudes, tous ceux qui, en 89 et en 90, ayant pris les armes pour elle et endossé l'uniforme national, avaient mérité par là le ressentiment des royalistes. Les premiers amis de la Révolution lui étaient restés fidèles, et ils étaient innombrables.

Voilà ce qu'une longue et consciencieuse étude de la Révolution m'a appris, et que je ne savais pas il y a vingt-six ans. Si le *Temps* est arrivé de plein jet et du premier coup à la vérité historique, je n'ai pas eu le même bonheur ; ce que je sais, je l'ai appris lentement, péniblement, par le bénéfice de l'âge, de l'étude et de l'expérience. Toutes mes opinions n'étaient pas fixées dans ma jeunesse ; mais aujourd'hui elles le sont, et depuis longtemps. J'ai, depuis quinze ans, beaucoup écrit sur la politique et sur l'histoire ;

tout ce que j'ai écrit, je l'ai signé, et je suis sûr, absolument sûr, de n'avoir pas à y changer un iota.

Mais, je n'en puis pas dire autant de la petite brochure que le *Temps* a jugé convenable de me rappeler. J'y vois avec le plus douloureux étonnement que j'ai osé parler autrement qu'avec le respect le plus absolu, d'un homme pour qui j'ai non seulement la plus grande admiration, mais la vénération la plus profonde, de l'illustre François Arago [7]. J'en suis véritablement navré ; je supplie ses parents et tous mes amis de me pardonner cette injuste appréciation de la valeur politique d'un homme qui est l'une des gloires de la France ; quant à moi, je ne me le pardonne pas. Seulement, je voudrais que cette erreur de ma vingt-septième année pût servir d'exemple aux jeunes gens qui se laissent emporter aujourd'hui par l'effervescence de leur âge.

Je supposais, je l'avoue, que vingt ans de dévouement à la même cause, et qu'une vie exclusivement consacrée à des devoirs dont l'accomplissement a été souvent si pénible, m'avaient mis à l'abri de toute attaque personnelle. Le *Temps* m'a cruellement détrompé ; mais je le répète, en me fournissant l'occasion d'expliquer une erreur de ma jeunesse, il m'a rendu service, et encore une fois je le remercie.

Un dernier mot maintenant sur le fond de cette discussion. Nous avons dit que notre critique du livre de M. Quinet a été hautement et explicitement approuvée par les hommes les plus considérables et les plus autorisés du parti démocratique. Le *Temps* a l'air de ne pas croire à cette approbation. Nous affirmons de nouveau que cette approbation existe [8] et qu'elle prend chaque jour un caractère plus énergique et plus formel.

7. Qualifié d'« homme médiocre » dans la *Lettre à Thiers* en 1840, François Arago (1786-1853), à l'époque illustre savant, professeur à l'École polytechnique et député de l'extrême gauche, devait devenir en 1848 membre du gouvernement provisoire, président de la Commission exécutive et ministre de la Marine et de la Guerre. Cf. *infra*, p. 221.

8. A. Ledru-Rollin, représentant de la tradition révolutionnaire et démocratique, ministre de l'Intérieur du gouvernement provisoire en février 1848, réfugié en Angleterre après l'échec de la journée du 13 juin 1849 contre l'expédition Oudinot chargée de renverser la République romaine, écrivait à Peyrat, dans une lettre de Londres du 15 janvier 1866 : « Quelle satisfaction j'éprouve, aujourd'hui à lire votre mâle étude de la dernière œuvre de Quinet. Odieuse ingratitude envers la Révolution, ce livre, pris en lui-même, est, chose plus étrange, un tissu de contradictions choquantes. Grâce à votre plume, aussi puissante que patriotiquement inspirée, la jeunesse, malgré tous les Ollivier et tous les apostats du monde, ne sera donc pas fourvoyée dans son jugement sur cette époque de géants, d'où sortit le salut inespéré de la France et qui restera son éternelle gloire entre les nations. » Cf. J. Reinach, *Quelques lettres à Alphonse Peyrat*, Paris, 1903, p. 38.

# JULES FERRY

*Né à Saint-Dié dans les Vosges en 1832, d'une famille de bourgeois républicains, Jules Ferry s'installe à Paris dès 1850. Il partage sa jeunesse entre le barreau, le journalisme et la politique. Avocat stagiaire en 1851, journaliste judiciaire à* La Gazette des tribunaux *en 1856, collaborateur à* La Presse *de Girardin en 1857 et au* Courrier de Paris *de Duvernois en 1860, il entre à la fin de 1865 au* Temps, *journal indépendant, proche des milieux protestants d'affaires, fondé en 1861 par Auguste Nefftzer, de tendance libérale.*

*A l'époque de la polémique sur le livre d'Edgar Quinet, au début de 1866, Jules Ferry est déjà un personnage connu. Il appartient à cette jeunesse républicaine qui, instruite par l'échec de la IIe République et par le positivisme comtiste, rejette l'idéologie socialiste et jacobine et choisit l'opposition parlementaire et libérale au Second Empire. Auteur d'une série d'études sur le développement industriel de la France, et d'articles sur le système financier contemporain, il participe aussi directement au combat politique.*

*Président de la Conférence Molé en 1854-1856, ami intime d'Émile Ollivier, il soutient l'opposition parlementaire du Groupe des Cinq* [1]*, élu en 1857. En 1861 il fait partie de l'équipe qui rédige le* Manuel électoral, *visant à affranchir le suffrage de la tutelle de l'administration. Après les élections de 1863, il publie un pamphlet,* La Lutte électorale en 1863, *qui démonte le mécanisme du suffrage et en dénonce les irrégularités. Impliqué dans le procès dit des Treize, à la suite de réunions politiques dissoutes par la police, il est condamné en novembre 1864 à une amende par le tribunal de Paris.*

*Partisan de l'Union libérale d'Ernest Picard, qui regroupe tous les adversaires du régime, Ferry se refuse à suivre le ralliement au pouvoir de son ancien ami Ollivier*

1. Cf. *infra*, p. 225.

*et du Tiers Parti. Élu député de Paris en 1869, il siège dans l'opposition au Premier ministre de l'Empire libéral, quitte ensuite la gauche modérée de Picard pour le parti républicain. Délégué du gouvernement à l'administration de la Seine, avec fonctions de préfet, en septembre 1870, maire de Paris en novembre, il soumet à la ratification populaire l'action du gouvernement de la Défense nationale. La situation de Paris sous le siège étant devenue intenable, il est partisan de l'armistice.*

*Élu député des Vosges le 8 février 1871, il siège sur les bancs de la gauche républicaine, cherche en vain à éviter l'insurrection communarde. Ministre plénipotentiaire à Athènes en 1872. Président de la gauche républicaine en 1875. Réélu à l'Assemblée nationale en 1876, il figure parmi les fondateurs de la III^e^ République : ministre de l'Instruction publique en 1879. Président du Conseil en 1880-1881 et en 1883-1885, auteur des lois de réforme de l'enseignement primaire qui devient gratuit, obligatoire et laïque, Ferry contribue à l'expansion coloniale de la France en Afrique (Tunisie, Madagascar, Congo) et en Indochine (Tonkin). Tombé dans l'impopularité après la chute de son gouvernement à la suite de l'échec de Langson, il est battu aux élections présidentielles en 1887, et aux législatives de 1889. Élu sénateur des Vosges en 1891. Président du Sénat en 1893. Meurt la même année.*

# JULES FERRY

## Le Temps, 6 janvier 1866

### *LES REVENANTS*

Un journal qui a pour spécialité de morigéner la démocratie contemporaine, trop large et trop généreuse à son gré, l'*Avenir national,* fulmine, depuis un grand mois, contre le beau livre de M. Quinet, le plus violent des réquisitoires.

Il ne faut ni s'en étonner ni s'en plaindre.

Toute secte est hautaine, dogmatique, intolérante. Celle-ci s'intitule l'école « de la tradition révolutionnaire ». Mais il en est d'elle comme de ces enfants qui n'ont retenu du type paternel que les travers. Ces continuateurs de la Révolution n'ont hérité que de ses sophismes, de ses déclamations et de ses haines. Une dévotion étroite, malsaine, pour les hommes de la Terreur est le principal article de leur *Credo.* Renier la légende qu'ils nous ont faite, est un crime qu'ils ne pardonnent pas.

Pour l'avoir osé, M. Michelet a été couvert d'invectives [1] ; M. Lanfrey a suscité d'implacables ressentiments [2]. A son tour, M. Quinet, qu'on pouvait croire mieux défendu par la dignité de l'exil, apprend, sous la férule de M. Peyrat, ce qu'il en coûte toujours pour abattre les faux dieux.

Le jacobinisme, puisqu'il veut qu'on l'appelle par son nom, est intimement mêlé, depuis quarante ans, aux destinées de la démocratie française. Il y apparaît tantôt comme un sentiment,

1. Allusion aux critiques de Louis Blanc qui, dans son *Histoire de la Révolution française* (12 vol., Paris, 1847-1862) ne cesse de relever les « erreurs » de Michelet; cf. *infra,* note 25, p. 290. L'œuvre de rectification érudite de Louis Blanc est poursuivie par E. Hamel dans l'*Histoire de Robespierre* (3 vol., Paris, 1865) cf. *infra,* pp. 308 et suiv. L'*Histoire de la Révolution* de Michelet avait fait l'objet d'un article très sévère de Gustave Planche, l'influent critique littéraire de la *Revue des deux mondes,* dans le numéro du 15 août 1850, pp. 342-355.

2. P. Lanfrey (1828-1877) historien libéral, collaborateur de la *Revue nationale,* opposant au Second Empire, futur ambassadeur à Berne (1871-1873), et sénateur à vie de la III^e^ République. Il est en 1866 l'auteur de trois ouvrages : *L'Église et la philosophie au XVIII^e^ siècle* (1855), l'*Essai sur la Révolution française* (1858) et l'*Histoire politique des papes* (1860). Il partage avec l'opposition républicaine l'idée de la continuité entre la dictature de l'an II et la dictature de Bonaparte. Cf. *supra,* p. 65.

tantôt comme un système. Quand la France nouvelle, ramenée par la force aux traditions qu'elle avait violemment rompues, condamnée à pleurer le 21 janvier et à indemniser l'émigration, tremblait, non sans quelque raison, pour les plus chères de ses conquêtes, quand les conventionnels vieillissaient dans l'exil, quand la Révolution était réduite à cacher son nom, ses couleurs et ses souvenirs, la religion jacobine et la religion bonapartiste naquirent côte à côte, comme un fruit amer de la défaite et de la colère. De bons esprits purent s'engouer de Saint-Just et de Robespierre, Marat fut tiré des gémonies. Dans cette piété hardie pour les choses tombées, il entrait alors plus de chevalerie que de système. Mais aujourd'hui tout est bien changé. La société moderne n'est contestée par âme qui vive : l'Ancien Régime n'existe plus que pour les vieux journaux qui ne veulent pas perdre l'habitude de le pourfendre. Au sein d'une démocratie débordante, qui, au lieu d'ennemis, n'a que des flagorneurs, le jacobinisme n'est plus une arme de guerre, mais un péril, car il représente parmi nous quelque chose de plus triste que le souvenir des échafauds : le Préjugé de la Dictature.

Au XIX^e^ siècle, il n'existe plus de tyrannies, il n'y a que des dictatures. On ne nie pas la liberté, on la fait attendre. L'absolutisme ne prétend plus remplir, en nos temps troublés, qu'un office transitoire : c'est un pédagogue, un éducateur plutôt qu'un maître. Napoléon I^er^ remettait au règne de son fils la fondation d'un régime libre : il subordonnait la liberté à la victoire. M. de Bismarck n'a contre la liberté prussienne qu'un grief : elle pourrait l'empêcher de s'agrandir à sa manière : il subordonne la liberté à l'annexion. Je blasphème sans doute, mais j'ose dire qu'en suspendant la Constitution jusqu'à la paix, la Convention ne faisait pas autre chose.

De sorte qu'il est vrai de dire que la doctrine du Salut public est, par le temps qui court, la dernière citadelle du despotisme.

La doctrine du Salut public, c'est la liberté subordonnée : de quel front osez-vous vous plaindre qu'on la subordonne aux principes conservateurs, si vous la subordonnez vous-mêmes aux nécessités révolutionnaires ?

La doctrine du Salut public est la source frauduleuse de toutes nos misères ; elle nous énerve, nous déprave et nous livre. Elle nous commet en des alliances, hélas ! autrement dangereuses, équivoques, corruptrices que toutes les coalitions, réelles ou imaginaires, que l'Église jacobine reproche incessamment au parti de la liberté ! Cela ne se démontre pas, mais il suffit d'avoir âge d'homme pour le sentir.

Or, la pierre angulaire de la doctrine du Salut public, c'est l'apologie de la Terreur. Le plus lourd anneau de la chaîne, c'est nous qui l'avons forgé.

Si l'on veut se convaincre que l'apologie de la Terreur ne peut plus être dans un homme de ce temps-ci une fantaisie historique, une relique inoffensive, il n'y a qu'à lire les philippiques de l'*Avenir.* L'histoire de la dictature révolutionnaire y est présentée comme une solennelle expérience « qui justifie, en fait, la doctrine du Salut public plus explicitement que Machiavel, Montesquieu et Rousseau ne l'ont justifiée en théorie[3] ». M. Peyrat accepte d'ailleurs, en même temps que le titre de Jacobin, la qualification d'« autoritaire ». Il n'y a que celle de « césarien » qui lui fait « hausser les épaules », ce que l'on ne comprend guère en vérité, de la part de l'écrivain qui accepte si gaiement les deux premières, et qui professe ouvertement « que la question n'est pas d'affaiblir le pouvoir, mais de s'en saisir ». Je sais bien qu'on s'en tire en affirmant, d'un ton dogmatique, qu'il n'y a aucune confusion possible « entre les attentats des ambitieux et des usurpateurs, et l'apparition soudaine d'un pouvoir dictatorial qui, dans une crise suprême, pour un danger évident et universellement reconnu, domine momentanément le système entier des lois politiques, civiles et pénales[4] ». Hélas ! entre ces deux despotismes, la *direction d'intention* est toute la différence. Les Jacobins sont les casuistes de la liberté.

C'est contre la doctrine du Salut public que M. Quinet a fait son livre. Et, pour en finir d'un coup, il marche droit au monstre. Il fait le procès à la dictature révolutionnaire, à la Terreur ; il en nie la nécessité : il affirme que la Révolution pouvait se sauver par la justice. A l'honneur de Robespierre, il préfère l'honneur de la liberté.

Voilà la pensée du livre ; elle s'y répand en flots d'éloquence ; elle donne à tout l'ouvrage une unité majestueuse et convaincante. Libre aux néo-jacobins de la déclarer « antiphilosophique, antihistorique, antirévolutionnaire ». Celui qui aura démontré que la Terreur n'était pas nécessaire, celui qui aura débarrassé la démocratie de ce rêve de dictature, qui tantôt la remue comme une tentation, tantôt l'obsède comme un cauchemar, celui-là aura bien mérité de l'avenir : il pourra braver la grosse voix de ces revenants de 1793, assez épris de leurs souvenirs, assez aveuglés par leurs propres systèmes, pour s'imaginer qu'en France, le gouvernement démocratique puisse jamais se fonder sur l'esprit de coterie et d'intolérance.

Il importait, avant toutes choses, de rétablir la philosophie de ce bel ouvrage, à l'encontre de tant de gens qui la méconnaissent ou qui la calomnient. Mais il ne faut pas attendre des néo-jacobins qu'ils acceptent la question comme M. Quinet la pose. C'est leur habileté de la noyer dans les faits, de l'écraser sous les détails, de l'obscurcir par l'invective. Suivons-les donc sur le terrain étroit où ils s'évertuent, et voyons si la légende jacobine se tirera des mains puissantes qui viennent de la saisir.

3. Cf. *L'Avenir national,* 9 décembre 1865, *supra,* p. 146.
4. *Ibid.*

## JULES FERRY

### Le Temps, 11 janvier 1866

*LES DOCTRINAIRES DE LA TERREUR*

Avant d'examiner historiquement, comme il convient, ce lieu commun de la Nécessité de la Terreur, que nous voulons chasser du milieu de nous — non pour réjouir les ennemis de la démocratie, mais pour les confondre —, il faut vider une question préliminaire.

Une équivoque plane sur le débat.

M. Quinet accuse les dictateurs du Comité de Salut public d'avoir systématisé la Terreur.

M. Peyrat proteste avec énergie. Il met au défi de citer une phrase, « un mot », des discours de Robespierre, de Saint-Just, de Billaud-Varenne, qui justifie cette imputation. M. Quinet les calomnie, et il calomnie sans preuves. « Tout prouve au contraire que la dictature n'a été pour eux qu'une machine de guerre, et qu'ils n'en ont fait usage, *avec la plus grande répugnance,* qu'au moment suprême, et sous le coup de la plus impérieuse nécessité [1]. »

Cette opinion, souvent émise, constitue ce qu'on peut appeler la pudeur du jacobinisme moderne ; elle sert d'oreiller à beaucoup de gens d'honnête et douce humeur, qui n'osent ni accepter ni renier la terrible tradition, et, désireux avant tout de ne se brouiller ni avec les vivants ni avec les morts, redoutent plus, sur les questions de ce genre, la controverse que l'inconséquence.

C'est pour cela que l'objection vaut qu'on s'y arrête. Si l'on ne peut ramener les terroristes résolus, il n'est peut-être pas impossible de convertir le jacobinisme inconséquent.

L'équivoque consiste, ce me semble, à confondre deux choses qu'il est nécessaire de distinguer.

Il y a deux parts à faire dans les violences révolutionnaires : celle de l'instinct et celle du système.

1. A. Peyrat, « La Révolution III. La Dictature », *L'Avenir national,* 20 décembre 1865, cf. *supra,* p. 152.

Toutes les mesures révolutionnaires : la loi des suspects comme le maximum, l'emprunt forcé comme le tribunal révolutionnaire, la levée en masse aussi bien que l'échafaud, tout ce qui fut héroïque et tout ce qui fut barbare, naquit, à certains jours, de l'instinct populaire, exalté et déchaîné, ivre de colère, de patriotisme et de terreur. Envahie, affamée, trahie, sans chefs, sans lumière et sans pain, la foule eut peur et devint terrible.

Dès la fin de 1791, entre une royauté suspecte et une assemblée impuissante, sous l'action dissolvante des troubles religieux et la pression croissante de la famine, le délire populaire commence. La guerre, l'invasion, la défaite, la trahison le poussent au comble. Les municipalités effarées inventent le maximum, bien avant que la Convention le ratifie. Les prisons s'emplissent de suspects, bien avant que Merlin, le jurisconsulte, eût formulé ses sinistres catégories[2]. La multitude promène dans les rues et dans les prisons sa justice expéditive. Le peuple a pris, comme disait Danton, « l'initiative de la Terreur ».

C'est de celle-ci qu'il est vrai de dire, qu'elle ne constitue ni une théorie, ni un système : œuvre des multitudes irresponsables, fruit ordinaire des longues servitudes et des iniquités séculaires.

Mais voici venir, à la remorque, les hommes d'État, les légistes : et la Terreur va changer de caractère.

La fureur populaire est comme la tempête : elle s'apaise d'elle-même. Si les hommes d'État la maintiennent, la divisent, l'enrégimentent, s'ils l'organisent pour la rendre durable, n'aura-t-on pas le droit de dire qu'ils en ont fait un système ?

Il est de l'essence de la peur de diminuer avec le péril ; mais la terreur systématique s'accroîtra dans la même proportion que la victoire ; elle deviendra d'autant plus pesante qu'elle aura plus duré, d'autant plus dogmatique qu'elle sera moins nécessaire ; et le jour où la lassitude et l'horreur universelles secoueront sa tyrannie sanglante, elle tombera de toutes pièces, sans une rétractation, sans une défaillance, sans un remords.

La conscience humaine ne s'y est pas trompée : elle n'a jamais confondu les désespoirs de la multitude avec les froides cruautés des politiques ; elle n'impute à la démocratie que la théorie, elle ne lui demande compte que du sophisme. Mais, s'écrie-t-on avec une étrange insistance, où est-elle, cette théorie ? Qui l'a écrit, professé, pratiqué, ce sophisme ?

Qui ? vos Saints ? Robespierre, Saint-Just, Billaud-Varenne, toute l'école.

Du premier jour, le gouvernement révolutionnaire, décrété le 10 octobre 1793, pour durer « jusqu'à la paix », non seulement n'a

2. Allusion à la loi des suspects — définis comme nobles, parents d'émigrés, citoyens à qui un certificat de civisme avait été refusé, fonctionnaires destitués, partisans de la tyrannie ou du fédéralisme, ennemis de la liberté — votée le 17 septembre 1793 sur le rapport de P. A. Merlin de Douai (1754-1838), député de Douai à la Constituante et du Nord à la Convention. Montagnard. Membre du Comité de législation. Cf. *Le Temps,* 2 février 1866, note 8, *infra,* p. 214.

pas d'autre pratique, mais ne professe pas d'autre théorie. « Le gouvernement révolutionnaire, dit Billaud-Varenne, doit *mettre la terreur à l'ordre du jour.* » Et il regrette, en termes que M. Peyrat fera bien de relire[3], le temps perdu pour l'échafaud. (Rapport sur l'organisation du gouvernement révolutionnaire, 18 novembre 1793.)

Est-ce là ce que M. Peyrat appelle, par un euphémisme admirable, terroriser « avec répugnance » !

Mais, dit-on, c'est avant tout un fait de guerre : dans l'esprit des dictateurs, la dictature doit cesser avec la guerre. — Attendez.

Le gouvernement révolutionnaire compte ses journées par ses victoires. La campagne de 1793 vient de s'achever par une moisson de gloire : Carnot et Jourdan ont débloqué Maubeuge, Hoche a repris les lignes de Wissembourg, la flotte anglaise est chassée de Toulon, Lyon n'est plus, la grande armée vendéenne couvre de ses débris les deux rives et les flots de la Loire. Du sein de la République, rassurée et triomphante, s'élève un cri de justice et de pitié, le plus éloquent peut-être qu'il ait été donné à la parole humaine de jeter au ciel aveugle et sourd. Camille écrit le *Vieux Cordelier.* Qui va répondre ? Le rapporteur du Comité de Salut public, Robespierre :

« Si le ressort du gouvernement populaire dans la paix est la vertu, le ressort du gouvernement populaire en révolution, c'est à la fois la vertu et la terreur : la vertu, sans laquelle la terreur est funeste, la terreur, sans laquelle la vertu est impuissante. La terreur n'est autre chose que la vertu prompte, sévère, inflexible ; elle est donc une émanation de la vertu ; elle est moins un principe particulier qu'une conséquence du principe général de la démocratie, appliquée aux plus puissants besoins de la patrie. — On a dit que la terreur était le ressort du gouvernement despotique. Le vôtre ressemble-t-il donc au despotisme ? Oui, comme le glaive qui brille dans les mains des héros de la liberté ressemble à celui dont les satellites de la tyrannie sont armés. Que le despote gouverne par la terreur les sujets abrutis : il a raison comme despote ; domptez par la terreur les ennemis de la liberté, et vous aurez raison comme fondateurs de la République. Le gouvernement de la Révo-

3. « Si les tyrans se font précéder par la terreur, cette terreur ne frappe jamais que sur le peuple. Vivant d'abus, et régnant par l'arbitraire, ils ne peuvent dormir en paix sur leur trône qu'en plaçant l'universalité de leurs sujets entre l'obéissance et la mort. Au contraire, dans une république naissante, quand la marche de la révolution force le législateur de mettre la terreur à l'ordre du jour, c'est pour venger la nation de ses ennemis ; et l'échafaud, qui naguère était le partage du misérable et du faible, est enfin devenu ce qu'il doit être : le tombeau des traîtres, des intrigants, des ambitieux et des rois.

« C'est pour n'avoir pas, dès le principe, placé la hache à côté des crimes de lèse-nation, que le gouvernement, au lieu de s'épurer, a continué d'être un volcan de scélératesse et de conjurations. Je le répète : la régénération d'un peuple doit commencer par les hommes les plus en évidence, non pas seulement parce qu'ils doivent l'exemple, mais parce qu'avec des passions plus électrisées, ils forment toujours la classe la moins pure, surtout dans le passage d'un long état de servitude au règne de la liberté. » Cf. *Le Moniteur,* t. XVIII, p. 477.

lution est le despotisme de la liberté contre la tyrannie (5 février 1794)[4]. »

Le reconnaissez-vous, l'éternel sophisme de la Dictature ? L'esprit de système a-t-il jamais tenu un plus impérieux langage ?

La Dictature révolutionnaire n'a pas échappé à cette loi historique de toute dictature, qui est de devenir promptement systématique, et de ne pas savoir finir.

On a d'abord prorogé la liberté jusqu'après la victoire. On la remet bientôt au lendemain de l'extermination des traîtres, des conspirateurs, des modérés, des indifférents. « Ce qui constitue la République, dit Saint-Just, c'est la destruction totale de ce qui lui est opposé. Vous avez à punir non seulement la trahison, mais l'indifférence[5]. » — « La protection sociale, ajoute Robespierre, n'est due qu'aux citoyens paisibles ; il n'y a de citoyens dans la République que les républicains[6]. » Et alors commence le sanglant défilé des conspirations imaginaires : celle des indulgents et celles des ultra-révolutionnaires, celles des athées et celles des corrompus, celles des hommes d'État, celles des esprits faibles, celle de Danton et celle de Cloots[7], tombant l'un après l'autre dans ce ruisseau de sang dont la République devait sortir souillée, décimée, amoindrie, compromise pour cinquante ans !

On dit que les terroristes n'étaient pas systématiques ? Ils étaient mieux que cela : ils étaient hallucinés.

L'hallucination du soupçon est visible chez Robespierre ; elle s'y double bientôt de l'hallucination de la toute-puissance.

A ce moment, le système est à son comble. La Terreur n'est plus seulement un instrument de guerre, c'est une éducation, une discipline. Quand elle aurait anéanti tous les conspirateurs, elle n'aurait pas achevé son œuvre, car il reste une conspiration plus dangereuse que toutes les autres : « celle du vice et de l'oisiveté » ; un ennemi encore à immoler, « la corruption », un nouveau « fédéralisme : l'immoralité ».

Et glissant sur la pente que nul ne remonte, la Dictature se perd en cette monstrueuse et puérile rêverie d'une société régénérée par l'échafaud, incroyable mélange d'atrocité et de candeur, d'austérité naïve et de rigueur implacable, de littérature et de cruauté, utopie pédagogique, absurde et sanglante, à laquelle resteront éternellement attachés les noms de Saint-Just et de Robespierre.

4. M. Robespierre, *Rapport sur les principes de morale politique qui doivent guider la Convention nationale dans l'administration intérieure de la République.* Cf. *Le Moniteur,* t. XIX, p. 404.

5. Ferry cite ici le rapport de Saint-Just du 26 février 1794 sur le séquestre des biens des suspects, et celui du 10 octobre 1793. Cf. *Le Moniteur,* t. XIX, p. 566 et t. XVIII, p. 106.

6. M. Robespierre, *op. cit.,* p. 404.

7. A. Cloots (1755-1794), gentilhomme d'origine prussienne, décrété citoyen français le 26 août 1792. Député de Saône-et-Loire à la Convention. Girondin rallié aux Montagnards. Membre du Comité diplomatique. Participe à la déchristianisation en novembre 1793. Décrété d'arrestation en décembre 1793. Condamné à mort avec les hébertistes comme complice du complot de l'étranger. Exécuté le 24 mars 1794, une semaine avant le mandat d'arrestation contre Danton et Desmoulins.

Nous n'éprouvons, qu'on veuille bien le croire, aucun plaisir à remuer ces souvenirs. Nous n'avons pas fait, non plus, ce rêve de collège, d'une Révolution immaculée, sans égarements ni colères.

M. Quinet a dit excellemment : « La suprême iniquité serait de les juger par les règles des temps ordinaires. Assiégée par l'univers, cette société se met au-dessus des lois. La fureur devient une partie de la tactique. »

Aussi ne s'agit-il pas de juger des hommes, mais une tradition.

Les terroristes représentent, dans notre histoire, une des forces qui sauvent les révolutions dans les grands périls : l'esprit de suite et l'énergie. Mais ils n'y représentent pas la justice. La démocratie ne peut accepter de tradition que la justice.

J'admire, dans les murs de Saragosse, Palafox [8] dressant la potence pour quiconque parlera de se rendre. Les Montagnards ne le cèdent à ce héros ni en audace ni en énergie. Les violents ont leur grandeur, quelquefois leur beauté. Qui l'a mieux fait voir que Danton ?

Mais admirer les maximes de Saint-Just, s'incliner devant les déclamations de Robespierre, reconnaître là une philosophie qui ne soit pas médiocre, une politique qui ne soit pas odieuse, revendiquer cet héritage de lieux communs cruels et de rêves à courte vue, c'est un genre d'idolâtrie dont la démocratie moderne a trop souffert pour qu'elle songe à en renouer la chaîne, heureusement interrompue.

8. Général espagnol qui, après avoir soulevé l'Aragon contre les troupes françaises pendant les guerres napoléoniennes, défend héroïquement Saragosse lors du siège de 1809.

# JULES FERRY

## Le Temps, 30 janvier 1866

### *GIRONDINS ET JACOBINS*

Il est dans l'histoire de la Révolution deux dates décisives, deux coups d'État qui se lient l'un à l'autre, comme la première et la dernière pierre de l'édifice : le 31 Mai et le 18 Brumaire.

Les premiers Jacobins, les vrais, ne les séparaient pas. Il n'y avait pas si loin des bureaux du Comité de Salut public aux antichambres du Premier consul : d'illustres exemples l'ont fait voir. Les fauteurs de la dictature conventionnelle applaudirent tous au coup d'État de Bonaparte. Un petit nombre seulement s'arrêta sur le seuil du Sénat conservateur. Les Jacobins furent les meilleurs préfets de l'Empire.

Les néo-jacobins, qui se caractérisent surtout par l'inconséquence, ont tenté les premiers de distinguer entre le coup d'État démagogique et le coup d'État militaire, comme si l'on pouvait échapper à la souveraine logique des choses, comme si le sophisme du Salut public n'était pas toujours le même. C'est une formule monarchique, disait Buzot aux Montagnards, que votre mot : « Il faut agir [1]. » La dictature est comme l'égoïsme ; on ne lui fait pas sa part.

M. Peyrat, du moins, ne méritera pas le reproche d'inconséquence. Il déclare nettement qu'après le 9 Thermidor, la Révolution arrêtée, menacée, décimée, n'avait plus qu'un recours : le 18 Brumaire.

La grande portée du livre de M. Quinet, sa force et son honneur, c'est d'avoir montré, d'une façon victorieuse, le chemin qui conduit d'un coup d'État à l'autre, non seulement par l'enchaînement des faits, visibles pour tout le monde, mais par l'étroite

1. Allusion au discours de Buzot du 10 mars 1793 à l'occasion de l'institution du tribunal révolutionnaire. Cf. *Le Moniteur,* t. XV, p. 681. F.L.N. Buzot (1760-1794), député d'Évreux à la Constituante et de l'Eure à la Convention. Girondin. Décrété d'arrestation le 2 juin 1793. Dirige l'insurrection en Normandie pendant l'été 1793. S'enfuit à Bordeaux. Meurt dévoré par des loups alors qu'il se cache dans la campagne girondine.

parenté des doctrines et le lien des causes profondes. Aussi, comme aucun livre ne renferme une critique plus haute du 18 Brumaire, aucun n'est à la fois plus juste et plus amer pour la Révolution qui porta les terroristes au pouvoir et jeta la Gironde aux gémonies.

Les Girondins attendaient cette justice tardive. Voici bientôt trois quarts de siècle qu'ils portent la peine d'avoir été vaincus. Les royalistes, les Jacobins ont jugé tour à tour ces jours terribles. Jusqu'au livre de M. Quinet, le testament politique des Girondins restait à faire. Entre les constitutionnels, qui ne leur pardonnent pas, et les Montagnards, qu'ils exaspèrent, les plus éloquents, les plus généreux, les plus novateurs des révolutionnaires sont demeurés longtemps sans défenseurs. De tous les partis de la Révolution, c'est le seul, dit très bien M. Quinet, qui n'a pas eu de successeurs. Tous les grands travaux contemporains, depuis Thiers [2] jusqu'à Buchez, depuis Michelet jusqu'à Louis Blanc, libéraux ou démocrates, hommes d'État et poètes, pour une raison ou pour une autre, les sacrifient. Lamartine entreprend d'élever un monument à leur gloire [3] : à mi-chemin, il les trahit et passe à Robespierre. La république était entrée dans notre histoire sous une triple auréole d'éloquence, de grandeur d'âme et de génie, entre Brissot et Condorcet, Barbaroux et Gensonné, Vergniaud et Mme Roland. Qui eût pu s'attendre à les voir reniés par les républicains d'un autre âge ?

Rien ne fait mieux voir, à mon sens, combien le culte de la force, et cette tradition de l'arbitraire, qui est le fond même de notre histoire, ont parmi nous pénétré les âmes. Pour tuer les Girondins, on les accuse de ne pas savoir agir. Il n'en est venu jusqu'à nous qu'une image calomniée et travestie, mélange inconsistant d'incapacité et d'éloquence, de vanité et d'impuissance. Artistes — on en convient, on l'exagère même —, mais rhéteurs et tracassiers, hésitants et déclamateurs, incapables de sauver la Révolution : leur présence était un embarras, leur suppression fut une délivrance.

Robespierre a tracé le premier ce portrait de fantaisie ; depuis ce temps, on le recopie.

M. Peyrat s'est borné naturellement à la rééditer une fois de plus. L'article qu'il a consacré aux Girondins est aussi faux que le rapport de Saint-Just et l'acte d'accusation d'Amar [4].

Girondins et Jacobins appartenaient à la même génération révolutionnaire, celle que le tiers état mit si fièrement au monde,

2. L'*Histoire de la Révolution française* d'Adolphe Thiers était parue en dix volumes de 1823 à 1827.
3. L'*Histoire des Girondins*, 8 vol., Paris, 1847.
4. Allusion au rapport de Saint-Just du 10 octobre 1793, après lequel la Convention décrète que le gouvernement sera révolutionnaire jusqu'à la paix. Et au rapport du 3 octobre 1793 contre les Girondins proscrits et leurs soutiens d'A. Amar (1755-1816), député de l'Isère à la Convention, Montagnard, membre du Comité de Sûreté générale.

au moment où l'abdication volontaire des Constituants jetait la Révolution dans l'inconnu. Jeunes, ardents, obscurs, mais formés à la vie publique dans ces innombrables assemblées administratives où se concentrait de fait, depuis le 14 juillet 1789, le vrai gouvernement de la France, ces révolutionnaires de la seconde poussée n'étaient pas faits pour porter longtemps la monarchie. La République sortait des fautes des hommes, et surtout de la force des choses. La République, on l'a dit bien des fois, était dans la Constitution de 1791. Elle était dans le démembrement systématique du pouvoir, dans la prépondérance de l'assemblée; elle était surtout dans le système des administrations départementales et municipales électives. Mirabeau l'avait bien vu; et, dès l'année 1790, dans ces *notes* fameuses[5], monument immortel de clairvoyance politique et de monstruosité morale, il signalait à la cour le régime administratif, que lui-même avait appuyé, comme le véritable ennemi de la dynastie.

Dans cet intermède de *self-government,* que la France ne devait plus revoir, le pays devint républicain sans le savoir, sans le vouloir même. L'Assemblée législative fut le produit de cette situation sans exemple. Mais, chose remarquable, la minorité ardente, éloquente, clairvoyante qui fit porter à cette démocratie inconsciente toutes ses conséquences, était sortie des entrailles mêmes de la province. La République ne devait plus retrouver pareille fortune dans notre histoire.

Cette fois, les nécessités de la défense extérieure précipitèrent la crise. La monarchie se chargea d'achever elle-même la démonstration commencée par la députation de la Gironde. La royauté trahissait, appelait l'étranger, désorganisait la défense. Il n'y a plus aujourd'hui, là-dessus, de doute possible. Et, comme le démontre M. Quinet avec une précision et une abondance de raisons admirables, la royauté ne pouvait pas ne pas trahir. L'histoire ne connaît pas d'exemple d'un despotisme assez souple pour se laisser réduire, assez naïf pour se découronner lui-même, assez désintéressé pour se donner des maîtres. Là était la vraie chimère, la contradiction profonde de la Constitution de 1791. Le peuple de Paris trancha le nœud à sa manière : il fit le 10 août. Le 10 août est la journée de l'*instinct,* dit ingénieusement M. Quinet. Mais avant l'instinct du peuple, il y a la Gironde, qui lit tout haut dans le jeu de la cour, qui dénonce, par la voix de Roland, de Brissot, de Gensonné, son inertie obstinée, et son hostilité secrète, qui la frappe à mort par la voix de Vergniaud[6].

5. Il s'agit des notes secrètes à la Cour, publiées sous le titre de *Correspondance entre le comte de Mirabeau et le comte de La Marck pendant les années 1789, 1790 et 1791,* par M. A. de Bacourt, 3 vol., Paris 1851. Cf. *supra,* p. 84.

6. Allusion au discours du 3 juillet 1793 sur le refus du roi de sanctionner la loi sur les troubles religieux. Dans ce discours, P.V. Vergniaud (cf. *supra,* p. 172), député de la Gironde à la Législative et à la Convention, un des leaders girondins, attaque la royauté et accuse le roi d'avoir trahi la constitution. Cf. *Le Moniteur,* t. XIII, pp. 32-36, pp. 42-43.

Admirez donc la justice de l'histoire ! Tandis que les Girondins préparent, fomentent, font éclater la République, Robespierre se butte, dans son journal, à la Constitution de 1791. C'est un monarchien de la dernière heure. En juin 1792, le club des Jacobins veut chasser Billaud-Varenne pour avoir osé mettre en question la monarchie. — Et la tradition jacobine reproche aux Girondins d'avoir manqué de résolution républicaine !

Les Girondins de la Législative veulent la guerre, la prêchent, la décident malgré les Jacobins et malgré Robespierre. A la Convention, c'est Brissot qui la fait déclarer, le 1er février 1793, à l'Angleterre et à la Hollande. — Et ce sont les Girondins qu'on accuse d'avoir manqué d'audace, d'enthousiasme national, de fierté révolutionnaire ! Et qui donc a frappé les émigrés, décrété le camp sous Paris ? Les Girondins de la Législative. Qui a organisé la première défense, poussé en avant les premiers volontaires, ceux de l'Argonne et de Jemmapes, les plus militants, les plus incontestables de nos sauveurs ? Qui a rempli les colonnes du *Bulletin des lois,* dans ces terribles mois de février et de mars 1793, de cette multitude de décrets organisateurs, de guerre et de marine, que personne ne peut effacer, et qui répondent si éloquemment au reproche d'impuissance et de paralysie ? Les Girondins à la Convention. Qu'on cite une mesure de défense à laquelle ils aient refusé de concourir ? Une nécessité militaire qu'ils aient méconnue ? Que M. Peyrat ne dise donc pas que tant que les Girondins furent debout, la Convention n'agissait pas. Ce lieu commun de toutes les dictatures, ce prétexte de tous les despotismes qui sourit aux Jacobins de l'*Avenir,* est faux neuf fois sur dix dans l'histoire : mais, appliqué aux Girondins, il est aussi odieux qu'incompréhensible.

En vérité, l'histoire de ces grands jours est écrite au rebours des faits et du bon sens. Le plus grand reproche qu'il y ait à faire aux Jacobins et à leurs pâles copistes, c'est de méconnaître, dans cette crise héroïque de la France nouvelle, l'élan sincère et l'ardeur naïve, l'enthousiasme national, la spontanéité révolutionnaire. On croirait, à les entendre, qu'il a fallu, pour pousser la France aux frontières, le fouet des supplices et l'aiguillon de la peur. Entre l'héroïsme des quatorze armées et l'échafaud de la place de la Révolution, il y aurait je ne sais quelle relation mystérieuse, je ne sais quel rapport nécessaire, dont la seule pensée est, pour le génie de la France, la plus sanglante des injures, la plus imméritée des calomnies.

Il faudrait pourtant choisir : ou cesser de nous entretenir de l'enthousiasme et des prodiges de 1792, ou reléguer parmi les plus hideux sophismes cette théorie de l'efficacité de la guillotine, au point de vue de la défense du territoire, sur laquelle vivent, depuis soixante ans, tous les apologistes de la Terreur, et qui serait grotesque, si elle n'était aussi sanglante.

La vérité, c'est que toutes ces grandes choses ne furent faites ni par la Montagne, ni par la Gironde, mais par la France. On a toujours écrit cette histoire les yeux fixés sur la Convention. Dans notre fureur de centralisation, nous voulons tout centraliser, même l'esprit national, même le patriotisme.

Nous mettons toute la Révolution dans Paris, tandis que Paris lui a porté, le 2 juin 1793, un des coups les plus terribles qu'elle ait reçus.

## JULES FERRY

### Le Temps, 2 février 1866

Il paraît que l'*Avenir national* est blessé au cœur. Ce journal, dont le tempérament est d'excommunier et de requérir, condescend à discuter.

Nous avons parlé, dans notre dernier article sur le livre de M. Quinet, du lien intime qui existe entre le coup d'État du 31 mai et le coup d'État du 18 Brumaire. Fondés tous deux sur la même thèse de Salut public, il n'est point surprenant qu'ils aient eu les mêmes approbateurs. Et nous avons dit qu'il n'y avait pas si loin des bureaux de Comité de Salut public aux antichambres du Premier consul — qu'on retrouvera les complices du 31 mai parmi les approbateurs du 18 Brumaire — que sous l'Empire enfin, un Jacobin faisait un excellent préfet.

Il y avait, pour répondre à cette thèse, qui n'est point nouvelle, sans doute, mais qui nous semble aussi juste qu'opportune, deux procédés : la logique ou l'histoire. Le procédé logique serait de beaucoup le meilleur. Qu'on expose, une bonne fois, cette théorie du Salut public, derrière laquelle s'abrita le 31 mai, et qu'on prouve qu'elle ne justifie pas toutes les dictatures, tous les despotismes ! Problème difficile, et que la doctrine de la dictature, professée par M. Peyrat dans ses premiers articles, ne résout pas, à coup sûr. Nous l'avons montré précédemment, et nous attendons encore, sur ce point capital, la réponse de l'*Avenir.* Moins sûr que le procédé logique, le procédé historique est par cela même infiniment plus commode. Voici donc la question qu'on nous pose :

« Quels sont les Jacobins, les vrais Jacobins, comme on les appelle, qui ont quitté les bureaux du Comité de Salut public pour s'installer dans les antichambres du Premier consul et de l'Empereur ? Parmi ceux qui ont été préfets, conseillers d'État, qui ont plié l'échine pour se faire prendre mesure d'un habit brodé, qu'on en nomme un, un seul, qui n'ait pas eu sa part et son rôle dans le 9 Thermidor, c'est-à-dire dans cette journée où les vrais Jacobins furent vaincus en même temps que la Révolution. Encore un coup, pas de phrases et des noms propres [1]. »

1. A. Peyrat, *L'Avenir national,* 31 janvier 1866, cf. *supra,* p. 185.

Nous allons venir aux noms propres, mais nous sommes sûr d'avance que vous ne les accepterez pas. Que des Jacobins aient été préfets, conseillers d'État, aient plié l'échine, vous en convenez vous-même, mais ce sont des Jacobins impurs, selon vous, des Jacobins mauvais teint, car tous avaient trempé dans Thermidor.

A ce compte, où sont les Jacobins après Robespierre ? Qui n'avait pas, à la Convention, trempé dans Thermidor ? Qui n'avait pas, en ce jour de révolte et de justice, senti la hache sur sa tête ? Qui n'avait pas répété, du Marais à la Montagne, le cri : A bas ! à bas le tyran ! Quand la Convention, poussée par ses triumvirs, de coup d'État en coup d'État, de proscription en proscription, d'échafaud en échafaud, jusque dans les derniers retranchements de son immense docilité, se releva furieuse et sanglante, elle fit tout entière tête au péril. On ne connut alors ni thermidoriens ni Montagnards ; on ne se demanda pas si Billaud-Varenne n'était pas plus farouche que Robespierre ; si Saint-Just n'était pas fait d'un bronze plus pur que Barère et Collot d'Herbois. La France d'alors fit comme la Convention : elle respira, et l'histoire a fait comme la France.

Thermidor, c'est la fin de la Terreur, c'est le réveil de la justice et de la clémence, la défaite de l'épouvante, dans son incarnation la plus savante et la plus haute.

Qu'importe que la Terreur ait péri par les mains des pires terroristes ? Qu'importe qu'un Tallien ait personnifié l'humanité renaissante [2] ? Où l'*Avenir* a-t-il pu voir que nous entreprenions de réhabiliter la faction de Thermidor ? Faites le procès aux thermidoriens, et gagnez-le : aurez-vous donc pour cela gagné le procès de la Terreur ?

Ce n'est pas en thermidoriens et en non-thermidoriens que les hommes de la Révolution se divisent, c'est en terroristes et en non-terroristes. Quand j'ai dit que le jacobinisme s'était réconcilié avec l'empire, j'ai parlé des terroristes, des « fauteurs de la dictature conventionnelle », des vainqueurs de la Gironde, tenant pour aussi Jacobins, selon la langue vulgaire, Legendre et Tallien que Lebas et Soubrany [3]. Et j'ai dit que, dans ce groupe nombreux et redoutable, qui avait fait le 31 mai, plus d'un s'est rencontré qui, pour les mêmes raisons, prit sa part du 18 Brumaire ; plus d'un qui s'y rallia, sauf à s'en repentir ; plus d'un qui descendit jusqu'au fond la pente de la servitude.

Où est donc la calomnie ?

2. Allusion au rôle qu'il a joué dans le renversement de la dictature le 9 Thermidor.

3. Ferry mêle ici quatre noms pour les opposer ensuite deux par deux. Legendre, Tallien, Lebas et Soubrany ont tous été robespierristes et partisans de la Terreur. Mais les deux premiers ont fait ensuite partie du complot parlementaire contre Robespierre le 9 Thermidor. Les deux derniers sont restés fidèles à Robespierre jusqu'à la mort.

L. Legendre (1752-1797), député de Paris à la Convention. Montagnard. Membre du Comité de Sûreté générale en janvier 1793. Envoyé en mission à Lyon en mars 1793. Proscripteur des Girondins au 2 juin 1793. Favorable à l'élimination de la dictature au 9 Thermidor. Fait partie de la réaction thermidorienne.

Fouché, Réal, Merlin (de Douai), David, Treilhard[4], barons, comtes, ducs, sénateurs de l'Empire, où les placez-vous ? Parmi les modérés de la Convention ou parmi les Jacobins de l'Empire ? Proconsuls sanglants, démagogues furieux, légistes implacables, sont-ils de ceux qu'on calomnie ? Chose remarquable : Fouché détruisit Lyon avec le fer et avec la poudre[5] ; Réal[6], collègue de Chaumette et d'Hébert, déposa contre Brissot dans le procès des Girondins ; Treilhard fut dépêché contre eux à Bordeaux[7] ; Merlin (de Douai) fit la loi des suspects[8] ; David fut le panégyriste et l'émule de Marat. Les ennemis les plus signalés de la Gironde sont les premiers à faire leur cour à Bonaparte ? Dubois-Crancé et

---

J. L. Tallien (1767-1820), député de Seine-et-Oise à la Convention. Montagnard. Membre du Comité de Sûreté générale. Envoyé en mission dans le Loir-et-Cher et dans l'Indre-et-Loire en mars 1793, et dans le Lot-et-Garonne, la Gironde et la Dordogne en juillet 1793. Organise la Terreur à Bordeaux de septembre 1793 à mars 1794. Artisan du renversement de Robespierre, et membre influent de la Convention thermidorienne.

F.J. Lebas (1764-1794), député du Pas-de-Calais à la Convention. Montagnard. Membre du Comité de Sûreté générale en septembre 1793. Envoyé en mission avec Saint-Just à l'armée du Rhin en octobre 1793 et à l'armée du Nord en janvier 1794. Décrété d'arrestation avec Robespierre, il se tue dans la nuit du 9 Thermidor.

P.A. Soubrany (1752-1795), député du Puy-de-Dôme à la Législative et à la Convention. Montagnard. Membre du Comité militaire. Envoyé en mission aux armées de la Moselle et des Pyrénées-Orientales en avril et en décembre 1793. Absent de Paris le 9 Thermidor. Décrété d'arrestation après l'insurrection du 1er prairial 1795. Condamné à mort, il se poignarde sans réussir à se tuer et meurt sous la guillotine.

4. Ferry continue son argumentation : ce qui unit tous les personnages qu'il cite, c'est leur double et successive participation au jacobinisme robespierriste, puis à la dictature bonapartiste, indépendamment de leur modérantisme après Thermidor.

5. Lors de sa mission avec Collot d'Herbois de novembre 1793 à avril 1794, cf. *supra,* note 4, p. 135. Anti-robespierriste du 9 Thermidor. Fidèle à l'héritage républicain, Fouché est décrété d'arrestation en germinal 1795. Amnistié le 4 brumaire an IV. Ministre de la Police dans l'été 1799, rallié à Bonaparte le 18 Brumaire, garde ses fonctions jusqu'en 1802 et sous l'Empire de 1804 à 1810. Titulaire de la Sénatorerie d'Aix en 1802. Comte en 1808. Duc d'Otrante en 1809.

6. P.F. Réal (1757-1834), substitut du procureur de la Commune Chaumette en janvier 1793. Dénonce la tyrannie de la dictature en août 1794. Défend Carrier et le Comité révolutionnaire de Nantes en octobre 1794, Babeuf et les Egaux en 1797. Commissaire du Directoire en septembre 1799, donne son appui au coup d'État du 18 Brumaire. Membre du Conseil d'État. Attaché au ministère de la Police en 1804. Comte en 1808.

7. J. B. Treilhard (1742-1810), député de Paris à la Constituante et de Seine-et-Oise à la Convention. Montagnard. Membre du Comité de Salut public en avril 1793. Envoyé en mission à Bordeaux en juin 1793. Membre du Comité de législation, reste à l'écart pendant la crise de Thermidor. Élu au Conseil des Cinq-Cents en octobre 1795. Ministre plénipotentiaire pour négocier les conditions de la paix avec l'Angleterre à Lille en septembre 1797, ensuite à Naples et à Rastadt en mars 1798. Membre du Directoire en mai 1798, remplacé par Gohier après le 30 prairial 1799. Conseiller d'État, président de la section de législation, défend devant le Tribunat le sénatus-consulte de l'an XII qui établit l'Empire héréditaire. Comte et grand officier de la Légion d'honneur en 1808.

8. Loi votée le 17 septembre 1793, cf. *supra,* note 2, p. 203.

Envoyé en mission à l'armée du Nord, puis en Vendée de janvier à août 1793, Merlin proteste contre la proscription des Girondins le 2 juin. Reste à l'écart pendant la crise de Thermidor. Homme politique influent sous le Directoire, artisan du coup d'État du 18 fructidor 1797. Membre du Directoire en 1798, démissionnaire en juin 1799. Procureur général à la Cour de cassation en 1801. Membre du Conseil d'État en 1806. Comte en 1810.

9. J. L. David (1748-1825), le peintre célèbre, député de Paris à la Convention. Montagnard. Opposé à la mise en accusation de Marat, en exécute le tableau après l'assassinat. Membre du Comité d'Instruction publique et du Comité de Sûreté générale en septembre 1793. Se cache pendant la crise de Thermidor. Frappé par la réaction, il est décrété d'arrestation en juillet 1794 et en mai 1795. Amnistié le 4 brumaire an IV. Premier peintre de Napoléon sous l'Empire.

Roux-Fazillac le comblent d'avances avant Brumaire, et, après le coup, attendent qu'on les chasse des ministères[10]. C'est la course au clocher de la dictature : les Jacobins violents la laissent faire, et elle les déporte ; les Jacobins modérés l'aident, et elle les place. Le type du Jacobin rassis, c'est Cambacérès[11].

Homme de la Plaine, direz-vous ? Point : le meilleur ami de Robespierre. C'est lui qui demande le tribunal révolutionnaire, *séance tenante.* C'est lui qui révèle à Napoléon qu'il y avait du bon dans Robespierre, que c'était un homme d'ordre aussi : son mot fameux sur le 9 Thermidor, qui fait la joie de l'*Avenir* : « Procès jugé, mais non plaidé » est tiré du *Mémorial de Sainte-Hélène*[12].

Je n'ai point dit, — car il faut bien s'entendre, — que le 18 Brumaire fut l'œuvre des Montagnards ; je n'ai point dit (cela serait absurde) qui n'y eut point de *modérés* dans les conseils du vainqueur : j'ai dit qu'en soi, le coup d'État n'avait point répugné aux Jacobins ; que ceux qui ne le firent point s'y rallièrent, ne fût-ce qu'un jour. Carnot fut ministre de la Guerre[13] après le 18 Brumaire : est-il une preuve plus décisive ?

Je le sais, les Jacobins furent *« trahis »* ; c'est le mot dont vous vous servez vous-même. Ils furent dupés ; qui le conteste ? Ils le seront toujours, parce que, vers la force et vers la dictature, ils

10. E. L. A. Dubois-Crancé (1747-1814), député de Vitry-le-François à la Constituante et des Ardennes à la Convention. Montagnard. Membre du Comité de Défense générale en janvier 1793. Auteur de la loi sur l'amalgame militaire en janvier 1793. Envoyé en mission à l'armée des Alpes en mai 1793, dirige les opérations du siège de Lyon jusqu'au 6 octobre 1793. Envoyé en mission à l'armée de l'Ouest et des Côtes de Brest de février à juillet 1794 ; accusé de modérantisme par Robespierre. Participe à son renversement. Membre du Comité de Salut public en décembre 1794. Élu au Conseil des Cinq-Cents en octobre 1795. Inspecteur général à l'armée du Rhin en septembre 1798. Ministre de la Guerre en septembre 1799, remplacé par Berthier le 20 brumaire.

P. Roux-Fazillac (1746-1833), député de la Dordogne à la Législative et à la Convention. Montagnard. Membre du Comité des finances. Envoyé à l'armée du Nord en avril 1793, et en Charente et en Dordogne en août 1793. Organise la Terreur dans la Corrèze et le Puy-de-Dôme de janvier à juillet 1794. Reste à l'écart pendant la crise de Thermidor. Administrateur de la Dordogne en 1795. Chef de division au ministère de l'Intérieur en 1798, se retire à la fin de bumaire 1799.

11. J. J. Régis de Cambacérès (1753-1824), député de l'Hérault à la Convention. Personnalité centrale de la Plaine. Membre du Comité de législation. Membre du Comité de Salut public en mars 1793. Rallié aux Montagnards le 31 mai 1793. Président du Comité de législation de septembre 1793 à avril 1794. Thermidorien, suspect de royalisme après le 13 vendémiaire 1795. Élu au Conseil des Cinq-Cents en octobre 1795. Ministre de la Justice en juin 1799. Rallié au coup d'État du 18 Brumaire. Second des trois consuls dans la constitution de l'an VIII. Archichancelier de l'Empire en 1804. Grand cordon de la Légion d'honneur en 1805. Duc de Parme, membre du Conseil privé et président du Conseil d'État en 1808.

12. Paris, 1823, t. I, p. 424.

13. L. N. M. Carnot (1753-1823), député du Pas-de-Calais à la Législative et à la Convention. Montagnard. Membre du Comité de Défense générale en janvier 1793. Commissaire à l'armée du Nord et des Ardennes d'avril à juillet 1793. Membre du Comité de Salut public en août 1793, dirige les opérations militaires et organise la défense nationale.

Favorable au 9 Thermidor, défend les anciens membres du Comité de Salut public en octobre 1794 et en mars 1795. Élu au Conseil des Anciens et des Cinq-Cents en octobre 1795. Président du Directoire (avril-juillet 1796, mai-août 1797). Renversé par le coup d'État du 18 fructidor 1797, se réfugie en Suisse et rentre en France après le 18 Brumaire. Ministre de la Guerre d'avril à octobre 1800. Membre du Tribunat en mars 1802. Vote contre la création de la Légion d'honneur (mai 1802), le consulat à vie (août 1802) et l'établissement de l'Empire (mai 1804). Reçoit une pension en 1809. Gouverneur d'Anvers en février-mars 1814. Ministre de l'Intérieur pendant les Cent-Jours.

vont, comme l'alouette, au miroir. Voter contre l'Empire, la belle affaire ! Mais, derrière le 18 Brumaire, ne pas apercevoir l'Empire : là est l'infirmité d'esprit, la pauvreté morale, l'inconséquence.

Aussi, les inflexibles, n'est-ce point dans le camp des terroristes que vous-même allez les prendre ? Vous citez La Révellière-Lépeaux, le meilleur des directeurs, le plus honnête des patriotes, refusant, comme membre de l'Institut, son serment à l'Empire, refusant une pension, et, pour vivre pauvre comme alors on savait l'être, vendant sa maison et ses livres. « Encore un Jacobin celui-là ! » Que dites-vous, chantre des Jacobins, docteur ès sciences révolutionnaires ? La Révellière, un Jacobin [14] ? De l'espèce de Lanjuinais [15], je suppose. La Révellière qui s'écrie, le 2 juin 1793, après que la Convention violentée a mis les Vingt-deux en état d'arrestation provisoire : « Nous irons tous, tous en prison. » La Révellière, proscrit comme eux, un peu plus tard ; La Révellière rentrant en triomphe, après le 9 Thermidor, avec Isnard, Henri-Larivière, Louvet et Pontécoulant [16] ? Gardez vos saints, mais laissez-nous les nôtres.

L'*Avenir,* qui prend La Révellière pour un Jacobin, nous met, par contre, au défi de citer des Jacobins devenus préfets de l'Empire. Ici, comme la logique des principes et des choses n'est plus contenue par la hauteur des caractères, la liste des ralliés s'allonge. Les noms obscurs de la grande Montagne foisonnent dans l'*Annuaire.* Jean Bon Saint-André, Alquier, Cavaignac, Saliceti, Cochon de Lapparent, pour ne citer que les plus marquants,

14. Cf. *supra,* note 4, p. 186.

15. J.D. Lanjuinais (1753-1827), député de Rennes à la Constituante et de l'Ille-et-Vilaine à la Convention. Girondin. Adversaire de la Commune, soutient les poursuites contre les auteurs des massacres de Septembre en février 1793. Hostile à l'établissement du tribunal révolutionnaire en mars 1793. Décrété d'arrestation le 2 juin, s'évade et réussit à se cacher jusqu'à Thermidor. Réadmis à la Convention en mars 1795. Élu au Conseil des Anciens en octobre 1795. Membre du Sénat conservateur en 1800. Vote contre le consulat à vie (août 1802) et l'établissement de l'Empire (mai 1804). Commandant de la Légion d'honneur et comte en 1808. Vote la déchéance de Napoléon en avril 1814.

16. Conventionnels girondins échappés à la Terreur après le 2 juin 1793 et réadmis à la Convention en mars 1795. Ferry les nomme ensemble sans mentionner leur évolution politique sous le Directoire et l'Empire.

M. Isnard (1758-1825), député du Var à la Législative et à la Convention. Girondin. Membre du Comité de défense nationale en mars 1793. Il résigne ses fonctions le 2 juin 1793. Décrété d'accusation le 3 octobre, réussit à s'enfuir. Thermidorien. Élu au Conseil des Cinq-Cents en octobre 1795. Baron en 1813.

P. F. J. Henri-Larivière (1761-1838), député du Calvados à la Législative et à la Convention. Girondin. Membre de la Commission des Douze en mai 1793. Décrété d'arrestation le 2 juin, réussit à s'enfuir. Thermidorien. Élu au Conseil des Cinq-Cents en octobre 1795. Royaliste modéré, il est condamné à la déportation le 18 fructidor 1797. Se réfugie à l'étranger et passe au service du comte d'Artois.

L. G. de Pontécoulant (1764-1853), député du Calvados à la Convention. Le 2 juin réclame un rapport sur la proscription des Girondins. Décrété d'accusation le 3 octobre 1793, s'enfuit et se cache jusqu'au 9 Thermidor. Élu au Conseil des Cinq-Cents en octobre 1795. Proche des royalistes, il est condamné à la déportation au 18 fructidor 1797. Rallié au coup d'État du 18 Brumaire. Préfet de la Dyn en 1800. Sénateur et commandant de la Légion d'honneur en 1805. Comte en 1808. Vote la déchéance de Napoléon en avril 1814.

Sur J. B. Louvet, cf. *supra,* note 9, p. 180.

se casent dans les préfectures, s'étalent dans les ambassades [17]. Albitte [18] — un pur celui-là, un proscrit de Thermidor —, Fréron, illustre mitrailleur, Borie, Thirion, Drouet, passent de proconsuls, sous-préfets ou juges [19], tandis que les partisans de Marat, les

17. A. Jean Bon Saint-André (1749-1813), député du Lot à la Convention. Montagnard. Membre du Comité de la marine. Adjoint au Comité de Salut public en juin 1793. Envoyé en mission à l'armée de l'Est, aux ports de Brest et de Cherbourg de septembre 1793 à janvier 1794, et dans le Midi de juillet 1794 à janvier 1795. Décrété d'arrestation après l'insurrection du 1er prairial 1795. Amnistié le 4 brumaire an IV. Consul à Alger en octobre 1795 et à Smyrne en octobre 1797. Préfet de Mont-Tonnerre et commissaire général dans les départements de la rive gauche du Rhin en 1801. Baron en 1810.

C. J. M. Alquier (1752-1826), député de La Rochelle à la Constituante et de Seine-et-Oise à la Convention. Montagnard. Membre du Comité de Sûreté générale de mars à juin 1793. Envoyé en mission à Rouen et aux Côtes de Brest de novembre 1793 à juillet 1794. Élu au Conseil des Anciens en 1795. Ministre plénipotentiaire en Bavière en juillet 1798. Ambassadeur à Madrid en novembre 1799. Chargé de mission à Florence et à Naples (1801-1805). Ambassadeur à Rome (1806), en Suède (1810), et au Danemark (1812). Chevalier de l'Empire en 1809.

J. B. Cavaignac (1762-1829), député du Lot à la Convention. Montagnard. Membre du Comité de Sûreté générale. Envoyé en mission aux Côtes de Brest (mai-septembre 1793), en Vendée et à l'armée des Pyrénées-Orientales (octobre 1793-octobre 1794). Chargé de réprimer l'insurrection républicaine de prairial 1795. Adjoint de Barras dans la répression de l'insurrection royaliste du 13 vendémiaire 1795. Élu au Conseil des Cinq-Cents en octobre 1795. Consul à Mascate en 1802. Conseiller de Murat à Naples en 1806. Préfet de la Somme en juin 1815.

C. Saliceti (1757-1809), député de la Corse à la Constituante et à la Convention. Envoyé en Corse en février 1793. Participe à la répression de l'insurrection dans le Midi, à Marseille et à Toulon en septembre-décembre 1793. Adjoint aux représentants près l'armée d'Italie de mars à novembre 1794. Décrété d'arrestation après l'insurrection de prairial 1795. Amnistié le 4 brumaire an IV. Commissaire près l'armée d'Italie en janvier 1796. Élu au Conseil des Cinq-Cents en mars 1797. Ministre extraordinaire à Lucques et à Gênes en 1802. Ministre de la Police du royaume de Naples en 1806.

C. Cochon de Lapparent (1750-1825), député de Poitiers à la Constituante et des Deux-Sèvres à la Convention. Envoyé à l'armée du Nord en février 1793, et aux villes fortes de la frontière du Nord en avril suivant. Membre du Comité de Salut public de septembre à décembre 1794. Envoyé en Belgique et en Hollande (janvier-juin 1795). Élu au Conseil des Anciens en octobre 1795. Ministre de la Police en avril 1796. Condamné à la déportation au 18 fructidor 1797. Préfet de la Vienne en 1799, des Deux-Nèthes en 1804. Chevalier de l'Empire en 1808. Sénateur et comte en 1809. Préfet de la Seine-Inférieure en juin 1815.

18. A. L. Albitte (1761-1812), député de Dieppe à la Législative et de la Seine-Inférieure à la Convention. Envoyé à l'armée des Alpes en juillet 1793, participe à la répression de l'insurrection à Marseille et à Toulon. Organise la Terreur dans l'Ain et le Montblanc de janvier à avril 1794. Envoyé à l'armée d'Italie d'août à octobre 1794. Décrété d'arrestation après l'insurrection de prairial 1795. Amnistié le 4 brumaire an IV.

19. L. M. S. Fréron (1754-1802), cf. *supra*, note 4, p. 136 ; artisan du renversement de Robespierre au 9 Thermidor. Un des leaders de la réaction thermidorienne. Envoyé dans les Bouches-du-Rhône pour réprimer la Terreur blanche d'octobre 1795 à février 1796. Administrateur des hôpitaux civils en 1799. Sous-préfet à Saint-Domingue en 1801.

J. Borie (1756-1828), député de la Corrèze à la Législative et à la Convention. Envoyé en mission en Haute-Vienne et dans la Corrèze en mars 1793 et à l'armée du Rhin en juillet 1793. Organise la Terreur dans la Lozère et dans le Gard en décembre 1793. Décrété d'arrestation après l'insurrection de prairial 1795. Amnistié le 4 brumaire an IV.

D. Thirion (1763-1815), député de la Moselle à la Convention. Envoyé dans l'Eure-et-Loir et dans la Sarthe en septembre 1793. Anti-robespierriste au 9 Thermidor, mais décrété d'arrestation après l'insurrection de prairial 1795. Amnistié le 4 brumaire an IV. Commissaire du Directoire dans la Moselle en novembre 1795. Accusateur public près du tribunal criminel de la Lys en septembre 1797. Professeur de belles lettres à l'École Centrale de Sambre-et-Meuse en mars 1801. Professeur de littérature et d'éloquence latine à la Faculté de Lettres de Douai en 1809.

J. B. Drouet (1763-1824), maître de poste à Sainte-Menehould, avait reconnu Louis XVI lors de la fuite de celui-ci jusqu'à Varennes en juin 1791. Député suppléant de la Marne à la Législative et à la Convention. Envoyé à l'armée du Nord en septembre 1793. Fait prisonnier par les Autrichiens à Maubeuge en octobre suivant. Échangé avec les conventionnels livrés à l'ennemi par Dumouriez contre la fille de Louis XVI en décembre 1795. Admis d'office au Conseil des Cinq-Cents. Impliqué dans le complot de Babeuf en 1796, réussit à s'enfuir.

Hentz, les Panis, les Bourdon (Léonard) mangent dans de petites places, dignes de leur médiocrité paisible, le pain de la bureaucratie impériale [20].

Ce n'est ni pour mettre les Montagnards en contradiction avec eux-mêmes, ni pour constater une fois de plus la profondeur de la fragilité humaine, que nous rappelons et ces noms et ces choses. Il n'y a pas contradiction, il y a rapport direct, attraction logique entre le jacobinisme et la dictature. L'*Avenir* en est lui-même la preuve vivante. Il paraît que nous avons calomnié sa pensée en lui faisant dire qu'après le 9 Thermidor la Révolution n'avait *qu'un recours :* le 18 Brumaire. C'est *perspective* et non « recours » qu'il faut lire. Va donc pour « perspective ». Mais le mot est au moins ambigu, et, sans chercher à le commenter par des citations très claires, que M. Peyrat ne renierait pas, nous demandons aux gens de bonne foi ce que signifie une tirade ainsi conçue — que nous citons, cette fois, tout au long :

« Tant que les Jacobins sont maîtres du pouvoir, ils contiennent toutes les factions : après leur mort, les factions déchaînées prennent leur revanche ; elles font de la France un lieu de débauche et un coupe-gorge. Tant que les Jacobins gouvernent, dit M. Quinet lui-même, " ils opèrent le miracle d'empêcher la famine " : quand ils sont renversés et immolés, la France n'a plus de pain. Tant que les Jacobins ont dans les mains les destinées du pays, tout cède à l'ascendant de la Révolution, la France marche de victoire en victoire ; quand les Jacobins ne commandent plus, ne donnent plus l'exemple et l'impulsion, la désobéissance, l'indiscipline et le découragement se mettent dans les armées ; nous éprouvons partout des revers. La Révolution s'arrête, recule ; la France se débat dans la misère ; elle n'a plus en *perspective* que le 18 Brumaire [21]. »

Dire qu'entre le 9 Thermidor et le 18 Brumaire, la liberté n'a pu contenir les factions de l'intérieur, ni maintenir la discipline des armées, ni donner au pays le pain, la sécurité et la gloire,

---

Acquitté en mai 1797. Commissaire du Directoire dans la Marne en 1798. Sous-préfet de Sainte-Menehould en 1801.

20. N. Hentz (1750-1820), député de la Moselle à la Convention. Montagnard. Envoyé en mission aux Ardennes, à l'armée du Nord et à Dunkerque d'avril à décembre 1793 ; à l'armée de l'Ouest en février 1794, et aux armées du Rhin et de la Moselle en juin 1794. Décrété d'arrestation après l'insurrection de prairial 1795. Amnistié le 4 brumaire an IV.

E.J. Panis (1757-1832), député de Paris à la Convention. Montagnard. Membre du Comité de Sûreté générale de septembre 1793 à janvier 1794. Anti-robespierriste au 9 Thermidor. Décrété d'accusation après l'insurrection de prairial 1795. Amnistié le 4 brumaire an IV. Administrateur des hospices civils en août 1797, et du Mont-de-Piété en 1799. Vit ses dernières années avec une pension du budget secret de la police.

L. Bourdon (1754-1807), député du Loiret à la Convention. Montagnard. Membre du Comité des subsistances et du Comité d'instruction publique. Anti-robespierriste au 9 Thermidor, dirige avec Barras les forces qui envahissent la maison commune de l'Hôtel-de-Ville. Décrété d'arrestation après l'insurrection de prairial 1795. Amnistié le 4 brumaire an IV. Commissaire pour l'approvisionnement de Paris en 1796. Agent commercial du gouvernement à Hambourg en 1798. Administrateur de l'hôpital militaire de Toulon en 1800. Directeur principal des hôpitaux militaires en 1807.

21. A. Peyrat, *L'Avenir national,* 24 et 31 janvier 1866, cf. *supra,* p. 181 et p. 187.

n'est-ce pas proclamer la nécessité du 18 Brumaire, et le vainqueur d'Arcole et des Pyramides parlait-il à la France un autre langage ?

Nous croyons avoir répondu aux questions de l'*Avenir.* Nous ne lui en posons qu'une, en revanche. Il paraît que ce journal a, quelque part, un petit concile démocratique, qu'il consulte sur les cas de conscience, — ce qui lui permet de juger, à l'occasion, qu'il est le seul, le vrai, le pur organe du parti. « Les hommes les plus justement respectés *et les plus incontestablement autorisés,* dit-il, se sont associés à ses critiques *de la manière la plus explicite et dans les termes les plus concluants*[22]. » Voilà qui est clair. L'*Avenir* n'a pas seulement des arguments, mais il a des certificats. Serait-il trop indiscret de lui demander de les produire ? De grâce, qui sont ces pères de l'Église qui ont prononcé contre le livre de M. Quinet et contre le journal le *Temps* l'excommunication majeure ? Les noms, s'il vous plaît, de ces patriarches du robespierrisme, de ces inconsolables de Thermidor ; les noms, s'il ne vous est pas défendu de les dire ?

22. A. Peyrat, *L'Avenir national,* 31 janvier 1866, cf. *supra,* p. 184.

## JULES FERRY

### Le Temps, 5 février 1866

La discussion ne peut avancer avec un adversaire comme l'*Avenir.* Quand on lui parle du 18 Brumaire, il répond 9 Thermidor. Il nous avait sommé de citer, par leurs noms, des Jacobins ralliés au 18 Brumaire. Nous lui en avons nommé dans toutes les nuances et dans tous les rangs du parti, des modérés et des furieux, des légistes et des proconsuls, des proscrits du 1er prairial et des patriotes du 2 septembre, des noms purs et des noms honnis, des chefs de file et de simples soldats. C'est moins aux hommes, avons-nous dit, qu'à la doctrine commune qu'il faut s'en prendre. Le jacobinisme accuse surtout la force de la tradition, la fatalité de l'histoire, l'empire des habitudes absolutistes, formées par le travail des siècles, et reparaissant sous d'autres noms, dans le culte des pouvoirs forts, le despotisme du Centre, la secrète tendresse pour la dictature. L'*Avenir* n'entend point de cette oreille, il ne voit dans ce débat qu'un prétexte à biographies, et s'obstine à le rapetisser au niveau d'une querelle rétrospective sur les meneurs du 9 Thermidor. Grand bien lui fasse ! Nous le laisserons s'acharner sur Tallien, Fréron et Barras [1], confondre l'acte de Thermidor, qui fut justice, avec la faction dite de Thermidor, qui ne fut que corruption ; justifier la Terreur par la réaction thermidorienne, comme si les vengeances réactionnaires eussent été possibles sans les violences jacobines, la terreur blanche sans la terreur rouge. Divaguer n'est pas répondre.

Au moins faudrait-il, puisqu'on discute sur des noms, citer

1. Ex-terroristes exagérés sous Robespierre, artisans de son renversement le 9 Thermidor, réacteurs ensuite, ils incarnent pour Peyrat la négation du jacobinisme. Cf. l'article de *L'Avenir national* du 3 février 1866 *supra*, pp. 188 et suiv. Sur Tallien, cf. note 3 *supra*, p. 214. Sur Fréron, cf. note 4 *supra*, p. 136, et note 19 *supra*, p. 217. P. F. Barras (1755-1829), député du Var à la Convention. Montagnard. Envoyé en mission à l'armée du Var en avril 1793, s'associe avec Fréron, et organise avec lui la Terreur à Marseille et à Toulon d'octobre 1793 à janvier 1794. Représentant près de l'armée de Paris lors de l'émeute du 12 germinal 1795. Élu au Conseil des Cinq-Cents en octobre suivant. Nommé général en chef à l'unanimité par cette Assemblée, il réprime l'insurrection royaliste du 13 vendémiaire. Membre du Directoire aussitôt après, reste au pouvoir jusqu'au coup d'État de Bonaparte.

notre liste tout entière et n'en pas retrancher les plus marquants. Mais l'*Avenir* est essentiellement épurateur ; il a la bonne tradition, il épluche le jacobinisme de telle façon qu'il n'y reste plus, à la fin, que Robespierre, Couthon et Saint-Just et les membres de la Commune. Je conviens qu'à ce compte, il est difficile de citer des Jacobins compromis dans le 18 Brumaire, et l'*Avenir* triomphe commodément. Omettant ceux-ci, reniant ceux-là, et quand le Jacobin manque, prenant un Girondin, on a réponse à tout ; et pour le lecteur naïf, on a toujours raison.

S'il existait pourtant quelque part un Jacobin notoire, incontestable, non un Jacobin de hasard, issu de la tourmente et du péril, mais un Jacobin de choix et de réflexion, un Jacobin avoué et fidèle, n'ayant jamais varié sur Robespierre, l'idole de sa jeunesse, le culte raisonné de son âge mûr, et si l'on vous montrait ce Jacobin doctrinaire, le seul peut-être que l'*Avenir* ne puisse renier, mêlant à l'éloge de Robespierre, l'apologie du 18 Brumaire, diriez-vous encore que les deux théories ne sont pas sœurs, et que notre thèse est une calomnie ?

Nous vous renvoyons donc simplement à un petit livre[2], plein de verve et de talent, publié à Paris, en 1840. Vous y trouverez de Robespierre, le portrait le plus grandiose, du gouvernement parlementaire, la critique la plus acerbe, de l'opposition de gauche tout entière, la plus violente caricature qu'on puisse lire ; et, à la fin du volume, en matière de conclusion, cette apostrophe à M. Thiers, alors président du conseil, qui a toute la valeur d'une profession de foi :

« ... Secouez donc cette léthargie de la vie politique, ne vous laissez point aller aux mortelles oscillations de ces luttes parlementaires, où vous compromettez votre gloire dans l'avenir, pour quelques triomphes d'un moment. Laissez là cette agitation où vous dépensez, sans profit pour votre pays et sans dédommagement pour vous, les plus brillantes facultés que Dieu ait données à un homme..., et quand vous pouvez vous placer à côté de Machiavel et vous rapprocher de M. Guizot, prenez garde de tomber au niveau de M. Odilon Barrot, de M. Passy, de M. Arago[3]. Vous avez mieux à faire, monsieur, qu'à défendre ou à ridiculiser des lieux communs, en compagnie d'hommes médiocres. Vous avez, en écrivant l'histoire de votre pays, à enseigner à la génération qui naît à la vie politique, et qu'on égare par d'absurdes théories, comment une des plus grandes, des plus justes et des plus magnifiques

2. Il s'agit de la *Lettre à M. Thiers* que le même Peyrat avait écrite au début de sa carrière de polémiste politique dans sa publication mensuelle *Personnalités politiques et littéraires*, mai-juin 1840 (BN 8° Lc² 1465) dont Ferry tire le passage (p. 91) qu'il cite.

3. Odilon Barrot (1791-1873), chef de la gauche dynastique sous la monarchie de Juillet.

H. Passy (1793-1880), membre du centre gauche, ministre du Commerce du premier cabinet Thiers (février-août 1836), président de la Chambre des députés en avril 1839.

F. Arago (1786-1853), astronome, physicien, professeur à l'École Polytechnique, député d'extrême gauche (1830-1848), plaide en mai 1840 pour la réforme électorale. Cf. *supra*, note 7, p. 195.

révolutions dont l'histoire ait gardé le souvenir, a été poussée au crime et à l'absurde par l'influence des avocats et des idéologues, ces deux fléaux de notre siècle : comment, depuis cinquante ans, nous sommes engagés dans une voie qui nous conduit à la misère, à l'anarchie et au ridicule ; comment tout est à refaire dans ce pays pour sauver par le travail un peuple qui languit dans le bavardage ; comment il vaut mieux que l'ouvrier lise Barême[4] que la Constitution des droits de l'homme, et qu'il sera plus heureux et plus moral en mettant chaque dimanche une poule au pot, qu'en jettant chaque cinq ans une boule dans l'urne électorale. *Si vous aviez, monsieur, le prestige et la puissance de l'homme dont vous allez écrire l'histoire, je vous dirais qu'il y a quelque chose à faire de plus grand, de plus moral, de plus exemplaire,* ***un acte de justice divine à exécuter,*** *et je vous rappellerais ce qui se passait à Saint-Cloud* ***le 19 brumaire 1799, ce grand jour de notre histoire, qui sera un jour de fête, si jamais nous avons le sens commun.*** Mais vous n'avez ni le cheval blanc de Campo-Formio, ni Murat pour crier à ses grenadiers : *En avant, marche !* contre les représentants non plus du *poignard,* mais du *bavardage.* »

Le Jacobin qui appelait, en 1840, la *justice divine* sur le gouvernement des assemblées, peut, en 1865, faire l'éloge du 31 mai. C'est de la logique et de la franchise.

Un dernier mot, pour clore cette discussion, que l'*Avenir* ne reprendra pas[5]. On avait parlé à plusieurs reprises, non sans solennité, de certains hauts patronages démocratiques, qui auraient prononcé entre M. Quinet et ses détracteurs, et couvert de leur autorité incontestable la polémique de l'*Avenir.* Nous avons demandé les noms. L'*Avenir* les refuse. Il n'a pas, dit-il, l'habitude de livrer à la publicité les communications de ses amis. — Pourquoi s'en fait-il donc un argument anonyme ? — Nous les lui demandons, ajoute-t-il, sachant bien qu'il ne peut pas les dire. — Nous savions bien, en effet, que l'*Avenir* ne nommerait personne ; mais pour une excellente raison, c'est qu'il n'a personne à nommer.

4. F. Barême (1640-1703), mathématicien, auteur du *Livre des comptes faits* (1682), manuel d'arithmétique élémentaire.
5. Peyrat reprend la discussion pour la conclure à sa guise, comme on l'a vu, dans son autocritique du 6 février 1866, cf. *supra*, pp. 192-195.

# JULES FERRY

## Le Temps, 7 février 1866

Nous n'avons aucun goût pour les personnalités. Si nous avons fait entrer dans un débat, sur l'esprit et les tendances du jacobinisme, l'opinion de M. Peyrat au sujet du 18 Brumaire, c'était pour faire honneur à sa logique, non pour mettre en cause son caractère. Aujourd'hui, M. Peyrat retire de la façon la plus catégorique, et avec la plus parfaite abnégation, ce qu'il a écrit en 1840. Nous lui en donnons acte. Nous reproduirions, si cela était possible, l'article tout entier ; il semble qu'il diminue un peu la distance qui nous sépare :

« L'étude de la Révolution m'a appris que l'état de la France, en 1799, quoique très grave, ne l'était point assez pour justifier le coup d'État et la dictature qui en fut la conséquence. Le maintien de la Constitution républicaine correspondait aux vœux et aux intérêts de l'immense majorité de la France.

« La République était assez forte pour contenir ses adversaires...

« ... Elle avait pour elle les armées, composées encore en grande partie de ces volontaires partis en 92, quand la patrie était en danger, et qui avaient vaincu l'Europe pour vaincre la monarchie. Elle avait pour elle cent journalistes, tous les écrivains de quelque autorité, les poètes, les artistes, les acquéreurs nationaux, tous les propriétaires las de leurs incertitudes, tous ceux qui, en 89 et 90, ayant pris les armes pour elle et endossé l'uniforme national, avaient mérité par là le ressentiment des royalistes. *Les premiers amis de la Révolution lui étaient restés fidèles et ils étaient innombrables*[1]... »

Très juste et très bien dit. Mais cessez alors de pleurer sur le 9 Thermidor. Oui ! le sentiment républicain et les intérêts révolutionnaires défendaient la République au-dedans, les armées produites par le grand mouvement de 1792 suffisaient à la protéger au-dehors : voilà nos vrais vainqueurs. La guillotine n'y était pas plus nécessaire que le sabre, et si la Révolution pouvait se passer de Bonaparte, elle n'avait pas non plus besoin de Robespierre.

1. A. Peyrat, *L'Avenir national,* 6 février 1866, cf. *supra,* p. 194.

# ÉMILE OLLIVIER

*Né à Marseille en 1825, Émile Ollivier trouve dans sa famille un héritage politique contradictoire. Son père, Démosthène, conspirateur républicain, un des chefs de l'opposition démocratique sous la monarchie de Juillet, député à la Constituante en 1848, est un des proscrits du 2 Décembre. Sa mère descend d'une famille de royalistes émigrés.*

*Commissaire général du gouvernement provisoire dans les Bouches-du-Rhône et dans le Var en mars 1848, Émile Ollivier se retrouve naturellement dans l'opposition à l'Empire. Mais s'il condamne le coup d'État du 2 décembre 1851, il respecte néanmoins le suffrage universel et le résultat du plébiscite. Inscrit au barreau de Paris depuis 1848, brillant avocat, il passe du socialisme chrétien de sa jeunesse au libéralisme, et du romantisme révolutionnaire au positivisme comtiste. Idole et guide de la jeunesse républicaine, il est élu député de Paris en 1857, et dirige l'opposition parlementaire du Groupe des Cinq (Favre, Picard, Darimon, Hénon), tout en se déclarant prêt à se rallier à l'Empire à condition que les conditions d'un gouvernement libre soient assurées. Réélu en 1863, il se convainc de la possibilité de concilier césarisme et liberté et se rapproche du pouvoir. Il est successivement membre rapporteur de la commission chargée de la modification des articles 414 et 416 du Code pénal en février 1864, rapporteur du projet de loi du gouvernement sur les coalitions en avril-mai 1864. En mars 1865, il se déclare favorable à l'alliance durable entre la démocratie et la liberté sous la main d'un pouvoir fort et national, et consomme ainsi sa rupture avec le parti républicain.*

*A la tête de ce qui est désormais le Tiers Parti, il travaille à une synthèse entre autorité et liberté en prenant appui sur l'évolution libérale du régime impérial. Il refuse, en 1867, de faire partie du gouvernement, faute d'une majorité sûre. Élu député du Var en 1869, il accepte le ministère de la Justice et des Cultes en janvier 1870, et dirige le dernier gouvernement du Second Empire jusqu'au mois d'août. Démissionnaire à la suite de la guerre contre la Prusse, il quitte ensuite la France à la chute de l'Empire, et jusqu'en 1873.*

*Entouré d'une impopularité légendaire dans tous les secteurs de l'opinion sous la III<sup>e</sup> République, il est battu aux élections de 1876 et de 1877. Il écrit en 1889 un pamphlet,* 1789, *où il fait l'apologie de la royauté populaire. Il meurt en 1913, après avoir consacré ces longues années d'oubli à une histoire qui est aussi une autobiographie monumentale,* L'Empire libéral, *dont le dix-septième et dernier volume paraît, posthume, en 1915.*

# ÉMILE OLLIVIER

## La Presse, 9 janvier 1866 [1]

*à M. E. de Girardin*

Un des traits du temps actuel qui me frappe le plus, c'est la dispersion intellectuelle dans laquelle nous vivons presque tous. Je découvre bien quelques groupes auxquels on donne, beaucoup plutôt qu'ils ne se le donnent à eux-mêmes, le nom de partis : quand j'y regarde de près, sous l'unité apparente je n'aperçois que dissentiments et confusion. Un même mot est prononcé d'ensemble, mais il n'est pas une preuve d'accord, pas plus que ne l'était entre les thomistes et les jésuites, le mot de *pouvoir prochain,* qu'ils invoquaient à la fois contre les jansénistes, *abstrahendo ab omni sensu.* Cependant l'isolement n'est point désirable si ce n'est provisoirement, comme une transition plus ou moins longue, et l'on ne doit négliger aucun moyen honorable d'en sortir. Il en est un toujours facile à pratiquer : il consiste à saluer tout haut, sur quelque sillon que l'on soit courbé soi-même, les hommes au cœur vaillant qui expriment avec force des pensées auxquelles on adhère, surtout lorsque, par cela même, ils s'exposent aux rancunes intolérantes des vieux préjugés. Voilà pourquoi je désire exprimer publiquement mon admiration pour le beau livre de M. Edgar Quinet sur la révolution.

Je n'hésite pas à affirmer que ce livre sera une des dates de la pensée démocratique. Ne l'envisageât-on qu'en artiste, on ne saurait le louer assez. Depuis les travaux désormais classiques de Tocqueville [2], je n'ai rien lu de ciselé avec une aussi imposante simplicité. Par certains côtés, M. Quinet l'emporte même sur l'auteur de la *Démocratie en Amérique.* En Tocqueville, l'esprit seul est en œuvre : il scrute, découvre, conseille. En M. Quinet, la passion a

1. Ces trois articles d'Émile Ollivier, que nous présentons ici, figurent aussi dans le recueil d'écrits et de discours parlementaires publié en 1867 sous le titre *Démocratie et liberté* (pp. 334-347).
2. *La Démocratie en Amérique* avait paru en 1835 (t. I) et en 1840 (t. II). *L'Ancien Régime et la Révolution* en 1856.

sa part : elle ranime, réchauffe, élève, emporte. La placidité géométrique des déductions est à tout instant interrompue par un accent de douleur, d'autant plus poignant, qu'il est étouffé et qu'il échappe à l'auteur malgré lui. Tocqueville contemple sa pensée ; M. Quinet en vit et surtout il en souffre. Tous ceux qui sont familiers avec le langage contenu des sentiments profonds m'ont avoué que l'émotion avait plus d'une fois interrompu leur lecture. Aussi, quoi qu'on pense des opinions de l'écrivain, il serait malaisé de refuser sa sympathie à l'homme. Se fût-il quelquefois trompé, il faudrait encore lui savoir gré d'avoir, lui ami éprouvé du peuple, osé prononcer avec indépendance sur des sectaires, que, par crainte ou par faiblesse, par ignorance ou par erreur, on a habitué le peuple à considérer comme ses législateurs et comme ses martyrs.

La partie du livre qui a pour objet les événements religieux de la révolution est celle qui me semble la moins heureuse. On y doit reprendre, à mon sens, moins les conclusions, bien qu'elles soient en partie contestables, que l'indécision avec laquelle elles sont formulées. Combattant la terreur contre les aristocrates, il eût été contradictoire de conclure à la nécessité d'une terreur contre les catholiques. Quelques passages cependant, si on les lisait sans précaution, autoriseraient à supposer que telle a été la pensée de l'auteur. Il serait désirable que, dans une prochaine édition, cette série d'idées fût revue et élucidée ; alors on pourrait mieux la juger. La partie politique du livre me semble au contraire irréprochable.

Il règne sur la révolution deux préjugés répandus l'un par les conservateurs, l'autre par les radicaux, et qui tour à tour victorieux dans les esprits puis dans les événements, sont cause qu'incapables de nous fixer, nous oscillons sans cesse d'une résignation honteuse à une impatience folle, semblables, selon la comparaison de Luther, à ce paysan ivre à cheval qui ne se relève d'un côté que pour retomber de l'autre. Le préjugé conservateur, c'est que la révolution a été opérée pour conquérir la liberté civile et non la liberté politique. Le préjugé radical, c'est que le jacobinisme a sauvé la France, et qu'il reste, malgré tout, l'expression la plus réelle, et, comme on dit dans un certain monde, la plus *avancée* du mouvement de 89. Ces deux vues sont également inexactes.

Sans la liberté civile, j'en demeure de plus en plus persuadé, la liberté politique est dangereuse et inutile au peuple ; mais aussi, sans la liberté politique, la liberté civile n'est ni féconde ni assurée. Je trouve bien, dans l'histoire moderne, des libertés politiques où manquent les libertés civiles ; je n'y ai vu nulle part des libertés civiles développées où la liberté politique est absente. Pourquoi les associations populaires, si prospères au-delà du Rhin, en sont-elles encore chez nous aux tâtonnements ? Ce n'est pas à cause de la différence des législations ; car, tandis que notre code, même dans son état actuel, n'oppose aucun obstacle insurmontable aux tentatives des ouvriers, la législation allemande, défectueuse et beaucoup plus gênante, leur en opposait de nombreux. Les ouvriers allemands n'ont pris l'avance que grâce à la liberté de la presse et au droit de réunion dont nos ouvriers sont privés ou du moins dont ils ne jouissent qu'en vertu d'une tolérance intermittente.

Quant au jacobinisme, il n'a pas plus sauvé la révolution que l'inquisition n'a sauvé le catholicisme : il l'a déshonorée. Il a jeté dans la conscience humaine une impression d'horreur qui, après tant d'années, n'est point encore effacée. Qu'un clérical jacobin, comme Joseph de Maistre[3], n'ait pas refusé son admiration à nos Jacobins révolutionnaires, je le conçois. Que des esprits loyaux, sincèrement épris de la liberté, aient pu s'associer à cet hommage, ou même ne pas protester contre lui, c'est ce qui m'étonne toujours. Les Jacobins, il est vrai, prononcent sans cesse, avec emphase, le nom de liberté ; même au lendemain de la loi de prairial, ils déclarent qu'ils veulent *l'affermir,* mais ce n'était dans leur bouche qu'un artifice de rhétorique. En réalité, ils l'ont toujours différée, après la mort du *tyran* d'abord, puis après la constitution, puis après la paix. Ils sont, dans la langue politique moderne, avant M. Veuillot[4], les inventeurs de la *liberté du bien,* c'est-à-dire de la liberté pour soi et non pour les autres. Si vous n'en voulez pas croire leurs adversaires, écoutez-les eux-mêmes. Voici ce que disait un des principaux initiés, Robespierre le jeune, en répondant aux Girondins, dans la séance du 20 mai 1793 : « Ils ont voulu égarer l'opinion publique en disant qu'ils n'étaient pas libres : quelle liberté leur faut-il donc ? *Ils ont été trop libres pour faire le mal.* (Applaudissements.) *Plût à Dieu qu'on les eût toujours forcés à faire le bien !...* Vils calomniateurs, renoncez à ce système bas et perfide ! *Vous êtes libres de faire le bien, vous l'avez prouvé en prononçant la mort du tyran*[5]. » — Aux Jacobins appartient encore l'honneur d'avoir inventé la fameuse distinction entre les *bons* et les *mauvais* : les bons, auxquels tout est permis ; les mauvais, contre lesquels rien n'est défendu ; et c'est encore un Robespierre, cette fois-ci l'aîné, qui a le premier prononcé cette phrase homicide, rajeunie par toutes les dictatures : *C'est la terreur du crime qui fait la sécurité de l'innocence.*

Dans la révolution, la liberté n'a été comprise, aimée, servie que par les constitutionnels, par Mirabeau, et après eux, par le groupe glorieux au milieu duquel s'élève Vergniaud. « La constitution, disait l'orateur de la Gironde, a pour objet essentiel d'assurer

3. Allusion à la thèse des « Considérations sur la France » (1797) selon laquelle, à l'intérieur du châtiment providentiel que constitue la Révolution, les Jacobins sont les instruments providentiellement mauvais du salut national.

4. L. Veuillot (1813-1883), catholique intransigeant et conservateur, directeur du journal *L'Univers,* défenseur de l'ultramontanisme et adversaire de l'opposition libérale.

5. Cf. *Le Moniteur,* t. XVI, p. 437.

la *liberté politique* du peuple et la *liberté civile* des citoyens. — La constitution aura compromis le bonheur de la société et celui des individus *si elle gêne dans leur développement les facultés intellectuelles des individus,* ou même si elle ne seconde pas les élans de leur génie. » (8 mai 1793[6].) — Aussi n'est-ce vraiment que de ce côté qu'on recueille quelque chose d'imprévu et d'original ; ailleurs, on ne retrouve que les procédés de l'Ancien Régime mis au service d'intérêts nouveaux. Robespierre n'est après tout qu'un Torquemada politique.

Tout progrès sera entravé tant que les deux préjugés que je viens de caractériser n'auront pas été déracinés. Or le livre de M. Quinet en est une réfutation éloquente, pressante, irrésistible. Il n'épargne pas plus l'un que l'autre, et il les détruit irrévocablement tous les deux. « Si les Français, dit-il avec raison, n'eussent voulu que la rénovation matérielle et l'égalité civile, la révolution se trouvait terminée le 5 août 1789[7]. Ils poursuivaient un bien plus précieux, la liberté ; c'est pourquoi ils se sont jetés dans la tempête. » Il ajoute ensuite : « Une chose a perdu les hommes de la révolution. Ils se sont trompés sur la puissance de la mort ; ils ont cru qu'elle finit tout ; ils n'ont pas soupçonné, au contraire, qu'elle engendre l'immortel, et que chaque victime enfante son vengeur[8] ». Le puissant publiciste n'admet pas même, à la décharge de la Terreur, la résistance à l'invasion. Le mérite en revient, selon lui, à nos héroïques armées, à nos volontaires, à nos généraux patriotes, aux Hoche, aux Marceau, aux Moreau, aux Masséna, aux Bonaparte, et surtout à Carnot, que la proscription n'eût pas non plus épargné si le 9 Thermidor n'avait débarrassé la convention du triumvirat sinistre de Robespierre, de Couthon et de Saint-Just !

La tâche que vient d'accomplir M. Quinet avait déjà été entreprise par d'autres. Grâce à vous, Émile de Girardin[9], à Tocqueville, à M. Laboulaye[10], elle était terminée, en tant qu'il s'agissait d'établir la connexion de la liberté politique et de la liberté civile. Contre les théories jacobines, au contraire, le coup décisif n'avait point encore été porté. Non qu'on n'eût tenté de le faire ; M. Guizot, par exemple, ne s'est pas lassé, dans sa longue carrière, de démontrer qu'aucun gouvernement, monarchique ou républi-

6. *Ibid.,* p. 345.

7. E. Quinet, *La Révolution,* 2 vol., Paris, 1865, Livre IV, *Révolution civile,* chap. I, « Nuit du 4 Août », t. I, p. 99.

8. *Ibid.,* Livre XVIII, *La Dictature,* chap. V, « Loi du 22 prairial », t. II, p. 277.

9. E. de Girardin (1806-1881), journaliste et homme politique libéral, député sous la monarchie de Juillet, rallié à la République en 1848, proscrit le 2 Décembre. Il participe à l'opposition parlementaire au Second Empire comme directeur de *La Presse,* journal fondé par luimême en 1836. A l'époque de la polémique sur le livre de Quinet, Girardin dirige encore ce journal, dont il n'est plus propriétaire depuis 1856, et appuie la politique d'Ollivier.

10. E. R. Laboulaye (1811-1883), professeur de législation comparée au Collège de France en 1849, un des théoriciens du libéralisme le plus systématique, opposant à l'Empire. Publie notamment à l'époque considérée : *Le Parti libéral : son programme et son avenir* (1864).

cain, n'était conciliable avec les idées jacobines, que, dans son langage, il appelle les idées révolutionnaires. Malheureusement, il a paru croire en même temps que la démocratie était incapable de s'affranchir d'un tel servage, et qu'elle était dès lors fatalement condamnée, sinon à la défaite, du moins à la stérilité. La partie erronée de sa doctrine a compromis celle qui était vraie, et le poison jacobin a continué à s'insinuer. Le pays n'en pouvait être préservé que par des hommes qui, ayant adopté les principes de la démocratie et partagé ses épreuves, eussent acquis le droit de ne pas inspirer d'ombrage et d'être écoutés sans défiance. Depuis que l'esprit public se réveille, les démocrates libéraux ont compris qu'aucune œuvre n'était plus urgente. Ils s'y sont portés à l'envi. M. Lanfrey a commencé dans un livre qui l'a placé parmi nos publicistes éminents[11] ; M. Quinet vient d'achever en maître : après lui, il n'y aura plus à y revenir. Sans doute, il restera encore quelques esprits attardés qui, même de bonne foi, croiront aux sophismes anciens ; mais la jeunesse, cette jeunesse intelligente et généreuse que je sens de toutes parts autour de moi, prête à s'élancer vers l'avenir, elle accueillera avec respect l'enseignement que lui donne un de ses maîtres les plus dévoués et elle en profitera : cela suffit. Nous pouvons maintenant attendre avec confiance : dès que la démocratie aura renoncé au jacobinisme, la liberté sera fondée en France.

11. P. Lanfrey (1828-1877), historien républicain et libéral, auteur d'un *Essai sur la Révolution française* (1858) auquel Ollivier fait ici allusion. Cf. note 2, p. 199.

## ÉMILE OLLIVIER

La Presse, 14 janvier 1866

J'ai essayé, dans une première lettre, de dégager la pensée qui domine dans le livre de M. Quinet ; je voudrais maintenant le suivre dans quelques détails et examiner, si j'en ai le temps, les jugements qu'il porte sur les principaux acteurs de la révolution et sur les événements auxquels ils ont participé. Je parlerai d'abord de Mirabeau et de Vergniaud. Je commence par eux, parce que, je l'avoue, ce sont les deux personnalités qui m'attirent le plus. Tant qu'ils restent sur la scène, il y a du soleil ; dès qu'ils en disparaissent, on entre pour n'en plus sortir dans les teintes grises. A l'inverse de ce qui a lieu dans le poème de Dante, dans la révolution on ne va pas de la nuit à la lumière ; de la lumière on tombe dans la nuit. On s'étonne qu'il y ait à peine quelques années entre les premiers jours si beaux de la constituante et les derniers jours si tristes de la convention.

Mirabeau et Vergniaud peuvent être rapprochés malgré la diversité de leur nature. Tous deux ont aimé la liberté ; tous deux ont cherché l'inspiration d'une éloquence qui, égalée peut-être, n'a jamais été surpassée, dans les mouvements spontanés d'un cœur bon et dans les élans d'une pensée courageuse ; ni l'un ni l'autre n'ont jamais haï ni tremblé ; ni l'un ni l'autre n'ont enveloppé leurs passions personnelles des apparences du bien public, ou sacrifié leurs amitiés ou leurs devoirs à la crainte de perdre une popularité enviable seulement lorsqu'elle a été obtenue sans avoir été recherchée. A Mirabeau il faut pardonner ses souillures, à Vergniaud son indolence. Mais les souillures de Mirabeau tiennent à ses malheurs plus qu'à sa perversité ; l'indolence de Vergniaud n'était que le détachement d'un esprit trop élevé pour s'employer tout entier dans les petites agitations des affaires de ce monde. Les erreurs de Mirabeau s'expliquent par Vincennes et par le château d'If[1], les mollesses de Vergniaud sont la marque des poésies de sa nature. Il

1. Allusion aux emprisonnements successifs de Mirabeau à la demande de sa famille, pendant les frasques de sa jeunesse.

était, à Bordeaux, avocat peu achalandé, lorsqu'un procureur vint lui demander son assistance dans un procès fort important. Tandis que l'homme de loi lui contait le cas, Vergniaud tendait la main vers le tiroir de son secrétaire et l'ouvrait. Y ayant aperçu encore quelques louis : « Décidément, répondit-il sans avoir écouté, le procès est mauvais, je ne puis m'en charger. » Tel il était demeuré dans la vie publique. Qu'importent, au surplus, les faiblesses des grands hommes ? Seraient-ils de notre espèce, s'ils ne traînaient après eux une ombre d'autant plus épaisse que brille davantage la clarté dont elle est le rachat ? Ne nous arrêtons donc qu'un instant à leurs défauts et regardons surtout à leur génie. Y en a-t-il eu souvent d'égal à celui de deux hommes que je compare ? On ne tarit pas sur l'éloquence de Mirabeau : sa capacité d'homme d'État est supérieure encore. Si Marie-Antoinette avait été touchée par lui comme elle le fut par Barnave, la vieille monarchie se sauvait en se transformant. Une idée ne se répand que lorsqu'elle a été revêtue d'une formule populaire. L'idée de la liberté a certes été conçue avant Mirabeau : il l'a formulée, sauf dans quelques cas, avec une telle sécurité, qu'après un demi-siècle de controverses et de révolutions nous n'avons rien à changer à ses formules. Je ne saurais mieux le comparer qu'à ces réservoirs de montagne qui ne sont pas des sources, mais qui les recueillent, et qui, après les avoir réunies, les répandent en fleuves dans les plaines.

Vergniaud n'a pas eu le temps de s'enrichir d'autant d'expérience que Mirabeau ; il n'a pas sa précision, sa vigueur et son étendue, il a plus de pureté et d'élévation ; il est moins soudain, il est plus harmonieux ; il terrasse moins, il charme davantage ; la passion de Mirabeau naît de la force de la dialectique ; celle de Vergniaud de la profondeur du sentiment ; en Mirabeau, le fond est d'un penseur ; il est d'un artiste en Vergniaud. On peut dire de ce dernier qu'il est l'André Chénier de la tribune ; je me le représente semblable à l'un des orateurs dont l'antiquité nous a légué la statue, la tête éclairée par l'inspiration, le geste sobre et imposant, laissant tomber sans effort de ses lèvres à peine entrouvertes, le flot non interrompu des paroles de feu ou de miel !

M. Quinet ne s'arrête pas longtemps à Vergniaud ; il ne l'isole pas, pour l'étudier, de ses nobles compagnons ; il ne se rappelle pas assez, selon la belle expression de Lamartine, que « tant que Vergniaud n'avait pas parlé, les grandes choses n'avaient pas été dites[2] ». En revanche, il s'étend à loisir sur Mirabeau. Tant qu'il ne considère que ses discours, il ne trouve aucun éloge au-dessus de lui : c'est l'esprit *le plus droit, le plus profond, le plus beau génie de la terre* ; dès qu'il examine ses relations avec la cour, aucune condamnation ne lui paraît trop dure : c'est le *Judas* de la révolu-

2. A. de Lamartine, *Histoire des Girondins,* 8 vol., Paris, 1847, Livre XXXIII, chap. XXIII, t. IV, p. 389.

tion, un colosse d'*infamie* autant que de gloire ; il est aussi *monstrueux* que Machiavel, en étant moins logique. J'adhère à la première partie de ce jugement ; sans m'élever absolument contre la seconde, j'y regrette l'absence de quelques atténuations, de certaines réserves, et, en définitive, je la trouve trop sévère.

Il n'y a aucune excuse pour l'argent reçu de la cour. Par ce honteux marché, Mirabeau ne se dégradait pas seulement lui-même, il abaissait la révolution devant ceux qu'il désirait y convertir. Quel respect Marie-Antoinette et Louis XVI pouvaient-ils concevoir pour une cause dont l'interprète le plus puissant tendait la main, ainsi que l'eût fait le plus vil courtisan de l'Œil-de-Bœuf ? Il a fallu qu'à ce moment le pauvre homme de génie ait été bien fourvoyé pour n'avoir pas senti que ce n'était que par la hauteur du caractère, la force du désintéressement, par l'ascendant de la probité qu'il pouvait s'imposer aux répugnances mesquines d'une cour frivole, ignorante ou aveugle, à l'égoïsme de conseillers sans clairvoyance ou sans loyauté. M. Quinet n'a rien dit de trop à ce sujet.

Il n'est également que juste lorsqu'il réprouve les moyens que Mirabeau proposait : l'avilissement de l'assemblée, la corruption de la presse, l'audace de la scélératesse. Il appartient sans doute à la Providence de tirer le bien même du mal, les hommes n'ont le droit de demander le bien qu'au bien. Seulement, M. Quinet n'a pas assez reconnu, ce qui ne peut plus être douteux après la très remarquable étude de M. Vermorel[3], que Mirabeau ne se faisait payer que pour être de son avis. Le loyal et véridique La Fayette l'a déclaré dans ses mémoires : *Pour aucune somme d'argent il n'aurait soutenu une opinion qui eût détruit la liberté et déshonoré son esprit*[4]. « *Je sais,* disait Mirabeau lui-même dans une note du 24 octobre 1791[5], *que j'ai tout promis, mais ai-je promis autre chose que de servir selon mes principes ?* » Il tendait, en effet à une *contre-constitution* et non a une *contre-révolution,* qu'il proclamait *aussi dangereuse que criminelle* ; il voulait bien rétablir *l'ordre, mais non l'ancien ordre.* Il écrivait dans une note de décembre 1790 ces paroles prophétiques : « Je regarde tous les effets de la révolution et tout ce qu'il faut conserver de la constitution comme des conquêtes tellement irrévocables, qu'aucun bouleversement, à moins que l'empire ne fût démembré, ne pourrait plus les détruire. Je n'excepte pas même une contre-révolution armée ; le royaume serait reconquis, qu'il faudrait encore que le vainqueur composât avec l'opinion publique, qu'il s'assurât de la bienveillance du peu-

3. *Mirabeau, sa vie, ses opinions, ses discours,* Paris, 1865. Éditeur de Robespierre, Danton, Vergniaud et Marat, A. Vermorel (1841-1871) est aussi l'auteur d'un article sur Quinet, paru dans *La Presse* le 19 novembre 1865.
4. La Fayette, *Mémoires,* 6 vol., Paris, 1837-1838, t. II, p. 368.
5. Inexact : il s'agit de la note XXXVI du 24 octobre 1790, cf. *Correspondance entre le comte de Mirabeau et le comte de La Marck pendant les années 1789, 1790 et 1791,* publiée par M. A. de Bacourt, 3 vol., Paris, 1851, t. II, p. 265.

ple, qu'il consolidât la destruction des abus, qu'il admît le public à la confection de la loi, qu'il lui laissât choisir ses administrateurs ; c'est-à-dire que, même après une guerre civile, il faudrait encore en revenir au plan qu'il est possible d'exécuter sans secousse[6]. »

Quoi qu'il en soit, la vénalité flétrie, les moyens condamnés, reste le dessein en lui-même : il consistait à réconcilier la royauté avec les idées nouvelles, à s'appuyer sur le parti populaire, celui qui n'est *ni populacier, ni aristocrate*; à seconder la majorité de l'assemblée, à sauver la révolution de l'anarchie par la royauté, et la royauté de la chute par la révolution. Ce dessein était patriotique et sensé. S'il avait réussi, que de malheurs eussent été évités et que de progrès se fussent réalisés ! Supposez la France n'ayant eu à traverser ni les guerres de la révolution ni celles de l'empire, ayant économisé le million d'hommes et les millions d'écus qui s'y sont engloutis : quelle nation jouirait d'une prospérité, d'une liberté comparables ! Que de problèmes résolus qui n'ont pas été abordés ! Combien de champs ne seraient plus en friche ! Que d'écoles fondées ! Combien de nos frères rachetés de la misère ! Et pour quelques pages qu'il faudrait regretter dans notre histoire, combien il en est que nous serions trop heureux de n'y point lire !

La mort a empêché Mirabeau de poursuivre son expérience jusqu'au bout. Il eût échoué, il le pressentait lui-même, et cette crainte lui arrachait des cris superbes de colère : « La reine cajole La Fayette et le déjoue ; le roi niaise et s'abstient ; *Monsieur* mollit et ne se réjouit d'un succès même que comme on se félicite d'une bataille gagnée qui nécessite à faire un siège très douteux : enfin, tout cela est infiniment nébuleux. Il n'y a qu'une chose de claire : c'est qu'ils voudraient bien trouver, pour s'en servir, des êtres amphibies qui, avec le talent d'un homme, eussent l'âme d'un laquais. Ce qui les perdra irrémédiablement, c'est d'avoir peur des hommes et de transporter toujours les petites répugnances et les frêles attraits d'un autre ordre de choses dans celui où ce qu'il y a de plus fort ne l'est pas encore assez ; ou ils seraient très forts eux-mêmes, qu'ils auraient besoin pour l'opinion, de s'entourer de gens forts[7]. »

Malgré cet échec, la politique de Mirabeau, purifiée de tout ce qui l'a compromise, est la seule qu'il convienne d'adopter dans tous les pays où des idées nouvelles se trouvent aux prises avec un souverain qui leur résiste. L'orateur de la révolution sera éternellement grand pour l'avoir compris. Tout mouvement brusque est suivi de l'anarchie, et aussitôt après d'un despotisme d'autant plus absolu qu'il naît avec l'assentiment d'une nation épouvantée. Les améliorations, même lentes, réalisées par des gouvernements sur lesquels l'opinion publique pèse, mais qu'elle ne renverse pas,

6. *Ibid.*, note XLVII. « Aperçu de la situation de la France et des moyens de concilier la liberté politique avec l'autorité royale », t. II, p. 434.
7. *Ibid.*, t. I, pp. 440-441.

conduisent en avant d'un pas bien plus rapide. On m'objectera, je le sais, que le progrès même lent est impossible soit à obtenir, soit à arracher de certains gouvernements. En fût-il ainsi, je l'admets par hypothèse; il n'en faudrait pas moins suivre les conseils de Mirabeau. Il est des entreprises que la probabilité de l'insuccès ne dispense pas de tenter : c'est la lettre d'avis qu'on envoie même au débiteur insolvable. Lorsqu'un gouvernement agit au rebours des volontés d'une nation, tôt ou tard, d'une manière ou de l'autre, il est destiné à périr. L'armée la plus docile est aussi impuissante à prolonger ses jours que l'est une troupe de médecins d'élite à retenir vivant le malade chez lequel une lésion organique est arrivée à son dernier terme. Mais il ne saurait être indifférent à un homme politique que le pouvoir qui tombe ait été précipité ou qu'il se soit précipité : on a autant de force pour gouverner une révolution dont d'autres sont responsables, qu'on en a peu pour diriger celle qu'on a provoquée.

## ÉMILE OLLIVIER

### La Presse, 19 janvier 1866

On m'écrit : le jacobinisme n'est qu'un fantôme ; les peureux seuls s'en épouvantent ; personne ne le continue ; il est des démocrates qui le défendent dans le passé, il n'en est pas qui veuillent le recommencer et surtout en renouveler les cruels expédients.

Je me garderai de contredire, sur ce dernier point, mon honorable correspondant ; Robespierre avait eu l'audace de dire : « Quand les mœurs seront plus pures, l'amour de la patrie plus ardent, des accusateurs généreux s'élèveront contre nous, et nous reprocheront de n'avoir pas montré assez de fermeté contre les ennemis de la patrie. »

Cette espérance, insultante pour l'humanité, a été déçue ; aucun homme sérieux n'oserait de nos jours faire l'éloge de la loi de prairial et regretter qu'un plus grand nombre de têtes ne soit pas tombé à côté de celles de Lavoisier, d'André Chénier, de Lucie Desmoulins, de Madame Élisabeth, de Marie-Antoinette et de Mme Roland.

Mais le jacobinisme ne consiste pas à élever des échafauds ; les exécutions sanglantes de 93 en ont été une des manifestations ; elles n'en sont pas la substance. Le jacobinisme n'est pas même l'expression d'une opinion politique déterminée. Ainsi que l'a remarqué Proudhon, dont le témoignage contre les jacobins [1] ne

1. Allusion probable à un passage du livre de Proudhon intitulé : *Du Principe fédératif et de la nécessité de reconstituer le parti de la Révolution*, Paris, 1863 : « Je dirai franchement que la nation française, constituée depuis quatorze siècles en monarchie du droit divin, ne pouvait du soir au matin se transformer en république quelconque : que la Gironde, accusée de fédéralisme, représentait mieux que les Jacobins la pensée de la Révolution, mais qu'elle fut insensée si elle crut à la possibilité d'une conversion subite ; que la prudence, nous dirions aujourd'hui la loi du progrès, commandait les tempéraments, et que le malheur des Girondins fut d'avoir compromis leur principe en l'opposant à la fois à la monarchie de Sieyès et de Mirabeau et à la démocratie des sans-culottes, devenues en ce moment solidaires. Quant aux Jacobins j'ajouterai avec la même franchise qu'en s'emparant du pouvoir et en l'exerçant avec la plénitude des attributions monarchiques, ils se montraient, pour la circonstance, plus avisés que les *hommes d'État* de la Gironde ; mais qu'en rétablissant, avec un surcroît d'absolutisme le système de la royauté sous le nom de *république une et indivisible*, après avoir sacré cette république du sang du dernier roi, ils sacrifièrent le principe même de la Révolution et firent preuve d'un machia-

saurait être plus suspect au peuple que celui d'Edgar Quinet : Robespierre désavouait en 90, de peur de se brouiller avec la cour, une plaisanterie tombée de ses lèvres et rapportée par Desmoulins ; en 91, il disait encore : « Je ne suis pas républicain. » Il y a des jacobins parmi les républicains ; mais il y en a aussi parmi les impérialistes, parmi les royalistes, parmi les catholiques, parmi les protestants, et, qui le croirait ? parmi les athées. Le jacobinisme est une *méthode* et non une *opinion* ; toutes les opinions s'en sont servies. Attaquer le jacobinisme, ce n'est donc attaquer spécialement ni la république, ni la monarchie, ni l'empire, ni le catholicisme, ni le protestantisme, ni l'athéisme ; c'est attaquer *certains* républicains, *certains* royalistes, *certains* impérialistes, *certains* catholiques, *certains* protestants, *certains* athées, qui, différant entre eux quant au but qu'ils poursuivent, se ressemblent par l'identité des moyens qu'ils emploient pour l'atteindre.

Quiconque propage une doctrine croit, s'il n'est pas un trafiquant de phrases, qu'en elle seule est la vérité. Mais on peut employer deux manières très opposées pour communiquer à d'autres cette conviction.

Les uns s'efforcent de démontrer, non d'imposer, et ils ne recherchent que l'assentiment volontaire. Sachant, selon la parole de Rancé[2], « que les paroles languissantes ne persuadent pas », ils ne s'interdisent aucune des ressources que la passion fournit, mais ils n'ont jamais recours à aucune de celles que suggère la mauvaise foi ; ils n'attachent pas aux petits dissentiments l'importance qu'il ne convient d'accorder qu'aux grands ; ils sont frappés de ce qui rapproche beaucoup plus que de ce qui divise. Ils ont l'esprit hospitalier ; ils y logent les idées avant de les juger, afin de les voir de près et dans cette intimité familière où tout se découvre. Se prononcer sur une doctrine avant de la bien connaître leur semble une légèreté ; l'altérer leur paraît une friponnerie. Ils croient qu'il y a une probité de l'esprit, et ils y tiennent d'autant plus qu'en général on la pratique peu. Jugeant les autres par eux-mêmes, ils n'expliquent jamais un désaccord par une bassesse ; ils peuvent combattre un acte sans en outrager l'auteur. A leurs yeux, aucun succès ne vaut qu'on l'achète par une violence, par une duplicité ou même par un mauvais procédé. Ils respectent, au besoin ils défendent la liberté de leurs adversaires : ils estiment qu'elle est la condition nécessaire de leur propre liberté.

---

vélisme du plus sinistre augure. Une dictature temporaire pouvait s'admettre ; un dogme qui devait avoir pour résultat de consacrer tous les envahissements du pouvoir et d'annuler la souveraineté nationale, était un véritable attentat. La république une et indivisible des Jacobins a fait plus que détruire le vieux fédéralisme provincial, évoqué peut-être mal à propos par la Gironde : elle a rendu la liberté impossible en France et la Révolution illusoire. On pouvait hésiter, encore, en 1830, sur les conséquences funestes de la victoire remportée par les Jacobins ; le doute aujourd'hui n'est plus possible » (p. 122).

2. A.J. de Rancé (1625-1700), le célèbre réformateur de la Trappe, auteur de *La Sainteté et les devoirs de la vie monastique* (1683).

Les autres, au contraire, ne songent qu'à se procurer la force nécessaire pour entraîner les indécis et soumettre les indociles. Contraindre leur paraît plus sûr que persuader. Ils ne discutent pas, ils condamnent, et si l'on persiste, ils excommunient. Quiconque ne pense pas comme eux est tout au moins un traître ; ils lui prêtent les intentions les plus viles, sans qu'on puisse dire qu'ils le calomnient, tant ils sont convaincus que penser autrement qu'eux est une déchéance morale. Des saints, tout est saint, et aux purs rien n'est défendu. Aussi très naïvement créent-ils des règles à leur usage. Un argument les embarrasse-t-il ? Ils le tronquent, ou ils l'omettent, ou ils feignent de ne pas l'avoir compris. Comme ils trouvent qu'après tout, parler seul est le meilleur moyen d'avoir raison, ils n'aiment pas ce qui est publicité, réunions, débats contradictoires, et ils écartent ces dangers par les lois d'exception quand ils le peuvent, par les procédés d'exception quand ils n'ont pas d'autre ressource. Ils ont un droit pour eux, et un droit pour leurs adversaires, une doctrine pour la défaite et une doctrine pour la victoire. Quand il s'agit d'eux, il n'y a jamais assez de liberté ; il y en a toujours trop quand il s'agit des autres ; quand ils sont les plus faibles, ils crient à la persécution ; ils oppriment quand ils sont les plus forts. Ils s'accommodent du despotisme tant qu'ils en profitent. Quelquefois, il semble que l'Envie soit leur divinité ; aussitôt après on dirait que c'est l'Intolérance : ce n'est certainement pas la Justice.

Les premiers sont des libéraux, quel que soit leur parti.

Les seconds sont des jacobins, quelle que soit leur cocarde.

Je le demande maintenant à mon honorable correspondant : pense-t-il qu'il n'y a plus de jacobins en France ?

# LOUIS BLANC

*Né à Madrid en 1811, fils d'un fonctionnaire de tradition royaliste du gouvernement impérial et d'une noble corse, Louis Blanc fait ses études à Rodez dans un milieu catholique et légitimiste. « Monté » à Paris en 1830, en proie à des difficultés financières, il accepte une place de précepteur à Arras, où il lit les auteurs du XVIII<sup>e</sup> siècle et de la Révolution, et connaît de près la condition ouvrière. Revenu à Paris en 1834, son adhésion au jacobinisme et au socialisme nourrit sa carrière de journaliste et son activité politique dans l'opposition républicaine à la monarchie de Juillet. Collaborateur au* National *et à la* Revue Républicaine, *il fonde en 1839 la* Revue du Progrès. *La même année, il publie son premier recueil d'articles, l'*Organisation du travail, *qui dénonce la misère et l'ignorance des classes ouvrières, et indique les moyens pour les combattre : l'égalité des salaires, le contrôle de la production, l'élimination de la concurrence et la solidarité sociale.*

*En 1841-1844 la publication d'un nouveau recueil d'articles, l'*Histoire de dix ans, 1830-1840, *lui vaut une grande popularité dans l'opposition républicaine et socialiste. En 1843 Louis Blanc fait partie des fondateurs actionnaires de* La Réforme, *organe de la fraction la plus radicale du parti républicain. Dans les mêmes années, il commence à travailler à son* Histoire de la Révolution française, *dont le premier volume paraît en 1847.*

*Secrétaire du gouvernement provisoire en février 1848, il réclame la création du ministère du Progrès qui lui est refusée, et il finit par présider la Commission sur l'organisation du travail, qui siège au Luxembourg. Député de Paris à l'Assemblée constituante, il prend la fuite après l'insurrection ratée du 15 mai, et part en Angleterre après l'échec des journées de juin. Il est condamné, un peu plus tard, à l'exil par contumace, comme complice de la journée du 15 mai.*

*A Londres, il fonde un nouveau journal,* Le Nouveau Monde *(1849-1851) ; il écrit l'essentiel de l'*Histoire de la Révolution, *dont le douzième volume paraît en 1862, et adresse des correspondances au* Courrier de Paris *de Duvernois et, depuis 1862, au* Temps *d'Auguste Nefftzer.*

*Rentré en France après le 4 septembre 1870, il reste à Paris pendant le siège. Premier élu de Paris à l'Assemblée nationale en février 1871, il siège sur les bancs de la gauche radicale. Il tente une conciliation entre le gouvernement et l'insurrection parisienne de mars, contesté par la droite et considéré comme un traître par les communards. Réélu député de Paris en 1876. Président de l'Union républicaine. Il demande la séparation de l'Église et de l'État, la laïcité de l'enseignement et le droit d'association pour les ouvriers. Dirige* L'Homme libre *(novembre 1876-mars 1877). Réélu en 1877, il fonde le Comité d'aide aux amnistiés de la Commune. Meurt à Cannes en 1882.*

# LOUIS BLANC

## Lettre au Temps, 22 février 1866

« Une polémique très vive s'était engagée à propos du premier ouvrage de M. Quinet, vous me priez de dire à ce sujet ma pensée. Je me trouve l'avoir exprimée et développée d'avance dans un livre qui se compose de douze volumes, et m'a coûté dix-huit ans de recherches, d'études, de méditation. Mais vous jugez utile que je dise quelques mots en cette occasion dans le journal auquel nous appartenons l'un et l'autre. Soit. Si notre ami Nefftzer [1] n'y voit pas d'objection, vous pouvez publier la lettre que voici. Non seulement j'y consens, mais j'en serai bien aise. Car je vous avoue que, sur la question dont il s'agit, mon opinion n'est pas tout à fait conforme à celle qui a été exprimée par *Le Temps*. Je dirais plus ; ça n'est pas sans une émotion douloureuse que j'ai lu les attaques dirigées par notre collaborateur, M. Jules Ferry, contre des hommes que je regarde comme des soldats de la vérité et des martyrs de la justice.

Quant à l'ouvrage qui a donné lieu à l'ardente polémique dont vous me parlez, j'en déplore la publication. Plein d'estime pour le caractère d'Edgar Quinet, plein d'admiration pour son talent, je me demande avec stupeur comment un démocrate tel que lui en est venu à rendre un pareil service, et à donner une pareille joie au parti de la contre-révolution. Il n'a pu écrire que ce qu'il pensait. Je le veux bien, et je m'incline avec respect devant sa sincérité : mais son erreur n'en est, à mes yeux, que plus lamentable.

Non que l'emploi des moyens violents de la dictature, du terrorisme, soit chose de mon goût : Dieu m'en préserve !

Vous m'écrivez : « Ce qui importe c'est qu'on fasse la part du passé ; c'est qu'il soit bien acquis que ce n'est pas à recommencer. »

Je suis entièrement de votre avis. En voulez-vous la preuve ?

Jetez les yeux sur la première page du premier volume de mon *Histoire de la Révolution,* vous y lirez :

1. Directeur et fondateur du journal en 1861.

« Loin de nous consterner, que ces souvenirs de deuil nous rassurent ! Si la partie intellectuelle de l'œuvre à accomplir nous est désormais réservée, c'est parce que les hommes de la Révolution en ont pris pour eux la partie funeste. Cette mansuétude de mœurs au nom de laquelle nous avons souffert qu'on voilât leurs statues, cœurs pusillanimes et ingrats que nous sommes, ce sont eux qui nous l'ont rendue facile, par les obstacles qu'ils ont affrontés à notre place et surmontés pour notre compte, par les combats dont ils nous ont dispensés en y périssant. Leurs violences nous ont légué ainsi des destinées tranquilles. Ils ont épuisé l'épouvante, épuisé la peine de mort et la terreur, par son excès même, est devenue impossible à jamais [2]. »

Et si maintenant vous passez de la première page à la dernière, qu'y lirez-vous ?

Que la Terreur, en sauvant la Révolution l'éreinta. Qu'elle lui donna à frapper, au sein d'une nuit que le soupçon peupla bien vite de fantômes et où l'on ne distinguait pas suffisamment les visages, ses amis et ses ennemis.

Qu'elle fit perdre en partie au monde le sens du plus merveilleux, du plus fécond, du plus sublime événement de l'histoire.

Qu'elle arma du pouvoir de calomnier avec succès la liberté ceux à qui la liberté faisait horreur.

Que le caractère terrible des moyens employés servit à cacher aux intelligences myopes l'étonnante grandeur du but poursuivi.

Que les drames de la place publique trompèrent l'attention des esprits débiles en la fascinant, et que la Révolution aurait, peut-être, couru (le) risque d'avorter, si l'éclat des idées par elle apportées aux peuples n'avait été assez radieux pour briller jusque dans l'ombre que répandait autour d'elle la guillotine.

Vous le voyez, mon cher Hébrard [3], ce n'est point là faire l'apologie du terrorisme. Aussi ne serais-je pas de ceux que le livre d'Edgar Quinet a profondément affligés ; si l'auteur n'avait pas dénaturé l'origine et méconnu la nature de ce qu'il condamne ; s'il n'avait pas attribué à des idées perverses ou à des passions misérables le résultat funeste, mais inévitable, hélas ! d'une situation affreuse, sans exemple : si, faisant de la Terreur *un système,* il n'avait pas vendu les révolutionnaires, les plus intelligents, les plus dévoués, responsables de la fatalité qu'ils eurent à subir et des excès mêmes qu'ils combattirent ; s'il ne s'était pas trop complu à présenter comme une noire tragédie ce qui fut, avant tout, un enfantement admirable ; s'il n'était point parti d'une fausse appréciation des faits, pour insulter à la mémoire des grands hommes par qui tant de grandes choses furent accomplies ; si, de la même plume qui leur reprochait de n'avoir pas été des tyrans religieux, il

2. L. Blanc, *Histoire de la Révolution française,* 12 vol., Paris, 1847-1862, t. I, p. 1.
3. Rédacteur en chef du *Temps.*

n'avait pas transformé en tyrans ces héros du Salut public qui, volontairement, d'avance, avec une abnégation presque fabuleuse, abandonnèrent leurs cœurs à d'incomparables tortures, leur tête au bourreau, leur corps aux gémonies, et leur nom aux mensonges de l'histoire écrite par les vainqueurs.

Non, non quoi qu'en dise M. Quinet, la Terreur ne fut pas un *système* : elle fut ce qui est bien différent, un immense malheur, né de périls prodigieux.

A quelle époque, dans quel pays vit-on jamais des attaques forcenées ne pas provoquer une résistance furieuse ? Les Anglais sont un peuple éclairé, un peuple libre, un peuple humain, et nous nous vantons de vivre dans un siècle qui n'a pas la soif du sang. Eh, bien ! que firent les Anglais dans les Indes, lorsqu'il y a quelques années, leur domination y fut menacée par la révolte des Cipayes [4] ? Les cheveux se dressent sur la tête à ce souvenir. Vous figurez-vous de malheureux prisonniers conduits devant leurs compatriotes qu'on force à venir les voir attacher à la gueule de canons auxquels on met le feu, et à recevoir le choc de leurs membres épars et à essuyer une pluie de sang, le tout pour inspirer aux indigènes une peur salutaire ! La Révolution n'imagine rien de semblable. Et les horreurs dont la Jamaïque vient d'être le théâtre, horreurs auxquelles tant de gens en Angleterre sont prêts à applaudir, pour peu qu'on prouve que la population blanche était réellement en danger ?

Ainsi, de nos jours, et par des hommes appartenant à un des peuples les plus humains de la terre, à un peuple qui déteste la dictature et tout ce qui y ressemble, l'Orient a été mis au régime de la Terreur, la Jamaïque a été mise au régime de la Terreur.

Mais, direz-vous, parlez donc du massacre de Cawnpore [5], parlez donc du massacre de Morant-Bay [6] ! Songez à la gravité du péril, au caractère odieux de la provocation. — Ah ! vraiment ? Et la Révolution française était donc sur un lit de roses, elle, quand le délire la prit ? Et aucune provocation n'expliquait sa fureur ? Le Midi de la France soulevé, la Bretagne et la Normandie en révolte, la Lozère au pouvoir des royalistes, Toulon appelait les Anglais, Lyon armé contre Paris, la Vendée en feu, les Autrichiens maîtres de Condé, les Prussiens maîtres de Mayence, le duc d'York maître de Valenciennes, les conspirateurs du dedans complices des ennemis du dehors, la Révolution attaquée avec rage par tous les genres de puissance et tous les genres de crime ; armée innombrable, complots du confessionnal, appel à l'étranger, trahison sous le drapeau, accaparements pour augmenter la famine, fabrication de

4. Allusion à la mutinerie des soldats hindous au service de la Compagnie anglaise des Indes, en 1857 ; cette insurrection fut suivie par une féroce répression.
5. Massacre des prisonniers anglais par les Cipayes révoltés, en juillet 1857.
6. Massacre de deux mille mulâtres, suivi du meurtre d'un magistrat anglais et de dix-huit Blancs, lors de la révolte des Noirs de la Jamaïque contre les Anglais en octobre 1865.

fausses monnaies pour créer une épouvantable confusion, ce n'était donc, rien que cela ! Et c'est avec ce tableau sous les yeux qu'on suppose quelques hommes se rassemblant un beau matin autour d'une table et disant : « Voyons, imaginons un *système* :

« Coupons les têtes ! »

Oh, que Charles Nodier avait raison quand il écrivait : « J'ai compris depuis que les événements sont bien plus forts que les caractères, et que si certains hommes ont brisé les peuples dans leur passage, c'est qu'ils ont été poussés par une puissance non moins irrésistible que celle qui déchire les volcans et précipite les caractères [7] ! »

La vérité est, comme je me souviens de l'avoir dit quelque part, que la Révolution déchira les flancs de la liberté, par qui elle fut engendrée, aussi fatalement que l'enfant à son entrée dans la vie, déchire les flancs de sa mère.

M. Jules Ferry reproche aux Jacobins d'avoir méconnu la spontanéité révolutionnaire. Je vais lui signaler un des effets de cette spontanéité. Le 12 août 1793, les huit mille députés des assemblées primaires vinrent dire à la Convention : « Il n'est plus temps de délibérer ; il faut agir. Nous demandons que tous les suspects soient mis en état d'arrestation [8]. »

Sur quoi Danton s'écria : « Les députés des assemblées primaires viennent d'exercer parmi nous l'initiative de la Terreur [9]. »

La Terreur ne naquit donc pas dans le cerveau de quelques individus, elle ne fut donc pas l'œuvre de tels ou tels Jacobins ; et j'ajoute, malgré le mot de Danton, qu'elle ne sortit même pas de l'initiative des assemblées primaires, parce qu'elles obéissaient elles aussi, aux lois de la situation, lois d'airain. La Terreur, préparée par des siècles d'oppression, provoquée par d'effroyables attaques et stimulée par des dangers d'une lutte de Titans, sortit des entrailles de l'histoire.

Qu'on gémisse, on aura raison ; qu'on ne suppose pas des soldats français capables de courir à l'ennemi pour fuir l'échafaud, rien de mieux. Qu'on ne fasse pas honneur au bourreau des moyens de salut public fourni par l'enthousiasme de la vérité, le culte de la justice, et une foi magnanime dans la possibilité de régénérer le monde, c'est à merveille. Mais que nous, les enfants de la Révolution, nous qu'elle a allaités de son lait, nous dont elle a façonné l'âme, nous les héritiers de ce domaine immense qu'elle ensemença pour notre compte, à notre profit, nous sommes condamnés à entendre un des nôtres dire : « Il n'y eut pas de proportion entre les sacrifices et les résultats ! » En vérité, c'est à confondre l'esprit.

7. Ch. Nodier, *Souvenirs, épisodes et portraits pour servir à l'histoire de la Révolution et de l'Empire,* Paris, 1831, pp. 15-16.
8. Cf. *Le Moniteur,* t. XVII, p. 387.
9. *Ibid.*

Et quelle est donc celle de nos idées que nous ne tenons pas d'elle ? Est-il un problème qu'elle n'ait sinon résolu, du moins abordé ? Sont-ils donc tous des décrets de proscription, ces 11 210 décrets qui témoignent de l'étonnante activité intellectuelle de la Convention ? N'y a-t-il pas de l'ingratitude à oublier jusqu'à quel point ils firent des tribuns studieux ces tribuns terribles, et de quel calme ils se trouvèrent capables au milieu du monde en ébullition, et combien ils travaillèrent à agrandir les blasons de la pensée, au moment même où par des miracles d'énergie ils sauvaient la France, qui haletait entre le néant et le chaos !

Mais la dictature — la dictature, dont le terrorisme ne fut que le côté sanglant, fut voulue, acceptée, mise en œuvre pendant la Révolution comme moyen passager et désespéré de défense nationale, mais comme doctrine de gouvernement jamais ! La France révolutionnaire, assaillie par l'Europe entière, minée par les complots, harassée par des soulèvements formidables, réduite à vivre pour ainsi dire dans la mort, céda à la nécessité de centupler sa force et son énergie en les concentrant.

Nier que cette concentration produisit alors des miracles, ce serait nier la lumière du soleil. A partir du mois d'août 1793, et pendant les 4 mois qui suivirent, l'histoire de la Révolution n'est plus qu'une suite non interrompue de prodiges. Jamais on ne vit et jamais on ne verra rien de semblable. Cinq mois ! à cette France révolutionnaire qui manquait d'argent, qui manquait de pain, qui manquait de fer, qui manquait de poudre, il ne fallut que cinq mois pour écraser les Anglais et les Hollandais à Hondschoote, pour mettre en déroute les Autrichiens à Wattignies, pour repousser les Piémontais, pour arrêter les Espagnols, pour reprendre les lignes de Wissembourg, pour dégager Landau, pour reconquérir l'Alsace, pour mettre la coalition aux abois, pour étouffer la révolte de Lyon, pour arracher Toulon aux Anglais, pour avoir raison de la Vendée. Voilà ce qu'accomplirent le génie et l'enthousiasme de la France révolutionnaire, servie par cette dictature que M. Edgar Quinet accuse du crime d'avoir été inutile.

Je dis *crime* parce que ce mot répond à une autre assertion de M. E. Quinet, si étrange qu'elle est à peine concevable.

Que la dictature révolutionnaire eût préparé les peuples, comme il le dit, à subir la tyrannie, cela serait vrai si cette dictature était née d'une vile adoration de la force ; si elle avait été autre chose qu'un levier employé par le désespoir épique d'un grand peuple ; si son existence à l'époque dont il s'agit, se rattachait à cette basse supposition qu'il peut y avoir avantage à ce qu'un homme ou quelques hommes se mettent à la place d'un peuple disparu. Mais en France, pendant la Révolution rien de tel. Jamais, au contraire, dans aucun pays et dans aucun temps, l'idée de dictature comme forme permanente de gouvernement ne fut poursuivie d'une haine plus virile, n'excita plus de défiance ; et si cette haine, si cette défiance, s'adressèrent toujours avec un redoublement d'intensité à l'idée d'une dictature militaire, ce fut parce que la dictature militaire se lie plus particulièrement au culte de la force brutale, et porte une plus rude atteinte à la dignité humaine. De là le soin avec lequel le pouvoir civil tient les généraux courbés sous sa main ; de là le souverain empire de la Convention sur les armées. Jourdan à la tête de 100 000 soldats qui l'adoraient, se sentit troublé — il l'avoue lui-même — sous le regard de Saint-Just. Forcer la puissance du glaive à trembler devant celle de l'esprit, ce n'est pas élever les peuples pour la servitude.

On a parlé du 18 Brumaire. Il ne devint possible qu'après l'éducation donnée à la nation par les vainqueurs de Thermidor. Je crois avoir dit une chose absolument incontestable, quand j'ai dit : « Robespierre aurait rendu impossible Napoléon. »

Je viens de nommer Robespierre. Lorsqu'il résolut d'arrêter la Terreur — que M. Edgar Quinet, par une méconnaissance des faits véritablement incompréhensible, lui reproche d'avoir voulu systématiser, rendre permanente — ; lorsqu'il s'indigna en termes si passionnés de voir porter la Terreur dans toutes les conditions, et ériger en crimes ou des préjugés incurables, ou des choses indifférentes, pour trouver partout des coupables, et rendre la Révolution redoutable au peuple même ; lorsque, dans le mois de messidor, il allait développer aux Jacobins, son programme : « Guerre persévérante aux *contre-révolutionnaires conspirateurs* », mais, en même temps, « Guerre aux *terroristes oppresseurs de l'innocence*[10] », que firent les terroristes oppresseurs de l'innocence qu'il menaçait ? Que firent les Fouché, les Vadier, les Amar, les Tallien[11] ? Que firent ceux à qui Robespierre jeune, dans la Haute-Saône, avait arraché leur proie[12] ? Que firent les complices de ce Sénar, dont les fureurs, à Tours, avaient été si vivement dénoncées par Couthon[13] ? Que firent les admirateurs de ce Schneider, dont Saint-Just avait châtié à Strasbourg la tyrannie[14] ? Ils accusèrent Robespierre d'aspirer à la dictature, tant ils savaient combien

10. Cf. les discours du 21 et du 26 messidor 1794, *Le Moniteur,* t. XXI, pp. 239-241, et p. 261.

11. Louis Blanc cite ici les terroristes les plus exagérés de l'an II, qui allaient devenir les conspirateurs du 9 Thermidor ; cf. *supra,* note 1, p. 220.

M. G. A. Vadier (1736-1828), député du comité de Foix à la Constitutante et de l'Ariège à la Convention. Membre du Comité de Sûreté générale en septembre 1793.

12. Allusion à A. Bernard de Saintes (1751-1819), député de la Charente-Inférieure à la Législative et à la Convention. Membre du Comité de Sûreté générale. Envoyé en mission en Haute-Saône en août 1793, fait arrêter comme coupables de fédéralisme les anciens administrateurs de Vesoul qu'Augustin Robespierre (1763-1794), député de Paris à la Convention, envoyé en mission dans la même région en janvier 1794, remet en liberté en février 1794. Sur cet épisode, cf. Ph. Maréchal, *La Révolution dans la Haute-Saône,* Paris, 1903, pp. 258-298.

13. Le 3 thermidor 1794 aux Jacobins, cf. *Le Moniteur,* t. XXI, p. 313.

G. J. Sénar (1760-1796), avocat à Tours, procureur de la Commune en 1791, devenu secrétaire rédacteur du Comité de Sûreté générale.

14. Euloge Schneider (1756-1794), prédicateur à la cour du duc de Wurtemberg ; passé des études de l'Antiquité classique à l'extrémisme révolutionnaire comme accusateur public près du tribunal révolutionnaire de Strasbourg. Saint-Just, en mission à Strasbourg en décembre 1793, le fait arrêter et exposer sur l'échafaud de la guillotine « pour avoir déshonoré la Révolution ».

l'horreur de la dictature, comme forme permanente de gouvernement, était générale et profonde.

Si jamais une calomnie fut audacieuse, c'était celle-là. De toutes les idées dont le triomphe est inconciliable avec l'idée de dictature, il n'en était pas une seule qui n'eût trouvé un ardent défenseur dans l'homme qu'on transformait en tyran. Il avait demandé bien haut la liberté de la presse, la liberté de conscience, la liberté des cultes ; il n'avait laissé échapper aucune occasion de mettre les esprits en garde contre les dangers du despotisme militaire ; c'était pour cela qu'à la fin de 1791, et au commencement de 1792, il s'était élevé contre le dessein de déclarer la guerre à l'Europe, ainsi que le voulaient les Girondins, d'accord sur ce point avec les constitutionnels de la cour ; comme conséquence certaine des batailles gagnées, ou du pouvoir de la Révolution affaibli, il avait pressenti le 18 Brumaire, il avait prédit Napoléon [15] : « Laissez flotter un moment les rênes de la Révolution : vous verrez le despotisme militaire s'en emparer et le chef des factions renverser la représentation nationale avilie. » Et puis, il aurait fallu qu'il pût corrompre les lâches, mitrailler les courageux : quels canons avait-il à son service, et où étaient ses trésors ? Mais l'influence de sa parole tirait de son caractère quelque chose d'irrésistible. On le dénonça comme un *tyran de l'opinion.* Oui, ce fut sur ce terrain, chose extraordinaire, que son ami Saint-Just eut à le défendre et le défendit, dans son rapport du 9 Thermidor : « On le constitue en *tyran de l'opinion...* Et quel droit exclusif avez-vous sur l'opinion, vous qui trouvez un crime dans l'art de toucher les âmes ?... Êtes-vous donc de la cour de Philippe [16], vous qui faites la guerre à l'éloquence ? Un *tyran de l'opinion* ? Qui vous empêche de disputer l'estime de la patrie, vous qui trouvez mauvais qu'on la captive [17] ? » Vains efforts ! L'idée de la dictature prévalant comme système était si directement opposée au génie de la Révolution, et à cet égard les défiances étaient si excessives, si farouches, que le jour où Robespierre fut accusé de *régner même par la parole,* il fut perdu. Il eut alors contre lui non seulement les royalistes, qui brûlaient de frapper la Révolution en sa personne ; non seulement les *terroristes oppresseurs de l'innocence* qu'il eut le courage de flétrir, mais d'honnêtes et sincères républicains, tels que Cambon et Lakanal, qu'on entendit plus tard gémir de leur erreur et confesser leurs remords [18]. On assassina le *tyran,* en

15. Cf. Louis Blanc, *Histoire de la Révolution française,* t. VI, livre VII, ch. VI, p. 223.
16. Philippe II (382-336 av. J.-C.), fondateur de l'Empire macédonien, vainqueur d'Athènes et de Thèbes à Chéronée (338), avait eu comme adversaire légendaire l'orateur athénien Démosthène.
17. Saint-Just, « Discours commencé dans la séance du 9 Thermidor », *Archives parlementaires,* t. XCIII, p. 561.
18. Sur Cambon, cf. *supra,* note 3, p. 141, note 4, p. 153.

J. Lakanal (1762-1845), évêque constitutionnel et député de l'Ariège à la Convention. Montagnard. Membre du Comité de l'instruction publique. Chargé de l'établissement du gouvernement révolutionnaire dans la Dordogne et la Gironde en décembre 1793, rentre à Paris

étouffant la voix de *l'accusé,* c'est-à-dire en violant un droit que les tyrans seuls méconnaissaient ! A Lecointre qui trouvait juste qu'on l'entendît avant de le tuer, Mallarmé dit à voix basse : « Non, il est sauvé *s'il parle*[19]. »

Quand M. Edgar Quinet a affirmé que Robespierre et Saint-Just firent un principe de gouvernement de ce qui n'avait été d'abord qu'un éclat de colère, voulurent changer ce qui avait été un accident en un état permanent, systématisèrent l'ivresse de la multitude ; et quand, de son côté, M. Jules Ferry s'est efforcé de trouver un lien entre la doctrine des Jacobins et le 18 Brumaire, je suppose que ni M. Edgar Quinet ni M. Jules Ferry n'avaient sous les yeux la conclusion du rapport de Saint-Just, à l'ouverture de cette séance du 9 Thermidor, dont il pouvait si peu prévoir le résultat : « Je propose le décret suivant : la Convention nationale décrète que les institutions qui seront incessamment rédigées présenteront ces moyens que le gouvernement, sans rien perdre de son ressort révolutionnaire, ne puisse tendre à l'arbitraire, favoriser l'ambition, et opprimer ou usurper la représentation nationale[20]. »

Était-ce là systématiser l'ivresse de la multitude, systématiser la dictature et proclamer l'excellence des coups d'État ?

J'ai dit plus haut que les hommes de la Révolution se considérèrent toujours comme un état purement transitoire. Comment en douter quand on les voit au plus fort de la lutte des passions, travailler à l'établissement d'un régime de garanties et de liberté ? La Constitution de 1793, impatiemment et généralement attendue, élaborée avec un zèle égal par les Girondins et les Montagnards, mise en discussion aussitôt après la victoire de ceux-ci, votée par eux sans désemparer, et acceptée par le peuple de Paris au milieu des plus vifs transports d'enthousiasme, que faut-il de plus pour prouver sans réplique combien était ardent, même chez les révolutionnaires les plus décidés, le désir de régulariser la situation, de passer du régime de la Révolution militaire à celui de la liberté pacifique, et d'échapper au *provisoire* de la Terreur, au *provisoire* de la dictature révolutionnaire ? Et certes on ne dira pas que la Constitution de 1793, à laquelle Robespierre prit tant de part, et qui fut due en si grande partie à son influence, organisait la dicta-

---

après la crise de Thermidor. Rapporteur du projet de création de l'École normale de Paris, en octobre 1794, et de l'organisation de l'enseignement primaire en décembre 1794. Élu au Conseil des Cinq-Cents en octobre 1795. Membre de l'Institut. Commissaire général du Directoire dans les nouveaux départements du Rhin.

19. L. Lecointre (1742-1805), député de Seine-et-Oise à la Législative et à la Convention. Envoyé en mission à l'armée des Côtes de Cherbourg en avril 1793. Le 9 Thermidor, demande l'impression du discours de Robespierre. Cf. *Le Moniteur,* t. XXI, p. 329.

F. R. A. Mallarmé (1755-1831), député de la Meurthe à la Législative et à la Convention. Montagnard. Membre du Comité des finances. Envoyé dans la Meurthe, les Vosges et la Haute-Saône en août 1793. Chargé de l'organisation du gouvernement révolutionnaire dans la Meuse et la Moselle en décembre 1793. Dénoncé par Robespierre le 8 thermidor, prend place parmi ses adversaires.

20. Saint-Just, *op. cit.,* p. 562.

ture ou laissait à la terreur les moyens de perpétuer son funèbre empire. La liberté, la sûreté, la propriété, la dette publique, le libre exercice des cultes, une instruction commune, des secours publics, la liberté indéfinie de la presse, le droit de pétition, le droit de se réunir en sociétés populaires : telles sont les garanties que l'article 122 de la Constitution de 1793 assurait à tous les Français. Je reprends ma question : était-ce là jeter les fondements de la dictature ? Était-ce là systématiser la Terreur ?

Quoi qu'il en soit, provisoire ou permanente, il importait que la dictature révolutionnaire cessât le plus tôt possible, et, quant à la Terreur, si elle était morte le 9 Thermidor, j'aurais moins de peine à concevoir l'opinion que M. Jules Ferry exprime sur cette célèbre journée. Mais ce qui précisément ne mourut pas le 9 Thermidor, ce fut la Terreur. Car ce que M. Jules Ferry décore du nom de « réveil de la justice[21] », fut tout simplement la Terreur continuée en sens inverse, et sous forme d'assassinat. Ce qu'il appelle « le réveil de la clémence » inaugura le régime des coups de poignards. M. Jules Ferry ignore-t-il donc, que sans avoir, eux, un but glorieux à atteindre, une résistance désespérée à vaincre, et uniquement par excès de haine, par vengeance, pour reconquérir leurs privilèges, pour en finir une bonne fois avec la Révolution, les sicaires de la Terreur blanche entrèrent en besogne, tuant avec délice, tuant partout, tuant au coin d'un bois, tuant en pleine rue, tuant par-derrière, là d'une façon triomphale, tantôt égorgeant avec un masque sur le visage, tantôt faisant de l'assassinat un spectacle qui eut ses galeries et son parterre : en certaines villes, pointant des canons contre les cachots, en d'autres brûlant vifs les prisonniers pour s'épargner la fatigue de leur massacre. La clémence trouva-t-elle son compte à la mise en coupe réglée par les républicains à Lyon, à Aix, à Marseille, à Tarascon, où les thermidoriens eurent leurs journées de septembre, plus affreuses encore que les premières ? La justice gagna-t-elle beaucoup à ce que le règne des assassins remplaçât les procédés du tribunal révolutionnaire, procédés terriblement sommaires sans doute, mais qui du moins ne faisaient venir le bourreau qu'après le juge ? Étranges apôtres de l'humanité, que ceux qui célébraient le retour un couteau à la main et les bras teints de sang. On répondra peut-être que la Terreur blanche fut amenée par la Terreur rouge. Et la Terreur rouge, est-ce que d'aventure elle n'avait été amenée par rien ? Écoutons Mme de Staël peu suspecte de jacobinisme :

« Pendant les quatorze années de l'histoire de l'Angleterre, qu'on peut assimiler à celle de la France, sous tant de rapports, il n'est point de périodes comparables aux quatorze mois de la Terreur. Qu'en faut-il conclure ? Qu'aucun peuple n'avait été aussi malheureux depuis cent ans que le peuple français. Si les nègres à

21. Cf. *supra*, p. 213.

Saint-Domingue ont commis bien plus d'atrocités encore, c'est parce qu'ils avaient été plus opprimés[22]. »

Est-ce à dire qu'on doive couvrir du voile complaisant de la fatalité les excès, les violences, les iniquités qui eurent place dans la Révolution française ? A Dieu ne plaise ! Une société n'est pas remuée dans toutes ses profondeurs sans qu'une partie du limon qu'elles contiennent monte à la surface. Il est bien certain que le salut public fut l'arme dont s'emparèrent des passions qui n'avaient rien de commun avec l'amour de la patrie et l'amour de la vérité. La nécessité d'une politique ferme et vigilante s'aggrava de tout ce qu'y ajoutèrent le caractère violent, les haines personnelles et les instincts féroces de certains hommes. Ces hommes, flétrissons-les ; mais d'abord cherchons à les reconnaître. Ne confondons pas dans une même réprobation les vertus et les vices, les actes héroïques et les crimes que, dans son cours courageux, le torrent charria pêle-mêle. La première condition pour être libre, c'est d'être juste.

Ici j'entends quelques-uns de nos amis s'écrier :

« Pourquoi ne pas écarter ou du moins subordonner entièrement les questions personnelles ? Les sympathies et les antipathies instinctives jouent un trop grand rôle dès qu'il s'agit de noms propres pour qu'on puisse garder la mesure. Les détails les plus avérés, la connaissance la plus complète des faits ne mettraient pas un terme à ces dissidences, parce qu'elles prennent leur source dans le sentiment bien plus que dans l'esprit. A quoi bon dès lors donner une place si grande à des questions qui font presque infailliblement de l'histoire un panégyrique ou un pamphlet ? Dans l'histoire de la Révolution les choses dominent prodigieusement les individus : l'importance de ceux-ci, l'intérêt de leur réputation pâtissent singulièrement devant l'intérêt social qui est en jeu et des questions qui s'agitent ; et si celles-ci s'obscurcissent dès qu'on y mêle des questions d'hommes, il faut à tout prix les en séparer. Importe-t-il si fort, après tout, de savoir au juste ce qu'on doit accorder de talent, d'honnêteté, d'influence à tel ou tel ? Il faudra toujours bien laisser une part dans ce genre d'appréciation aux préférences et aux aversions instinctives, qui ont aussi leur raison d'être et contre lesquelles nul argument ne prévaut. » Ainsi s'exprimait, il y a un peu plus d'une année, notre collaborateur M. Challemel-Lacour[23], dans un très remarquable article publié par *Le Temps* et que j'ai sous les yeux.

22. *Considérations sur les principaux événements de la Révolution française,* 3 vol., Paris, 1818, IIIe partie, chap. XVI, « Du gouvernement appelé le règne de la Terreur », t. II, p. 119.

23. P.A. Challemel-Lacour (1827-1896), philosophe et homme politique libéral, proscrit pour avoir protesté contre le coup d'État du 2 Décembre, amnistié en 1859. Collaborateur du *Temps* pour l'histoire de la religion. Le futur préfet du Rhône (1870), sénateur de la IIIe République et ministre des Affaires étrangères du gouvernement Ferry (1883), était l'auteur d'un long compte rendu de l'*Histoire de la Révolution française* par Louis Blanc, publié dans *Le Temps* le 25 janvier, le 2 et le 3 février 1865. Le passage cité est tiré du dernier article.

J'en demande pardon à mon ingénieux et éloquent confrère, mais je ne saurais en ceci être de son opinion, ni au point de vue de l'histoire, ni au point de vue de la philosophie, ni au point de vue de l'utilité publique. Et d'abord, en matière d'histoire, les questions personnelles sont inévitables par la raison bien simple que l'histoire est faite de main d'homme. Le passé n'est pas peuplé d'ombres. Ce qui s'y meut, ce n'est pas une multitude confuse d'abstractions pures. Les idées y ont un corps. Chaque événement y a un nom propre. Les choses y sont filles des individus. Otez les individus de l'histoire elle disparaît.

La question se réduit alors de savoir si les questions personnelles doivent être écartées en ce sens, qu'il faille s'en remettre au hasard du soin de décider si tel personnage historique a été bon ou méchant, a servi une cause juste ou une cause injuste, mérite l'approbation ou le blâme de la postérité. J'admets qu'il y a des sympathies et des antipathies instinctives. Mais quand il s'agit du passé, quand il s'agit d'hommes que nous n'avons pas vus, que nous n'avons pas connus, avec lesquels nous n'eûmes personnellement aucun rapport, sur quoi je le demande peut reposer la raison d'être de nos sympathies et de nos antipathies, qu'elles soient instinctives ou raisonnées, qu'elles aient leurs sources dans le sentiment ou dans l'esprit ? N'est-il pas manifeste que cette raison d'être ne saurait être ailleurs que dans la connaissance des faits ? Et s'ils nous ont été faussement présentés, si nous nous sommes par conséquent formés une idée fausse des personnages qui nous avaient attirés ou éloignés, n'est-ce pas la fonction essentielle de l'histoire de rétablir les faits, de telle sorte que nos préférences et nos aversions, au lieu d'avoir pour raison d'être le mensonge ou l'erreur, aient pour raison d'être la vérité et la justice ? Quant à ces préférences et ces aversions contre lesquelles rien n'a chance de prévaloir, ni les détails les plus avérés, ni la connaissance la plus complète des faits, ni les arguments les plus décisifs : franchement des préférences et des aversions de cette espèce ne valent pas qu'on s'en occupe. L'erreur aurait trop beau jeu si, pour s'emparer triomphalement de l'histoire, il lui suffisait de s'entêter. Et le mensonge aussi aurait trop beau jeu, si la vérité était tenue de mettre bas les armes devant ceux qui, une fois trompés, ne veulent pas absolument qu'on les désabuse.

Mais importe-t-il si fort de savoir au juste la part de talent, d'honnêteté, d'influence qui revient à tel ou tel personnage historique ? Oui, cela importe fort, surtout quand ce personnage a été appelé à jouer un rôle considérable. Et pourquoi ? Parce qu'il n'est possible de jouer un grand rôle dans l'histoire qu'à la condition d'être ce que j'appellerais volontiers un *homme représentatif.* La force que les individus puissants possèdent, ils ne la tirent d'eux-mêmes qu'en très petite partie : ils la puisent surtout dans le milieu qui les entoure. Leur vie n'est qu'une concentration de la vie collective au sein de laquelle ils sont plongés. L'impulsion qu'ils impriment à la société est peu de chose, au fond, comparée à l'impulsion qu'ils reçoivent d'elle. Si c'est là ce qu'on entend par ces mots — qui, soit dit en passant, manquent de clarté — « les choses dominent les individus » on a raison et l'on a raison aussi d'ajouter que cela fut surtout vrai de la Révolution française.

Ce n'est certes pas moi qui contredirai M. Challemel-Lacour, car j'ai moi-même écrit : « Certains hommes qui furent grands pendant la Révolution ne le furent que par elle et parce qu'elle dut les créer à son image. » Mais quoi ! c'est précisément à cause de cela que l'appréciation exacte de leur individualité importe. En les attaquant ou en les défendant, ce qu'on attaque ou ce qu'on défend c'est l'idée qui s'est incarnée en eux, c'est l'ensemble des aspirations qu'ils ont représentées. En honorant en en flétrissant leur mémoire, on honore ou l'on flétrit la vie collective dont leur vie particulière ne fut, je le répète, que la concentration. En bénissant ou en maudissant leur influence, on bénit ou on maudit l'influence générale par laquelle la leur fut dominée, ou, pour mieux dire, dont elle fut la manifestation énergique, le résumé vivant. On pourrait presque dire que, pendant la Révolution, *les principes se firent chair.* C'est pourquoi les questions d'hommes, à cette époque, furent en réalité des questions de doctrine. *Les passions mêmes, de la part des révolutionnaires honnêtes, ne furent, si je puis m'exprimer ainsi, que des idées en colère.*

Si l'on doute de la force du lien qui existait alors entre les individus et les choses, qu'on se reporte par la pensée au 9 Thermidor, où il n'y eut de réveillée que la contre-révolution, mais où ce réveil fut si brusque et si complet. *Robespierre et la Révolution se tenaient si étroitement embrassés, qu'ici la chute de l'homme et celle de l'idée ne firent qu'un.*

Comment donc séparer spécialement, en ce qui concerne la Révolution française les individus d'avec les choses !

Quand les esprits *semblent* aujourd'hui ne se diviser que sur des noms propres, ce qui les divise réellement, c'est la nature des idées, des aspirations, des tendances, que ces noms représentent. Il est bien inutile quand la Révolution est en jeu, de se révolter contre l'importance des questions personnelles : cette importance leur vient de ce qu'elles sont des questions de choses. Il ne faut pas prétendre qu'on les obscurcit en les mêlant. *Le mélange n'a rien d'arbitraire, rien qui dépende de nous : il est l'œuvre de l'histoire.* On se flatterait en vain de mettre un terme aux dissidences, dans le camp démocratique, en se dissimulant leur véritable cause. Ne prenons pas pour un procédé de conciliation une illusion d'optique. Seulement si nos pères, condamnés à penser au bruit des combats, jugèrent à tort inconciliables des conceptions dont chacune renfermait sa portion de vérité, ce qui, loin d'être contradictoire, était de nature à se compléter l'une l'autre : cherchons le point précis où elles s'harmonisent. Ce jour-là nous cesserons de nous diviser sur des noms, parce que nous cesserons de nous diviser sur des idées.

En attendant, efforçons-nous d'être justes.

Déplorons du fond de l'âme la Terreur.

Condamnons énergiquement la dictature en principe.

Vouons au mépris le culte de la force.

Maudissons les excès et flétrissons les crimes.

Mais ne présentons pas comme le délire d'un peuple, réduit en système par quelques hommes, ce qui fut le produit fatal d'une situation effroyablement exceptionnelle. Ne les accusons pas de tyrannie pour les punir de n'avoir pas été des tyrans, fondateurs de religions.

Ne leur attribuons pas l'intention qu'ils n'eurent jamais, de rendre permanent ce qui, par essence, était passager.

Ne disons pas que les résultats furent disproportionnés aux sacrifices, quand ces résultats furent : les conquêtes intellectuelles qui nous ont faits ce que nous sommes, et la France sauvée.

N'accusons pas d'avoir ouvert une école à la servitude, cette dictature révolutionnaire qui s'associa aux plus magnanimes efforts d'héroïsme, se prêta au développement des plus mâles caractères, loin d'amortir l'élan du peuple l'exalta, et, élevant la politique à des hauteurs jusqu'alors inconnues, décréta que tel jour une bataille serait gagnée, qu'à telle heure une place forte serait prise d'assaut, et cela avec une certitude sublime d'être obéie.

Enfin, si l'honneur de la Révolution nous est cher, gardons-nous, puisque aussi bien la vérité nous le défend, gardons-nous d'imputer ces excès, qu'il faut maudire, ces crimes, qu'il faut flétrir, à ceux qui présidèrent jusqu'au bout aux destinées de la Révolution, reçurent d'elle seule le pouvoir, marquèrent de leur empreinte chacun de ses immortels travaux, se dévouèrent sans réserve à sa fortune, triomphèrent tant qu'elle triompha, et eurent cette gloire de mourir enveloppés dans sa défaite.

# EDGAR QUINET

# EDGAR QUINET

## Critique de la Révolution [1]

### *POURQUOI JE N'AI PAS RÉPONDU À MES CONTRADICTEURS*

Le vrai moyen d'honorer la Révolution est de la continuer, en portant une âme libre dans son histoire.

Voilà l'idée qui surgit du débat excité par mon ouvrage. Au lieu de songer à réfuter un petit nombre d'adversaires déclarés, je devrais bien plutôt remercier tant d'amis connus et inconnus, de juges éclairés, d'écrivains renommés, qui, en France et au-dehors, ont commenté avec éclat ma pensée et m'ont démontré à moi-même qu'elle est entrée dans la conscience publique.

Au milieu de ces adhésions sur les points fondamentaux, si quelques dissentiments de détail subsistent encore, je les considère comme des marques de cet esprit d'examen que j'ai cherché moi-même à provoquer. Peut-être ne se rencontrera-t-il jamais deux esprits qui reçoivent la même impression identique de tous les événements et de tous les hommes de la Révolution française. Laissons à la discrétion de chacun une partie de ces nuances qui bien souvent rentrent aisément l'une dans l'autre et constituent la liberté du critique en face de la liberté de l'historien.

N'ayant fait aucune concession même de langage aux morts, ni aux vivants, je m'attendais à les voir tous réunis contre moi et je m'armais de mon mieux contre l'antipathie ou l'indifférence. On sait que j'ai été heureusement trompé dans cette appréhension. Je ne puis m'empêcher de m'en réjouir ici. Savoir accepter des vérités sévères dites sans ménagement sera toujours la marque d'un grand peuple.

Pourquoi ai-je négligé de répondre aux adversaires qui ont, non pas discuté, mais condamné d'emblée et avant tout examen les principes de mon ouvrage, et l'ont décrété préventivement d'une

1. Ce texte de Quinet, publié en 1867, figure aussi en tête de la cinquième édition de *La Révolution,* 2 vol., Paris, 1868. Les indications des pages se réfèrent à la première édition, 2 vol., Paris, 1865.

sorte de mise hors la loi ? Plusieurs raisons m'en ont empêché ; voici la première :

Ma conviction est que, si la démocratie doit se fonder, ce sera sur les principes généraux établis dans cet ouvrage. Avec cette persuasion, comment aurais-je manqué de patience ?

Le temps est mon meilleur allié. Je sentais qu'il travaille pour moi, que je gagnais tout à attendre, qu'il faut donner à des idées nouvelles au moins quelques jours pour germer. Puis, je me fiais au public du soin de réfuter des objections que la violence ne réussissait pas à rajeunir. Ce parti s'est trouvé le meilleur. Je m'étais adressé non à des sectes, mais à la France. La France m'a répondu.

J'aurais mauvaise grâce à me plaindre que mes paroles aient été détournées de leur sens, quand cela est arrivé sans exception à tous les hommes qui ont montré un esprit libre et novateur.

Je n'avais aucun modèle pour cet ouvrage. Comment m'étonner que les idées qui ne procédaient d'aucune imitation aient effarouché d'abord quelques esprits ?

Jamais je ne me suis défendu contre aucune critique. Ajournons ces petits comptes-là à la mort qui nous jugera tous. Telle a été jusqu'ici ma règle ; il est trop tard pour en changer.

Je ne défends donc pas ce livre ; mais j'écris ces lignes pour les lecteurs qui, s'étant laissé surprendre par quelques apparences, désirent se fortifier dans le sentiment de la vérité.

### *QUE DES FAITS NOUVEAUX APPELLENT DES OBJECTIONS NOUVELLES*

Il fallait attendre que la passion fût calmée et que mes adversaires eussent vidé leur carquois, avant de relever leurs traits. Aujourd'hui, je cherche pourquoi ils ne m'ont pas atteint, et voici ce que j'aperçois. J'ai porté la main sur le système historique dans lequel beaucoup de personnes avaient emprisonné la Révolution. Le moment est venu où ce système doit disparaître pour faire place à la réalité. C'est justice pour ses auteurs de le défendre, comme pour moi de l'attaquer ; dans tout cela il n'y a ni à s'étonner, ni à récriminer.

Mais d'où vient le peu d'impression que les contradicteurs ont fait sur moi ? Je vais le dire. L'ardeur, la conviction, la persévérance n'ont pas manqué aux écrivains qui se sont efforcés de détruire mon livre. Qu'est-ce donc qui leur a manqué ? Une seule chose : la méthode. S'ils n'ont rien pu contre moi, c'est uniquement parce qu'ils ne sont jamais entrés dans l'esprit de mon ouvrage. De là des traits lancés avec ardeur, mais qui s'égaraient au loin dans le vide. J'ai apporté des faits nouveaux ; il fallait les discuter. J'ai établi des idées nouvelles ; il fallait les combattre. J'ai sapé de vieux systèmes ; il fallait les soutenir par des arguments nouveaux.

Au lieu de cela qu'a-t-on fait ? On a répété à satiété ce qui était en question ; mais énoncer un système dix fois, vingt fois de suite, sans en changer même les termes, ce n'est pas le prouver ; ce n'est pas même le défendre.

A des faits nouveaux j'attendais des objections nouvelles ; je les attends encore. Quand je m'appuyais de l'expérience et que je prenais à témoin les choses vivantes, on m'a répondu comme on faisait il y a soixante et dix ans à Pitt et Cobourg[2].

Par cette impuissance de me combattre sur mon terrain, mes adversaires m'ont rendu un grand service ; ils m'ont prouvé que mon ouvrage est plus vrai encore que je ne pensais.

Cent fois vous avez pu faire l'observation suivante : quand des hommes sont possédés d'un système, dont le temps a passé, vous avez beau leur soumettre des faits, des expériences qui les contredisent ; ils ne les voient pas, ils ne les entendent pas. De la meilleure foi du monde, ils nient l'évidence, et rien ne prouve mieux que l'ancien système est mort. Quand Goethe découvrit dans l'embryon l'os intermaxillaire, les vieux anatomistes nièrent longtemps l'existence de cet os, que leurs yeux voyaient et que leurs mains palpaient. Si les préjugés font ces miracles d'erreur, dans les sciences naturelles, je ne m'étonnerai pas qu'ils aient la même puissance d'aveuglement dans l'histoire politique et morale.

## *PRINCIPES GÉNÉRAUX D'UNE CRITIQUE DE LA RÉVOLUTION*

Par là, je suis conduit naturellement à rechercher moi-même comment aurait pu et dû être combattu, critiqué, suivant la méthode de la critique nouvelle, l'ouvrage auquel j'ai donné tant d'années de ma vie et contre lequel ont été faits jusqu'ici tant d'efforts inutiles. Connaissant les secrets de cette place, il me plaît de rechercher comment, par quels engins, par quelle voie, il convenait d'en faire le siège. Et si vous me prêtez main-forte dans cet examen, je crois que nous pourrons saisir ainsi quelques vérités plus intéressantes pour le public que les perpétuelles redites, dont, ce me semble, il commence à se lasser.

La première règle que nous poserons est qu'en matière d'histoire de la Révolution, la colère, la stupeur sont de mauvaises conseillères. Quiconque ne pourrait se séparer du cortège des Euménides, nous le récuserions pour juge. Ne portons pas des tisons fumants à l'incendie.

Acceptez-vous cet axiome pour fondement de notre critique ? Nous poserons cette seconde règle, que la Révolution française est un fait humain, non surnaturel ; qu'ainsi il est permis de l'examiner librement, sans être taxé d'en être l'adversaire. Tout au

2. Nom générique donné à partir de 1793 aux contre-révolutionnaires, d'après les noms du chef du gouvernement anglais et du commandant des armées de l'Empire d'Autriche.

contraire, celui qui portera dans cet examen le plus de patience, de conscience, d'impartialité, en sera l'ami le plus véritable.

Faisons-nous une âme libre pour révolutionner la Révolution, et d'abord, abstenons-nous de dire jamais d'un esprit impartial qu'il outrage la Révolution. Car on a tant abusé de ce mot : outrage à la religion, que nous l'effacerons de notre langue, craignant par-dessus tout de porter le style et les habitudes d'esprit des réquisitoires dans la critique historique et philosophique.

Troisième règle. Il nous serait impossible de reconnaître à un groupe d'hommes quelconque, fussent-ils les plus sages des hommes, le droit de marquer, d'imposer ce qu'il est permis de croire et de ne pas croire, de penser, ou de ne pas penser touchant la Révolution. Une pareille prétention n'est pas de notre siècle. L'idée n'en pourrait même plus entrer dans nos esprits. Il suffirait d'en montrer l'ombre seule pour révolter la conscience publique.

## *ESPRIT SCIENTIFIQUE DANS L'HISTOIRE. UNE EXPÉRIENCE*

On a fait la critique de l'entendement, celle de la raison. Direz-vous que c'est là être l'ennemi de la raison humaine ? De même quand je fais la critique de la Révolution, que j'en marque les limites, les erreurs, soutiendrez-vous que c'est là être l'ennemi de la Révolution ? Quand l'esprit critique se prend de nos jours corps à corps avec les dogmes, avec l'Évangile, n'est-il pas surprenant que l'on veuille interdire l'esprit d'examen dans les dogmes et le grand livre du terrorisme ? Admirez tout, disent-ils, sinon, soyez anathème ! Ainsi on voudrait tuer au nom de la Révolution l'esprit de critique. Prenez-y garde ; c'est tuer du même coup la Révolution.

Plus de formulaires, d'encycliques, de syllabus feuillants, girondins ou jacobins. Plus de ces figures types que nous serions obligés de copier sans examen, comme les peintres hiératiques du moyen âge, sur un modèle consacré et immuable. Tout cela est mort ; nous aspirons à la lumière, à la vie.

Porter l'esprit scientifique dans l'histoire, voilà ce que j'ai tenté de faire. Si je ne me trompe, le public a confirmé ces vues. C'est aux générations nouvelles qu'il appartient de les développer. Ne serions-nous pas dignes de blâme, si nous continuions à ne juger les temps anciens que par nos passions actuelles, quand les sciences naturelles nous ont donné et nous donnent chaque jour l'exemple de ce que peut leur méthode impartiale pour retrouver la vérité jusque dans les âges les plus reculés et dans les entrailles du globe ? Tout pousse les hommes de nos jours à sortir de l'abstraction, à quitter le convenu, à revenir aux faits, à en déduire les lois. Faisons entrer ce même esprit dans le monde passionné de notre histoire. Celle de la Révolution ne doit pas être seulement un livre, mais une grande expérience pour notre France et pour le monde.

Les termes généraux, abstraits ont été longtemps le fléau des sciences exactes; elles n'ont fait de progrès qu'à mesure qu'on les en a débarrassées.

De même pour l'histoire politique et en particulier pour celle de la Révolution. Nous n'y ferons de progrès qu'à mesure que, délaissant les abstractions, nous restituerons à chacun la responsabilité de soi-même. Par exemple, vous dites : la République, la Terreur, la Démocratie ont tué Vergniaud, Danton, Camille, etc. Pourquoi ces termes généraux et absolus? L'expérience, ainsi détournée du réel, ne s'applique plus à personne; elle nous échappe dans le vague. Ne serait-il pas cent fois plus juste, plus utile, plus vrai de serrer de plus près le sujet et de rendre à chacun ses œuvres?

Mais alors, dit-on, la trace du sang se réveille; elle apparaît aux mains. — Il est vrai. Je ne sache pas que l'histoire ait pour mission de la cacher.

C'est affaire de théologiens d'estimer les hommes non d'après leurs actions et leur caractère, mais d'après leurs dogmes théologiques. L'historien et le philosophe ont à suivre la route opposée. Qu'ils jugent les hommes selon leurs actes, et non selon leurs formulaires révolutionnaires ou contre-révolutionnaires; car nous avons appris que bien souvent ces formulaires ne dépassent pas le bout des lèvres.

Je rencontre partout des hommes qui me disent : Donnez-nous l'espérance. Ils se figurent qu'elle se rompt et se partage comme un morceau de pain. En cela, ils se trompent. Ce qu'on peut leur donner, c'est le sentiment du droit, de la justice dans leur histoire; et c'est là bien plus qu'espérer : c'est commencer à renaître.

La démocratie française a perdu ses bagages. Il faut qu'elle se refasse tout son bagage d'idées.

Quand je cherche à affranchir certains hommes du servage des vieux systèmes, quelle merveille s'ils résistent, s'ils s'attachent à un esprit suranné qui leur semble le salut? Comment m'étonnerais-je? Ce serait de ma part une suprême injustice. Ils croient tout perdu, s'ils renoncent à leurs fictions. Comme ils n'ont pas rencontré encore dans le monde la cité idéale du Droit, ils en adorent au moins le simulacre; et leur colère est facile à concevoir contre quiconque veut y substituer la réalité. Mais, à mesure que la justice absolue se fondera, ils s'apercevront combien cette colère a été hors de saison, et combien le corps vaut mieux que l'ombre.

C'est donc à l'avenir à me défendre; pour moi, je ne puis que le préparer.

J'ignorais que beaucoup de gens considèrent encore aujourd'hui la Révolution comme une tragédie classique de l'ancien répertoire. Chaque personnage, chaque parti se meut, suivant eux, avec la raideur d'un personnage de Rotrou ou de Corneille[3]. Tout est bien, ou tout est mal en chacun d'eux. Si vous montrez dans ces hommes la nature humaine, c'est-à-dire les variations, les diversités, les inégalités, les contrariétés ; si vous ne louez ou ne blâmez toujours les mêmes individus ; si vous tenez compte des contradictions dans les passions et dans les choses humaines, ils triomphent ; ils s'écrient qu'ils viennent de vous surprendre en flagrant délit de contradiction avec vous-même.

Ils vous accusent de peindre l'homme *ondoyant* et *divers,* quand ils n'admettent que la figure rectiligne de la géométrie élémentaire. Pour eux, le battement de la vie est une contradiction. Ne sortons pas de l'immobilité correcte de la nature morte. A la bonne heure.

L'action, les œuvres, le sacrifice à une bonne vieille cause, tout est inutile pour votre salut ; tout est vain ; tout se retourne contre vous et vous damne ; tout est péché si vous ne marmottez à perpétuité quelque ancienne litanie du grand Maximilien, grain de chapelet de cette nouvelle dévotion.

Tel entreprend de renouveler la société de fond en comble ; il jure de ne pas laisser pierre sur pierre de l'édifice ; mais, dans cet universel cataclysme des choses et des hommes, il est bien entendu qu'il gardera intact tout son vieux mobilier de préjugés, de routine, et qu'il ne sera dérangé dans aucun de ses lieux communs, fussent-ils vermoulus au point de tomber d'eux-mêmes en poussière.

En résumé, si je disais ce que je pense, je devrais dire : Ce livre est surtout une expérience.

Ceux qui sauront lire acquerront une force, celle d'une âme qui s'est concentrée pendant dix ans pour les soutenir et les servir.

### *CRITIQUE DE L'OUVRAGE « LA RÉVOLUTION »*

Faisons un pas, entrons dans l'examen de l'ouvrage *La Révolution.* Par une concession gratuite, je veux supposer que je sois épris de la légende de Robespierre, ou de Marat, ou de Hébert, sans savoir exactement pourquoi j'ai été fasciné par l'un ou l'autre de ces personnages. Tout ce que je puis dire, ils seraient pour moi les représentants de la Justice ; cette idée rayonnerait sur eux au point de m'aveugler sur leur histoire réelle.

Dans cette supposition, je serais d'abord étonné, puis blessé de voir dans le livre *La Révolution* ces hommes descendus du piédestal où je les aurais placés ; je ne pourrais souffrir qu'ils fussent

3. Quinet peut ici faire allusion au *Venceslas* de J. Rotrou (1609-1650) et au *Cid* de P. Corneille (1606-1684), héros célèbres du théâtre de l'âge classique, qui incarnent le choix du devoir.

examinés sans colère, sans haine, comme s'ils devaient compte de leurs pensées à l'auteur. Des invectives, des injures me blesseraient cent fois moins qu'un pareil accent d'impartialité. Car mes Titans [4] descendraient à des proportions humaines. Je concevrais contre l'auteur un amer dépit de ce qu'il abaisse mes idoles.

Ce dépit irait bientôt jusqu'à un commencement de haine. C'est alors que les mots de contre-révolution, d'émigration s'échapperaient en tumulte de mes lèvres ou de ma plume.

En effet, je ne me douterais pas à ce début que l'auteur souffre lui-même de sa sévérité et que c'est pour m'affranchir qu'il me blesse.

Je réfléchirais donc aux moyens de lui nuire. Le premier qui se présenterait à moi serait de l'accuser de se séparer de ses amis, de servir ses ennemis ; et je me hâterais de le dire. Mais à mesure que j'avancerais, je ne pourrais, d'autre part, me dissimuler que la liberté est l'âme de son ouvrage, qu'elle respire dans chaque ligne ; qu'il lui a donné sa vie pour gage ; qu'elle se laisse reconnaître à un accent de regret saignant, de douleur poignante, sur lequel on ne peut se tromper.

Par là, je serais jeté moi-même dans une véritable perplexité. Car je ne pourrais encore renoncer à mes idolâtries, et je pourrais moins encore renoncer à cet esprit de vie, de liberté qui me pénètre. Je me dirais que si d'un côté est le passé, de l'autre est l'avenir. Je commencerais à soupçonner qu'aucun des révolutionnaires n'est la Révolution, pas plus que le prêtre n'est la religion. Mais combien je serais loin encore de pouvoir faire un choix entre eux !

Ce déchirement du vieil homme, dont l'auteur me semblerait la seule cause, augmenterait contre lui, non mes soupçons, mais ma colère. Je l'accuserais du tressaillement même de l'esprit vivant qu'il vient de réveiller en moi, et qui y était enseveli sans attente et sans douleur. Sans lui, me dirais-je, je dormirais tranquille.

La question de la religion se présenterait alors ; et les chapitres de l'auteur sur ce sujet me donneraient une tentation que je veux avouer au lecteur. En lisant ces pages hardies, le désir me traverserait d'en tirer parti pour perdre cet auteur incommode, qui déchaîne en moi l'affection et la haine. Plutôt que de renoncer aux légendes révolutionnaires, dont je me serais bercé, j'aimerais mieux appeler à mon secours le ciel et la terre. Sans être croyant, je le dénoncerais comme un renverseur de cultes et de religion. Je le dépeindrais comme un iconoclaste. J'espérerais donner ainsi pour auxiliaire à mes idolâtries les croyances et le clergé qui les maudissent.

Il est vrai qu'en avançant dans ma lecture, je trouverais à cha-

4. Divinités primordiales, fils d'Ouranos et de Gaia ; leur lutte contre les Olympiens, racontée par Hésiode dans la *Théogonie,* est l'un des principaux mythes originaires de la religion grecque.

que page l'esprit de tolérance ; je verrais que l'auteur a établi *[5] qu'il était déjà trop tard au XVIIIe siècle pour réformer profondément la religion. Mais des déclarations si positives ne m'arrêteraient pas encore. Avec mon ardeur de vaincre, j'espérerais avoir découvert dans son œuvre une brèche pour l'entamer. Sachant combien ces questions sont périlleuses, combien il s'est attiré d'inimitiés par son indépendance d'esprit sur ces sujets, je crierais d'avance : Victoire ! Je tendrais les mains à tous ses ennemis, fussent-ils ceux de la liberté même.

Il a traité la question des cultes sous les faces les plus opposées ; je les confondrais toutes.

Il a montré comment se sont faites les révolutions religieuses du XVIe siècle ; je déclarerais qu'il veut les recommencer aujourd'hui par le fer et par le feu.

Il a séparé l'histoire, la théorie, la pratique ; je mêlerais tout cela. J'en formerais un monstre fait pour effrayer le monde, bien plus que la Terreur ; je dirais : Voilà l'auteur. Robespierre n'était rien auprès de lui.

Cependant, comme je suis de bonne foi, au milieu de ce triomphe, un point forcerait ma conviction, c'est le chapitre XII du livre XVI[6].

En lisant ces pages, je ne pourrais me dissimuler que les passages que j'incrimine n'ont point la signification que je me plaisais à leur donner au premier coup d'œil ; que l'auteur s'est servi d'un artifice de logique pour construire sa critique ; qu'il n'est pas juste de prendre l'échafaudage pour le bâtiment. Cette vérité me frapperait : que dans la Terreur le moyen répugnait au but et le but au moyen. Vérité qui n'en est pas moins certaine pour avoir été démontrée d'une manière nouvelle. Je ne voudrais pas m'obstiner contre les preuves évidentes tirées des pages 125, 150, 174[7] du premier volume, et de l'esprit de tout le livre.

Faisant la guerre au Terrorisme, l'auteur ne pouvait être assez oublieux de lui-même pour tourner au Terrorisme d'une page à l'autre. Je l'avouerai donc avec sincérité : ce livre est un livre de liberté depuis la première ligne jusqu'à la dernière.

Mais, après cet aveu, si je songe aux assauts que m'a livrés l'auteur de *La Révolution*, je me donnerai le plaisir de laisser flot-

* T. II, p. 491.

5. Cf. Livre XXIV, *Société née de la Révolution*, ch. VIII, « Causes qui ont empêché les Français de réformer leur religion » : « ... En 1789 la France avait déjà passé l'époque où la réforme de sa religion naissait d'elle-même. A la fin du XVIIIe siècle, il était trop tard ; les esprits avaient contracté une roideur qui ne permettait que bien difficilement de renouveler leurs croyances. C'est ce que sentirent les hommes de la Révolution ; ils pensèrent échapper à cette difficulté par un artifice qui n'a pas encore été examiné de près, et qui pourtant fait surgir une question toute nouvelle : si une réforme civile peut tenir lieu d'une réforme religieuse. »

6. Dans ce chapitre du Livre XVI, qu'il intitule « La religion sous la Terreur », Quinet traite de la contradiction propre au terrorisme, partagé entre le retour à l'idée d'intégration civique de l'Antiquité, et le respect du principe moderne de la tolérance ; cf. *op. cit.*, t. II, pp. 178-180.

7. Encore des allusions au problème de la tolérance, abordé dans le Livre V, *La religion*, que Quinet cite dans les pages suivantes.

ter à tout hasard ce grand mot de contradiction qui rouvre toujours la porte à quelque attaque imprévue. C'est un dédommagement que je croirais pouvoir m'accorder en compensation de tant et de si nombreuses blessures à mes systèmes et à mon fatalisme, dont je ne serais encore revenu qu'à moitié.

## *UNE HYPOTHÈSE CHANGÉE EN AFFIRMATION*

Voilà les impressions d'un critique sincère, que je suppose travaillé en sens contraire par les idées confuses jetées à plaisir dans ces questions. Venons maintenant à la pensée vraie et aux expressions littérales de l'auteur. Laissons-le parler lui-même :

« La tolérance est l'esprit même de nos temps ; c'est l'idée sans laquelle la société moderne ne peut se concevoir*. »

« L'idée qui prévaut de nos jours dans les esprits et qui est la véritable, la séparation de l'Église et de l'État, était celle dont on était le plus loin en 1789**. »

« Tolérance mutuelle ! Comment est-il arrivé que ce principe magnanime, *qu'il faudrait être insensé pour ne pas accepter,* n'ait point produit ce que le XVIIIe siècle en attendait*** ? »

« Les temps ont semblé démontrer que les hommes de la Constituante eussent mieux fait de ne pas toucher aux cultes, et de s'en tenir au principe de non-intervention du pouvoir civil, en matière religieuse****. »

« Je prie qu'on ne fasse pas semblant de se méprendre sur ma pensée. Je sais comme tout le monde que *la liberté des cultes est le principe qui doit prévaloir, qu'il est le fond de la conscience moderne.* Mais je crois pouvoir dire que les révolutionnaires étaient en contradiction avec eux-mêmes... *****. »

Connaît-on des expressions plus claires, plus absolues, qui ôtent mieux à un écrivain la faculté de se rétracter ? Qu'on le dise. Pour moi, je n'en connais pas. Comment donc a-t-on pu faire passer l'auteur de ces lignes pour un ennemi de la tolérance qu'il proclame à chaque mot ? Si l'on veut tout brouiller, la chose est facile. Par exemple, il dit, page 176 : « *Si* donc on se place *un moment* dans le système des Terroristes... » et un peu plus loin, page 180 : « Ni art, ni habileté ne renversera ce dilemme : Si l'on voulait la Terreur, il ne fallait pas la tolérance ; si l'on voulait la tolérance, il ne fallait pas la Terreur. »

« Le moyen et le but s'excluaient réciproquement : le système n'était pas seulement barbare, il était faux. »

* T. I, p. 125.
** T. I, p. 125.
*** T. I, p. 150.
**** T. I, p. 174.
***** T. II, p. 178.

Quoi de plus net et qui marque mieux qu'il s'agit d'une hypothèse ? Mais effacez *un moment.* Transformez *ce moment* en une durée indéfinie ; supprimez le *si ;* changez l'hypothèse en affirmation, et l'homme de la liberté devient l'homme de la tyrannie de conscience. Le secret à trouver n'est pas plus difficile que cela.

Ici une chose frappe ; ceux qui ont montré le plus de pieuse colère sont ceux que l'on appelle les *« mangeurs de prêtres ».* Vous vous rappelez leur langage. Quoi donc ? persécuter les fidèles, renverser les églises, les autels, n'en pas laisser pierre sur pierre, et sans doute aussi disperser les reliques ; quels excès, quel scandale, ô mon Dieu ! Et toute leur critique sur ce même ton indigné et contrit.

N'est-ce pas assez pour donner à croire qu'il y a eu un peu de déclamation dans ce grand zèle ecclésiastique ? Ils ont eu beau dire aux ultramontains : Nous vous livrons l'impie ! Grâce au ciel, nous n'avons rien de commun avec lui ; le voilà meurtri de nos anathèmes ; achevez-le.

Ceux-ci, en gens expérimentés, se sont défiés du stratagème ; et avec raison, je pense. Ils ont vu et compris que dans ce jeu de mes adversaires manquait un peu le vrai zèle du Seigneur.

La vérité est que la tolérance est écrite à chaque page de mon livre. Mais il est difficile, pour ne pas dire impossible, de parler philosophiquement de religion dans un pays qui n'a pas fait de Révolution religieuse. Tout y est cendre brûlante. Souvent les athées mêmes conservent tous les préjugés historiques des croyances qu'ils n'ont plus.

Parlons donc enfin, s'il se peut, froidement une fois de ces choses ardentes.

Qu'ai-je fait ? Qu'ai-je voulu faire ? La religion était le nœud gordien. Je l'ai traitée sous des faces très différentes.

Historiquement, j'ai montré comment les Révolutions religieuses se sont accomplies au XVIe siècle. On n'a pas manqué de dire que raconter le passé, c'est vouloir le refaire ; et que l'expliquer, c'est donner un programme pour le présent et l'avenir.

Pratiquement, j'ai établi que la seule solution possible pour nos temps est la séparation de l'Église et de l'État.

L'illusion serait de croire que l'on remédie à tout par ce moyen, et que ne plus s'occuper d'un problème ou le supprimer, c'est le résoudre.

Il fallait aller plus loin. Pour démanteler la Terreur, il fallait entrer dans son esprit, supposer un moment le système. C'est ce que j'ai fait.

J'avais donné la théorie des coups d'État, de la contre-révolution, de l'ancien parti royaliste ; personne n'avait imaginé de m'accuser d'être un contre-révolutionnaire, un partisan des coups d'État, un fanatique de l'Ancien Régime.

Cette même méthode, je l'ai appliquée à la Terreur. Mais ici les clameurs ont commencé. Pourquoi ? La raison en est simple. Si l'on reproche aux Terroristes d'avoir été cruels, cela ne les gêne en rien, puisqu'ils mettent une partie de leur gloire à faire peur.

Cette observation, qui date de loin pour moi, m'a montré qu'il fallait faire du Terrorisme une critique plus neuve et plus profonde.

En quoi consiste-t-elle ? Le voici.

Le vrai moyen, le seul qui pût aboutir à une démonstration certaine, était d'entrer à fond dans le système et d'établir quelles en étaient les conditions nécessaires. Dans cette vue, j'ai montré que si l'on acceptait le système de la Terreur, la logique voulait qu'on allât jusqu'au bout, c'est-à-dire jusqu'à l'extirpation de l'adversaire ; mais qu'il était illogique, illusoire, et nécessairement stérile de faire de la Terreur pour aboutir à consacrer son ennemi. Voulait-on les barbaries du XVIe siècle ? Il était contradictoire de proclamer la liberté des cultes. Voulait-on la liberté des cultes ? Il était contradictoire de vouloir les barbaries du XVIe siècle. Les Chrétiens du temps d'Arcadius et d'Honorius [8] abattaient les temples païens pour renverser le Paganisme. Ils étaient d'accord avec eux-mêmes. Les révolutionnaires l'étaient-ils lorsqu'ils abattaient les églises pour établir dans la loi les droits du catholicisme ? Non, sans doute. Qui oserait dire que les héros du XVIIIe siècle, Montesquieu, Buffon, Voltaire, Rousseau auraient accepté le régime de 93 comme la conséquence légitime et l'instrument nécessaire et incontestable de leurs doctrines ? Personne ne le soutiendrait.

De tout cela, j'ai pu conclure qu'il y avait incompatibilité absolue entre les moyens de 93 et le but, entre les barbaries jacobines et la philosophie du XVIIIe siècle, entre la théorie et la pratique, entre la forme et le fond, entre l'instrument et l'idée. D'où s'explique naturellement la stérilité des échafauds, et par une suite nécessaire, cette dernière conclusion, que les Terroristes n'avaient pas eu le secret de leur système et que la grandeur qui s'attache à Marius ne pouvait s'attacher à Robespierre.

Eh bien ! voilà ce qui a fait bondir ses adorateurs. Ils se sont sentis entamés dans leur esprit ; c'est ce qu'ils auront peine à me pardonner. J'ai ôté au fétiche son auréole d'épouvante. Ils m'auraient passé toutes les accusations ordinaires ; une seule les exaspère, parce qu'elle est sans réplique. C'est d'avoir montré que les chefs des Terroristes n'avaient pas eu le génie de la Terreur.

Franchement, croyez-vous que dans un temps tel que le nôtre, où l'instinct moral est si faible, il eût suffi d'attaquer le système par une prédication morale ? Pensez-vous qu'il suffisait de répéter pour la millième fois qu'il est défendu de verser le sang, que c'est une chose contraire aux Commandements de Dieu et de l'Église : Homicide point ne seras ?

8. Fils de Théodose, ils se partagent l'Empire en 395. Honorius est empereur d'Occident jusqu'en 423 et Arcadius, empereur d'Orient jusqu'en 408.

J'avais vu ce genre de preuves échouer mille fois. C'est dans un autre ordre d'idées que j'ai dû chercher mes démonstrations. Il fallait un levier plus puissant que les lieux communs ordinaires pour extirper des habitudes d'esprit qui, retrempées dans une fausse théorie du succès, avaient été jusque-là invincibles.

Cette méthode, où l'ai-je trouvée? Dans l'hypothèse à laquelle j'ai soumis les questions religieuses, assez hardiment je l'avoue, et de manière à déconcerter quelques esprits sincères et même bienveillants. Mais qu'ils se persuadent qu'il fallait un peu de hardiesse d'esprit pour entamer un système aussi fortement défendu que le fatalisme terroriste, et trouver le défaut de son armure.

C'est à cette méthode seule que le Terrorisme a rendu les armes. C'est à elle que l'on doit de le voir disparaître comme principe. Ne dites pas tant de mal d'une démonstration qui seule a réussi à rétablir les droits de la conscience humaine.

Ma méthode, pure hypothèse, a pu étonner d'abord ; mais sa valeur se montre par les conséquences qu'elle entraîne ; l'échafaudage disparaît, l'édifice subsiste.

Il y a, en effet, des hypothèses par lesquelles on arrive à des effets certains. C'est un besoin de l'esprit d'envisager une question sous toutes ses faces * [9].

La lumière se fait, l'hypothèse tombe, le résultat demeure. Renoncer à cette méthode des plus grands maîtres serait renoncer à l'un des instruments les plus puissants pour arriver à la vérité. On en trouve des exemples et des modèles dans tous les temps où l'esprit humain a fait un pas.

Thucydide **, en divers passages, proclame le droit du plus fort. Attachez-vous à ces lignes, vous pouvez l'accuser de corrompre l'histoire. Creusez mieux sa pensée, vous trouverez la justice. Combien de fois Platon ne semble-t-il pas se convertir à l'école des sophistes ! Il prend leur forme, leur ton, leur esprit, leur langage. Est-ce, croyez-vous, pour glorifier la Sophistique ? C'est pour la mieux détruire par ses propres armes. Descartes part du doute absolu. Le tenez-vous pour un sceptique ? Montesquieu fait en plusieurs cas la théorie du pouvoir absolu. Est-il absolutiste ? Il a tracé les lois de la polygamie ; et l'on n'a pas manqué de lui prou-

* Je trouve dans l'un des plus célèbres critiques de notre temps, Otfried Müller, un sentiment tout pareil, appliqué à l'Antiquité :

« Disons-le, la vraie histoire serait impossible sans cette faculté de l'historien de se placer tour à tour à des points de vue différents, opposés même. Ce n'est qu'en épousant momentanément les idées de ses adversaires qu'il peut comprendre et faire comprendre quelle en est la raison d'être, etc. »

Otfried Müller, *Histoire de la littérature grecque,* trad. par Hillebrand, t. II, p. 561.

9. L'édition originale du livre de O. Müller paraît en 1841 à Breslau. La traduction française citée par Quinet paraît en 2 volumes à Paris en 1865. Les jugements de l'historien allemand ont trait en particulier aux discours des acteurs, reconstitués par Thucydide dans la *Guerre du Péloponnèse.*

** Thucydide, III, 37, 40, 84, V. 105. Cf. Otfried Müller, *Histoire de la littérature grecque,* t. II, pp. 563, 564.

ver qu'il est polygame. Que reste-t-il aujourd'hui de cette démonstration ? Rien. Les géomètres de tous les temps se sont servis de l'absurde pour arriver à des théorèmes sans réplique. Direz-vous qu'ils veulent établir l'absurde ? De même, j'ai pu marquer les conditions du Terrorisme pour mieux combattre l'esprit du Terrorisme.

Il est des erreurs trop élémentaires pour qu'un écrivain donne à ses adversaires la joie de les lui voir commettre. Écrire à chaque page d'un livre le mot de liberté, en faire l'âme de chaque parole et, au détour d'une page, proclamer en dogme le salut par le sang, cela est trop grossier. Je ménagerais ainsi une victoire trop facile à mes adversaires. Ils auraient dû être avertis par un tel contraste, que l'auteur ne se tend pas à lui-même des pièges si ingénus.

Aussi vous avez vu que c'est sur ce point que les apologistes systématiques, aveugles de la Terreur, se sont retranchés et ont poussé des clameurs de ligueurs. Ils auraient été trop heureux de passer le reste de leur vie à avocasser sur le verre de sang de mademoiselle de Sombreuil [10]. Frappés dans leur esprit, ils appellent assez grotesquement le clergé à leur aide.

Que de foudroyants non-sens, quelle accablante rhétorique contre ce que l'auteur n'a pas dit ! Quelles péroraisons contre des moulins à vent ! Surtout quels pieux accents en faveur de Notre-Dame, contre le renverseur de tous les cultes ! Je croyais connaître par expérience les foudres ecclésiastiques. Vraiment on m'a bien prouvé que je n'y entendais rien et qu'en fait de prédications et d'anathèmes, il y a des sceptiques qui dépassent *L'Univers* et *Le Monde.* Prenez garde pourtant, mes frères. Ne donnez pas aux méchants le prétexte de dire que vous voulez abriter la guillotine dans l'Église *.

## *SOLIDARITÉ. — LE GRAND TOUT*

Je prie qu'on n'attende pas de moi qu'à des déclamations je réponde par des déclamations. Il n'est pas toujours nécessaire de répéter des lieux communs avec furie.

10. Allusion au verre de sang bu par la fille du gouverneur des Invalides pendant les massacres du début septembre 1792 : épisode discuté par tous les historiens de la Révolution de l'époque, mis en relief notamment par L. Mortimer-Ternaux, dans son *Histoire de la Terreur,* 8 vol., Paris, 1862-1881 (t. III, 1863, p. 288). Dans son *Histoire de la Révolution française* (t. VII, 1855, Livre VIII, ch. II, pp. 185 et 209) Louis Blanc réfute la version qu'en donne Lamartine dans l'*Histoire des Girondins, op. cit.,* (Livre XXV, ch. XI, t. III, p. 354). Selon Lamartine, Mlle de Sombreuil avait bu un verre rempli du sang des aristocrates pour sauver son père. Pour Louis Blanc, qui invoque le témoignage direct de Mlle de Sombreuil, transmis à une de ses amies, celle-ci avait bu un verre d'eau sucrée et de fleur d'oranger, souillé de traces de sang laissées par les doigts du massacreur qui le lui avait offert.

* Est-ce bien sérieusement que l'on me demande de prouver l'antipathie du catholicisme pour la liberté moderne ? Voyez *Les Jésuites, L'Ultramontanisme, Le Christianisme et la Révolution française, Les Révolutions d'Italie, L'Enseignement du peuple.* J'ai tiré les conséquences de cette démonstration dans la *Lettre sur la situation religieuse et morale en Europe* et dans *La Révolution religieuse au XIX^e siècle.*

Une autre accusation qui vient de la même source est celle de manquer de l'esprit de solidarité. Qu'entend-on par là ? Expliquons-nous, la chose en vaut la peine. Oh ! la curieuse exigence, en effet, l'incroyable idée de vouloir que je me fasse et déclare solidaire, de qui ? De Robespierre et sans doute aussi de Hébert et de Marat, sous peine d'être retranché de l'Église comme hérétique relaps. Qui ? moi ! prendre sur moi gratuitement, aveuglément les œuvres et la mémoire de ces hommes, m'en revêtir, m'en charger les épaules, m'en teindre les mains à tout jamais, voilà ce que l'on exige de moi ! Et l'on dit cela sérieusement ? Qui avait jamais entendu jusqu'ici parler d'un semblable servage ? Si je n'accepte pas cette solidarité, si je n'applaudis pas au meurtre aveugle même de mes amis, me voilà retranché. Eh bien ! oui, coupez au vif, excluez ; je n'en serai que plus libre.

Mais non ; réfléchissez, voyez. La raison que l'on donne de tout cela est en effet bien étrange. C'est, dit-on, que la Révolution est un Grand Tout qu'il faut accepter ou rejeter indistinctement, sans délibérer. — Quoi ! sans critique, sans discernement, faire une seule masse de vertus et de crimes, de lumière et de ténèbres, y adhérer, sans marchander, les yeux fermés ? — Oui, sans marchander. A ce prix seulement vous serez des nôtres. — Mais en quoi, je vous prie, cette intolérance se distingue-t-elle de celle de l'Église ? Elle aussi disait : Croyez tout, ou renoncez à tout. Le principe est identique.

Pense-t-on réellement que l'on puisse ramener à ce parfait esclavage la conscience humaine ? Croit-on qu'il ne se trouvera personne que moi pour repousser ce breuvage ? Quel honneur injuste on me ferait ! Je crois, au contraire, que si l'on tient à rendre la démocratie impossible, on ne peut s'y prendre mieux qu'en la reléguant en dehors du libre examen, de la science, de la morale et de l'humanité.

J'ai reproché à certains révolutionnaires d'avoir mis à mort les meilleurs des révolutionnaires. C'est à quoi l'on s'est gardé de répondre. Pourtant toute la question est là. Que les Girondins, les Dantonistes soient guillotinés, peu importe. Du haut de nos systèmes, nous ne tenons pas compte de ce mince détail. L'ensemble, l'ensemble, c'est ce qu'il faut considérer, dit-on. Ne protestons pas contre le supplice de Vergniaud, de Danton, de Camille. Ce serait injurier le Grand Tout. Dans ce système aux pieds tors, les victimes doivent acclamer les bourreaux par la voix de l'historien.

Faisons une immense confusion, où il n'y ait plus de place à aucun examen, où le discernement soit proscrit comme suspect, où il soit impossible de distinguer l'opprimé de l'oppresseur ; où tout supplice soit mérité, toute hécatombe propice, toute cruauté nécessaire, toute chute légitime, excepté une pourtant, celle de Robespierre. Que l'historien suive aveuglément, passivement la charrette du dieu Pan[11], sans faire entendre jamais un blâme contre la justice de Pan, ni un avertissement du dénouement qui s'approche. La vérité l'oppresse-t-elle ? Qu'il prononce à tout hasard le mot : Fatalité ! On le lui accorde. Mais qu'il ne blâme ni ne critique jamais ce bel ordre, même lorsqu'il voit la Révolution et la liberté arrivées à leur chute de Niagara. Voilà les conditions que l'on pose à l'historien au nom de ce qu'on appelle la philosophie de la Révolution. Brouillons tout, Dieu reconnaîtra les siens, pour appliquer à cette théorie du moyen âge le mot du moyen âge.

On a comparé la conduite des Anglais dans l'Inde au régime de 93[12]. Où est l'analogie ? Le monde est plein de violences et de guerres. Qui en doute ? Mais là n'est pas la question. Les généraux anglais dans l'Inde se sont-ils entre-tués les uns les autres ? Voilà ce qu'il faudrait pour que la comparaison pût se soutenir. Ne voyez-vous donc pas qu'un des traits particuliers à la Révolution française, c'est que les révolutionnaires ont été mis à mort par les révolutionnaires, les Jacobins par les Jacobins, les Montagnards par les Montagnards ? Pourquoi cela est-il arrivé ?

C'est le point qu'il s'agissait d'expliquer dans le passé pour le rendre impossible dans l'avenir. Vous ne semblez pas même vous en douter.

Nuit de l'intelligence et de l'âme où ne perce plus aucune lueur. Qui cherche à dissiper cette nuit injurie, dit-on, les hommes de la Révolution.

Voyons comment.

J'en citerai un exemple. Le Jacobin Levasseur avait jeté à la mémoire de Saint-Just la plus grande des injures. Il l'avait accusé de manquer de courage[13], et l'accusation n'avait pas été réfutée par un témoignage authentique. Si j'avais eu la moindre partialité, qu'avais-je à faire ? En croire Levasseur sur parole, ne pas m'inquiéter de m'éclairer davantage. Au lieu de cela, j'ai vengé la mémoire de Saint-Just en déterrant les paroles inconnues de l'un de ses intimes compagnons, dont le témoignage est d'autant plus irréfutable que c'est celui d'un ennemi. Est-ce là injurier les hommes de la Révolution ?

Dans tout ceci, reconnaissons qu'il ne s'agit jamais que de Robespierre. Comment donc ai-je failli envers lui ? J'ai montré sa probité, sa sincérité, son patriotisme, son amour du peuple. — Qu'est-ce que cela ? Vous avez montré aussi le revers de cette médaille, ses faux ombrages, ses soupçons, sa dureté, son fanatisme. Vous ne l'avez pas adoré ! — Il est vrai. — Célébrez cet

11. Le dieu des bergers et des troupeaux dans l'Antiquité grecque.

12. Il s'agit de Louis Blanc dans sa *Lettre au Temps* du 22 février 1866 : cf. *supra*, p. 245.

13. R. Levasseur (1747-1834), député de la Sarthe à la Convention. Montagnard. Antithermidorien. Décrété d'arrestation en germinal 1795. Amnistié le 4 brumaire an IV. L'accusation contre Saint-Just, à laquelle Quinet fait allusion, se trouve dans le t. II, p. 325 de ses *Mémoires*, 4 vol., Paris, 1829-1831. Sur cet ouvrage cf. note 22, *infra*, p. 288.

homme ; tous vos péchés vous sont remis ; osez le critiquer, vous êtes raca, eussiez-vous donné votre vie entière à la liberté. — Quoi ! le même homme qui, vivant, a perdu tant de bons citoyens aura encore aujourd'hui la puissance de perdre, après sa mort, tous ceux qui ne se courberaient pas aveuglément devant sa mémoire ? Et nous lui laisserions ce privilège ? Non, un système semblable ne peut plus se soutenir ni dans l'histoire, ni dans la politique. Je l'ai renversé et je m'en glorifie. Au fond c'était le vieux système de l'histoire de France, dans l'Ancien Régime, la vie d'une nation absorbée par un homme. Ce point de vue absolutiste est tombé. Est-ce là ce que vous regrettez ? Tant pis ; il ne se relèvera pas. On ne verra plus d'histoire fondée sur la superstition pour un seul. Nous voulons aujourd'hui porter un esprit souverain et marcher la tête haute dans tout notre passé. Premier terme de notre affranchissement.

Tant que mon ouvrage sera attaqué au seul point de vue robespierriste, j'ose assurer que l'on ne réussira pas à l'entamer. Ce point de l'ouvrage est trop bien protégé par la conscience générale, qui ne veut plus qu'on réduise la Révolution à n'être que la chose d'une secte ou d'un homme. Plus j'ai été combattu de cette manière, plus mes idées ont gagné de terrain dans les esprits.

Voici un de nos stratagèmes pour sauver nos superstitions. Quelquefois nous rapetissons nos idoles à plaisir comme pour les dérober à l'examen. C'est ainsi qu'on imagine un Robespierre qui n'aurait eu aucune influence, aucun crédit dans les affaires ; Brahme [14] recueilli en lui-même auprès de l'ombre de Rousseau dans la forêt de Montmorency. Peines inutiles pour nous créer des chimères et pour fermer nos oreilles au cri des contemporains. Il est trop illogique de dire que la Terreur a été le salut et que le Sauveur n'a été pour rien dans la Terreur. C'est trop de contradictions à la fois.

N'y ajoutez pas cette dernière illusion, que Robespierre allait donner la paix, la liberté, le bonheur quand il est tombé. Des assertions de ce genre dénuées de toute preuve, démenties par les Montagnards eux-mêmes, c'est le roman substitué à l'histoire.

Voulez-vous sentir la réalité ? voulez-vous savoir ce que pensaient de ce rêve les hommes qui entouraient Robespierre sur la crête de la Montagne ? Entendez donc cette voix qui sort de la tombe pour vous convaincre : « Sur cette terre, où il vaudrait mieux ne pas naître, on peut trouver pourtant quelque bonheur, pourvu qu'on ne naisse pas à l'époque d'un Néron, d'un Robespierre, ou d'un Napoléon *. »

Je n'examine pas si ce jugement est faux ou vrai. Je le tiens pour faux et dicté par la haine ; et c'est précisément en quoi il est si

14. Être sacré, membre de la caste sacerdotale indienne.
* Mémoires inédits du conventionnel Baudot.

instructif. Car ce jugement qui l'a porté ? C'est un homme de la Montagne [15], le dernier républicain qui parle au nom de ses amis suppliciés ou près de l'être. Un mot de ce genre explique à l'historien, mieux que tous les raisonnements, combien était inévitable la chute de Robespierre. Vouliez-vous qu'il s'appuyât sur les hommes qui voyaient en lui un Néron ? Et sans eux que pouvait-il ? Ce qu'il a fait, s'abandonner à la Plaine. Je l'ai déjà dit, elle abhorrait en lui non seulement l'homme, mais le système.

## *MÉTHODE POUR ATTAQUER LE LIVRE « LA RÉVOLUTION »*

C'est le moment de montrer la méthode la plus sûre pour détruire le livre *La Révolution.* Il faut chercher le point d'attaque dans ce qui est l'âme de l'ouvrage. Or, cette âme consiste en ceci : Plus que dans aucune autre histoire, les événements de la Révolution s'enchaînent ici les uns aux autres par un lien intime. Si l'on se rend compte des anciens systèmes, on verra que le plus souvent les événements de la Révolution se présentaient comme des surprises ; les journées éclataient sans avoir été annoncées d'avance ; l'écrivain et le lecteur étaient perpétuellement déconcertés par l'imprévu. Cela est si vrai, qu'il y a encore aujourd'hui des historiens qui sont dans la stupeur d'une journée telle que le 9 Thermidor ; ils n'en reviendront jamais.

L'auteur de l'ouvrage *La Révolution* s'est évidemment appliqué, au contraire, à échapper à ces surprises et à y substituer la raison et le lien des choses. Dans chacune des journées, il voit se préparer en germe la journée qui la suit. Dans le 20 juin, il voit le 31 mai ; dans le 31 mai, la Terreur ; dans la Terreur qui brise les âmes, il voit l'avènement du pouvoir absolu, c'est-à-dire le 18 brumaire. Tout se lie ainsi et s'engendre naturellement dans ce tableau où la Révolution paraît comme une œuvre qui a ses progrès et ses chutes, mais qui ne doit plus ni étonner, ni confondre par ses miracles l'esprit humain.

Tel est l'esprit de mon livre. Voilà son armure, sa force et, si je puis dire, sa nouveauté. C'est donc cet esprit qu'il faut à tout prix extirper, si l'on tient à extirper l'ouvrage.

Les attaques sur un point isolé ne désorganiseront pas cette conception de l'histoire. Vous feriez de Robespierre le plus grand des hommes que cela n'atteindrait en rien, n'infirmerait en rien l'ensemble de cette conception. C'est, je le répète, contre l'ensemble qu'il faudrait réunir toutes ses forces.

Détruisez la logique qui en lie les parties ; sondez les causes de chaque événement ; examinez si l'auteur a trouvé les véritables ; ingéniez-vous à établir le contraire ; découvrez-en de plus évi-

15. Sur Baudot cf. *supra,* note 4, p. 130.

dentes, de plus profondes, ou du moins cherchez à vous le figurer. Alors la conception à laquelle il a mis tant d'années de sa vie et qu'il a bâtie de sa propre conscience, vous aurez le plaisir indicible de croire que vous l'avez renversée de fond en comble et qu'il est temps déjà de la remplacer par une autre. Cette joie souveraine de détruire une œuvre qui vient de naître, qui a trouvé accès dans les esprits et menace de s'y établir, vous la goûterez dans toute sa fleur.

Mais, pour cela, il est nécessaire, il est urgent de sortir de l'ancienne critique surannée ; il faut ruiner cette œuvre nouvelle par des armes nouvelles, puisque les anciennes ont prouvé suffisamment qu'elles ne portent pas. Et ici j'avertis de bonne foi mes adversaires. Comme l'auteur a prévu que c'est par ces côtés qu'il convient le mieux de l'attaquer et de le ruiner, c'est aussi le point qu'il s'est le plus étudié à fortifier.

Le lien des choses dans l'édifice de la Révolution a été pour lui l'affaire capitale. Aucun effort ne lui a coûté pour établir avec solidité cet enchaînement scientifique des causes et des effets qui lui a toujours paru être l'âme de l'histoire.

Dirigez donc vos coups et vos traits de ce côté. Entrez dans cet esprit pour le confondre. Lors même que vous ne réussirez pas à l'extirper, vous ne pouvez guère manquer de rencontrer dans ces voies nouvelles quelque observation utile. Au lieu que, par le système mis en pratique contre cet ouvrage, je puis affirmer que l'on ne recueillera que des lieux communs stériles, cent fois redits avec colère, plus souvent réfutés et qu'aucune passion ne parvient plus à réchauffer. Après la joie de conscience qu'un écrivain trouve dans la poursuite de la vérité, il doit désirer que son œuvre suscite un esprit nouveau, dût cet esprit le combattre lui-même. Pour moi, j'avoue qu'après avoir écrit *La Révolution,* je serais heureux de fournir la méthode la meilleure pour la critiquer avec fruit.

Ne s'enchaîner à aucune faction, ne s'inféoder à aucun homme du passé, n'être ni feuillant, ni girondin, ni jacobin, ni dantoniste, ni robespierriste, mais être homme et humaniser l'histoire, rendre justice à chacun selon ses œuvres ; tout subordonner à la vérité, à la liberté, voilà la voie nouvelle. On peut s'y engager avec la certitude d'y faire des découvertes. L'intolérance, l'aveuglement, l'idolâtrie, on vient de le voir, sont choses épuisées. Dans ce chemin vous ne trouverez que le vide.

## *OÙ EST LA QUESTION ? UNE ERREUR EN POLITIQUE ET EN MORALE*

L'histoire d'une époque ne devient une lumière pour un peuple qu'après que la relation des causes et des effets a été clairement marquée par les historiens, et qu'ils ont réussi à lier les événements entre eux comme une véritable articulation vivante dans la conscience publique.

Jusque-là l'échafaudage des plus dramatiques récits ne peut constituer une science, encore moins une morale et une politique. Si vous ne voulez reconnaître aucune faute, aucune erreur d'esprit dans les hommes de la Révolution française, renoncez à expliquer aucune de leurs chutes. Il ne reste pour s'en rendre compte qu'une lamentation stérile, dont la postérité ne peut tirer aucun fruit.

A toutes choses, nous répondons par ce mot de l'enfer sans espérance : Fatalité ! Fatalité dans l'Ancien Régime, fatalité dans la Révolution, fatalité dans le passé, fatalité dans le présent, sans préjudice de l'avenir. Quand donc vous lasserez-vous de cette voix monotone ? Quand sortirez-vous de ce cercle de fer ?

Dispensés de rendre à chacun ce qui lui est dû dans ses œuvres pour le bien et pour le mal, nous léguons aux esprits à venir les anneaux de la chaîne de la nécessité. Légitimant toute faute, nous ôtons tout nerf à la conscience comme à l'intelligence. L'âme périt la première dans cette œuvre. Démentis perpétuels à nos propres principes, surprises, miracles du plus fort, œuvre artificielle où vous ne sentez plus la vie humaine. Que serait-ce que cela, sinon une histoire automatique pour enfanter dans la postérité des générations d'automates ?

Rassurez-vous, me dit-on. Il n'est au pouvoir de personne de faire avorter d'avance au fond de l'avenir les siècles futurs. Je le sais. Mais je sais aussi que des générations entières qui sont sous le soleil, peuvent toujours, s'il leur plaît, s'enterrer toutes vives et se dire : Cela est bien. Cela fera germer l'avenir. Belle philosophie que celle du cadavre sous la terre qui verdoie !

Croyez-vous sincèrement que vous grandissez plus que moi les hommes de la Révolution en faisant d'eux autant d'automates de la fatalité ? Ne voyez-vous pas, au contraire, que vous leur ôtez toute vraie grandeur, puisque le grand homme est celui qui brise les fatalités apparentes et devient lui-même une fatalité nouvelle ? Les médiocres seuls la subissent. Ne donnons pas à la liberté pour fondement l'homme-machine.

Non, ce n'est pas la nécessité des choses qui a fait le système de la Terreur. Ce sont des idées fausses. Il faut donc corriger ces idées si l'on ne veut éterniser la pire des fatalités, qui est celle que se forge à elle-même l'intelligence aveugle.

La confusion des époques entraîne avec elle la confusion des idées. Rétablissons soigneusement les dates. Par exemple, ce qui fit tomber la défense de Lyon, ce fut l'attaque par les hauteurs de la rive droite de la Saône.

La ville est prise le 9 octobre 1793 ; le décret de destruction est du 12 octobre ; la commission militaire est du 27 novembre. Fouché et Collot d'Herbois ne paraissent qu'après la victoire avec les mitraillades des Broteaux. Ce ne sont donc pas les mitraillades qui ont pris la ville déjà prise.

De même en Vendée. On entend dire encore qu'après tout Carrier a sauvé Nantes. Comment cela se pourrait-il ? C'est le 27 et le 29 juin 1793 que le général Canclaux et les troupes républicaines ont repoussé la seule attaque que les Vendéens aient tentée contre Nantes. Carrier ne paraît que longtemps après. Les grandes noyades de la Loire sont de décembre 93. Comment donc les noyades auraient-elles sauvé Nantes déjà sauvé en juin, c'est-à-dire depuis cinq mois ? Carrier continue ses exterminations après la déroute des Vendéens au Mans. Est-ce Carrier ou Marceau qui a décidé cette déroute ?

C'est ainsi que la grande Terreur s'est montrée presque partout après les victoires. Prétendrons-nous qu'elle les a produites ? Dirons-nous que dans nos systèmes l'effet précède la cause ? Il le faudrait si nous voulons continuer à soutenir que la Terreur était nécessaire pour produire les victoires républicaines qui ont précédé la Terreur.

Quand les catholiques de l'école de M. de Maistre nous vantent la nécessité de l'Inquisition, nous ne pouvons croire qu'ils soient aujourd'hui les amis de la liberté. Pour que nous croyions à leur conversion sincère, il faut qu'ils renoncent à préconiser dans le passé ce qu'ils prétendent repousser dans le présent. A ce prix seulement, nous admettons qu'ils sont rapprochés de nous.

Il ne peut en être autrement de nous-mêmes. Quand nous préconisons les nécessités de la Terreur de 93, nous avons beau ajouter que nous ne voulons pas la recommencer. Cette assertion est puérile. Nous ne pouvons ainsi convaincre le monde, et le monde a raison ; car il sait qu'on n'est guéri d'un ancien penchant que si on le condamne dans les actes antérieurs. S'imaginer le contraire est une erreur aussi grave en morale qu'en politique.

## *UNE TRADITION DE JUSTICE*

Attachons-nous donc aux idées immortelles de la Révolution et ne nous enchaînons pas à l'idolâtrie des individus, puisque les individus ont si souvent agi contrairement à leurs idées.

Le terrorisme de 93 attestait le danger, la fureur, le désespoir. Pour les hommes de nos jours, réduit à une vaine parade, le terrorisme n'est plus qu'une rhétorique. Il est si commode de s'en draper dans la postérité pour se cacher à soi-même son inertie !

L'antiquité grecque aussi était belle et fière de ses Titans. Il a fallu pourtant sortir de la fausse imitation de la Grèce pour s'élever de nos jours à une critique plus hardie des Titans et des hommes. Imaginons la Terreur aussi belle que nous voudrons ; faisons de 93 à notre tour une Gorgone ou une Méduse [16], la bouche ouverte, peinte sur un bouclier d'airain. Ornons-la encore à notre gré de cheveux hérissés et de serpents enroulés. Pourtant la copie n'en vaut rien, même en paroles, et il n'est pire chose au monde qu'une vieille Terreur qui ne fait plus peur à personne. Plagiaires de 93, ne faisons pas de l'héroïsme un sanglant rococo.

J'ai établi une tradition de justice où la démocratie est inexpugnable. Vaut-il mieux pour elle se hasarder sur un échafaudage étroit, fictif, glissant, d'où elle a été, d'où elle sera cent fois précipitée ? Mon choix est fait ; il l'a toujours été. Je me défie de tout système qui stérilise l'intelligence et l'avenir.

Cette simple proposition que les résultats politiques obtenus ne sont pas proportionnés aux sacrifices, aux vœux, aux aspirations de la Révolution, a excité le scandale parmi ceux de mes adversaires qui se croient révolutionnaires. Elle les a jetés, disent-ils, dans la stupeur. D'où il suit clairement que les résultats obtenus satisfont pleinement leurs ambitions de justice et de liberté. Aveu qui vaut la peine d'être recueilli. Je me garderai d'y ajouter un seul mot ; mais j'admirerai un si parfait contentement de soi, des hommes et des choses.

Un livre respire en chaque mot l'esprit de liberté, et les mêmes hommes poursuivent ce livre d'une haine implacable dont ils ne poursuivront jamais le pouvoir absolu. Et ils ne craignent pas de laisser voir par là combien la liberté occupe peu de place dans leur pensée, les imprudents !

Qui donc a porté plus haut que moi la Convention, son esprit civilisateur, son ubiquité, son universalité ? Qui a revendiqué plus haut pour elle la création du Code civil ? Qui a fait une plus grande place à ses représentants aux armées ? Qui a rendu plus de justice à son génie dans la guerre, dans la législation ?

— Mais vous n'avez pas tout loué.

— Non, sans doute. Je n'ai pas mis tous les objets sur le même plan, ni donné à chacun d'eux la même valeur. L'ombre du tableau doit-elle resplendir autant que la lumière ? C'est le renversement de la vérité, autant que de l'art historique.

Dites-moi, encore une fois, s'il fallait louer les révolutionnaires d'avoir tué les révolutionnaires ? Est-ce là cette sagesse que je suis accusé de n'avoir pas portée aux nues ? Assurément, c'est la première fois dans le monde que l'on appellera injurier les victimes ne pas approuver les bourreaux.

Pour moi, je dis au contraire que le service que l'historien doit rendre à l'avenir est d'ôter à tout jamais aux hommes de liberté la tentation de s'entre-tuer ; il ne le peut qu'en démontrant par la suite entière et par l'esprit de son œuvre que « ces tueries

16. Monstres marins, objet d'horreur pour les hommes et les dieux, leur regard changeait en pierre quiconque les voyait.

furent un grand mal » non seulement pour les victimes, mais plus encore pour les bourreaux eux-mêmes. Voilà ce que j'ai fait, voilà ce qu'il était nécessaire de faire ; opération difficile, douloureuse à tenter, qui me coûtait autant qu'à personne. Il fallait l'accomplir ou rester enseveli dans une complicité posthume que la postérité ne comprend plus. Je peux bien donner ma vie à la démocratie. N'attendez pas que je lui sacrifie la justice et la raison.

On m'a reproché de n'avoir pas assez rendu hommage aux intérêts matériels. Certes, si je les avais méconnus, je ne serais pas de mon siècle. Mais vous me pardonnerez s'il m'a semblé que le goût du bien-être est assez déclaré et que je n'avais pas besoin de porter de l'eau à la mer. Puis je m'ennuyais d'entendre répéter que faire fortune est le principe et la fin des devoirs de l'homme et du citoyen.

Peut-être serais-je en droit de me plaindre que trop de haine se soit mêlé aux critiques qui m'ont été faites, car il y a eu trop d'invectives ; tout le monde en convient. On les excusera si l'on réfléchit que des hommes auxquels on enlève un système suranné qui leur tenait lieu de toute observation de la nature humaine ne pouvaient être satisfaits ; que là où manquent les arguments, il faut bien les remplacer par quelque chose ; et qu'enfin des adjectifs tels que *déplorable, aveugle, insensé,* seront toujours plus faciles à trouver que la plus petite raison.

A ces intempérances de langage, je ne vois qu'un inconvénient : plusieurs pourraient en conclure que l'ancienne intolérance vit encore, qu'il suffit d'une dissidence même sur un point historique pour provoquer la colère, l'anathème contre ceux mêmes dont toute la vie porte témoignage. J'aime mieux penser que dans un temps où les discussions sont rares ou périlleuses, les esprits s'enracinent, se pétrifient facilement en toute sincérité dans un préjugé ; qu'une fois accepté, il leur est insupportable d'y renoncer, et que le premier effet est de les irriter contre la main qui veut les guérir. Cela est certainement vrai de beaucoup d'hommes.

Quelques-uns réprouvent la Terreur, tant que l'on reste dans ce terme générique. Touche-t-on aux faits particuliers ? Aussitôt ils essayent de reprendre en détail ce qu'ils ont accordé en bloc.

D'autres, après la première surprise, ont accepté la lumière, en avouant qu'elle leur était douloureuse. Le nombre est grand de ceux-là qui ont rejeté une erreur douce quand elle leur a été démontrée funeste ; je ne vois rien de plus noble et à la fois de plus courageux, ni rien qui soit mieux fait pour relever l'espérance et la foi dans la grandeur innée de la nature humaine.

Quant à ceux qui passent si aisément à la haine et à l'aversion dès qu'ils sont contredits, que leur dirai-je ?

J'ai vu déjà dans ma vie plusieurs fois des hommes qui avaient commencé par repousser et combattre mes idées, les accepter plus tard et devenir pour moi des alliés, ainsi que j'ai eu l'occasion de l'éprouver dans ce débat. Peut-être, s'il m'est donné de vivre, verrai-je encore de tels changements.

Les principes contenus dans mon ouvrage entreront (je n'en puis plus douter après cette discussion) dans la conscience publique.

J'ajourne mes adversaires à quelques années. Qu'ils se relisent alors et qu'ils se demandent si ce qu'ils m'ont opposé, ils le maintiennent. Justice, pitié, liberté, humanité, voilà ce qui nous survivra, et, toujours grandissant, nous mettra tous d'accord.

Dans les *Révolutions d'Italie,* j'ai osé dire aux Italiens des vérités souvent sanglantes qu'ils ont eu le courage d'écouter. Ils ont vu sous cette sévérité le cœur d'un homme dévoué à leur cause. Nul d'entre eux, que je sache, ne s'est mépris à cet égard. Il n'était pas possible que, dans les paroles sévères adressées à notre France, les Français ne reconnussent pas l'affection d'un concitoyen. Qu'on lui reproche son deuil trop obstiné des libertés perdues, je le conçois ; mais repousser la vérité parce qu'elle est nue, cela ne partirait pas d'un grand cœur. Mirabeau, madame Roland, Condorcet, Danton même auraient compris ces justices.

Est-ce, comme on l'a répété, la contre-révolution qui s'est réjouie de mon ouvrage ? Non, ce sont les amis de la liberté ; car nous ne l'établirons qu'en formant des générations nouvelles qui, rompant absolument avec l'idolâtrie de la force, apportent avec elles l'esprit d'humanité que le monde appelle sans doute, mais qu'il est si loin de posséder encore.

La démocratie, en effet, n'a pas aujourd'hui la force pour elle. Que lui reste-t-il ? L'idée du Droit. C'est donc au Droit qu'il faut qu'elle s'attache avec inflexibilité pour en ôter la rouille sanglante que les temps y ont déposée. C'est le Droit qu'il lui appartient de découvrir, d'exhumer, de séparer de tout alliage, de faire resplendir dans l'histoire, dans la morale, dans le passé, dans le présent. Il faut * qu'elle offre au monde l'image du Droit la plus pure, la plus humaine, l'idéal le plus accompli qui ait brillé jusqu'ici aux yeux des hommes. Là est son espoir, là est sa raison d'être. Sinon, elle légitime toutes ses défaites. Qui ne voit pas cela est bien aveugle.

Après tout, il s'agissait de savoir si je frappais sur des âmes mortes. Elles ont répondu, elles ont crié : Je vis encore ! Au lieu de m'en plaindre, j'aime mieux les en féliciter.

* Voyez l'Idéal de la démocratie, dans *Le Christianisme et la Révolution française,* pp. 264, 265, 267.

# JULES MICHELET

# JULES MICHELET

## Préface de 1868 [1]

Cette œuvre laborieuse, qui a rempli huit années de ma vie, n'a pas eu la bonne fortune des improvisations venues en temps paisible. Elle a été écrite en plein événement.

Deux volumes parurent en février. Ils donnaient le récit des plus belles journées de la Révolution, crédule encore, fraternelle et clémente, comme a été sa jeune sœur de 1848. Ils furent accueillis aux célèbres banquets de cette époque.

Des faits cruels survinrent. Je ne lâchai pas prise. Trois volumes parurent en 1850. Toute voix littéraire s'était tue ; toute vie semblait interrompue. Ne voyant que ma tâche, au fond de nos archives, travaillant seul encore sur les ruines d'un monde, je pus croire un moment que je restais le dernier homme.

Quittant Paris au 2 Décembre, n'emportant d'autre bien que les matériaux de mes derniers volumes, les documents de la Terreur, je l'écrivis près Nantes, en grande solitude, à la porte de la Vendée.

Ainsi, contre vents et marée, à travers tout événement, elle alla cette histoire, elle alla jusqu'au bout, saignante, vivante d'autant plus, une d'âme et d'esprit, sans que les dures traverses du sort l'aient fait dévier de sa ligne première. Les obstacles, bien loin d'arrêter, y aidèrent. Dans une vieille maison transparente que perçaient les grandes pluies, en janvier 1853, j'écrivais sur le même mois correspondant de la Terreur : « Je plonge avec mon sujet dans la nuit et dans l'hiver [2]. Les vents acharnés de tempêtes qui battent mes vitres depuis deux mois sur ces collines de Nantes, accompagnent de leurs voix, tantôt graves, tantôt déchirantes, mon *Dies iræ* de 93. Légitimes harmonies ! Je dois les remercier.

1. Ce texte a paru en tête de la deuxième édition de l'*Histoire de la Révolution française,* 6 vol., Paris, 1868. La première édition parut en 7 volumes de 1847 à 1853. L'indication des pages dans les notes suivantes se réfère à l'édition de la Pléiade, 2 vol., Paris, 1952.

2. Reprise d'une note du *Journal.* Cf. ce que Michelet écrit le 22 novembre 1852, *Journal,* t. II (1849-1860), Paris, 1962, p. 208. Michelet était parti à Nantes en juin 1852, après avoir refusé de prêter serment à l'Empire. Il avait commencé en juillet à écrire le VI$^{e}$ tome de l'*Histoire de la Révolution.*

Ce qu'elles m'ont dit souvent dans leurs fureurs apparentes, dans leurs aigres sifflements, dans le cliquetis sinistrement gai dont la grêle frappait mes fenêtres, c'était la chose forte et bonne, que tous ces semblants de mort n'étaient nullement la mort, mais la vie tout au contraire, le futur renouvellement... »

Au bout de quinze années, après le grand travail que je dus à l'ancienne France, je rentre en celle-ci, la France de la Révolution. J'y rentre comme en foyer de famille, délaissé quelque temps. Mais changé ? Nullement. Refroidi ? Point du tout.

Épreuve singulière de se revoir ainsi au bout de tant d'années de comparer les temps. Qu'étais-je ? et qu'étions-nous (nous France) et qu'est-ce que nous sommes devenus ?

Contenons notre cœur. Quelles que soient nos tristesses, d'un regard net et ferme observons la situation.

La dureté du temps a brisé bien des choses, mais elle a aussi profité. Nous avons compris à la longue ce qu'on démêlait peu en 48. Toutes les grandes questions se présentaient alors d'ensemble, impatientes, sans égard à leur ordre logique et naturel. Nous nous exagérions les nuances qui nous divisaient. Un grand progrès s'est fait sous ce rapport. Sans nous dédire en rien ni changer de langage, nous tous, enfants divers de la Révolution, nous concordons en elle, nous nous rapprochons de l'unité.

1° Les choses ont repris leur véritable perspective, et tous sont revenus à la tradition nationale. Nul de nous aujourd'hui qui ne voie dans la Liberté la question souveraine. *La question économique,* qui lui fit ombre, est une conséquence, un approfondissement essentiel de la Liberté. Mais celle-ci précède tout, doit couvrir et protéger tout.

2° *La question religieuse* paraissait secondaire. Nos avertissements touchaient peu. En vain les Bossuet, les de Maistre, disaient hautement aux nôtres la profonde union des deux autorités. Ils l'ont sue un peu tard. Il leur a bien fallu s'éveiller en voyant le couvent près de la caserne, ces monuments jumeaux qui couronnent aujourd'hui les hauteurs des grandes villes, et proclament la coalition.

3° *Point de guerre.* Sur cela encore, nous sommes unanimes. Dans le travail immense où la France s'est engagée, elle a bien autre chose à faire. Elle est ravie de voir une Italie, une Allemagne, et les salue du cœur. Un point considérable, c'est que des deux côtés, les vaillants dédaignent la guerre, sachant que ce n'est plus une affaire de vaillance, mais de pure mécanique entre Delvigne et Chassepot[3].

4° Ce qui pourra sembler un peu bizarre à l'avenir, c'est que nos dissidences en 48, les plus âpres peut-être, étaient relatives au passé, *historiques, archéologiques.* Ces débats se mêlaient à l'actua-

3. Carabine et fusil en usage dans l'armée de l'époque, d'après les noms de leurs inventeurs.

lité. On s'identifiait à ces lugubres ombres. L'un était Mirabeau, Vergniaud, Danton, un autre Robespierre. Nous gardons aujourd'hui nos sympathies sans doute à tel ou tel héros de la Révolution. Mais nous les jugeons mieux. Nous les voyons d'ensemble, nullement opposés et se donnant la main. Si quelques-uns de nous s'acharnent à ces débats, en revanche, une grande France, née depuis 48, un demi-million d'hommes, qui lisent, pensent et sont l'avenir, regardent tout cela comme chose curieuse, mais hors de toute application, avec des circonstances tellement différentes.

L'histoire contestée des vieux temps s'est, d'année en année, éclaircie d'elle-même par tant de documents livrés à la publicité. Mais nous autres historiens nous y avons fait quelque chose. Prenant chacun un point de vue, nous l'avons mis (par nos exagérations mêmes) en pleine lumière. Il est intéressant de voir combien cette diversité a servi. Je voudrais qu'une main habile esquissât l'histoire de l'histoire, je veux dire le progrès qui s'est fait dans nos études sur la Révolution.

La tirer de 89, c'est en faire un effet sans cause. La faire partir de Louis XV, c'est l'expliquer bien peu encore. Il faut creuser beaucoup plus loin. C'est toute la vie de la France qui en prépare, en fait comprendre le drame final. De moins en moins obscure, elle devient toute lumineuse au XVIIIe siècle, qui, loin d'être un chaos, ordonne, écrit splendidement notre Credo moderne, que la Révolution entreprend d'appliquer.

Labeur très long. J'en ai été payé quand (dans mon *Louis XV*[4], vers 1750) j'ai eu la joie de donner fort simplement ce Credo de lumière. En face, je posai les ténèbres, la *Conspiration de famille*. Dès le ministère de Fleury[5], l'intrigue espagnole-autrichienne et catholico-monarchique se noue par les parentés, mariages, etc. Le premier effet fut le règne de Marie-Thérèse à Versailles et la guerre de Sept ans, qui enterra la France, donna le monde à l'Angleterre. Le second effet fut le règne de Marie-Antoinette, l'explosion tardive (si tardive !) de 89.

Ceux qui veulent se persuader que cet événement immense fut l'œuvre d'un parti, un complot d'Orléans, un mouvement factice qu'imposa Paris à la France, n'ont qu'à ouvrir les cent volumes in-folio des Cahiers, les vœux des provinces, leurs instructions aux députés de la Constituante. Du moins qu'ils prennent connaissance des extraits des Cahiers, si bien résumés par Chassin[6].

Dans mon premier volume (1847), j'avais indiqué à quel

4. Il s'agit du tome XVI de l'*Histoire de France*, paru en 1866.
5. A. H. de Fleury (1653-1743), précepteur de Louis XV, ministre d'État et cardinal en 1726, dirige la politique de la France jusqu'à sa mort. Michelet évoque ici par la « Conspiration de famille », l'ambiguïté diplomatique française à l'égard de l'Autriche, pays formellement ennemi, mais en fait ami, lors de la guerre de succession en 1741 ; cf. *Louis XV*, Paris, 1866, ch. XII, p. 193.
6. L. Chassin, *Le Génie de la Révolution*, 2 vol., Paris, 1863. I. *Les Élections*. II. *Les Cahiers*.

point les idées d'intérêt, de bien-être, qui ne peuvent manquer en nulle révolution, en la nôtre pourtant sont restées secondaires, combien il faut la tordre, la fausser, pour y trouver déjà les systèmes d'aujourd'hui. Sur ce point, le beau livre de Quinet confirme le mien. Oui, la Révolution fut désintéressée. C'est son côté sublime et son signe divin.

Brillant éclair au ciel. Le monde en tressaillit. L'Europe délira à la prise de la Bastille ; tous s'embrassaient (et dans Pétersbourg même) sur les places publiques. Inoubliables jours ! Qui suis-je pour les avoir contés ? Je ne sais pas encore, je ne saurai jamais comment j'ai pu les reproduire. L'incroyable bonheur de retrouver cela si vivant, si brûlant, après soixante années, m'avait grandi le cœur d'une joie héroïque, et mon papier semblait enivré de mes larmes.

De cette âme agrandie il m'a été donné d'embrasser l'infini de la Révolution, de la refaire dans la variété de ses âges, de ses points de vue. C'eût été lui faire tort que d'en adopter un, de dénigrer le reste. Les opposés y concordent au fond. La grande âme commune, en chaque parti qui la révèle, est sentie, est comprise par des peuples divers, et le sera par d'autres générations dans l'avenir. Ce sont autant de langues que la Révolution, ce grand prophète, a parlées pour toute la terre. Chacun avait son droit, et devait être reproduit.

Enfermer la Révolution dans un club, c'est chose impossible. Le travail infini, la passion sincère de Louis Blanc n'y a pas réussi. Mettre cet océan dans la petite enceinte du petit cloître jacobin ! vaine entreprise. Elle déborde de toutes parts. Elle y eut sa police contre la trahison, son œil, son gardien vigilant. Mais sa vraie force active, la Montagne elle-même, en ses plus grands acteurs qui discouraient fort peu, ne siégeait pas aux Jacobins.

Le temps qui peu à peu dit tout, et la publication des documents, ne permettent plus d'être exclusif. L'apologie de la Gironde, si véhémente dans Lanfrey [7], aujourd'hui ne semble que juste. Une voix sortie de la mort même, la voix testamentaire de Pétion, Buzot, enfin s'est fait entendre (1866) [8]. Qui osera contredire maintenant ?

Tel était l'esprit de système, que nos robespierristes mettaient la Montagne même en jugement. Ils poursuivaient Danton. Villiaumé, Esquiros (dans son livre éloquent), le défendirent [9], et les actes encore mieux. Publiés récemment par Bougeart, Robinet [10], ils le couvrent aujourd'hui, absolvent sa grande mémoire.

7. Cf. L'*Éclaircissement historique d'une récente histoire de la Révolution, qui contient la critique de l'ouvrage de Louis Blanc,* dans l'*Essai sur la Révolution française,* de Pierre Lanfrey, Paris, 1858, pp. 395-425. Cf. *supra,* note 2, p. 199 ; et note 11, p. 231.
8. Michelet songe aux *Mémoires inédits de Pétion, de Buzot et de Barbaroux,* publiés par C. A. Dauban en 1866.
9. N. Villiaumé, *Histoire de la Révolution française (1789),* Paris, 1850. A. Esquiros, *Histoire des Montagnards,* 2 vol., Paris, 1847.
10. A. Bougeart, *Danton. Documents authentiques pour servir à l'Histoire de la Révolution,* Paris-Bruxelles, 1861. J. F. Robinet, *Danton. Mémoires sur sa vie privée,* Paris, 1865.

On commence à voir clair, à mieux connaître la Montagne que cachait jusqu'ici ce débat des individus. Les deux cents députés en mission, trop oubliés, reparaissent dans leur grandeur, dans leur indicible énergie qui fit notre salut. Deux médecins de vingt-cinq ans, Baudot, Lacoste, reprennent leur laurier de conquérants du Rhin[11]. L'organisateur de la guerre (héros lui-même à Wattignies), le digne et bon Carnot nous est rendu enfin par la main de son fils[12]. Les purs entre les purs, Romme, les cinq amis qui, les derniers, en prairial, ont signé et scellé la Révolution de leur sang, reparaissent en un livre qui m'a fait frissonner, celui de Claretie[13], si brûlant, cruellement vrai.

Les temps faibles ne comprendront plus comment, parmi ces tragédies sanglantes, un pied dans la mort même, ces hommes extraordinaires ne rêvaient qu'immortalité. Jamais tant d'idées organiques, tant de créations, tant de souci de l'avenir ! une tendresse inquiète pour la postérité ! Et pour cela, non pas comme on le croit, après les grands périls, mais au fort de la crise. Le livre de Despois *(Vandalisme révolutionnaire)*[14] inaugure admirablement pour cet âge une histoire nouvelle, celle de ses créations.

J'ai mieux compris le mot du vénérable Lasteyrie[15]. Lui parlant de ces temps et de l'impression qu'il en eut (lui fort exposé, en péril), j'en tirai ce mot seul : « Monsieur, c'était très beau ! — Mais vous pouviez périr ? Vous cachiez-vous ? — Moi, point. J'allais, j'errais en France. J'admirais... Oui, c'était très beau. »

La Révolution, a-t-on dit[16], a eu un tort. Contre le fanatisme vendéen et la réaction catholique, elle devait s'armer d'un Credo de secte chrétienne, se réclamer de Luther ou Calvin.

Je réponds : Elle eût abdiqué. Elle n'adopta aucune Église. Pourquoi ? C'est qu'elle était une Église elle-même.

Comme agape et *communion,* rien ne fut ici-bas comparable à 90, à l'élan des Fédérations. L'absolu, l'infini du *sacrifice* en sa grandeur, le don de soi qui ne réserve rien, parut au plus sublime dans l'élan de 92 : guerre sacrée pour la paix, pour la délivrance du monde.

« Les symboles ont manqué ? » Mais toute religion met des siècles à se faire les siens. La foi est tout ; la forme est peu. Qu'importe le parement de l'autel ?

Il subsiste toujours, l'autel du Droit, du Vrai, de l'éternelle Raison. Il n'a pas perdu une pierre, et il attend tranquillement. Tel

11. Allusion à leur mission à Strasbourg en novembre-décembre 1793.

12. Hippolyte Carnot, *Mémoires sur Carnot par son fils,* 2 vol., Paris, 1861-1863.

13. J. Claretie, *Les Derniers Montagnards. Histoire de l'insurrection de prairial an III (1795), d'après des documents originaux et inédits,* Paris, 1867.

14. E. Despois, *Vandalisme révolutionnaire, fondations littéraires, scientifiques et artistiques de la Convention,* Paris, 1868.

15. Ch. Philibert Lasteyrie (1759-1849), agronome, publiciste libéral, défenseur de la séparation de l'Église et de l'État, fondateur en 1843 du *Journal de la liberté religieuse.*

16. Il s'agit ici d'Edgar Quinet, bien sûr.

que nos philosophes, tel que nos grands légistes le bâtirent, il reste le même, solide, autant que les calculs de Laplace et Lagrange qui y posèrent la loi du temps.

Qui ne le reconnut ? n'y sentit Dieu ?... Quel cercle on vit autour ! Le monde américain y fut en Thomas Payne [17], la Pologne en Kosciuszko [18]. Le maître du Devoir (ce roc de la Baltique), Kant s'émut [19]. On y vit pleurer le vieux Klopstock [20], et ce fier enfant, Beethoven.

Le grand stoïcien Fichte, au plus cruel orage, ne s'en détacha pas. Il nous resta fidèle. En plein 93, il publia son livre sur l'immuable droit de la Révolution [21].

Cela lui fut compté. Il en garda ce cœur d'acier, qui, après Iéna, releva l'Allemagne, prépara le réveil du monde, opposant à la force une force plus grande, l'Idée, — et, devant l'ennemi, enseignant la victoire du Droit, contre lequel on ne prescrit jamais.

Un mot sur la manière dont ce livre se fit.

Il est né du sein des Archives. Je l'écrivis six ans (1845-1850) dans ce dépôt central, où j'étais chef de la section historique. Après le 2 Décembre, j'y mis deux ans encore, et l'achevai aux archives de Nantes, tout près de la Vendée, dont j'exploitais aussi les précieuses collections.

Armé des actes mêmes, des pièces originales et manuscrites, j'ai pu juger les imprimés, et surtout les Mémoires qui sont des

17. T. Paine (1737-1809), journaliste et homme politique, pamphlétaire célèbre de la Révolution américaine, auteur des *Rights of man* (1791) où il fait l'apologie des principes de 1789, et réfute les *Reflections on the Revolution in France,* d'Edmund Burke (1790). Reçoit par décret la citoyenneté française le 26 août 1792. Député du Pas-de-Calais à la Convention, siège avec les Girondins.

18. T. Kosciuszko (1746-1817), général de l'armée polonaise, qui reçoit par décret la citoyenneté française le 26 août 1792, et dirige l'insurrection de son pays contre les Russes et les Prussiens en avril 1794. Cf. son portrait par Michelet dans *Pologne et Russie. La légende de Kosciuszko,* Paris, 1852.

19. Au Livre III, chap. XII, de son *Histoire de la Révolution française* (t. I, pp. 415-416), Michelet décrit ainsi l'émotion du philosophe allemand : « Au fond des mers du Nord, il y avait alors une bizarre et puissante créature, un homme ? Non, un système, une scolastique vivante, hérissée, dure, un roc, un écueil, taillé à la pointe de diamant dans le granit de la Baltique. Toute religion, toute philosophie, avait touché là, s'était brisée là. Et lui, immuable. Nulle prise au monde extérieur. On l'appelait Emmanuel Kant, lui, il s'appelait Critique. Soixante ans durant, cet être tout abstrait, sans rapport humain, sortait juste à la même heure, et sans parler à personne, accomplissait pendant un nombre donné de minutes précisément le même tour, comme on voit aux vieilles horloges des villes l'homme de fer sortir, battre l'heure, et puis rentrer. Chose étrange, les habitants de Königsberg virent (ce fut pour eux un signe des plus grands événements) cette planète se déranger, quitter sa route séculaire... On le suivit, on le vit marcher vers l'ouest, vers la route par laquelle venait le courrier de France.

« Ô humanité !... voir Kant s'émouvoir, s'inquiéter, s'en aller sur les routes, comme une femme, chercher les nouvelles, n'était-ce pas là un changement surprenant, prodigieux ?... Eh bien, non, il n'y avait nul changement en cela. Ce grand esprit suivait sa voie. Ce qu'il avait jusque-là cherché en vain dans la science, l'*unité spirituelle,* il l'observait maintenant qui se faisait de soi-même par le cœur et par l'instinct. »

20. F. G. Klopstock (1724-1803), poète et dramaturge allemand, auteur d'une ode, *Les États Généraux,* dès la fin de 1788. Décrété citoyen français le 26 août 1792.

21. Il s'agit des *Considérations destinées à rectifier le jugement du public sur la Révolution française.* Fichte donne dans cet ouvrage la réfutation des *Recherches sur la Révolution française* par A. W. Rehberg (1793), manifeste de la contre-révolution en Allemagne.

plaidoyers, parfois d'ingénieux pastiches (exemple, ceux que Roche a faits pour Levasseur [22]).

J'ai jugé jour par jour *Le Moniteur,* que suivent trop MM. Thiers, Lamartine et Louis Blanc [23].

Dès l'origine, il est arrangé, corrigé, chaque soir, par les puissants du jour. Avant le 2 septembre, la Gironde l'altère, et le 6, la Commune. De même en toute grande crise. Les procès-verbaux manuscrits des Assemblées illustrent tout cela, démentent *Le Moniteur* et ses copistes, l'*Histoire parlementaire* et autres, qui souvent estropient encore ce *Moniteur* estropié.

Un très rare avantage qu'aucun dépôt du monde ne présenterait peut-être au même degré, c'est que je trouvais dans les nôtres, pour chaque événement capital, des récits très divers et de nombreux détails qui se complètent et se contrôlent.

Pour les Fédérations, j'ai eu des récits par centaines, venus d'autant de villes et de villages *(Archives centrales).* Pour les grandes tragédies du Paris révolutionnaire, le dépôt de l'*Hôtel de Ville* m'en ouvrait le foyer aux registres de la Commune ; et la *Préfecture de police* m'en donnait la variété divergente dans les procès-verbaux de nos quarante-huit sections.

Pour le gouvernement, les Comités de Salut public et de sûreté générale, j'avais sous les yeux tout ce qu'on a de leurs registres et j'y ai trouvé jour par jour la chronologie de leurs actes.

On m'a blâmé parfois d'avoir cité trop rarement. Je l'aurais fait souvent, si mes sources ordinaires avaient été des pièces détachées. Mais mon soutien habituel, ce sont ces grandes collections où tout se suit dans un ordre chronologique. Dès que je date un fait, on peut retrouver à l'instant ce fait à sa date précise au registre, au carton où je l'ai pris. Donc j'ai dû citer rarement. Pour les choses imprimées et les sources vulgaires, les renvois peu utiles ont l'inconvénient de couper le récit et le fil des idées. C'est une vaine ostentation d'émailler constamment sa page de ces renvois à des livres connus, à des brochures de petite importance, et d'attirer l'attention là-dessus. Ce qui donne autorité au récit, c'est sa suite, sa cohésion, plus que la multitude des petites curiosités bibliographiques.

Pour tel fait capital, mon récit, identique aux actes mêmes, est aussi immuable qu'eux. J'ai fait plus que d'extraire, j'ai copié de ma main (et sans y employer personne) les textes dispersés, et les ai réunis. Il en est résulté une lumière, une certitude, auxquelles on ne changera rien. Qu'on m'attaque sur le sens des faits, c'est bien. Mais on devra d'abord reconnaître qu'on tient de moi les faits dont on veut user contre moi.

22. Les *Mémoires* de René Levasseur (cf. *supra,* note 13, p. 272) avaient été publiés par l'ancien secrétaire de Benjamin Constant, Achille Roche, sur la base des notes du député montagnard. Un procès eut lieu à la suite de cette publication : Roche fut condamné à quatre mois de prison et à une amende de mille francs en février 1830.
23. Cf. *supra,* p. 208.

Ceux, qui ont des yeux et savent voir, remarqueront très bien que ce récit, quelquefois trop ému peut-être et orageux, n'est pourtant jamais trouble, point vague, point flottant, dans les vaines généralités. Ma passion elle-même, l'ardeur que j'y mettais, ne s'en seraient point contentées. Elles cherchaient, voulaient le propre caractère, la personne, l'individu, la vie très spéciale de chaque acteur. Les personnages ici ne sont nullement des idées, des systèmes, des ombres politiques; chacun d'eux a été travaillé, pénétré, jusqu'à rencontrer l'homme intime. Ceux mêmes qui sont traités sévèrement, sous certains rapports gagnent à être connus à ce point, atteints dans leur *humanité.* Je n'ai point flatté Robespierre. Eh bien, ce que j'ai dit de sa vie intérieure, du menuisier, de la mansarde, de l'humide petite cour qui, dans sa sombre vie, mit pourtant un rayon, tout cela a touché, et tel de mes amis, de parti tout contraire, m'avouait qu'en lisant il en versa des larmes.

Nul de ces grands acteurs de la Révolution ne m'avait laissé froid. N'ai-je pas vécu avec eux, n'ai-je pas suivi chacun d'eux, au fond de sa pensée, dans ses transformations, en compagnon fidèle ? A la longue, j'étais un des leurs, un familier de cet étrange monde. Je m'étais fait la vue à voir parmi ces ombres, et elles me connaissaient, je crois. Elles me voyaient seul avec elles dans ces galeries, dans ces vastes dépôts rarement visités. Je trouvais quelquefois le signet à la page où Chaumette ou tel autre le mit au dernier jour. Telle phrase, dans le rude registre des Cordeliers, ne s'est pas achevée, coupée brusquement par la mort. La poussière du temps reste. Il est bon de la respirer, d'aller, venir, à travers ces papiers, ces dossiers, ces registres. Ils ne sont pas muets, et tout cela n'est pas si mort qu'il semble. Je n'y touchais jamais sans que certaine chose en sortît, s'éveillât... C'est l'âme.

En vérité, je méritais cela. Je n'étais pas *auteur.* J'étais à cent lieues de penser au public, au succès : j'aimais, et voilà tout. J'allais ici et là, acharné et avide; j'aspirais, j'écrivais cette âme tragique du passé.

Cela fut fort senti, et d'hommes de nuances diverses : Béranger, Ledru-Rollin, Proudhon [24].

Béranger avait eu contre moi des préventions, et il en revint tout à fait. Il dit de cette histoire : « Pour moi, c'est livre saint. »

Proudhon savait combien je goûtais peu la plupart de ses paradoxes; c'est de lui, cependant, que je reçus la lettre la plus forte, l'acceptation la plus complète de mon livre, celle du principe posé dans mon *Introduction* (1847) : l'inconciliable opposition du

24. Michelet fait allusion à des éloges qu'il a reçus pour son *Histoire de la Révolution française,* d'hommes aussi différents que Béranger, le poète chansonnier de l'héritage révolutionnaire, Ledru-Rollin, l'homme politique républicain de la monarchie de Juillet et de la IIe République, et Proudhon, le théoricien socialiste, critique libertaire du jacobinisme. Dans la préface du tome III de la troisième édition (1869) de l'*Histoire de la Révolution,* il publie d'ailleurs les lettres de Béranger et de Proudhon.

Christianisme avec le Droit et la Révolution. Il l'a pleinement adopté dans son livre *De la justice* (1858).

Au beau jour des Fédérations, Camille Desmoulins fit la proposition touchante et chimérique d'un pacte fédératif entre les écrivains amis de la Révolution. Il est sûr qu'entre nous, unis (malgré nos dissidences) par un fonds de principes communs, il y a une sorte de parenté. Je l'ai plus que personne respectée. Je n'ai répondu jamais aux critiques des nôtres, quoiqu'elles fussent souvent un peu légères et que je pusse exercer des représailles faciles.

J'ai fini mon *Histoire de la Révolution* en 53, et depuis cette époque jusqu'en 62, Louis Blanc dans la sienne, dans ses dix ou douze volumes, l'a attaquée avec une passion extraordinaire. On m'en avertissait ; mais j'étais occupé d'achever l'*Histoire de France* jusqu'en 89. J'ajournai la lecture et l'examen de Louis Blanc. Mon silence persévérant dut l'étonner et l'encourager fort. De volume en volume, ses violentes critiques continuaient. Il triomphait à l'aise, s'étendait à plaisir, et se trouva enfin avoir réellement fait un gros livre sur mon livre.

Je ne finis *Louis XVI* qu'à la fin de 1867. C'est en achevant ce volume que je revins à ma *Révolution* et m'occupai de celle de Louis Blanc. Je l'ouvris fort placidement, tout prêt à profiter de ses critiques, si elles étaient sérieuses *.

Je connaissais et son talent et son caractère honorable, ses paradoxes aussi, son papisme socialiste et sa tyrannie du travail au nom de la fraternité. Mais je l'avais peu vu sur le terrain de l'histoire. J'avoue que je fus saisi d'étonnement en voyant sa faveur, sa prédilection fantaisiste... pour qui ?... Pour l'intrigant Calonne !...

Calonne, excellent citoyen qui ne ruine la France que pour faire la Révolution, qui ne gorge la cour « que pour les conduire tous en riant au bord d'un abîme si profond qu'ils appelleraient de

* J'en ai profité en effet pour rectifier deux détails, l'un relatif à Danton, l'autre à Durand-Maillane [25].

25. Ces deux rectifications de Michelet sont tout ce que celui-ci retient des critiques multiples que son successeur lui adresse tout au long de ses douze volumes, généralement sous la forme de post-scriptum à la fin d'un certain nombre de chapitres.

Michelet avait qualifié le Conventionnel montagnard Durand de Maillane de prêtre devenu jacobin (Livre X, chap. XI, t. V, 1850, p. 575). Louis Blanc (Livre IX, chap. XI, t. VIII, 1856, pp. 476-477) soupçonne que cette qualification inexacte n'a d'autre sens que de nourrir l'obsession de son prédécesseur selon laquelle les Jacobins sont la nouvelle forme du fanatisme clérical. Et il rétablit la vraie profession du député en question : jurisconsulte. Dans la deuxième édition de son ouvrage, Michelet corrige ce détail (Livre X, chap. XI, t. V, 1869, p. 95, t. II, p. 376 de l'édition de la Pléiade) : il en supprime le mot *prêtre* de la page indiquée par Louis Blanc, mais il le laisse à côté du nom de Durand Maillane dans tous les autres cas. (Cf. Livre IX, chap. IV, t. II, p. 52, Livre IX, chap. IX, t. II, p. 122).

Nous n'avons pas réussi à retrouver le détail rectifié par Michelet à propos de Danton, après les critiques de Louis Blanc. L'historien socialiste reproche à Michelet des partis pris sous forme de suppositions ou d'omissions à l'égard de Danton. Et il en donne plusieurs exemples dans ses notes à la fin des chapitres : à propos des préparatifs de la journée du 20 juin 1792 (Livre VII, chap. XII, t. VI, p. 445) et du 10 août 1792 (Livre VII, chap. XIV, t. VII, pp. 35-37) ; de la responsabilité dans les massacres de Septembre (Livre VIII, chap. II, t. VII, p. 207), et de son rôle comme ministre de la Justice (Livre VIII, chap. VII, t. VII, p. 371). Enfin, Louis Blanc donne une longue liste d'erreurs relatives au procès de Danton (Livre XI, chap. X, t. X, pp. 397-415).

leurs vœux les nouveautés libératrices » (II, 159). Tout cela sans la moindre preuve.

J'apprends des choses non moins fortes. Les Montagnards n'étaient nullement *les violents* (VII, 372). Sans doute c'étaient les modérés.

Les Girondins, qui ont tant exalté Rousseau, ce sont les ennemis de Rousseau chez Louis Blanc. C'est la Gironde qui conniva au 2 Septembre, elle en garde la tache de sang.

Robespierre, au contraire, qui parla, dénonça, et *avant* (le 1er) et *pendant* (le 2 même), en est pur, y est étranger.

Hébert, dans son *Père Duchesne,* malgré ses constants appels au massacre, n'en est pas moins un continuateur des modérés, des Girondins. Comment cela ? C'est qu'il est voltairien, égoïste et sensualiste, ennemi de Rousseau et du sensible Robespierre.

Louis Blanc, assez doux pour le Roi, pour la Reine, le duc d'Orléans, clément pour le clergé, est terrible, accablant pour Danton et les Girondins. En ces derniers, il voit la *bourgeoisie* qui lui fut si hostile au 15 mai 1848[26]. Étrange confusion. La garde nationale du 15 mai détestait la guerre ; au contraire, la Gironde la prêcha, et la fit, pour le salut des nations. Elle forgea des millions de piques, et mit les armes aux mains des pauvres.

Il faut prendre largement le grand cours révolutionnaire, dans ses deux manifestations utiles et légitimes, et de croisade, et de police, les Girondins, les Jacobins.

J'ai tâché de le faire. J'ai marqué fortement les torts des Girondins, leur tort d'avoir toujours repoussé la Montagne en Danton et Cambon, leur tort d'avoir, malgré leur pureté, subi l'impur mélange des tourbes royalistes, qui, se glissant chez eux dans les départements, entravaient la Révolution.

Je n'ai point contesté les services immenses que rendit l'institution jacobine. J'ai même, mieux que personne, marqué et nuancé ses trois âges si différents. Je n'ai point méconnu le terrible labeur, la grande volonté de Robespierre, sa vie si sérieuse. Là je le trouve intéressant.

Cela même est mon crime. Je crois que Louis Blanc m'aurait mieux pardonné toute ma politique contraire, mes attaques à son dieu, que mon regard minutieux, l'observation exacte du saint des saints, le tort d'avoir vu de si près, décrit la petite chapelle, le féminin cénacle de Marthe, Marie, Madeleine, l'habit, le port, la voix, les lunettes, les tics de ce nouveau Jésus.

Une chose nous sépare bien plus qu'il ne paraît, une chose profonde. Nous sommes de deux religions.

Il est demi chrétien à la façon de Rousseau et de Robespierre.

26. Le 15 mai 1848, une émeute parisienne, qui mêle des revendications sociales à une demande d'intervention en faveur de la Pologne, envahit l'Assemblée récemment élue, à majorité conservatrice. Cette journée est un fiasco, qui entraîne l'arrestation des leaders socialistes, sauf Louis Blanc, qui se cache. C'est la date de sa rupture avec la IIe République.

L'Être suprême, l'Évangile, le retour à l'Église primitive (III, 28) : c'est ce *credo* vague et bâtard par lequel les politiques croient atteindre, embrasser les partis opposés, philosophes et dévots.

La race et le tempérament ne sont pas peu non plus dans notre opposition. Il est né à Madrid. Il est corse de mère, français par son père (de Rodez). Il a la flamme sèche et le brillant des méridionaux, avec un travail, une suite que ces races n'ont pas toujours. Il a étudié à Rodez, au pays des Bonald, des Frayssinous [27], qui nous fait tant de prêtres. Dans sa démocratie, il est autoritaire.

S'il n'avait pas été aveuglé par sa passion, avant de reprendre son livre interrompu, il aurait dû se dire :

« Peut-on à Londres écrire l'histoire du Paris révolutionnaire ? » Cela ne se peut qu'à Paris. A Londres, il est vrai, il y a une jolie collection de pièces françaises : imprimées, brochures et journaux, qu'un amateur, M. Croker, vendit 12000 francs au musée britannique, et qu'on étend un peu depuis. Mais une collection d'amateur, des curiosités détachées, ne remplacent nullement les grands dépôts officiels où tout se suit, où l'on trouve et les faits et leur liaison, où souvent un événement représenté vingt, trente, quarante fois, en ses versions différentes, peut être étudié, jugé et contrôlé. C'est ce que nous permettent les trois grands corps d'archives révolutionnaires de Paris.

Il s'est persuadé, ce semble, que la fréquence des critiques en suppléait la profondeur. Il n'est aucun exemple dans l'histoire littéraire d'une attaque si persévérante, de page en page, pendant tant de volumes. Je suis l'homme, après Robespierre, qui l'a certainement le plus occupé. J'ai eu ce don de ne point le lasser. J'admire les grandes passions. La sienne est véritablement intarissable, infatigable. Elle revient sans cesse, à propos, sans propos, sur les faits, sur le sens des faits, les moindres misères, enfin tout.

Il dit parfois des choses un peu bien fortes, par exemple « que j'ai oublié tous les devoirs de l'historien ». Parfois il me loue (c'est le pis) ; quelque part il me trouve « un *pénétrant* génie », mais avec ce génie j'ai si peu *pénétré* qu'à chacun des grands jours de la Révolution, j'ai tout brouillé, me suis mépris complètement.

Je pourrais dire pourtant, ayant exhumé tant de choses, donné tant de secours et à lui et à tous, je pourrais dire : « Ces fameuses journées, qui les saurait sans moi ? »

Au massacre du Champ de Mars (17 juillet 91), j'ai tiré des Archives de la Seine le texte de la pétition qu'on signa sur l'autel et qu'on peut appeler le premier acte de la République. J'ai mar-

27. Louis de Bonald (1754-1840), l'un des principaux représentants de la pensée contre-révolutionnaire sous l'Empire et la Restauration, était originaire du Monna, près de Millau (Aveyron).

D. A. Frayssinous (1765-1841), pilier de la politique du Trône et de l'Autel sous la Restauration, Grand Maître de l'Université (1822), ministre des Affaires ecclésiastiques (1824-1828), était né à Curières, dans l'Aveyron.

qué l'action très directe des royalistes pour amener le massacre. Louis Blanc les en lave, mais ils ne veulent pas être lavés, ils s'en vantent. D'après les notes manuscrites d'un témoin oculaire, M. Moreau de Jonnès, j'ai dit le fait *certain* : c'est que la Garde soldée poursuivit barbarement le peuple qui se réfugia dans les rangs de la garde nationale. Chose grave ; première apparition du funeste militarisme. — Je n'ai nullement nié le fait, cependant *incertain,* qu'affirme Louis Blanc, que beaucoup répétèrent, mais que ne vit personne, à savoir que quelques gardes nationaux (des Filles-Saint-Thomas ?) purent, avec la Garde soldée, tirer sur cet autel où était tout le peuple. — Au 10 Août, même témoignage. J'ai accepté ce récit d'un honnête homme très bon, fort peu passionné.

Grâce à M. Labat, archiviste de la police, j'ai trouvé et donné la pièce inestimable et capitale du 2 septembre, l'enquête d'après laquelle il constate que le premier massacre fut provoqué par les prisonniers mêmes, par les cris, les risées, qu'à la nouvelle de l'invasion poussaient par les fenêtres les imprudents de l'Abbaye.

Pour le 31 Mai, pour le grand jour fatal de la Révolution où l'Assemblée fut décimée, j'ai mis un soin religieux à lire et copier les registres des quarante-huit sections. Ces copies m'ont fourni le récit immense, détaillé, qu'on lira, récit désormais authentique de ces funèbres jours qu'on ne connaissait guère. Il restera, pour l'avenir, que des quarante-huit sections, cinq seulement (d'après les registres) autorisèrent le Comité d'insurrection.

*Le Père Duchesne* tirant à 600 000, Robespierre, effrayé des 600 000 gueules aboyantes, étouffa ses velléités de ménager le sang (qu'il avait témoignées à Lyon) et qui l'auraient fait mettre au ciel, proclamer le sauveur des hommes. Il se cacha dans la Terreur.

Si, moi aussi, je voulais critiquer, je pourrais dire que Louis Blanc a fait ce qu'il a pu pour obscurcir cette bascule, dans laquelle Robespierre (terrifié, craignant Hébert, puis Saint-Just même) tua tout, modérés, enragés. Il n'est pas à son aise dans ce cruel récit. Il étrangle très spécialement le tragique moment où Robespierre, comme un chat qui a peur, qui avance et recule, voulant, ne voulant pas, lorgna la tête de Danton.

En vérité, il faut un grand courage pour suivre Robespierre dans l'épuration jacobine. Nul n'est pur à droite ou à gauche, nul révolutionnaire, ni Chaumette, ni Desmoulins. Et il garde les prêtres, l'infaillible élément de la contre-révolution !

La monarchie commence à la mort de Danton. Dès longtemps, il est vrai, Robespierre, par toute la France, avait ses Jacobins qui remplissaient les places. Mais c'est après Danton, subitement, en six semaines, qu'il prit le grand pouvoir central. Il avait sa police (Herman), la police du Comité (Héron). Il avait la justice (Dumas), le grand tribunal général, qui jugeait même pour les départements. Il avait la Commune (Payan), les 48 Comités des sections. Par la Commune, il avait dans la main l'armée révolutionnaire (Henriot). Et tout cela sans titre, sans écriture ni signature. Au Comité de salut public, il ne paraissait pas, faisait signer ses actes par ses collègues, ne signait point pour eux.

Ainsi, il lui était loisible de se laver les mains de tout. Ses amis, aujourd'hui, peuvent nous le montrer comme un spéculatif, un philanthrope rêveur dans les bois de Montmorency ou aux Champs-Élysées, promeneur pacifique entre Brount et Cornélia[28].

Il jouait un gros jeu. *Dans son isolement,* dans son inertie apparente, il n'en tenait pas moins un procès suspendu, et sur les grands hommes d'affaires du Comité (Carnot, Cambon, Lindet), et sur les deux cents Montagnards qui avaient eu des missions, avaient enduré tout, bravé tous les dangers, s'étaient violemment compromis. Ils voulaient que l'on constatât leur fortune avant et après, qu'on établît leur probité. Il refusa cela, se réservant de pouvoir les poursuivre un jour. Au 9 Thermidor, il les eut contre lui. C'est ce que Louis Blanc se garde bien de dire. La Montagne, aussi bien que la droite et le centre, le repoussa alors. Les plus honnêtes gens, futurs martyrs de Prairial, Romme, Soubrany, etc., lui étaient sympathiques, mais pourtant le voyaient, par la force des choses, dictateur et tyran. A ses cris, ils se turent et ne répondirent rien. Le jugement de ces grands citoyens sera celui de l'avenir.

Les 31 procès-verbaux des sections qui subsistent, et que j'ai suivis pas à pas, montrent parfaitement que Paris était contre lui, qu'il n'eut pour lui *que ses Comités* révolutionnaires (non élus, mais nommés, payés), et que les *Sections,* le peuple, tout le monde, ne bougea, le laissa périr. Louis Blanc ne dit rien de ce vrai jugement du peuple.

Quant à l'appel aux armes contre la Loi qu'il commença d'écrire, n'acheva pas, on pouvait l'expliquer par un noble scrupule, s'il fut fait à minuit quand il avait des forces, — ou par le désespoir, s'il fut fait vers une heure, lorsqu'il était abandonné. Nul témoin. J'ai suivi l'interprétation la plus digne de ce temps-là et celle qui honore sa mémoire, celle que Louis Blanc a suivie après moi.

Sa fin m'a fort touché, et la fatalité qui le poussa. Nul doute qu'il n'aimât la patrie, qu'en ajournant la liberté, il n'y rêvât pourtant. Il lisait constamment le fameux *Dialogue de Sylla et d'Eucrate*[29]. Comme Sylla peut-être, il aurait de lui-même quitté la dictature.

28. C'est-à-dire entre son chien fidèle, Brount, et la fille aînée du propriétaire de la maison où il logeait, Eléonor Duplay, dite Cornélia.
29. Il s'agit d'un dialogue de Montesquieu publié en 1745 que, selon Michelet, Robespierre connaissait par cœur : « Il aimait à répéter ces fâcheuses paroles (qu'eût tant regrettées Montesquieu, s'il eût deviné l'usage qu'on devait en faire) : " La postérité trouvera peut-être que l'on n'a pas versé assez de sang et que tous les ennemis de la liberté n'ont pas été proscrits. " » (Livre IX, chap. IV, t. II, p. 63.)

Les rois, qui ne voyaient en lui qu'un homme d'ordre et de gouvernement, le recherchaient déjà, l'estimaient et le regrettèrent. La Russie le pleura, son grand historien, Karamsin[30].

Robespierre venait justement de se poser sous un aspect nouveau, « en guillotinant l'anarchie ». C'est ainsi qu'il appelait les premiers socialistes, Jacques Roux, etc. Au cœur de Paris même, dans les noires et profondes rues ouvrières (des Arcis, Saint-Martin), fermentait le socialisme, une révolution sous la Révolution. Robespierre s'alarma, frappa et se perdit. Il est certain qu'au 9 Thermidor, bien avant les troupes de la Convention, ces sections marchèrent à la Grève et débauchèrent les canonniers de Robespierre. Dès cette heure, il était perdu.

Extraordinaire méprise. Dans ses douze volumes, Louis Blanc prend Robespierre comme apôtre et symbole du socialisme qu'il frappait et qui le tua.

Je l'avais dit en toutes lettres, et d'après l'irrécusable témoignage des *Procès-verbaux des sections,* que j'ai fidèlement copiés.

Rien n'était plus facile que de voir mes copies. On s'entend entre gens de lettres. Quand je fis mon *Vico*[31], un de mes concurrents m'aida, en me fournissant un livre rare. Tout récemment, un savant suisse m'a envoyé ses propres notes sur un sujet que nous traitions tous deux. Si j'avais été averti, j'aurais très volontiers donné les miennes à Louis Blanc, sans demander s'il devait en user pour moi ou contre moi.

J'ai été vif dans ma courte réponse. C'est qu'il s'agit bien moins de moi que de la Révolution elle-même, tellement rétrécie, mutilée, décapitée, en tous ses partis différents, moins l'unique parti jacobin. La réduire à ce point, c'est en faire un tronçon sanglant, terrible épouvantail, pour la joie de nos ennemis.

C'est à cela que je devais répondre, m'opposer de mon mieux. Il ne fallait pas moins que ce devoir pour me sortir de mes habitudes pacifiques. Je n'aime pas à rompre l'unité de la grande Église.

*Paris, 1er octobre 1868.*

30. N. Karamsin (1766-1826), « secrètement envoyé à Paris en 1794, fut saisi d'admiration pour la vigueur de Robespierre » (Livre XVII, chap. VI, t. II, p. 793). L'auteur de l'*Histoire de l'Empire russe,* 11 vol., Paris, 1819-1826, avait séjourné en France en 1790. En 1867 parut la première traduction française de ses *Lettres d'un voyageur russe.*

31. La traduction de la *Scienza Nuova* du philosophe italien par Michelet parut en 1827 sous le titre *Principes de la philosophie de l'histoire traduits de la Scienza Nuova de G. B. Vico, et précédés d'un Discours sur le système et la vie de l'auteur.* Une nouvelle traduction des œuvres choisies de Vico fut publiée en 1835.

# JULES MICHELET[1]

## LE TYRAN

*France, guéris des individus*

Le temps porte son fruit. Regrettons moins la voie. Elle avance, mais elle profite. Les quinze années passées depuis que j'ai donné l'histoire de la Terreur me l'éclaircissent à moi-même. Les documents nombreux que l'on a publiés ne me démentent en rien. Ils confirment au contraire ce que j'avais senti dans la palpitation de ce brûlant récit. Je sentais, et je sais. Je juge aujourd'hui et je vois.

Et voici mon verdict de juré : sous sa forme si trouble, *ce temps fut une dictature.*

Et je ne parle pas des quatre derniers mois où, tous les pouvoirs étant dans une même main, un homme se trouva absolu, redouté, plus que Louis XIV et plus que Bonaparte. Je parle d'un temps antérieur où l'autorité semble contestée, partagée.

C'est là surtout ce qu'il faut expliquer. C'est cette grande mystification, ce grand malentendu, que nombre d'écrivains, au fond autoritaires, continuent indéfiniment. C'est le procès obscur, la ténébreuse énigme que plusieurs ont cru insoluble. Cela eût été difficile quand on cherche le mot de l'énigme dans la biographie, la légende d'un individu, jugé diversement, dieu pour l'un et monstre pour l'autre. Il faut l'étudier, le juger dans le milieu qui lui fut propre. Robespierre doit se prendre dans l'inquisition jacobine.

Cette tyrannie précéda la tyrannie militaire. Elles s'expliquent l'une par l'autre. Robespierre, Bonaparte, en leur destinée si diverse, eurent cela de commun, que, dans le milieu qui les fit, ils eurent tout préparés leurs instruments d'action. Ils n'eurent pas à créer. La fortune obligeante leur mit sous la main les machines (terribles machines électriques) dont ils devaient user. Robespierre trouva tout d'abord l'association jacobine des trois cents, des six

1. On publie ici la préface au t. V (Livre X, chap. VII) de la troisième édition de l'*Histoire de la Révolution française,* 6 vol., Paris, 1869. Elle a été écrite par Michelet à la fin de l'année 1868.

cents, puis des trois mille sociétés. Grande armée de police, qui, par quarante mille comités, gouverna, défendit et écrasa la France. Bonaparte reçut aguerries les armées de la République. D'elle il hérita l'épée enchantée, infaillible, qui permit toute faute, ne pouvant pas être vaincue. Il en a promené la terreur par le monde, tous les abus de la victoire, nous a fait et en Allemagne et partout des haines solides. L'Europe lui en garde rancune, comme la France à Robespierre.

Avec cela l'adoration de la force est chose si naturelle à l'homme, que le Dictateur, l'Empereur, ont pu garder des fanatiques.

Grave jugement sur Robespierre : les royalistes ont eu un certain faible pour lui. Ils injuriaient, conspuaient la Gironde, la Montagne, Danton, Chaumette. Ils se turent devant Robespierre. Ils virent qu'il aimait l'ordre, qu'il protégea l'Église, lui supposèrent l'âme d'un roi.

Son histoire est prodigieuse bien plus que celle de Bonaparte. On voit bien moins les fils et les rouages, les forces préparées. Ce qu'on voit, c'est un homme, un petit avocat, avant tout homme de lettres (et il le fut jusqu'à la mort). C'est un homme honnête et austère, mais de piètre figure, d'un talent incolore, qui se trouve un matin soulevé, emporté par je ne sais quelle trombe. Rien de tel dans les *Mille et une Nuits*. En un moment il va bien plus haut que le trône. Il est mis sur l'autel. Étonnante légende ! quel triomphe de la vertu !

Plusieurs l'ont rabaissé beaucoup trop. Si l'ensemble d'un patriotisme réel et d'un certain talent, d'une suite, d'une volonté, d'un labeur soutenu, un grand instinct de conduite, de tactique des assemblées, suffisent pour faire un grand homme, ce nom est dû à Robespierre.

Il avait l'esprit peu fécond, et bien peu d'invention. Cela le servit fort. Avec plus d'idées, il aurait infiniment moins réussi. Il se trouva dans la mesure commune à un vaste public, ni au-dessus ni au-dessous.

Ce que je viens de dire est l'exacte expression du type jacobin, aux commencements. Pour juger leur esprit critique, honnête, moyen et médiocre, il ne faut pas trop regarder à Paris le brillant club, formé de députés, de l'illustre Duport, des intrigants Lameth, du spirituel Laclos (orléaniste), etc. Il faut voir bien plutôt les sociétés de province qui se formèrent en même temps, et dont le caractère durable fut celui du vrai jacobin. J'en ai donné (juillet 90) un très excellent spécimen dans un acte inédit de Rouen *(Archives impériales*[2] *)*.

2. Cet acte rapporte la création de la société des Amis de la Constitution de Rouen qui, le 14 juillet 1790, fit sa fédération à part. Cette société, « petite mais complète », était formée par un prêtre, deux chirurgiens, un imprimeur autour d'une riche veuve juive ; cf. l'*Histoire de la Révolution française,* Livre IV, chap. IV, t. I, pp. 462-464.

Le premier but des Jacobins fut d'aider le *Comité des recherches,* créé pour surveiller la Cour, peu après la prise de la Bastille. Mais, outre leurs *observateurs,* les Jacobins avaient des *lecteurs* pour instruire le peuple, des *consolateurs* pour le soulager. Comprimer les forts, soutenir les faibles, ce fut leur première mission. J'ai montré, dans mon *Louis XVI* et aux premiers volumes de *La Révolution,* quelle indigne terreur faisait peser sur tous la classe noble, les gens d'épée, la terreur de l'escrime, du préjugé d'honneur. Les Jacobins biffèrent et supprimèrent cet honneur-là, ils se firent respecter et terrorisèrent à leur tour.

Contre les castes, alors si fortes encore, il fallait une caste sévère, inquiète. Il fallait une police courageuse qui marquât, signalât, qui fascinât surtout ces ennemis insolents et puissants. Les Jacobins, au bout d'une année d'existence (le 26 janvier 91), proclament leur mission *d'accuser, dénoncer,* jurent de défendre de leur fortune et de leur vie quiconque dénoncera les conspirateurs.

On a vu comment Robespierre s'annonça et conquit la population. Au 6 octobre, quand les femmes affamées vinrent à la barre, accusant un représentant d'être affameur du peuple, et demandèrent enquête, un seul, Robespierre, appuya, et désigna un membre qui en avait parlé dans l'Assemblée.

Cela devait aller au cœur des Jacobins.

Peu après, il demande le mariage des prêtres. Reconnaissance immense du clergé inférieur.

Du premier coup, il a *les Jacobins, les prêtres,* deux grands corps, deux grandes puissances.

L'autorité énorme des Jacobins, la frayeur qu'ils inspirent par les six cents sociétés qu'ils ont déjà en février 91, peut se mesurer par ceci : que le colosse Mirabeau périt par eux, par leur censure, leur excommunication. Quel étonnant spectacle de voir au 6 avril 91, quand Mirabeau est enterré d'hier, de voir ce Robespierre, dont on riait, parler à l'Assemblée dans une sévérité altière ! D'abord accusateur, il se dit effrayé de l'esprit qui préside aux délibérations. Et il ajoute en maître : « Voici *l'instruction* que je présente à l'Assemblée. » Puis il dicte une loi. On obéit, on vote. Il est évident que c'est bien plus qu'un homme qui a parlé. La mesquine figure est l'organe, la redoutable voix d'un peuple menaçant qu'on voit dans les tribunes, et qu'on voit en esprit, des cent mille Jacobins qui existent déjà, dominent dans les grandes villes. Chacun songe au retour qu'il aura dans la sienne, et ne sait quel accueil il trouvera chez lui.

Robespierre n'est pas fort seulement à cette heure. Il est réellement admirable. Il pose constamment les principes. Ainsi que Duport, il attaque, il proscrit la peine de mort. Il veut (contre le vote de l'Assemblée) que tous, pauvres ou riches, soient de la garde nationale, et qu'on donne des armes à tous. Ce que feront les Girondins.

Il suit les Jacobins pas à pas, ne va pas en avant encore. On a vu que l'idée de la République, qui vint à la fuite du roi, est essentiellement girondine. C'est Bonneville, Fauchet, qui en parlent d'abord[3].

Mais après la fameuse pétition républicaine, le massacre du Champ-de-Mars (en juillet 91), Robespierre prend la charge d'épurer les Jacobins et d'expulser les tièdes. Il fait l'armée dont il va se servir. Les provinces adhèrent. Toute la France se précipite dans les bras des Jacobins. En deux mois il se fait encore six cents nouvelles sociétés.

Cette force, dès lors, était d'un effet indicible. Robespierre, au 1er septembre, étrangle et étouffe Duport, ce créateur des Jacobins. Scène unique d'histoire naturelle. *Le boa constrictor* des mille sociétés exécute l'idée générale. Ce n'est pas Duport, c'est la royauté qu'il étouffe, — si coupable et si impossible.

Quelqu'un parlant de Robespierre (à la fuite du roi) avait dit : « S'il faut un roi, pourquoi pas lui ? » (1791.) L'année suivante, Marat, louant fort Robespierre, disait que le salut serait d'abord un chef unique, un grand Tribun. Plusieurs pensaient que la France pourrait finir par avoir un Cromwell, un Protecteur, habituaient l'esprit public à cette idée.

Visait-il à la dictature ? Voulait-il, à une influence si grande, à cette autorité morale joindre le pouvoir et le titre ? Je ne le crois nullement. Le titre eût affaibli l'autorité morale, la papauté, qu'il sentait valoir mieux. Il eut le cœur moins roi que prêtre. Être roi ? il eût descendu !

Il avait tellement goûté la popularité et il y était si sensible, il avait tellement mordu à ce dangereux fruit, qu'il ne pouvait plus s'en passer. Lorsque la généreuse, la brillante, l'étourdie Gironde fit invasion, pour ainsi dire, dérangea tout cela, lui arracha des dents ce qu'il tenait, horrible fut sur lui l'opération. Ce qu'on n'eût vu jamais sans cela apparut : c'est que, sans désirer précisément la tyrannie, il avait au fond l'âme si naturellement tyrannique, qu'il y allait tout droit, haïssait à mort tout obstacle. Le génie de Vergniaud, la vigueur des Roland, la facilité merveilleuse des Brissot, des Guadet, la vivacité bordelaise, provençale, lui furent intolérables. Mais ce qui fut bien pis, ce fut ce mouvement merveilleux, imprévu, la France lancée dans la croisade, l'immense fabrication des piques, les armes forgées sur les places, données à tout le peuple, l'audace, la confiance juvénile de cette Gironde. Tout cela lui fut odieux.

Comment accuser la Gironde à ce moment, dire qu'elle est liée à la Cour le jour même où elle démasque la Cour dans son

3. Dans la *Bouche-de-Fer* du 21 et du 23 juin 1791, l'organe du *Cercle social,* fondé par N. de Bonneville (1770-1828), dont C. Fauchet (1744-1793), évêque constitutionnel du Calvados et futur député à la Convention, était aussi rédacteur ; cf. *op. cit.,* Livre V, chap. I, t. I, p. 611.

*Comité autrichien*? Qu'oppose Robespierre? Un pur roman, l'entente prétendue du roi avec ceux qui le détrônent. Les Jacobins, si défiants, étaient donc une race bien crédule pour avaler un tel tas de sottises? Leur foi en Robespierre était-elle donc si idiote? Ou bien faut-il penser qu'ils avaient intérêt à croire aveuglément? Quoique très sincères patriotes, ce n'était pas sans peine qu'en cet élan universel ils voyaient s'affaiblir l'ascendant despotique des mille sociétés jacobines.

Sur cette question de la guerre, que nos robespierristes d'aujourd'hui embrouillent autant qu'ils peuvent, nous répondrons trois choses : 1° La Cour en avait peur, une effroyable peur, loin de la désirer, comme le dit faussement Robespierre. C'est ce qui est prouvé, avoué aujourd'hui par tous les royalistes. 2° Une guerre de croisade pour la délivrance des peuples, guerre désintéressée de l'idée de conquête, guerre purement révolutionnaire, eût été reçue et aidée de ceux qu'on aurait envahis. 3° Cette guerre, il la fallait rapide et *offensive,* il fallait qu'elle prît les devants sur les rois. Et alors, dit Cambon fort sagement, elle n'eût pas été ruineuse; elle se fût nourrie et payée. En l'ajournant, on l'eut, mais *défensive,* dit le grand financier; on l'eut à ses dépens.

Robespierre traîna tant, balança, énerva tellement le parti de la guerre, qu'enfin la Prusse entra, l'ennemi vint chez nous, *la guerre fut défensive.* De là l'affreuse panique, la fureur de Septembre contre l'ennemi du dedans, contre les prisonniers qui chantaient la victoire des Prussiens. Funeste événement qui nous aliéna l'Europe, rendit la guerre terrible au-dehors, cruelle au-dedans, où les réquisitions excessives qu'elle exigeait ne purent être levées que par la terreur jacobine.

Sous la Convention, les Jacobins déjà sont à leur troisième âge.

Aux fondateurs (Duport, Lameth) ont succédé les seconds Jacobins, des écrivains en partie Girondins, tels que Brissot. Les troisièmes succèdent, moins lettrés et de moindre étoffe, plusieurs artistes ou artisans, tels que le maître menuisier chez qui, fort habilement, Robespierre élut domicile.

Ce club, vraiment de Robespierre et sa propriété, partit de la funeste idée, que son chef posa en Septembre, *que le peuple pouvait,* pendant la Convention même, *lui révoquer, lui biffer ses décrets, révoquer les représentants* et les destituer. Pauvre assemblée! Avant d'être faite, elle était défaite d'avance, destituable, placée sous la tutelle, la police des Jacobins.

Le grand coup de terreur fut d'abord sur Brissot et la tête de la Gironde. Ce fut une belle expérience. Celui qui le plus fortement avait miné, frappé le roi, on le déclare agent du roi. Acte prodigieux de la foi jacobine. On nia le soleil à midi. Et cela fut cru. L'affirmation du Moyen Age, du dogme catholique : « Ce pain n'est pas du pain : c'est Dieu », cette affirmation n'a rien de plus fort. Nous retournons dans les vieux siècles de la crédulité barbare.

*« Nulle réalité n'est réelle contre le mot de Robespierre. »* Voilà la foi robuste des nouveaux Jacobins.

J'ai parfois admiré la férocité des lettrés. Ils arrivent à des excès de nerveuse fureur, que les hommes moins cultivés n'atteignent pas.

Robespierre, le sincère philanthrope de 89, avait subi des choses atroces. D'abord la risée unanime des deux côtés de la Constituante, et des Lameth et des Maury. Lui, coq de sa province, lauréat de Louis-le-Grand et académicien d'Arras, il était très sensible. Cela lui fut un bain d'eau-forte, cruellement le sécha, le durcit. Et sa victoire de 91 ne le détendit pas. Il ne reprit jamais la figure (encore assez douce) qu'il avait en 89. De plus en plus il devint chat. Les lancettes de la Gironde, souvent aiguës, ardentes, piquaient, brûlaient. On est épouvanté de voir qu'au 2 septembre, quand tout homme, même violent, eût ajourné ses haines, il va à la Commune, à côté de Marat, reprendre son roman, horrible en un tel jour : « Qu'un parti, que certaines gens voudraient faire roi un Allemand. » Si Roland et sa femme ne périrent d'un tel mot, c'est un miracle, un pur hasard.

Mirabeau avait dit sur lui cette parole profonde : « Tout ce qu'il dit, il le croit. » Avec cette faculté, d'être si crédule à soi-même, de respecter et suivre toute ombre qui traverse l'esprit, de lui donner corps, consistance, il n'avait nul besoin de mentir et d'être hypocrite. « Il croyait tout ce qu'il disait. »

Mal très contagieux. C'est le mal jacobin. Et c'est ce qui rendit la société stérile et d'esprit négatif, moins propre à l'action. Elle n'agit guère au 10 Août, ni pour créer la République, et encore moins dans le mouvement de la guerre. Elle est toute dans l'accusation. Accuser, toujours accuser ! Rien de plus triste. C'est ce qui, pour beaucoup, fit la Révolution de bonne heure ennuyeuse. En décembre 92, Marat et la Gironde gémissent déjà sur l'*absentisme* de Paris. Dans une section de quatre mille citoyens, vingt-cinq forment l'assemblée... « Et dix agitateurs font tout ; le reste se tait et vote. » C'est bien pis en 93 ; aux plus grandes élections, même par menace et par terreur, on ne peut réunir plus de cinq mille votants dans cette ville de sept cent mille âmes. En 94, le désert serait absolu, si l'on ne salariait les comités de sections. Il est curieux de voir nos historiens robespierristes nous dire : « Il y eut un grand mouvement ; Paris faisait ceci, cela. » Paris ne faisait rien. Paris restait chez lui.

Le comité d'insurrection qui se fit contre la Gironde fut si faible, si abandonné, que rien n'eût pu se faire sans l'aide des Jacobins (31 mai, 2 juin). Ceux-ci furent obligés d'agir. Robespierre avait espéré qu'il suffirait d'une *insurrection morale,* ou, pour parler plus clairement, d'une certaine pression de terreur, qui, sans trop de violences, déciderait l'Assemblée à se mutiler, à voter contre elle-même. Il fallut davantage, l'enfermer, l'entourer de baïonnettes, d'un petit corps payé, quand tout Paris était pour elle. Cela fut irritant pour la Montagne même. Ce qui le fut bien plus, c'est que les députés n'ayant pas pu passer et rentrant pleins de honte, l'homme de Robespierre, Couthon, dit : « Maintenant que vous vous êtes *assurés de votre liberté,* délibérons, votons. »

Insolente parole qui rendit bien des cœurs implacables pour Robespierre. Vraie tyrannie de prêtre qui s'impose contre l'évidence, qui contre le réel veut un acte de foi. C'est le commencement de la froide mystification que nos robespierristes continuent avec tant d'effort, répétant le mot d'ordre du 2 juin : *Liberté !* Si l'on veut bien juger de cette liberté, qu'on lise la plate lettre que *Le Moniteur* (prosterné toujours à chaque avènement) écrit le 18 juin au nouveau maître, s'excusant d'avoir imprimé les discours girondins, mais disant qu'il les mutilait, etc.

Robespierre éluda toute apparence du pouvoir, même n'entra que tard au Comité de Salut public. Mais il prit la force réelle, s'assurant de trois classes : les Jacobins, les prêtres et les propriétaires. Aux Jacobins, les places. Aux prêtres, l'*Être suprême,* écrit en tête de la Constitution. Quant aux propriétaires, il avait pu les alarmer, en disant avec un Girondin *qu'eux seuls payeraient l'impôt,* que les pauvres ne payeraient rien. Il rétracta expressément cette doctrine, « ne voulant pas priver les pauvres de l'honneur de contribuer ».

Comment, penchant ainsi à droite, ce faiseur de miracles ferait-il qu'on le vît à gauche ? Cette duplicité lui fit la très honteuse condition de s'appuyer d'Hébert, du populacier *Père Duchesne,* un journal ivre à froid, hurlant toujours le sang ! Hébert envahit à son aise les places et les fonds de la Guerre, paralysant ce ministère en présence de l'ennemi. Il arrivait. Enfin (après trois mois d'inaction), on appela Carnot. La victoire improbable, si acharnée, de Wattignies, non seulement sauva la France, mais nous fit un réveil. Pour un moment Paris sort du sec esprit jacobin.

Ni Robespierre ni la Gironde n'eurent le moindre sens de Paris, ne comprirent la valeur de ce creuset profond de chimie sociale où tout, hommes et idées, a sa transformation. Robespierre vivait à Paris ? Non, aux Jacobins, de là à l'Assemblée. Il ne connaissait qu'une rue. Le centre de Paris, ce centre actif, ingénieux, qui produit pour le monde, lui fut tout à fait inconnu. Et encore plus les masses du faubourg Saint-Antoine. Jamais il ne se montra dans les foules. Sa correcte tenue de ci-devant l'eût fait paraître prodigieusement déplacé.

Il n'y a jamais eu un peuple moins violent que le vrai Parisien. Si Londres avait souffert le dixième de ce qu'on souffrit ici, il y eût eu pillage, incendie. Paris prit la Bastille, fit le 10 Août. En septembre peu d'hommes agirent, et les vieillards m'ont dit : « Force Auvergnats, de rudes bêtes, des charabiats, des charbonniers, etc. Au 5 septembre 93, où quelques milliers d'ouvriers affamés forcèrent Chaumette et la Commune d'aller à la Convention, ils ne voulaient *rien que du pain* (c'est Chaumette qui le dit). » L'insolence des royalistes, qui cette fois encore criaient victoire à l'approche de l'ennemi, força de faire les lois de la Terreur.

Ce pauvre peuple, au coup de Wattignies, crut tout fini, et éclata de joie. L'effet en fut très grand. Je le crois bien. La moisson était faite, le prix du pain baissait. Plus de nuit à attendre, plus de queue à la porte des boulangers. Le 20 octobre, deux nouvelles à la fois. « La victoire en chantant nous ouvre la barrière ! » D'une part, cent vingt mille Autrichiens repoussés ! de l'autre, la Vendée sortie de la Vendée ; elle a désespéré, elle s'est jetée, dans un désordre immense, au-delà de la Loire. Enfin, ce monde de ténèbres, forcé hors de ses bois, ne fait plus de miracles. Ses prêtres charlatans, qui rôtissaient des hommes, sont convaincus, chassés. Grande joie pour Paris ! Le vin nouveau y fut aussi pour quelque chose. On punit la Vendée sur les statues de Notre-Dame, les saints de pierre. On leur cassa le nez.

Chaumette était bon homme au fond et trop heureux que l'on s'en tînt aux pierres, qu'il n'y eût de tué que les saints. Il n'y eut nul mouvement sérieux contre les prêtres. Lui-même, l'apôtre de Paris, prêcheur de bienfaisance, Chaumette et avec lui Cloots, l'orateur du genre humain, deux prêtres en révolution, menèrent à l'Assemblée l'évêque de Paris et les prêtres de l'ancien culte. L'évêque fraternisa avec un pasteur protestant. Ce fut un acte édifiant de sagesse et de tolérance.

Dans les départements, plus d'un représentant en mission était charmé de détourner de ce côté les fureurs populaires. Les saints de bois étaient guillotinés. Leurs riches vêtements arrivaient chaque jour à la Convention. Les porteurs quelquefois s'en affublaient. Les étoles et chasubles du cardinal Collier et du saint cardinal Dubois[4] n'étaient peut-être pas entourées du respect qu'on eût dû à de telles reliques. On en vêtit un âne. Enfances populaires qui rappellent assez bien nos vieux Noëls d'église, où l'âne avait sa fête aussi.

« Paris, dit Cloots, est la vraie Rome, le Vatican de la Raison. » La Raison était dès longtemps la pensée de Paris, l'enseignement de la Commune, la prédication de Chaumette dans les quartiers du centre. Les auteurs du calendrier, les mathématiciens de la Convention, Romme, entre autres, ce stoïque esprit, futur martyr de prairial, organisèrent l'autel du Dieu-Raison.

4. J. Collier (1650-1726), écrivain religieux anglais, prêcheur dans une congrégation de non-conformistes ; nommé évêque en 1713 ; auteur d'une *Histoire ecclésiastique de la Grande-Bretagne* (1708-1714), rééditée en 1852.

G. Dubois (1656-1723), précepteur du régent Philippe d'Orléans. Ministre des Affaires étrangères en 1715. Archevêque de Cambrai en 1721. Premier ministre en 1723.

Le vrai point grave et fort de la prédication nouvelle, le sujet que Chaumette insatiablement traitait dans ses sermons, était l'épuration des mœurs. Parmi tant de misères, la multiplication des filles, l'énervation de l'homme, était un vrai fléau. Au nom de la Raison, au nom de la Patrie, on sommait le jeune homme de rester fier et pur, entier pour le travail, pour l'énergie civique et les nobles efforts.

L'Assemblée, la Commune, s'accordaient dans le nouveau culte. L'Assemblée tout entière reçut, accueillit la Raison avec son innocent cortège de petites filles de douze ans. Elle fit plus. Elle alla tout entière la visiter à Notre-Dame (10 novembre). Le 16, un acte grave engagea la Convention. Sur la proposition de Cambon, elle décida que les églises, devenant la propriété des communes, serviraient spécialement d'asiles aux indigents. Quelle destination plus pieuse, plus conforme en réalité aux vues charitables de ceux qui firent tant d'établissements religieux ? A l'entrée de ce rude hiver, couvrir le pauvre sans asile, c'était à coup sûr œuvre sainte. Mais indirectement un tel décret finissait l'ancien culte.

L'étonnement ne fut pas petit le 21 novembre d'entendre, aux Jacobins, Robespierre dire (sans égard au décret) que la Convention ne voulait point toucher au culte catholique.

Les Jacobins furent désorientés. Ils croyaient que leur chef était pour la Montagne, et ils le virent avec la droite. Ils le croyaient à gauche, et venaient de nommer président Anacharsis Cloots.

La liberté d'un culte intolérant qui proscrit tous les cultes, la liberté de cette Église armée qui dans le moment même menait la Vendée aux Anglais, pour leur livrer Cherbourg ! c'était une étrange thèse à soutenir. Robespierre nia l'évidence, soutint que cette Vendée (sous des généraux prêtres) n'était point une affaire de prêtres, mais chose politique, de simple royalisme.

Démenti violent pour l'Assemblée. Il rouvrait les églises fermées par le décret du 16, biffait le XVIIIe siècle, nous replongeait dans le passé.

Que font les Jacobins ? Leur président, cet Anacharsis Cloots [5] qu'ils viennent de porter au fauteuil, ils le rayent, ils l'excluent de leur société ! On vit là à quel point ils étaient l'instrument, la machine de Robespierre.

Ils lui avaient toujours appartenu. Mais combien plus alors ! On le comprend en remontant au décret du 18 qui venait de créer la royauté des Jacobins.

Ce décret, présenté par le Comité de Salut public, trouva la Montagne en partie absente pour des missions, mais la droite présente, mais le centre complet. Dans la droite, beaucoup ne croyaient vivre encore que par la faveur de Robespierre. Le centre détestait, jalousait la Montagne, et fut ravi de la voir écrasée.

5. Cf. *supra*, note 7, p. 205.

Le décret proposé se ramenait à deux articles :

1° Les représentants que l'Assemblée envoie en mission *ne correspondent plus avec elle,* mais avec le Comité de Salut public. (L'Assemblée est brisée dans son pouvoir exécutif, ses envoyés, tous Montagnards.)

2° Les municipalités et leurs comités révolutionnaires qui lèvent la réquisition (en hommes, argent, denrées) *ne sont comptables qu'au district et au Comité de Sûreté générale.*

Ce simple article fit en France quarante-quatre mille tyrans.

Ces comités eurent (réellement *sans surveillance*) la disposition absolue des personnes et des fortunes.

*Le district ne surveilla pas.* C'était alors un simple agent recevant la réquisition et la poussant vers la frontière, sans s'occuper de la manière dont elle avait été levée.

*Le Comité de Sûreté ne surveilla pas.* Qu'était-ce que ce Comité ? M. Louis Blanc s'efforce de l'obscurcir. C'était Robespierre en deux hommes, en David et Lebas ; les autres étaient des gens morts d'avance, sous la guillotine, plats valets et serfs de la peur. Ils étaient à cent lieues d'oser demander des comptes à ces comités jacobins.

Le projet original de la Réquisition, tel que Cambon l'avait présenté, obligeait ces comités *de regarder vers le centre,* vers l'Assemblée qui, par ses commissaires, les surveillait. Mais le projet voté le 18 novembre, n'imposant qu'une unité fausse, émancipa de l'Assemblée ces quarante-quatre mille comités jacobins. Il créa une royauté sans contrôle du peuple jacobin, qui eut pouvoir, argent, terreur.

Les historiens robespierristes, qui parlent tant d'unité, ici sont vrais fédéralistes, admirent la division. Mais les grands hommes d'affaires, qui avaient les choses en main, disent que cette grande machine était très misérable, avait des frottements infinis, criait, grinçait dans ses ressorts. A l'opération nécessaire de la réquisition s'en mêlait une autre, celle d'un terrorisme irritant, local et personnel, entre voisins, concurrents, ennemis. Un proconsul sanguinaire (il y en eut deux ou trois en 93) terrorisait une ville, comme eût fait une inondation, sans laisser de rancune envenimée. Mais un voisin que l'on croyait toujours poussé de vieilles querelles de classe, de métier, de familles, exaspérait bien autrement. Les Italiens du Moyen Age étaient plus politiques. Souvent une ville en proie aux factions, pour rétablir l'ordre, voulait un bon tyran, un juge armé, un podestat. Mais elle le prenait au loin, elle voulait un étranger, et il n'entrait dans la ville qu'en jurant qu'il n'y avait ni parents ni amis, n'y connaissait personne. Au premier désordre, il frappait le coupable, sans savoir qui.

Cambon voulait que, pour l'argent du moins, ces comités fissent des comptes exacts et publics.

Chaumette demandait (pour Paris du moins) que les comités

révolutionnaires des quarante-huit sections, qui accusaient et arrêtaient, motivassent ces arrestations, les expliquassent à la Commune, écartassent ainsi le soupçon d'agir par haine personnelle.

Mais ni Cambon ni Chaumette ne furent écoutés. Robespierre n'osa pas mécontenter ses Jacobins.

Le plus simple bon sens disait que la machine éclaterait. Le Comité demanda que l'Assemblée l'autorisât à séparer, dans les prisons, les suspects des vrais accusés, à élargir des prisonniers, à diminuer enfin l'horrible encombrement. Robespierre soutint que les Comités n'avaient pas le temps. A tort. Sauf deux ou trois membres, accablés de travail, les autres avaient du temps et en perdaient beaucoup (par exemple Robespierre dissertant sur les vices du gouvernement anglais).

Il voulait que cet examen et cet élargissement ne se fissent que par des commissaires, *lesquels resteraient inconnus.* Cela se comprenait. Ces inconnus eussent été des hommes à lui. Il eût eu la clef des prisons. La Convention recula. On ne fit rien du tout (26 décembre 93), et le mal augmentait de minute en minute.

Le remède, disait-il, c'était *l'accélération des jugements.* Il la demanda plusieurs fois. Mais quelque extension que l'on donnât aux tribunaux, les comités entassaient aux prisons de telles masses d'hommes que les juges les plus rapides n'en pouvaient venir à bout.

On vit là ce qu'est la Terreur : un phénomène moral, que la brutalité émousse, énerve, éteint. Phénomène assez délicat. Je l'ai vu dans une ville du Rhin. Quand j'y passai en 1837, il y avait eu une chose qui faisait dresser les cheveux. C'était le vieil usage qu'on appelait le *Vent du glaive.* Le coupable était amené, les yeux bandés, agenouillé, le bourreau derrière lui, armé de l'épée germanique, une épée à deux mains et de cinq pieds de long. Sur ce cou nu, et à peu de distance, il balançait l'épée, la lançait fort adroitement. Mais point de sang versé. C'était très efficace.

Ce qu'il fallait ici, c'était et de montrer le glaive et d'illuminer la justice, de montrer à quel point elle était juste et sainte, de sorte qu'il n'y eût aucun doute.

Il fallait seulement quelques très grands coupables. L'un des funestes personnages qui firent la guerre de Sept Ans, nous vendirent à l'Autriche et firent périr un million d'hommes, vivait[6]. Son châtiment légitime était attendu. Il n'eut aucun effet. Un jugement de cinq minutes, et son audace peu commune, mirent l'intérêt de son côté. Le jugement de la Du Barry eut même un effet de pitié. Fait avec soin, il eût été un pilori de Louis XV. Elle-même, on l'eût exposée, enfermée ou chassée, pour ne pas salir l'échafaud.

Mais la guillotine, avilie, semblait devenir folle, travailler au hasard. David lui-même, l'agent si utile de Robespierre, David un

6. Il s'agit probablement de C. F. Dumouriez, cf. *supra,* note 7, p. 131.

jour disait rêveur : « Resterons-nous vingt ans dans la Montagne ? » Il semble que Robespierre, de défiance en défiance, aurait fini par s'arrêter et se guillotiner lui-même.

Et plus que lui ! Billaud-Varenne ! le fantôme de la Terreur et son véritable idéal. Il eut l'idée stupide que Billaud trahissait. Et ils se regardèrent. Billaud le comprit bien et lui jeta Danton, royal morceau, mais de digestion difficile, qui fut mortel à Robespierre.

La situation de Carnot, de Lindet, de Prieur, de Lavicomterie, etc., dans les deux Comités, était horrible[7]. Le dernier frémissait d'y être, et avait peur de n'y pas être. Il se trouvait mal presque en voyant Robespierre. Carnot, Lindet, hommes si nécessaires, gardés par la victoire, n'étaient pas moins forcés de signer ces pièces sanglantes qu'envoyaient Couthon et Saint-Just, et que lui-même, Robespierre, le plus souvent ne signait pas. Il est frivole, et même injurieux pour eux, de dire qu'ils ont signé sans lire des pièces si importantes. Disons les choses comme elles furent. S'ils avaient refusé, s'ils étaient retirés, la France eût été en péril. Sans leur mortel travail, leur sage direction, l'immense bavardage n'aurait guère servi. De plus, faut-il le dire ? ils étaient liés là par une affaire de cœur. Chacun alors sauvait ce qu'il pouvait. Osselin et Bazire[8], excellents Montagnards, périrent pour avoir sauvé des femmes effrayées, éplorées, qui se cachaient chez eux. Carnot aussi avait bien son péché ; il cachait des amis, très utiles à la République, l'illustre groupe d'officiers du génie qui avait renouvelé et honoré cette armée. Il les avait dans son bureau, comme petits commis anonymes. Par là, il donnait prise. Lindet n'était pas moins exposé, et plus visiblement encore. Il faut lire (spécialement dans M. Boivin[9]) la froide audace, la persévérance intrépide, la sainte hypocrisie par laquelle il sut étouffer le grand incendie de l'Ouest, calmer et rassurer, sauver la Normandie. Cette question énorme s'était posée sur un seul point, une petite municipalité. Si on la poursuivait, de proche en proche, tout était poursuivi, la guillotine se remettait en route. Lindet sut profiter du renom de férocité que lui faisaient les Girondins. Il fit un acte bien hardi,

7. R. Lindet, entré au Comité de Salut public en avril 1793, y est réélu en juillet (cf. *supra*, note 3, p. 152). Carnot et Prieur de la Côte-d'Or y sont élus en août 1793. L. T. H. de Lavicomterie (1732-1809), député de Paris à la Convention, membre du Comité de Sûreté générale en octobre 1792, et en juin et septembre 1793 ; cf. Michelet, *op. cit.*, Livre XV, chap. IV, t. II, p. 704.

8. C. N. Osselin (1752-1794), député de Paris à la Convention. Membre du Comité des Finances et du Comité de Sûreté générale en mars et en juillet 1793. Épris d'une émigrée, Mme Charry, la fait sortir de prison et la cache chez son frère. Arrêté, condamné à la déportation en décembre 1793. Impliqué dans la conspiration des prisons en juin 1794. Condamné à mort, tente sans succès de se suicider ; cf. Michelet, *op. cit.*, Livre XX, chap. III, t. II, pp. 909-911.

C. Bazire (1761-1794), député de la Côte-d'Or à la Législative et à la Convention. Membre du Comité de Sûreté générale en octobre 1792, évincé en septembre 1793. Impliqué dans l'affaire de la liquidation de la Compagnie des Indes : arrêté en novembre 1793, condamné à mort et exécuté en germinal 1794 ; cf. Michelet, *op. cit.*, Livre XIV, chap. IV, t. II, pp. 654-656.

9. Allusion à l'ouvrage de Louis Boivin Champeaux, *Notices pour servir à l'histoire de la Révolution dans le département de l'Eure*, Évreux-Paris, 1868.

arrêta la justice, défendit à Fouquier-Tinville de procéder avant que lui, Lindet, eût fait son rapport général contre les Girondins de Normandie. Il les sauva ainsi en ajournant toujours, et il atteignit Thermidor.

Ce qui a fait haïr si terriblement Robespierre, c'est, je l'ai dit, d'avoir placé ainsi et les membres du Comité et les représentants en mission sous l'imminence d'un procès, d'avoir décliné pour lui-même la responsabilité, en l'imposant aux autres, tenant sur eux le couteau suspendu. *Il n'était rien, ne faisait rien,* à en croire les robespierristes. Vraiment, c'est se moquer de nous ! Qui pouvait s'y tromper ? N'est-ce donc pas à lui que s'adressaient ces lettres suppliantes qu'on a trouvées ? On savait bien qu'il faisait la vie ou la mort. Ne le voyait-on pas aux Jacobins le plus souvent entre Dumas et Coffinhal [10], etc., entre ses juges et jurés salariés ? Lui-même ne vivait-il pas, ne mangeait-il pas chaque soir chez un de ces jurés, Duplay [11], et de son pain ? Pouvait-il ignorer les grandes fournées de la journée, cette justice rapide que lui-même voulut plus rapide ? A cette table de famille, il mangeait quoi ? Le salaire d'un juré, et j'allais dire le prix du sang.

Ce qui a fort aidé à blanchir Robespierre, c'est que son successeur, Napoléon, a accepté, placé une foule de Jacobins, gens souples et bien dressés. Ils aimaient peu à parler de ces temps. Mais si on les pressait, ils disaient finement que tout cela n'était pas éclairci, « que c'était un procès jugé, *mais non plaidé* ». C'est le mot que Cambacérès dit au maître lui-même, sachant très bien qu'il ne déplaisait pas [12].

Sous la Restauration, les gens de lettres s'en mêlèrent, exhumèrent Robespierre littérairement. C'était le temps des réhabilitations paradoxales. La faveur que de Maistre et bien des royalistes portaient à Robespierre ne nuisait pas. Sa sœur vivait encore, et la véhémente, l'intéressante Mme Lebas (Duplay [13]), plusieurs octogénaires de mémoire fort confuse, qui disaient tout ce qu'on voulait. Buchez, secondé d'un jésuite, fit sa grosse compilation [14] *,

10. R. Dumas (1758-1794), président du tribunal révolutionnaire de germinal à thermidor 1794.

J. B. Coffinhal (1762-1794) juge au même tribunal.

11. M. Duplay (1738-1820), menuisier, propriétaire de la maison où logeait Robespierre, nommé juré au tribunal révolutionnaire le 26 septembre 1793.

12. Allusion au jugement de Cambacérès rapporté dans le *Mémorial de Sainte-Hélène,* cf. *supra,* note 11, p. 215.

13. Élisabeth Duplay avait épousé Philippe Lebas en août 1793.

14. L'*Histoire parlementaire de la Révolution française,* écrite en collaboration avec P. C. Roux-Lavergne, sur cette affaire cf. *supra,* pp. 19 et suiv.

* La lecture de Buchez m'avait pris des années (40 volumes). Celle des 12 volumes de M. Louis Blanc m'a pris bonne partie de 1868. Je respirais à peine. Un ami m'arrive chargé du livre de M. Hamel, concentré en trois tomes compacts de très fin caractère. « Je t'en avais comblé, je t'en veux accabler... » École redoutable par sa fécondité. Que de temps pour lire tout cela ! Que de temps pour répondre ! Comme je suis attaqué de page en page, j'ai calculé qu'au minimum il y faut dix années. Les vivrai-je ? j'en doute. Mais si cela arrive, je ferai une telle critique de la critique qu'il leur faudra aussi des années pour la lire. Je la commence, et les en préviens loyalement. Croient-ils donc avoir seuls de l'encre et du papier ? Ainsi, de part et d'autre, de

mêlant tout, brouillant tout, avec sa gaucherie naturelle, sanctifiant pêle-mêle le 2 Septembre et la Saint-Barthélemy. L'immense plaidoyer de M. Louis Blanc était fini à peine que M. Hamel fit le

---

réponse en réplique, nous avons de quoi faire un heureux emploi de la vie. — Notez que c'est une guerre sans conciliation possible. Nos livres suivent deux méthodes diamétralement opposées, et dont l'opposition se reproduit à chaque ligne. Ce sont des politiques qui ont à enseigner une idée politique (bonne ou mauvaise, je ne l'examine pas). Pour l'inculquer, ils prennent un type, un individu légendaire. Procédé bien connu ; on blanchit le saint tant qu'on peut, et l'on dore l'auréole ; et plus on fait un dieu, plus on s'éloigne de la nature et du bon sens. — C'est là l'histoire autoritaire qui tire d'en haut la lumière, la sagesse. Que ce soit Robespierre, au lieu de Lycurgue ou Numa [15], il n'importe, c'est toujours un sage, un haut législateur, au-dessus de l'humanité. — Moi, au contraire, j'ai pris l'histoire en bas, dans les profondes foules, dans les instincts du peuple, et j'ai montré comment il mena ses meneurs. — Voilà les deux méthodes en face : ils ont un saint ; je n'en ai pas. Sur tant de milliers de critiques qu'ils font dans le détail, les deux tiers au moins tiennent à l'opposition de méthode. — Ils disent très faussement que j'ai pris Danton pour héros ; j'ai noté sévèrement les variations, les éclipses, les taches de cette grande figure. C'est surtout sa mollesse fatale en novembre 93 que je n'ai pu jamais pardonner. J'ai plongé un regard terrible dans ses lâchetés. Mon père et ma mère même, mon XVIII<sup>e</sup> siècle, mon Voltaire, est-ce que je les ai ménagés ? J'ai rudement montré plusieurs Voltaire, pitoyable en Choiseul, et sublime en Calas [16]. Telle est la vraie nature : elle ondule, et monte, et descend. Mon seul héros, le peuple l'ai-je flatté ? Ai-je faibli pour lui ? Point du tout. J'ai montré et ses heureux élans et ses promptes rechutes. Exemple, le dégoût, l'ennui, la mollesse ou la peur, qui, après le *Chant du Départ,* saisit Paris, le fit rentrer chez lui.

Voilà l'histoire, Messieurs, voilà le juste juge. L'histoire, c'est Brancaleone, c'est l'inflexible podestat qui, avant de juger, peut jurer à la porte qu'il n'a dans cette ville ni parents, ni amis. Et c'est à ce prix-là qu'il a la grande épée. Je l'ai juré sans peine, à l'entrée de ce livre. Mais nous ne pouvez pas le jurer. Vous avez dans la ville un parent, qui est Robespierre.

La parenté, la thèse à soutenir, l'intérêt spécial, est une tentation continuelle d'arranger et d'interpréter, surtout de grouper les faits, ou de les diviser quand, réunis, ils seraient clairs. J'ai bien noté cela dans la grosse compilation de Buchez : en mettant le début d'un fait au XXX<sup>e</sup> volume, par exemple, et la fin au XXXI<sup>e</sup> ou XXXII<sup>e</sup>, il l'obscurcit au profit de son héros (décembre 93, janvier 94). — M. Louis Blanc (par mégarde, je pense), par des coupures étranges, désorganise aussi les choses. Exemples les faits compliqués de novembre 93, qu'il divise, sépare entre plusieurs volumes, de sorte que le mouvement religieux, le nouveau culte, semble un effet sans cause, pure sottise et grossière orgie que Robespierre condamne aux Jacobins. Le changement subit des Jacobins, leur intérêt à suivre Robespierre, le pouvoir sans contrôle de tous leurs petits comités, c'est brouillé, omis, dispersé, de sorte qu'on n'y comprend rien. Or, c'est le fond du fond. C'est ce qui fera l'explosion. L'irresponsabilité des quarante-quatre mille comités jacobins est ce qui excéda la France et précipita Robespierre.

Observation fondamentale. Mais si j'entrais dans le menu de notre polémique, il me serait aussi facile de montrer qu'on est trop adroit, que souvent l'on se joue des mots. Par exemple, je reprochais à M. Louis Blanc d'avoir prêté au prodigue Calonne d'excellentes *intentions.* Il me répond qu'il a blâmé ses mauvaises *opérations.* Est-ce que ces mots sont synonymes ? La tentative désespérée du joueur ruiné qui se donne au diable, M. Louis Blanc la présente comme un plan préconçu, un profond calcul d'homme d'État qu'il aurait apporté à son début. Pure hypothèse, sans preuve, et que dément d'ailleurs toute la vie de cet étourdi.

Les actes de 93 et 94 sont si souvent obscurs par leur brièveté, si contractés, si étranglés, qu'on est forcé, pour les comprendre, de rapprocher les précédents, les conséquents, de sonder à fond les motifs, surtout de *dater fixement,* je veux dire, de saisir le caractère précis du moment et de la minute ; car le moment d'après, tout change. C'est ce que j'ai fait pour la journée des *Lois de la Terreur* (5 septembre 93). J'en ai disculpé Robespierre. Pourquoi ? C'est qu'à ce moment même, par un profond calcul (qui l'eût fait adorer), il essayait à Lyon des moyens de douceur. — Voici précisément ce qui eut lieu. Paris, quoique affamé, ne bougeait pas. Hébert et les exagérés, à qui le Comité fermait enfin la caisse de la Guerre, poussaient un mouvement contre le Comité, peut-être un 2 septembre. On n'y réussit pas. Robespierre dit fort sagement que ce n'était « qu'un complot *d'intrigants* ». Le 5, on pousse la Commune, quelque mille ouvriers sur la Convention. Robespierre était président. Mais le 5 était le dernier jour de sa présidence. Jamais il n'avait été aux grands mouvements. Fut-il présent à celui-ci pour tenir tête, non sans danger, à ceux qu'il nommait *intrigants* ? Je ne le crois point du tout. Je crois avec Buchez, contre M. Hamel, que c'est Thuriot qui tint le fauteuil en son absence. La réponse qu'on fit à la foule n'est nullement dans les formes de Robespierre. Il vint, après l'orage, un peu avant la fin de la séance, pour céder la place au nouveau président, Billaud-Varenne.

Robespierre était las de porter le fardeau de l'alliance d'Hébert, qu'il subissait depuis plusieurs mois. Son gros péché, qui l'accablait, était la patience avec laquelle il avait enduré que

sien[18], d'effroyable longueur aussi. C'est bien plus qu'un éloge ici. C'est une légende. Comment est-elle si ennuyeuse, malgré le mérite, le travail, les recherches de l'auteur ? C'est parce que ses héros sont trop parfaits. Saint-Just devient un Télémaque[19], un Grandisson[20]. Robespierre est bien plus qu'un homme. Dès son enfance, c'est un saint, il fait des petites chapelles. Il n'a qu'un amour : ses colombes. On se croit dans les Bollandistes[21]. M. Hamel deux fois le compare à Jésus.

Que nous sommes mauvais ! Au lieu de profiter, de nous édifier, plus cet exemple est beau et ce type accompli, plus nous entrons en défiance. Cela nous paraît fort qu'il y ait eu des saints si parfaits. Est-ce bien sûr ? Songez donc que Jésus, le type de ce doux Robespierre, lui-même a eu quelque ombre en son humanité. Un jour il a pleuré, un jour désespéré. Non, rien au monde d'absolument parfait.

Tout était libre, disent-ils. La Convention était libre. Les juges et jurés étaient libres. La police... ah ! grand Dieu ! Robespierre n'a pas su seulement si elle existait.

Voilà, Messieurs, voilà ce que nous ne pouvons avaler, c'est cette ineffable douceur ; ce miel reste à la gorge et ne peut pas passer.

Je me rappelle qu'étant jeune et cherchant du travail, je fus adressé à une revue estimée, à un philanthrope connu, tout occupé d'éducation du peuple, du bonheur des hommes. Je vis un homme

---

cet Hébert manipulât, gâchât la Guerre, y mît ses furieux bavards et paralysât tout, de juin en août. Un homme de beaucoup de verve et de talent, M. Tridon, a essayé de nous blanchir Hébert (sans donner ni preuves ni pièces[17]). Il dit fort bien, pour les vols de jeunesse de son héros, qu'ils ne sont pas prouvés. Il dit (chose certaine) qu'Hébert eut de l'esprit, était fin, élégant ; qu'il a parfois écrit des choses excellentes contre la superstition, pour la diffusion des lumières, etc. Mais ce bon sens, cette finesse, en contraste si grand avec le ton de son journal, n'excuse aucunement, elle accuse plutôt le calcul de ce fin Normand, qui, criant, hurlant la Terreur, l'exploita et poussa (le dirai-je ?), terrorisa Robespierre même, le jeta hors des voies qu'il avait essayées à Lyon. Ainsi le grand homme de tactique, piqué de cette mauvaise mouche, alla hors de toute tactique, se perdit, nous perdit. D'autre part, cet homme de ruse, Hébert, dans sa comédie de fureur, fit un énorme tort à la Commune bienfaisante de 93, à Chaumette et à Clootz, au nouveau culte, au grand mouvement de charité qui se faisait ; autrement dit, sécha, stérilisa le vrai côté fécond de la Révolution.

15. Législateurs mythiques de l'Antiquité. Lycurgue est le fondateur de la Constitution de Sparte, immuable parce que parfaite. Numa Pompilius, second roi de Rome, organise dans son État les institutions religieuses.

16. Allusion à l'attitude de Voltaire pendant la guerre de Sept Ans (1756-1763) lorsqu'il « affecte une haine implacable » pour Frédéric de Prusse, et fait sa cour au parti autrichien, formé par les ennemis du parti philosophique. Le duc de Choiseul (1719-1785) était à l'époque secrétaire d'État aux Affaires étrangères (1758), et ministre de la Guerre et de la Marine (1761); cf. l'*Histoire de France,* 17 vol., Paris, 1852-1867, t. XVII, chap. III, p. 30, et le chap. VII, pp. 105-114, sur Voltaire défenseur de la tolérance dans l'affaire Calas.

17. E. M. G. Tridon, *Les Hébertistes, plainte contre une calomnie de l'histoire,* Paris, 1864.

18. L'*Histoire de Robespierre, d'après des papiers de famille, les sources originales et des documents entièrement inédits* (3 vol.) par Ernest Hamel paraît en 1865, trois ans après le dernier tome de l'*Histoire de la Révolution* de Louis Blanc.

19. Incarnation de la vertu civique selon Fénelon.

20. Type idéal de gentilhomme vertueux, admiré pour ses qualités d'homme pieux et de bon citoyen, d'après le nom du personnage du roman de Samuel Richardson (1754).

21. Société de jésuites continuateurs de l'œuvre d'érudition critique de Jean Bolland (1596-1665) dans la publication des *Acta Sanctorum.*

fort petit, de mine triste, douce et fade. Nous étions à sa cheminée, il regardait toujours le feu et jamais moi. Il parlait longuement, d'un ton didactique, monotone. J'étais mal à mon aise, écœuré ; je partis aussitôt que je pus. J'appris plus tard que c'était lui, ce petit homme, qui fit la chasse aux Girondins et les guillotina, qui eut ce succès à vingt ans. Remarquons en passant l'effroyable pouvoir que devait avoir Robespierre pour envoyer cet enfant-là, on peut dire cette petite fille, et croire que c'était assez pour faire trembler tout le Midi.

Tel fut le doux Couthon, tel fut le philanthrope Herman[22]? Herman, d'Arras, camarade de Robespierre, qui dans ses notes secrètes le met au premier rang des hommes capables. Herman, dès qu'il est mort, jure qu'il le connut peu. (Saint Pierre dit de Jésus : « Quel est cet homme-là ? ») Mais, vivant, il le connaissait parfaitement. Il lui fit la mort de Danton, la mort de Fabre d'Églantine, ayant la fausse pièce qui guillotina celui-ci. Tout cela dans des formes humaines. Au moment où Danton est le plus éloquent, fait tout frémir, pleurer : « Repose-toi, Danton, lui dit Herman (lui ôtant la parole), car tu pourrais te fatiguer. »

Admirable douceur ! Pour être condamné à mort, c'est cet homme que j'aurais choisi.

Le sujet le plus tragique que l'histoire nous offre, c'est certainement Robespierre. Mais c'est aussi le plus comique. Shakespeare n'a rien de pareil. Ce sujet est tellement fort, tentant, que, même en plein péril, des hommes déjà sous le couteau voulurent en faire la comédie. Les Girondins, dans les ténébreuses cavernes de Saint-Émilion, poursuivis, chassés, morts d'avance, d'avance ensevelis, firent un drame de Robespierre. Et, ce qui étonne encore plus, c'est que Fabre d'Églantine, sous l'œil de Robespierre même et sous ses vertes lunettes, qui lui regardaient dans l'âme, s'empara de ce fantôme, lui dit : « Tu seras comédie ! »

Il est sûr que tout élément du vrai Tartufe politique y était. Ses moralités banales, ses appels à la vertu, ses attendrissements calculés, de fréquents retours pleureurs sur lui-même, enfin les formes bâtardes d'un faux Rousseau, prêtaient fort, surtout lorsque, dans cette rhétorique, discordait de façon criante tel brusque élan de fureur.

Fabre, avec grande finesse, le prenait au moment critique où les fluctuations de l'immuable éclataient, où celui qui servait de règle laissait voir ses vicissitudes, ne soutenant sa fixité que de sa raide attitude et de son affirmation. Allié des furieux, d'Hébert en juin 93, clément à Lyon en octobre, puis, effrayé de ce pas, se renfonçant dans la Terreur, il offrait à l'observateur un Robespierre vacillant, disons même plusieurs Robespierre.

22. M. J. Herman (1759-1795), président du Tribunal révolutionnaire en août 1793, remplacé par Dumas (cf. *supra,* note 10) en germinal 1794.

Saint-Just, si raide, n'est pas plus conséquent. C'est le comique épouvantable des grands discours meurtriers où il croyait systématiser l'idée même de Robespierre. Impartiale extermination des violents et des modérés, des exagérés et des indulgents, surtout *au nom de la morale,* des principes. Mais quels principes ? Il flotte et va de l'un à l'autre.

Il est prodigieux que la réputation révolutionnaire de Robespierre ait survécu à la barbare exécution qu'on fit des hommes de 93, de Chaumette et de Cloots. Quelle fête pour les prêtres ! Comment n'y invita-t-on pas les évêques et les curés du centre et de la droite de la Convention ? Déjà on avait cet égard pour eux, de défendre aux théâtres les costumes sacerdotaux. Un journal fut supprimé pour avoir pris ce titre : *La Confession.* Dans l'église de Saint-Jacques, on chantait la messe si fort qu'on l'entendait de Port-Royal. Les prisonniers de là suivaient l'office.

Robespierre eut par la mort de Danton tous les pouvoirs. Ce fut son Brumaire, son Décembre. Mais la terrible comédie l'entraînait. Elle arriva à une hauteur colossale, quand, en prairial, il dit : « Beau et rare spectacle ! une Assemblée qui va se purgeant, s'épurant elle-même ! » L'Assemblée, purgée de Danton, est priée de se soumettre à une purgation nouvelle, héroïque et radicale. Elle hésite. Il est indigné. Ah ! méchante Convention, qui s'obstine à ne pas vouloir se guillotiner !... J'ai noté ce point terrible où on le voit qui ne veut pas enfoncer de sa main ce fer salutaire dans le cœur de l'Assemblée, veut qu'elle se l'enfonce elle-même. Pharisaïsme intérieur de lui à lui. Il se fût dit : « Elle l'a voulu ainsi. » Il se fût innocenté au fond de sa conscience, ayant trouvé le secret, en exterminant la loi, de la respecter.

Où est Marat, si naïf? Combien 94 est loin de 93 ! Dans quelles ténèbres sommes-nous ? Ah ! ce n'est pas impunément qu'on a éteint ces lumières : Danton, Fabre, Desmoulins, le pauvre Anacharsis Cloots, l'infortuné Chaumette, si inoffensif alors ! Les apôtres de la Raison sont morts. Et nous voilà rentrés au scabreux de l'équivoque, du faux, de la Dé-Raison.

Où est Marat ? Où est Chalier ? J'aimais mieux leurs folles fureurs. Tous deux étaient des malades, il est vrai, des étrangers de race étonnamment mêlée, où ces éléments confus avaient fait un chaos sanglant. Marat était hystérique ; on le saignait à chaque instant. On fera un jour, je pense, la pathologie de la Terreur. Les situations extrêmes créent d'étranges maladies. Nos camisards de 1700 en eurent une contagieuse, *la prophétie*; les enfants au berceau prophétisaient. Chez les hommes de 93 (et non de 94), une maladie éclata : *la furie de la pitié.*

Qu'est-ce cela ? Souvent des femmes qui voient frapper un cheval crient contre le conducteur et le frapperaient volontiers. J'ai vu des hommes aussi, sanguins, qui dans ce cas s'emportaient et rougissaient parfois jusqu'à l'apoplexie, parfois jusqu'à prendre à la gorge le charretier, l'étrangler. Cette pitié meurtrière fut dans Marat et Chalier. Dans Chalier, très éloquente. Marat eut moins de talent. Sa vanité littéraire se mêle trop à ses fureurs. Eh bien ! cependant Robespierre n'eût jamais trouvé le mot attendri qui lui échappa : « Je me suis fait anathème pour ce bon peuple de France. »

Lyon semble le cœur du cœur, comme Paris l'esprit de l'esprit. Entre la Croix-Rousse et Fourvière, dans cette vallée de travail, il y a comme un foyer profond de mysticisme social, de tendresse et de fureur. Là, après Chalier, fermentèrent le grand, l'ingénieux Fourier, le fort Proudhon[23], dont la main excentrique a tout remué. Chalier, négociant italien, riche, dans cette mer des pauvres, devant cette terrible misère, en devint vraiment malade, délira. Les sanglants complots qu'on lui prête ne sont pas prouvés. Ce qui l'est, c'est la barbarie avec laquelle lui et les siens furent massacrés.

Ses disciples vinrent à Paris, et trouvèrent justement Chaumette en face de cent mille pauvres, les prêchant, les consolant, surtout de la vaine idée que tant de terres, alors désertes, abandonnées, seraient à eux. Qu'en aurait fait l'ouvrier, fin, délicat, de Paris ? On ne retourne pas à la terre.

Un autre prédicateur excentrique et furieux est un certain Jacques Roux, apôtre des rues Saint-Martin, des Arcis, des Gravilliers. Il voulait des greniers publics où le fermier apporterait et où l'État seul vendrait.

Robespierre avait été, pour précipiter la Gironde, peu favorable à la propriété. Après, il changea de style ; il poursuivit Roux, et à mort, l'accusant de vol. Roux, indigné, se poignarda.

Après le siège de Lyon, quand on rapporta dans Paris la tête de Chalier, quand son meilleur ami, Gaillard, arriva, on pouvait croire que Robespierre les accueillerait. Point du tout. Il fut très froid. Gaillard fut mal reçu des Jacobins, et si mal, qu'il fit comme Roux. Il se brûla la cervelle.

Robespierre, comme je l'ai dit, fut antisocialiste. Même l'innocente idée des *Banquets fraternels,* où chacun, dans la disette, descendait, apportait son pain, cela même il le proscrivit.

J'ai dit avec grande clarté, d'après les procès-verbaux des quarante-huit sections, comment, au 9 Thermidor, ces sections du centre (Saint-Martin, Arcis, Gravilliers), dont Robespierre venait de guillotiner les apôtres, et Roux et le pauvre Chaumette, furent terribles contre lui[24].

Les trois sections Saint-Antoine ne vinrent pas à son secours.

23. Avant de devenir un philosophe socialiste C. Fourier (1772-1837) avait fondé à Lyon un magasin d'épicerie en 1793. P.J. Proudhon (1809-1865) était déjà l'auteur de *Qu'est-ce que la propriété ?* (1840) avant d'être employé dans une entreprise lyonnaise de transports fluviaux en 1843.
24. Cf. l'*Histoire de la Révolution,* Livre XXI, chap. VIII, t. II, pp. 977-980.

Ni Saint-Marceau. Et la Cité, en lui fermant Notre-Dame, lui interdit le tocsin. A une heure, il se trouva seul, si seul, qu'un enfant, Merda, vint à lui et tira sur lui.

Par quelle obstination donc une chose, tellement éclaircie, est-elle toujours mise en doute ? On immole la Montagne, on immole la Commune de 93, on immobile les apôtres de la Raison, et Paris ! Quel est donc l'individu pour lequel on tue tant de choses ? Un grand homme ? Je le veux bien. Et je l'ai nommé ainsi, mais pas avant que je ne l'eusse enseveli près de Danton. Hélas ! j'ai bien abîmé Danton dans ses lâchetés. Pouvais-je ménager Robespierre ?

Je ne sais combien de peuples et d'Europe et d'Amérique, Haïti, etc., parmi leurs agitations, se posent cette question :

« Quel sera le prochain tyran ? »

Car c'est une maladie. Le tyran naît du tyran.

Le tyran bavard, jacobin, amène le militaire. Et le tyran militaire ramène le tyran jacobin.

Ceux qui si énergiquement nous refont l'autel jacobin sont les apôtres involontaires de la tyrannie militaire.

Beaucoup de gens disent : « Après tout, j'aime autant être fusillé. »

Heureusement le temps avance. Nous sommes un peu moins imbéciles. La manie des incarnations, inculquée soigneusement par l'éducation chrétienne, le messianisme, passe. Nous comprenons à la longue l'avis qu'Anacharsis Cloots nous a laissé en mourant : « France, guéris des individus. »

*1er janvier 1869.*

# TABLE

## PREMIÈRE PARTIE

**La Gauche et la Révolution française au milieu du XIXe siècle**

*par François Furet*

INTRODUCTION .......... 7

I. LA QUESTION DE LA RÉVOLUTION FRANÇAISE SOUS LE RÉGIME DE JUILLET .......... 11
1789 et 1793 .......... 12
Le christianisme et la Révolution française .......... 17

II. 1848 OU L'ÉCHEC DE LA RÉVOLUTION FRANÇAISE : QUINET ET TOCQUEVILLE ... 29
La *Philosophie de l'Histoire de France* : Quinet et Augustin Thierry .......... 30
Quinet et Tocqueville .......... 34

III. LA RÉVOLUTION DE QUINET .......... 51
La Révolution et la religion .......... 55
La Révolution et le retour de l'Ancien Régime ... 61

IV. LE DÉBAT SUR *LA RÉVOLUTION* DE QUINET .......... 73
La polémique Peyrat-Jules Ferry .......... 74
Émile Ollivier, Louis Blanc .......... 83
La réponse de Quinet .......... 91

V. LA RUPTURE DE QUINET AVEC MICHELET 99

CONCLUSION .......... 111

## DEUXIÈME PARTIE
### Les pièces du débat

ALPHONSE PEYRAT

Présentation ........ 121
Préface à *La Révolution et le livre de M. Quinet* .... 123
*L'Avenir national,* 17 novembre 1865. — « La Révolution » ........ 127
*L'Avenir national,* 30 novembre 1865 ........ 134
*L'Avenir national,* 6 décembre 1865. — « La Révolution I » ........ 139
*L'Avenir national,* 9 décembre 1865. — « La Révolution II. La Dictature » ........ 144
*L'Avenir national,* 20 décembre 1865. — « La Révolution III. La Dictature » ........ 149
*L'Avenir national,* 3 janvier 1866. — « La Révolution IV. La Religion » ........ 154
*L'Avenir national,* 9 janvier 1866. — « La Révolution V. La religion (suite) » ........ 159
*L'Avenir national,* 12 janvier 1866 ........ 166
*L'Avenir national,* 18 janvier 1866. — « La Révolution VII. Les Jacobins et les Girondins » ....... 169
*L'Avenir national,* 24 janvier 1866. — « La Révolution VIII et dernier article. Les Jacobins » ...... 176
*L'Avenir national,* 31 janvier 1866 ........ 184
*L'Avenir national,* 3 février 1866 ........ 188
*L'Avenir national,* 6 février 1866 ........ 192

JULES FERRY

Présentation ........ 197
*Le Temps,* 6 janvier 1866. — « Les Revenants » ... 199
*Le Temps,* 11 janvier 1866. — « Les Doctrinaires de la Terreur » ........ 202
*Le Temps,* 30 janvier 1866. — « Girondins et Jacobins » ........ 207
*Le Temps,* 2 février 1866 ........ 212
*Le Temps,* 5 février 1866 ........ 220
*Le Temps,* 7 février 1866 ........ 223

ÉMILE OLLIVIER

Présentation .................................. 225
*La Presse,* 9 janvier 1866 ...................... 227
*La Presse,* 14 janvier 1866 ...................... 231
*La Presse,* 19 janvier 1866 ...................... 237

LOUIS BLANC

Présentation .................................. 241
Lettre au *Temps,* 22 février 1866 ............... 243

EDGAR QUINET

Critique de la Révolution ....................... 258
— Pourquoi je n'ai pas répondu à mes contradicteurs .................................. 258
— Que des faits nouveaux appellent des objections nouvelles .................................. 259
— Principes généraux d'une critique de la Révolution .................................. 260
— Esprit scientifique dans l'histoire. Une expérience .................................. 261
— Critique de l'ouvrage « La Révolution » ....... 263
— Une hypothèse changée en affirmation ....... 266
— Solidarité. — Le grand tout ................. 270
— Méthode pour attaquer le livre « La Révolution » .................................. 274
— Où est la question ? Une erreur en politique et en morale .................................. 275
— Une tradition de justice ..................... 277

JULES MICHELET

Préface de 1868 ................................ 282
Le Tyran ...................................... 296

L'impression de ce livre
a été réalisée sur les presses
des Imprimeries Aubin
à Poitiers/Ligugé

pour les Éditions Hachette

Achevé d'imprimer le 10 février 1986
N° d'édition, 298 — N° d'impression, L 20995
Dépôt légal, n° 1667, février 1986

ISBN 2-01-011407-8
23-46-4085-01/9

*Imprimé en France*